3,80

W0047531

Heinz Friedrich Nieuliek

Siedler

Buch

Wie viele Menschen gibt es, die die gesamte Geschichte der
Bundesrepublik Deutschland, von der Verabschiedung des
Grundgesetzes bis zum Parlaments- und Regierungsumzug,
so hautnah und dabei mit so viel politischer und menschlicher Anteilnahme miterlebt haben? Und wer wäre berufe-
ner, diese Geschichte aufzuschreiben, als Marion Gräfin
Dönhoff? Wenn sie zurückblickt auf die Geschehnisse der
vergangenen fünfzig Jahre, dann nicht aus der Distanz des
Historikers: Als kritische Publizistin und engagierte Zeitgenossin zeigt sie die Ereignisse, wie sie damals erlebt und
empfunden wurden. Wichtig sind ihr dabei die Menschen,
die die Bundesrepublik gestaltet haben, die großen Politiker,
vor allem die Bundeskanzler. Viele von ihnen kannte Gräfin
Dönhoff persönlich, einigen war sie freundschaftlich verbunden, anderen stand sie distanziert gegenüber. Niemals aber
verliert sie bei ihren Porträts den wachen, unvoreingenom-
menen Blick für die Stärken und Schwächen eines Staatsmannes, seine Verdienste und Fehler. Und so verbindet sie in
diesem Buch klarsichtige Analyse und persönliche Anschauung zu einer einzigartigen Geschichte der Bundesrepublik
Deutschland.

Autorin

Marion Gräfin Dönhoff, geboren 1909 in
Friedrichsstein/Ostpreußen, studierte in Frankfurt am Main
und Basel. Seit 1946 hat sie als Ressortleiterin, Chefredakteurin und schließlich als Herausgeberin die Wochenzeitung
*Die Zeit* geprägt. Gräfin Dönhoff hat zahlreiche Bücher veröffentlicht, darunter »Kindheit in Ostpreußen«, »Um der
Ehre willen. Erinnerungen an die Freunde vom 20. Juli«,
»Zivilisiert den Kapitalismus« und »Der Effendi wünscht zu
beten«.

Marion Gräfin Dönhoff

# Deutschland, deine Kanzler

Die Geschichte
der Bundesrepublik
1949–1999

Siedler

Dieser Band erschien erstmals 1981 unter dem Titel
»Von Gestern nach Übermorgen« im Albrecht Knaus Verlag.
Die Neuausgabe wurde von der Autorin überarbeitet
und um das letzte Kapitel ergänzt.

Umwelthinweis:
Alle bedruckten Materialien dieses Taschenbuches
sind chlorfrei und umweltschonend.

Siedler Taschenbücher erscheinen im Goldmann Verlag,
ist ein Unternehmen der Verlagsgruppe Bertelsmann

2. Auflage
Erweiterte und aktualisierte Taschenbuchausgabe Mai 1999
Copyright © 1981 Albrecht Knaus Verlag, München
Satz: Uhl + Massopust, Aalen
Umschlaggestaltung: Design Team München
Umschlagabbildung: Archiv für Kunst und Geschichte, Berlin
Made in Germany 1999
ISBN 3-442-75559-X

# Inhalt

# Vorwort

## zur Neuausgabe

Fünfzig Jahre sind vergangen, seit das Grundgesetz – das Fundament des neuen Deutschlands – 1949 in Kraft trat. Die erste Ausgabe dieses Buches erschien vor fast zwei Jahrzehnten. Das Jubiläum wurde nun zum Anlaß, eine neue erweiterte Ausgabe herauszubringen, um die Entwicklung der letzten zwanzig Jahre bis zum Ende der Regierung von Helmut Kohl darzustellen.

Während in dem alten Band die Zeit vom Verlust der nationalen Souveränität durch die am 8. Mai 1945 erfolgte bedingungslose Kapitulation und die anschließende Entwicklung geschildert wird, geht es in dem neuen Text um die Wiedervereinigung Deutschlands und die Rückgewinnung der Souveränität. Sie erfolgte am 21. März 1991 durch die 2-plus-4-Verhandlungen, die gewissermaßen einen Ersatz für den Friedensvertrag darstellen.

Die Regierung von Kanzler Gerhard Schröder, die eben erst begonnen hat, kann hier nicht erfaßt werden, aber die vielfältigen, komplexen Aufgaben, die vor ihr liegen, zeichnen sich deutlich ab.

Weltpolitisch betrachtet sind wir mit einer ganz neuen Konstellation konfrontiert: Durch die fortschreitende Ingegration Europas und die Preisgabe der nationalen Währungssouveränität zugunsten des Euro gewinnt Europa als Ganzes an Gewicht.

Wichtig ist, nun daß unsere transatlantischen Beziehungen zu Amerika nicht dadurch leiden, daß uns in Zukunft eine noch größere Loyalität als bisher an Europa bindet. Wichtig ist ferner, daß es gelingt, ein europäisches Sicherheitssystem unter Einschluß von Rußland aufzubauen, weil nur dadurch ein Gewaltverzicht und die Sicherung des Friedens gewährleistet sein kann. Der »Gemeinsame Nato-Rußland-Rat« ist dafür eine gute Vorbedingung.

Schließlich müssen wir uns auf die sich immer rascher verändernde Welt vorbereiten, die durch Globalisierung und elektronische Technologie charakterisiert ist.

In der Innenpolitik stehen Schröder schwere Aufgaben bevor. Die öffentliche Gesamtverschuldung belief sich 1997 auf 2230 Milliarden DM, das sind 61,5 Prozent des Bruttoinlandsprodukts. Ferner steht vor ihm die Erfüllung des Versprechens, die Arbeitslosigkeit abzubauen, und die Notwendigkeit, das Niveau des Sozialstaats zu senken.

Das Schwierigste aber wird sein, in dieser kapitalistischen Phase unserer Geschichte einen ethischen Minimalkonsens innerhalb der Gesellschaft zustande zu bringen.

Hamburg, Februar 1999                    Marion Dönhoff

# Vorwort

## zur ersten Ausgabe 1981

»Von Gestern nach Übermorgen« – das ist wahrscheinlich die kürzeste Beschreibung für die staatsrechtliche und
in gewisser Weise auch für die geistige Verfassung der
Bundesrepublik. Das Grundgesetz gilt nur bis zur Wiedervereinigung – ist also ein Provisorium. Artikel 146 lautet:
»Dieses Grundgesetz verliert seine Gültigkeit an dem Tage,
an dem eine Verfassung in Kraft tritt, die von dem deutschen Volke in freier Entscheidung beschlossen worden
ist.« (…)

Das Heute ist ein Provisorium, vom Morgen verspricht
sich niemand viel, bleibt nur das Übermorgen. Wann übermorgen für uns sein wird, weiß niemand. Manche meinen
sogar, es sei ungewiß, ob es überhaupt für irgend jemanden
ein Übermorgen geben wird. Sicher ist nur, daß wir das Gestern – gottlob – hinter uns haben.

Allerdings ist die Geschichte mit der »Stunde Null« – ich
weiß nicht, wer sie damals aufgebracht hat – wirklich ein Irrtum. Wir haben 1949 nicht bei Null angefangen, sondern mit
einer schweren Hypothek, die uns noch viele Jahre zu schaffen gemacht hat; manchmal spürt man ihr Gewicht auch
heute nach sechsunddreißig Jahren noch. Beispielsweise im
Frühjahr 1981, als der israelische Ministerpräsident Begin
Bundeskanzler Schmidt persönlich wegen der deutschen
Vergangenheit attackierte. Dennoch: In unserem Provisorium ist erstaunlich viel geschaffen worden, und noch wich-

tiger: Die Gesellschaft und auch die einzelnen haben sich sehr zu ihrem Vorteil verändert.

Dieses Buch macht den Versuch, die Geschichte der Bundesrepublik von ihren Anfängen bis heute in Umrissen nachzuzeichnen; nicht aus der Perspektive des Historikers, sondern aus dem Augenschein eines Beobachters, dessen Aufgabe es war, das politische Geschehen von Woche zu Woche zu verfolgen, zu analysieren und darzustellen. Ich bin bei Gründung der ›ZEIT‹ im Februar 1946 in die Redaktion eingetreten und gehöre ihr noch heute an.

Auf jene Zeitspanne zurückblickend, wird deutlich, wie sehr die verschiedenen Regierungschefs – von Konrad Adenauer bis Helmut Schmidt – ihre jeweilige Zeit geprägt haben. Darum habe ich die Geschichte der Bundesrepublik unter dem Aspekt der jeweiligen Bundeskanzler betrachtet, sie gewissermaßen mit deren Porträts verbunden. Nur bei Kurt Georg Kiesinger ist dies nicht geschehen, weil die Zeit der Großen Koalition, als er das Kabinett führte, sehr kurz war. Die Große Koalition, in gewisser Weise schon eine Vorbereitung auf die Ostpolitik, ist darum bei Willy Brandt, der damals Außenminister war, mit abgehandelt worden.

Das Ganze ist eine sehr persönliche Darstellung, auch wenn ich mich bemüht habe, so objektiv wie möglich zu sein.

Hamburg, August 1981                    Marion Dönhoff

# 1. Kapitel

## Die Deutschen – wer sind sie?

Drei Jahrzehnte verlief in Berlin die Grenze zwischen der freien Welt und der des Kommunismus quer über den Potsdamer Platz. Bis 1945 war dies der belebteste Platz der ehemaligen Hauptstadt des Deutschen Reiches. Noch lange wird der einstige Verlauf der drei Meter hohen Mauer durch Berlin sichtbar sein und an die nun vergangene Teilung Deutschlands erinnern.

Was hatten diese beiden so verschiedenen Staaten gemeinsam? Sicherlich die Herkunft: Sie hatten eine gemeinsame, aber verdrängte Geschichte. Kurt Sontheimer schrieb einmal: »Das Dritte Reich hat sich wie ein erratischer Block zwischen die Gegenwart des geteilten Deutschland und seine gemeinsame Vergangenheit geschoben und stört den Sinn für historische Kontinuität.« Es ist wahr, die meisten Bürger wissen nichts mehr von ihrer Geschichte.

Die SED-Führung legte größten Wert auf die Feststellung, daß es zwischen den Menschen in der DDR und denen in der Bundesrepublik Deutschland wegen der sozioökonomischen Gegensätze kein Zusammengehörigkeitsgefühl mehr gebe. Mit der Errichtung der Arbeiter- und Bauernmacht habe sich ein neuer Typus – eben die »sozialistische Nation« – entwickelt, die qualitativ unendlich viel höher zu bewerten sei als die »bürgerliche Nation« der Bundesrepublik.

Die Auffassung, daß die beiden Deutschlands nichts miteinander zu tun haben, hat sich in der DDR erst Ende der sechziger Jahre herausgebildet. Noch 1966 findet man häufig die Formel »zwei Staaten, aber eine Nation« – dies war beispielsweise der Wortlaut in dem Aufnahmegesuch der DDR an die Vereinten Nationen. Aber schon ein Jahr darauf, beim VII. Parteitag der SED 1967, wurde die Unterscheidung zwischen »Staatsvolk« und »Nation« eingeführt. Und noch ein Jahr später, in der Verfassung von 1968, wird die DDR im Artikel 1 als »sozialistischer Staat deutscher Nation« bezeichnet.

Mitte der sechziger Jahre also gab es auch in der örtlichen Vorstellung noch immer eine Nation, zu der zwei Staaten mit gegensätzlichen Gesellschaftssystemen gehörten. Erst nach und nach ist dann die Einzigartigkeit des »sozialistischen Nationalstaates« postuliert worden, der nichts mehr mit der bürgerlichen Nation zu tun hat. Schließlich hat Walter Ulbricht den Begriff »sozialistischer deutscher Nationalstaat« geprägt. Und seit Anfang der siebziger Jahre wird nun in Ost-Berlin gegen das »Geschwätz« von der sogenannten Einheit der deutschen Nation zu Felde gezogen.

Freilich haben auch wir unsere Auffassung im Laufe der Zeit geändert. Auch wir hatten keineswegs von vornherein die Vorstellung, daß da zwei Staaten unter einem nationalen Dach hausen. Ein Vierteljahrhundert lang gab es für uns nur einen Staat, der die Nachfolge des Deutschen Reiches angetreten hatte und der die Alleinvertretung für das Ganze beanspruchte. Der deutsche Staat im Osten wurde zu jener Zeit als UN-Staat angesehen, als Sowjetzone. Erst 1970, mit Abschluß der Ostverträge, und 1972, mit dem Abschluß des Grundlagenvertrages, änderte sich dies.

Willy Brandt, der 1969 zum Bundeskanzler gewählt wurde, sagte in seiner Regierungserklärung – der ersten eines sozialdemokratischen Regierungschefs: »Zwanzig Jahre nach Gründung der Bundesrepublik und der DDR müssen wir ein weiteres Auseinanderleben der deutschen Nation verhindern, also versuchen, über ein geregeltes Nebeneinander zu einem Miteinander zu kommen.« Nachdrücklich erklärte er damals, daß die beiden Staaten füreinander nicht Ausland sein könnten, ihre Beziehungen zueinander vielmehr besonderer Art seien. Dies ist der Ursprung der Doktrin zweier deutscher Staaten einer Nation, und darum hatte die BRD bis zum Ende der Teilung keine Botschaft in der DDR, vielmehr hießen die entsprechenden Ämter in beiden Staaten »Ständige Vertretungen«.

Hatten die Deutschen also zwei Vaterländer? Diese Frage macht deutlich, wie weit wir uns von unserer Geschichte entfernt hatten. Das Wort »Vaterland« fällt heute keinem mehr ein. Es geht niemandem mehr über die Lippen. Nicht nur, weil es während der Nazizeit pervertiert und mit Blut befleckt wurde, sondern auch weil es einer Welt zugeordnet ist, die für uns nicht mehr existiert. Generationen haben ihr Vaterland liebevoll verklärt, es in Treue verehrt – aber wer sollte wohl Begeisterung oder gar Liebe für einen Teilstaat empfinden, der doch in erster Linie ein Zweckverband ist, ein artifizielles Gebilde ohne Hauptstadt?

Loyalität, das ist etwas anderes. Loyalität hat die Bundesrepublik verdient, und sie wurde und wird ihr auch zuteil. Denn dies ist der freieste Staat, den es je auf deutschem Boden gegeben hat, und die Gesellschaft, die da entstanden ist, ist eine offene, liberale, moderne Gesellschaft, frei von Klassenkampf und von Chauvinismus. Nur: Eine nationale Identität haben wir nicht mehr, die fehlt uns. Jahrzehntelang gab es keine Deutschen mehr, sondern nur »Bürger der Bundesrepublik« und »Bürger der Deutschen Demokratischen Republik«. Man stelle sich einmal vor, die Franzosen könnten nicht mehr sagen: »Bei uns in Frankreich...« und die Amerikaner nicht mehr: »Wir Amerikaner...«!

Aber vielleicht haben die Deutschen nie eine Identität besessen. Man muß sich wirklich fragen, ob sie je mit sich selber so identisch waren, wie Engländer oder Franzosen dies sind. Die Deutschen waren immer wieder jemand anderes. So rasch wechseln die Bilder, daß man meinen könnte, fast jede Generation stelle ein anderes Volk dar. Einst waren sie als Dichter und Denker bekannt, als Wissenschaftler und Gelehrte. Lange Zeit war Deutschland das geistige Laboratorium Europas; die neuen Ideen der drei großen Juden Karl Marx, Sigmund Freud und Albert Einstein, die für die ganze Welt bestimmend wurden, fanden hier ihre größte Resonanz. Davor waren es die Unsterblichen der Musik, die das Bild der Deutschen prägten. Und nach den Wissenschaftlern und Gelehrten setzte erst die wilhelminische Generation die Welt in Schrecken, und danach stampften die Deutschen in braunen Hosen und Nagelstiefeln durch das gleiche Land. Bis dann auch diese wieder verschwanden. Es gibt kein Deutschland mehr, aber es gibt immer noch die Deutschen, auch wenn sie jetzt anders bezeichnet werden.

Ehe wir uns der Geschichte der Bundesrepublik Deutschland zuwenden, stellt sich darum erst einmal die Frage, wer diese Deutschen eigentlich sind und wie sie in ihrem Lande gelebt haben.

Hören wir, was ein Franzose dazu sagt. Der Historiker Pierre Gaxotte meint, die deutsche Geschichte sei ohne Gleichgewicht und ohne Kontinuität, sie verlaufe in Kontrasten und Extremen. Wörtlich sagt er: »Deutschland ist das Land der wunderbaren Aufstiege und apokalyptischen Katastrophen.«

Wenn man über die Jahrhunderte zurückblickt, muß man ihm recht geben: Da war der Dreißigjährige Krieg, der das Land in Grund und Boden verwüstet hatte – die Einheit Deutschlands schien hoffnungslos verloren. Aber dann, in den nachfolgenden Türkenkriegen, sehen wir Österreich, das damals zum Reich gehörte, zur Großmacht aufsteigen. Zwar setzte Napoleon 1806 jenem Reich ein Ende, aber auch aus diesem Niedergang entwickelte sich wieder ein Aufstieg: eine Reihe moderner Staaten – Preußen, Bayern, Württemberg – entstanden. Und als dann der Deutsche Bund, in dem sich 36 Staaten zusammengeschlossen hatten, auch wieder ein Ende fand, wurde 1871 im neuen Kaiserreich die Einheit Deutschlands geboren.

Im neuen Jahrhundert setzte sich dann die Kettenreaktion von Aufstieg und Fall weiter fort. Der Erste Weltkrieg, in dem eine ganze Generation verblutet war, führte zu einer Wirtschaftskrise ohnegleichen. Der Geldumlauf glich einer Fieberkurve: Er lag 1913, also im Frieden, bei 2,3 Milliarden Mark, 1919 bei 41 Milliarden, 1921 bei 90 Milliarden, im Januar 1922 bei 124 Milliarden, im Oktober bei 484 Milliarden. Im Januar 1923 stieg er auf 2 Billionen, im Juli auf 44 Trillionen, im Oktober 1923 überstieg er 3 Quadrillionen.

Die bürgerlichen Schichten verarmten in dieser Inflation, bei der am Schluß ein Dollar 4,2 Billionen Mark kostete. Ein Arbeitslosenheer von sechs Millionen war die Folge von unsinnigen Reparationsleistungen. Doch wieder folgte ein unglaublicher Aufstieg. Zehn Jahre später erhob sich unter Hitler das Volk, das eben noch tief darniederlag, zu ungewöhnlichen Leistungen. Das Land wurde zur stärksten militärischen Macht in Europa. Hitler forderte, getreu dem unsinnigen Spruch »viel Feind, viel Ehr« – der übrigens nicht von einem Preußen, sondern von dem Landsknechtsführer Georg von Frundsberg stammt –, die ganze Welt heraus. Die Deutschen überrannten im Westen die von allen Fachleuten für uneinnehmbar gehaltene französische Maginot-Linie und drangen im Osten bis in die Außenbezirke von Moskau vor.

Und dann wieder ein Zusammenbruch ohnegleichen. Diesmal, so meinte man, werde es keinen Aufstieg mehr geben. Aber trotz Verlust von einem Viertel des alten Reiches, Teilung des verbliebenen Restes, Überschwemmung Westdeutschlands mit zwölf Millionen besitzloser Flüchtlinge, die in den zerbombten Städten und engen Dörfern Zuflucht suchten, begann dann doch das, was von aller Welt als »Wirtschaftswunder« bestaunt wurde. Und schließlich ist nun die Bundesrepublik Deutschland zur ersten Wirtschaftsmacht in Europa geworden.

Das Charakteristikum der Deutschen ist also wohl wirklich der Wechsel von apokalyptischem Fall und phönixhaftem Aufstieg. Wobei die Frage nicht ist, was Ursache und was Wirkung ist, ob also der Fall den Aufstieg oder der Aufstieg den Fall herausfordert. Entscheidend ist, daß beiden ein Element der Maßlosigkeit innewohnt. Es fehlte uns bisher ganz einfach der Sinn für das Maß, und es fehlte das Talent zum Kompromiß.

Die These von Gaxotte ist also offenbar zutreffend. Jedenfalls zutreffender als die absurde Behauptung, die man auch häufig hören kann und die vor allem nach 1945 im Schwange war: Von Luther über Friedrich den Großen und Bismarck bis zu Hitler führe eine gerade Linie. Diejenigen, die dies meinen, haben nie eine Zeile von Luther oder Friedrich dem Großen gelesen; von Bismarck und seiner europäischen Gleichgewichtspolitik haben sie keine Ahnung; und das Zusammenwirken von Massenbewegungen und totalitärer Herrschaftsorganisation im Nationalsozialismus haben sie auch nicht verstanden. Thomas Mann, ein Kritiker der Deutschen, hat von Goethe im Verein mit Luther und Bismarck als von den »drei großen Männern deutscher Nation« gesprochen, die sich »wie Bergkolosse unmittelbar aus der Ebene erheben«.

Die Deutschen, wer sind sie? Typisch für die Deutschen ist, glaube ich, eine gewisse Realitätsferne und eine merkwürdige Neigung zum »Unbedingten«. Wir finden sie in der Philosophie bei Hegel, auch schon bei Kant und vielfach in der Literatur. In der Romantik Anfang des 19. Jahrhunderts und bei der Jugendbewegung Anfang des 20. Jahrhunderts kommt in der Literatur immer wieder der Wunsch nach einem Dasein im Unbedingten zum Ausdruck, dem eine Geringschätzung des bürgerlichen Lebens entspricht, das sein

Genüge im Alltäglichen und Materiellen findet. In der Romantik bestimmen Schwermut und Sehnsucht das Leben. Damals wurde die Natur wiederentdeckt, aber unter ganz antiaufklärerischem Aspekt: Man war überzeugt, daß der Vernunft kein Wert beizumessen sei, daß die Wahrheit vielmehr allein in der Natur zu finden ist. Und hundert Jahre später traten die »Wandervögel« dann die Flucht aus der Wirklichkeit an: Ausbrechen, echt sein, ungebunden sein, Protest gegen die Vordergründigkeit der Gesellschaft, gegen den schnöden Materialismus, gegen Industrie und Kommerz, gegen die moderne Wissenschaft... das alles sind wörtlich Vokabeln aus der Zeit der Jugendbewegung.

Langbehn, der ein Buch mit dem Titel ›Rembrandt als Erzieher‹ geschrieben hatte, hat die Jugend der Jahrhundertwende bis zum Ersten Weltkrieg in einer Weise beeinflußt, wie vielleicht nur Herbert Marcuse die jungen Deutschen Ende der sechziger Jahre; nur dauerte dessen Einfluß in unserer soviel schnellebigeren Zeit nicht länger als zwei oder drei Jahre. Langbehn forderte, ganz aus der Natur zu leben und alles andere abzuschütteln: Hinweg mit dem öden Parlamentarismus und Kapitalismus, hieß es. Und Paul de Lagarde verlangte, dem vordergründigen Leben eine heilsgeschichtliche Dimension zu verleihen.

Von Kleist bis zu Hermann Hesse und Ernst Jünger sind viele Dichter vom Tragischen fasziniert. Die Sehnsucht nach der absoluten Wahrheit, nach der reinen Lehre, nach kompromißloser Hingabe und persönlichem Einsatz zog sie an.

Für viele der heute wirkenden Schriftsteller dagegen sind Negation, Kritik und Pessimismus charakteristisch. Oft hat man das Gefühl, daß sie einen Fehlschlag, der eintritt, eine Niederlage, die die Regierung – gleich welcher Couleur – einstecken muß, mehr genießen als positive Ereignisse. Krisen scheinen ihnen Genugtuung zu verschaffen, Wohlstand im Inneren oder Anerkennung von außen bereiten ihnen Gewissensskrupel. Und wenn die Bürger Zeichen von Zufriedenheit von sich geben, so erscheint ihnen das äußerst beunruhigend. Mag sein, daß dies darauf zurückzuführen ist, daß der Autoritätsverschleiß der Nazizeit zu einer Desillusionierung in Permanenz geführt hat.

Zu den fundamentalen Charakterzügen der Deutschen gehört seit Martin Luther die Verherrlichung der »inneren Freiheit«, was im weltlichen Bereich zu einem häufig mißverstandenen Individualismus geführt hat.

Adolf Lowe[1] hat dies sehr anschaulich gemacht, indem er die Deutschen den Engländern gegenüberstellt, die stets bemüht seien, Extreme zu meiden. Ihre Maxime lautet, so meint er, »treibe nie ein Argument bis zur letzten Konsequenz, das stört den Gemeinsinn«, während in Deutschland Kongresse oft nur mit einem Schlachtfeld zu vergleichen seien. Lowes Resümee: »Der Preis politischer Freiheit ist die Selbstbegrenzung des Individuums. Man kann nicht beides haben.«

Immer wieder wurden die Deutschen in der Vergangenheit magisch angezogen von irgendwelchen fernen Höhen oder nahen Abgründen – übrigens im Osten Deutschlands stärker als im Westen, der der Aufklärung mehr zugetan war. Ideen müssen, nach dem Geschmack der Deutschen, erhaben und tief empfunden sein, nicht unbedingt konkret und praktisch. Ahnen bedeutet ihnen oft mehr als wissen, und Empfinden wird häufig mehr bewundert als Analysieren. Mythische Urinstinkte sind für viele interessanter als wirklichkeitsbezogene Erkenntnisse.

Jahrhundertelang gab es keine Deutschen im eigentlichen Sinne. Es gab Sachsen, Bayern, Preußen ... eben die Stämme, die im Heiligen Römischen Reich Deutscher Nation zusammengeschlossen waren. Seit dieses 1806 der Auflösung

---

[1] A. Lowe: Die Hoffnung auf kleine Katastrophen. In: Matthias Greffrath: Die Zerstörung einer Zukunft. Gespräche mit emigrierten Sozialwissenschaftlern. Reinbek bei Hamburg 1979.

verfiel, ist stets die Sehnsucht nach dem Reich geblieben, war man auf der Suche nach einem Rahmen für die vielen Staaten und winzigen Gebilde, die sich eigene Staatlichkeit anmaßten – es waren insgesamt über 1700. Erst 1871 fand die zersplitterte Nation eine neue Einheit und politische Ordnung im Deutschen Reich.

Alfred Grosser, als Deutscher geboren, als Franzose aufgewachsen, der beide Nationen gleich gut kennt, hat höchst aufschlußreiche Bemerkungen über den deutschen Begriff der Nation gemacht, indem er ihn mit dem anderer Völker vergleicht. Grosser meint, die geschichtlichen Umstände hätten dem deutschen Nationalismus eine konservative, autoritäre Färbung gegeben. In den Vereinigten Staaten dagegen, wo die Nation aus dem Kampf für Unabhängigkeit und Menschenrechte hervorging, sei dieser Ursprung nie verlorengegangen: Verfassung und Erklärung der Menschenrechte gehörten untrennbar zusammen. In Frankreich, so meint er, stehe seit der Revolution die Nation des linken jakobinischen Patriotismus der Nation der Nationalisten von rechts gegenüber. Dieses gemeinsame Erbe habe den Franzosen bei ihren Eroberungen, die stets im Namen der Freiheit vonstatten gingen, ihr gutes Gewissen vermittelt. Grosser[1] schreibt:

»In Deutschland war die nationale Idee *nacheinander* und nicht *gleichzeitig* Sache der Linken und der Rechten gewesen. Nationalismus und Liberalismus waren bis zum Scheitern der Revolution von 1848 miteinander verknüpft, wenn nicht vermischt. Es galt, durch die Zusammenfassung der Nation, die bis dahin in Gruppen von Untertanen größerer oder kleinerer Herrscher aufgesplittert war, die Legitimität des Volkes gegen die Legitimität der Fürsten zu setzen.

Die drei Farben der deutschen Demokratie, Schwarz, Rot und Gold, sind zuerst die Farben der Jenaer Burschenschaft gewesen, deren Gründer von 1813 bis 1815 in den Befrei-

---

[1] A. Grosser: Geschichte Deutschlands seit 1945. München 1974.

ungskriegen gegen Napoleon gekämpft hatten. Das große Hambacher Fest an Pfingsten 1832 wurde unter diesen Farben im Namen der angestrebten nationalen Einheit und politischen Freiheit abgehalten.

Nach dem Scheitern der Revolution von 1848 war es dann aber ein autoritärer Staat, der die nationale Einheit schuf. Die Obrigkeit übernahm die Gründung und die Verteidigung der Nation. Eine Nation, die sich auf das Volk – aber nicht auf das Volk als Macht, nicht auf Michelets Volk des Willens zur Zusammengehörigkeit – gründet: weit eher auf das Volk als Stamm, das Volk der Untertanen, die sich ihren weltlichen und geistlichen Herren fügen.

Eine andere Überlieferung hätte das aufwiegen können. Doch jene, die sich unter dem Kaiserreich breitmacht, verteilt die Aufgaben klar und eindeutig: die Obrigkeit soll befehlen, der Bürger hat die privaten Berufs- und Familientugenden bieder zu pflegen, während die einzige politische Tugend die Treue zur gesetzmäßigen Obrigkeit ist.«

Es war die Tradition des Obrigkeitsstaates, die die Demokratie der Weimarer Zeit zerstörte, vielmehr nie hat gedeihen lassen, weil sich inzwischen die Vorstellung gebildet hatte, Regieren sei eine Art Geheimwissenschaft, die nur die Obrigkeit beherrsche und die mit Hilfe einer Kaste eingeweihter Beamter ausgeübt werden könne. Die Macht der Beamten war fast grenzenlos; deshalb wurden Parteien als Interessenklüngel abgetan, und der demokratische Mechanismus wurde als Beleidigung hehrer Traditionen empfunden.

Auch in der unmittelbar vergangenen Epoche wurden in dieser Tradition positive Werte ins Negative pervertiert. So wurde unter Hitler Idealismus verfälscht in unkritische Autoritätsgläubigkeit; Ordnungsliebe in Servilität; Anpassungsfähigkeit wurde zu Opportunismus, Loyalität zur Unterwürfigkeit; und Treue – kritiklos bis zur Absurdität aufrechterhalten – führte schließlich in die Kriminalität.

Ich habe versucht, mir darüber klarzuwerden, was eigentlich meine eigene Antwort auf die Frage nach dem Wesen der Deutschen sein könnte, wobei ich mich auf das 19. und 20. Jahrhundert beschränken möchte.

Ich denke, es sind drei Faktoren, die den Charakter der Deutschen entscheidend bestimmt haben: die geographische Lage im Zentrum Europas, kein anderes Land hatte so viele Nachbarn – also Grenzen – wie Deutschland. Zweitens, die Verschiedenartigkeit der Lebensauffassung. Die östlichen Teile waren vom absolutistisch-feudalen Osten, die westlichen von den bürgerlich-demokratischen Tendenzen Englands und Frankreichs her bestimmt. Und da in Europa die Kultur vom Westen nach Osten gewandert ist, bedeutet dies, daß Gebiete, deren Geschichte bis in römische Zeiten zurückreicht, mit solchen, die erst im 12. und 13. Jahrhundert kolonisiert worden sind, vereinigt worden sind. Drittens schließlich die beiden Konfessionen, die das Land immer in einer gewissen Spannung hielten: der Protestantismus im Osten und im Norden, der Katholizismus im Westen und im Süden.

Die Grundeinstellung, die ganze Lebensweise waren je nach Himmelsrichtung verschieden: Im Osten war seit der Zeit des Ordens auf dem Lande die Gutsherrschaft üblich. Im Westen dagegen die Grundherrschaft. Das heißt, im Osten wirtschaftete der Besitzer selber, was ihm den Charakter eines Unternehmers gab; im Westen verpachteten die Besitzer ihr Eigentum an Grund und Boden und zogen den Zins ein.

Der Westen war von jeher durch die Städte und die städtische Lebensweise, bald auch durch die Industrie bestimmt. Der Osten dagegen war agrarisch geprägt. Dort sind darum das soziale Beharrungsvermögen, das allzu lange Festhalten an traditionellen Ordnungsvorstellungen und Wertsystemen besonders ausgeprägt gewesen. Die Unausgeglichenheit der Deutschen mag in der Spannung des west-östlichen

20

Gegensatzes begründet sein, die zu keinem Ausgleich gelangen konnte.

Geographie und Geschichte erklären vieles in Deutschland. Was die staatsrechtlichen Auffassungen anbetrifft, waren Norden und Osten stets mehr für Zentralismus, Süden und Westen dagegen für Föderalismus. Am stärksten kam während des 19. und den ersten Jahrzehnten des 20. Jahrhunderts die Verschiedenheit von Ost und West aber wohl doch im Konfessionellen zum Ausdruck. Die Vorurteile auf beiden Seiten waren riesig. Im protestantischen Norden und Osten hielt der normale, meist nicht sonderlich weltläufige Bürger jeden Katholiken erst einmal für einen Lügner, denn, so hieß es, die katholische Kirche erziehe ihre Gläubigen zu Heuchlern und Pharisäern. Die Klischees im Westen gipfelten in der Vorstellung, daß im Osten allenthalben noch heidnisches Brauchtum herrsche. Waren dies die landesüblichen Vorurteile an der Basis, so kamen die theologischen Unterschiede in der Führungshierarchie noch einmal 1980 beim Besuch von Papst Johannes Paul II. in der Bundesrepublik in von niemandem erwarteter Deutlichkeit zum Ausdruck.

In dem schicksalhaften Jahr 1806, als Franz I., Kaiser von Österreich, die römisch-deutsche Kaiserwürde niederlegte, weil die im Rheinbund zusammengeschlossenen Fürsten ihren Austritt aus dem Reich erklärt hatten, wurde das Ende des Heiligen Römischen Reiches Deutscher Nation besiegelt, das tausend Jahre bestanden hatte. Von nun an gab es bis zum Wiener Kongreß drei Deutschlands: Österreich, Preußen und den von Napoleon protegierten Rheinbund.

Unter Napoleons Hammerschlägen war damals mit dem beginnenden 19. Jahrhundert das Staatensystem Europas zusammengebrochen. Das Ergebnis dieser Veränderung: Österreich hatte sein Schwergewicht nach Südosten verlagert, und Preußen wurde die Vormacht am Rhein – freilich noch ohne territoriale Verbindung zu seinen Ostgebieten.

Das, was der Wiener Kongreß damals beschlossen hatte, nämlich die Vereinigung des protestantischen Hohenzollernstaates mit dem katholischen Rheinland, das sollte für die Geschichte der deutschen Einigung im 19. Jahrhundert bestimmend werden. Von nun an war Preußen die wesentliche Komponente der deutschen Geschichte und bestimmend für den deutschen Charakter.

Wie also steht es mit Preußen, das eine so große Rolle in der deutschen Geschichte gespielt hat? Verdient es die Vorwürfe, die seine Feinde ihm machen, hat es ein Recht auf das Lob, das seine Verehrer ihm spenden? Ich glaube, wenn man eine Bilanz aufmachen wollte, würde man wahrscheinlich ebenso viele positive wie negative Posten zu verbuchen haben – Kredit und Debit würden sich vermutlich so etwa die Waage halten.

Preußen hat zwei Höhepunkte gehabt: das 18. Jahrhundert, also das Zeitalter der Aufklärung und Toleranz, und die Reformzeit zu Beginn des 19. Jahrhunderts. In jener ersten Periode haben die Intellektuellen Europas Friedrich dem Großen als dem aufgeklärten Herrscher schlechthin ihr Lob gespendet. Voltaire, der glänzendste europäische Geist seiner Zeit, schrieb 1740 an seine Nichte:

»Nun bin ich endlich in Potsdam. Unter dem verstorbenen König war es ein Exerzierplatz und kein Garten, mit dem Tritt des Garderegiments als einziger Musik, Revuen statt Schauspielen und Soldatenlisten als Bibliothek. Heute ist es der Palast des Augustus, der Sitz der Schöngeister, der Lust und des Ruhmes, der Pracht und des guten Geschmacks.«

Preußen hatte die in Frankreich verfolgten Hugenotten aufgenommen und auch die durch die Gegenreformation aus Böhmen und Mähren vertriebenen Glaubensflüchtlinge. Es hatte die Salzburger in Ostpreußen angesiedelt und als erstes Land Europas die Folter abgeschafft. Das allgemeine Landrecht Preußens galt als das fortschrittlichste Recht der Zeit, und zum erstenmal waren hier die Voraussetzungen für eine bessere Erziehung und Bildung geschaffen worden. Weil Friedrich der Große die Jesuiten als tüchtige Lehrer schätzte, gewährte er ihnen Zuflucht, als ihr Orden aus den katholischen Ländern Europas vertrieben und schließlich 1773 vom Papst aufgelöst wurde. Den Katholiken ließ er in Berlin die große, repräsentative Hedwigskirche erbauen, und immer wieder ermahnte er die beiden Konfessionen, Toleranz gegeneinander walten zu lassen.

Der Historiker Karl Dietrich Erdmann meint: »Ein Vergleich mit anderen europäischen Staaten macht noch deutlicher, wie sehr Preußen der Wegbereiter von Toleranz gewesen ist.« Als Beweise führt er an, daß das, was die Engländer die glorreiche Revolution von 1688 nennen, ausgelöst worden ist durch den Widerstand gegen ein Toleranzedikt Jakobs II.: Whigs und Tories hatten sich gegen dieses Edikt verbündet und den König wegen seiner Toleranz abgesetzt. In Frankreich wütete zu der Zeit, als in Preußen das allgemeine Landrecht verkündet wurde, die jakobinische Schreckensherrschaft. Und Maria Theresia, die Zeitgenossin Friedrichs II., war mehrfach und ausdrücklich gegen die Idee der Toleranz aufgetreten.

Über die zweite große Periode, die Reformzeit zu Beginn des 19. Jahrhunderts, also die Jahre nach den Befreiungskriegen, schreibt Sebastian Haffner[1]: »Das romantische Berlin fing an, das klassische Weimar als intellektuelles Zentrum in den Schatten zu stellen. In den Salons der Rahel Levin und der Dorothea Schlegel mischte sich die literarische und politische Welt. Keineswegs Verknöcherung und Stillstand, vielmehr eine glänzende, geistreiche Welt mit modernen, fortschrittlichen, humanen und reformerischen Ideen.«

Es ist erstaunlich, daß Preußen nach dem militärischen Zusammenbruch von Jena und Auerstedt 1806/07, nachdem es die Hälfte seines Gebietes an Napoleon verloren hatte, das

[1] Sebastian Haffner: Preußen ohne Legende. Hamburg 1979.

ganze Land von den Franzosen besetzt war und der König in die äußerste Ecke seines Königreiches, nach Memel, hatte flüchten müssen, daß es da doch noch die Kraft zu einer umwälzenden sozialen und geistigen Erneuerung hatte.

Ein absolutistisch regierter Staat wurde damals in einen modernen rechtlich geordneten Verfassungsstaat umgewandelt; die Stein-Hardenbergschen Reformen führten die Bauernbefreiung ein und die Selbstverwaltung der Städte; Humboldt gründete die Universität Berlin. »Demokratische Grundsätze in einer monarchischen Regierung, dieses scheint mir die angemessene Formel für den gegenwärtigen Zeitgeist«, schrieb Hardenberg.

Aber dem Geist der Liberalität war kein langes Leben beschieden. Nach den ersten zwei Jahrzehnten zog unter dem Einfluß Metternichs langsam die Reaktion in Europa ein, und die Zeit der Restauration begann. Von Reformen wollte man nichts mehr wissen.

Das 18. Jahrhundert war zwar in Preußen äußerst kriegerisch gewesen, hatte aber der Aufklärung und dem freien Geist breiten Raum gelassen. Preußen – ein armer Staat, zur Großmacht wirklich nicht prädestiniert – hatte ständig über seine Kraft gelebt. Friedrich der Große war sich dessen sehr bewußt gewesen; er hatte einst gespottet, der preußische Staat sollte lieber statt des Adlers einen Affen im Wappen führen, weil er die wirklichen Großmächte ja nur nachäffe, ohne selber eine zu sein. Und der französische Politiker Graf Mirabeau, der ein vierbändiges Werk mit dem Titel ›De la Monarchie prussienne sous Frédéric le Grand‹ verfaßt hatte, meinte: »Andere Staaten besitzen eine Armee, Preußen ist eine Armee, die einen Staat besitzt.«

Im 19. Jahrhundert blieb Preußen schließlich gar nichts anderes übrig, als die deutsche Frage zur eigenen Sache zu machen. Bismarck hatte Preußen unwiderruflich mit dem Schicksal Deutschlands verbunden. Er vollendete, was Friedrich II. begonnen hatte: die Schaffung eines deutschen

Staates im Kampf gegen Habsburg, denn nur, wenn es einem deutschen Partikularstaat gelang, sich als zweite Großmacht neben Österreich zu etablieren, konnte dieses Ziel erreicht werden. Freilich war dies nur bei äußerster Konzentration möglich, nur, wenn alles andere dem Politischen und Militärischen untergeordnet wurde.

So ergab sich denn die Überschätzung des Militärischen, dem der deutsche Staat ja in der Tat seine Existenz verdankte. Solange diese Gesinnung sich mit Bismarcks Wirken paarte und die Außenpolitik auf den Gedanken des europäischen Gleichgewichts ausgerichtet war, wurde dies nicht so deutlich, aber als dann sein Augenmaß und seine ordnende Hand fehlten, führte jenes Denken zu einer totalen Sinnentleerung.

Am Ende wußte niemand mehr, was eigentlich die Ziele Wilhelms II. waren und wozu er seine »schimmernde Wehr« aufbaute und die wachsende Flotte gebrauchen wollte. Man sah kein Konzept, nur wirtschaftlichen und militärischen Ehrgeiz: Macht um der Macht willen, das schien die Devise des geistlosen, pseudopreußischen Wilhelminismus zu sein.

Die Geistesverfassung der Deutschen an der Wende zum 20. Jahrhundert beschreibt Rudolf von Thadden sehr zutreffend in seinem Aufsatz ›Das schwierige Vaterland‹. Es heißt da: »Ein Industrieller oder Wissenschaftler galt viel im Kaiserreich, zu höchstem Ansehen aber war er erst gelangt, wenn seinen Namen ein Adelsprädikat schmückte oder ihn der Titel eines Geheimrats zierte. Von besonderer Anziehungskraft war die Position eines Reserveoffiziers. Es gab Todesanzeigen von hochverdienten Professoren aus der Kaiserzeit, die ihre Stellung als Leutnant der Reserve noch vor ihrer Mitgliedschaft in hohen Akademien der Wissenschaften angaben... Auf der einen Seite scheute Deutschland keine Anstrengungen, um sich zu einer modernen technischen und militärischen Großmacht zu entwickeln; auf der anderen Seite aber unternahm es nichts, um entsprechende

Verantwortungsstrukturen und Verhaltensweisen zu entwickeln, die zu der neugewonnenen Macht paßten.«

In gewisser Weise gibt es Parallelen zwischen der wilhelminischen Mentalität und der Zeit Adolf Hitlers. Man höre folgendes Zitat: »Pardon wird nicht gegeben. Gefangene werden nicht gemacht. Wie vor 1000 Jahren die Hunnen sich unter König Etzel einen Namen gemacht haben, der sie noch jetzt in Überlieferungen und Märchen gewaltig erscheinen läßt, so möge der Name ›Deutschland‹ ... in einer Weise bekannt werden, daß niemals wieder einer wagt, einen Deutschen auch nur scheel anzublicken.«

Man könnte glauben, Hitlers Stimme am Vorabend des Zweiten Weltkriegs zu hören – aber es war der Duktus Kaiser Wilhelms II. im Jahr 1900. Schon damals also Aufbruch ins Grenzenlose; Brutalität und platte Realpolitik, keine politische Phantasie, keine moralischen Maximen – nur machtpolitische Ambitionen. Deutschland war ein Staat ohne überwölbende Idee, ohne geistige Zielsetzung geworden.

Preußen war längst tot, als der Alliierte Kontrollrat am 25. Februar 1947 die Auflösung des preußischen Staates verfügte. Preußen war schon 1871 gestorben, als es in Deutschland aufging und der Goldrausch der Gründerzeit über die Menschen kam.

Nur einmal, kurz vor jenem behördlich verordneten Ende durch den Kontrollrat, hat sich der preußische Geist noch einmal gemeldet, um endgültig Abschied zu nehmen: am 20. Juli 1944. Unter den Hingerichteten sind Männer aller Schichten, Vertreter aller Berufe und auch alle großen Namen der preußischen Geschichte: Yorck, Moltke, Schwerin, Schulenburg, Dohna, Lehndorff. Die Ehre Deutschlands war verspielt, nicht mehr zu retten – die Schande der Hitlerzeit zu groß. Aber das Kreuz, das sie auf Preußens Grab gesetzt haben, leuchtet hell aus der Dunkelheit jener Jahre.

Und wenn man heute fragt: Gibt es ein Ziel, das die wirtschaftlichen Ambitionen und die Verteidigungsanstrengungen überwölbt? Hat unser Staat eine *raison d'être* – eine Daseinsberechtigung? Ich meine, die Antwort heißt: ja. Der nationale Egoismus ist gebändigt worden durch die wirtschaftliche Gemeinschaft, der mittlerweile fünfzehn europäische Staaten angehören. Das politische Ziel heißt Europa. Damit haben sich auch die Normen und die Wertsysteme der Gesellschaft verändert. Zum erstenmal erleben die Deutschen, was es heißt, nicht »viel Feind, viel Ehr« zur Maxime zu haben, sondern Teil einer Allianz zu sein und sich nicht isoliert behaupten zu müssen.

Es gibt auch ein ethisches Ziel: die Bewahrung des Friedens. Nicht mehr Macht um der Macht willen heißt die Losung, sondern nach außen soviel Macht, als man braucht, um seine Freiheit verteidigen zu können, und nach innen soviel Macht, wie kontrolliert werden kann. Denn Politik ohne Macht und Machtstrukturen, das ist eine Illusion. Aber Herrschaft erträglich machen, das ist ein sinnvolles Ziel.

Die Deutschen haben gelernt. Sie sind bescheidener geworden, selbstkritischer, gottlob auch toleranter. Sie nehmen ein bißchen mehr Rücksicht auf Nachbarn und Mitmenschen. Es wird nicht mehr alles – einschließlich des Autofahrens – zum Duell; sie sprechen nicht mehr ganz so laut und sind nicht mehr ganz so selbstbewußt und siegessicher, wie sie es einst waren. Im Schatten der Vergangenheit sind manche Einsichten gewonnen worden.

# 2. Kapitel

## Zwischen Zusammenbruch und Staatsgründung

Die Bundesrepublik Deutschland befand sich während der Teilung in einer ähnlichen geographischen Situation wie über Jahrhunderte Ostpreußen: Sie war Grenzgebiet der westlichen Welt im Osten. Bei Beendigung des Krieges im Mai 1945 war dies noch keineswegs vorauszusehen. Als zwölf Millionen Flüchtlinge aus den Gebieten östlich der Oder und dem Südosten Europas in das zerstörte Land westlich der Elbe strömten, in Städte, die von ungezählten Bombenangriffen in unübersehbare Trümmerfelder verwandelt worden waren, wußte man noch nichts von der Bundesrepublik Deutschland und der Deutschen Demokratischen Republik.

Deutschland war zu jener Zeit eine amorphe Masse, die noch der Gestaltung harrte. Niemand, nicht einmal die Sieger, deren Allianz schon zu zerbröckeln begann, hatten eine genaue Vorstellung von dem, was nun werden würde. Würde Deutschland, wie im Februar 1945 in Jalta beschlossen worden war, in Besatzungszonen eingeteilt, aber durch einen gemeinsamen Kontrollrat als Einheit verwaltet werden? Oder würden die Sieger sich nicht einigen können – und was eigentlich würde dann werden?

Heute kann man nur noch die Fakten feststellen, also sich den Eintritt und Verlauf der Ereignisse vor Augen führen – von den Emotionen, die sie zu ihrer Zeit auslösten; von der Stimmung und den Vorstellungen, die die Menschen beherrschten, weiß man nichts mehr, spürt man nichts mehr.

28

Selbst die, die diese Zeit mitgemacht haben, können heute keinen Eindruck mehr vermitteln von jener Periode zwischen dem Zusammenbruch Deutschlands 1945 und der Gründung der Bundesrepublik 1949.

Auch ich war im Frühjahr 1945 als Flüchtling unterwegs. Aber es wäre mir nicht möglich, heute jemandem das, was ich damals erlebte und empfand, zu vermitteln. Darum will ich zurückgreifen auf etwas, was ich zu jener Zeit geschrieben habe. Es war der erste Artikel, den ich damals – gerade Journalistin geworden – für die ›ZEIT‹ vom 21. 3. 1946 geschrieben habe. Der Titel: ›Ritt gen Westen – im Strom der Flüchtlinge‹.

»20. März 1945, ›Ankunft in V.‹, steht in meinem Notizbuch. Ein Jahr ist das nun schon her, seit ich in Vinsebeck, einem kleinen Dorf in Westfalen, ankam, um dort mein braves Pferd, das mich treu und unverdrossen von Ostpreußen in den Westen getragen hatte, bei Metternichs im Gestüt einzustellen.

Am 21. Januar 1945 hatten wir uns zusammen auf den Weg gemacht, spät am Abend durch einen von den Ereignissen längst überholten Räumungsbefehl alarmiert und von dem immer näher rückenden Lärm des Krieges zur Eile getrieben. In nächtlicher Dunkelheit auf allen Höfen die Wagen packen, die Scheunentore öffnen, das Vieh losbinden – das alles geschah wie im Traum und war das Werk weniger Stunden. Und dann begann der große Auszug aus dem gelobten Land der Heimat, nicht wie zu Abrahams Zeiten mit der Verheißung ›in ein Land, das ich dir zeigen werde‹, sondern ohne Ziel und ohne Führung in die Nacht.

Aus allen Dörfern, von allen Straßen kamen sie zusammen: Wagen, Pferde, Fußgänger mit Handwagen, Hunderte, Tausende; unablässig strömten sie von Nord und Süd zur großen Ost-West-Straße und krochen langsam dahin, Tag für Tag, so als sei der Schritt des Pferdes das Maß der Stunde und aller Zeiten.

Flieger am Himmel, das Donnern der Geschütze, der Lärm von Panzerketten, die an uns vorüberrasseln. Schritt für Schritt geht es weiter durch die eisigen Schneestürme im Osten. Die Nächte gehen dahin auf den Landstraßen am Feuer oder in den Scheunen verlassener Höfe, und der dämmernde Morgen bringt immer das gleiche Bild. Kinder sterben, und Alte schließen die Augen, in denen angstvoll die Sorgen und das Leid von Generationen stehen.

Woche um Woche verrinnt. Hinter uns brandet das Meer der Kriegswellen, und vor uns reiht sich Wagen an Wagen in endloser Folge. Ist es der Auszug der Kinder Israels, ist es ein Stück Völkerwanderung oder ein lebendiger Fluß, der gen Westen strömt, gewaltig anwachsend – ›Bruder, nimm die Brüder mit‹? Aus allen Ländern und Provinzen, durch die der Fluß sich wälzt, streben sie ihm zu, neue Ströme von Wagen und Menschen.

Viele Häuser bleiben verwaist zurück, in Pommern, in der Mark und in Mecklenburg, und der Zug wächst, und die Kette wird immer länger; längst fahren zwei und drei Fahrzeuge nebeneinander und sperren die ganze Breite der Straße. Aber was tut es, sie haben alle den gleichen Weg – gen Osten fährt keiner mehr. Nur die Gedanken gehen täglich dorthin zurück, all diese vielen herrenlosen Gedanken und Träume. Niemand spricht, man sieht keine Tränen und hört nur das Knarren der allmählich trocken werdenden Räder.

Viele Marksteine der östlichen Geschichte standen an dem endlosen Weg. Die Marienburg, Bismarcks Besitzung Varzin, Hitlers Festung Kolberg, Nogat, Weichsel, Oder und Elbe haben wir überquert und allmählich, Eis und Schnee zurücklassend, ziehen wir mit dem aufblühenden Frühling durch das Schaumburger Land. Und nun ist auch der Strom der wandernden Flüchtlinge verebbt und irgendwo in neue Häfen und enge Stätten der Zuflucht eingemündet.

Ich bin schließlich ganz allein mit meinem Fuchs bei Rinteln über die Weserbrücke geritten, vorbei an Barntrup, einem kleinen Städtchen, aus dessen Mitte ein schönes Renaissanceschloß emporsteigt. Vor mir liegt ein bewaldeter Höhenzug, und dahinter muß auch bald der Ort zu finden sein, der vielleicht vorübergehend Zuflucht bieten könnte. Wie die Slalomspur eines Skiläufers ist der Weg in großen Schleifen in den Buchenhang eingeschnitten, über dem schon ein leiser Schimmer von Grün liegt. Wir steigen gemächlich bergan, es ist ein schöner Vorfrühlingstag, die Drosseln schlagen, und ein sanfter Wind treibt die Wolken über die warme Frühlingssonne.

Plötzlich, als wir in die letzte Kurve einbiegen, steht droben auf dem Kamm eine einsame Gestalt wie ein Monument vor dem hellen Himmel: ein alter Mann, grau, verhungert, abgerissen, auf dem Rücken trägt er einen Sack, der die letzte Habe birgt, in der Hand einen Stab, so steht er da, ein zeitloses Monument, und sieht mit weltverlorenem Blick in die blaue Weite des Tals. Ich wage nicht, ihn zu stören, und grüße ihn nur, wie man ein Kreuz grüßt, das am Wege steht, voller Ehrfurcht und nicht Antwort heischend.

Und dann bietet sich mir ein unfaßliches Bild: den Berg herauf, uns entgegen, kommen sie gewandert, viele solcher Gestalten, manchmal zwei oder drei, die gemeinsam ziehen und das Los der Landstraße miteinander teilen; aber meist sind es einzelne, durch den Krieg nicht nur der Habe und der Zuflucht beraubt, sondern auch der tröstlichen Gemeinschaft vertrauter Menschen. Grau, elend, abgehärmt sind ihre Gesichter, in ihren Augen steht stumpfe Hoffnungslosigkeit: sie flüchten vor den Amerikanern und Engländern, die das Ruhrgebiet erobert haben.

Ist das noch Deutschland, dieses Fleckchen Erde, auf dem sich Ost und West begegnen, ohne Heimat und ohne Ziel, zusammengetrieben wie flüchtendes Wild bei der Treibjagd? Ist dies das ›Tausendjährige Reich‹: ein Bergeskamm mit ein paar zerlumpten Bettlern darauf? Ist das alles, was übrigblieb von einem Volk, das auszog, die Fleischtöpfe Europas zu erobern? Wie klar und deutlich ist die Antwort zu lesen: ›Denn wir haben hier keine bleibende Statt, aber die zukünftige suchen wir.‹«

Soweit der Artikel von 1946.

Millionen wanderten damals gleich mir ziellos über die Straßen eines Landes, das später einmal Bundesrepublik Deutschland heißen sollte. Aber bis es soweit war, gab es viel Ratlosigkeit, Verwirrung und vor allem Angst. Man kann sich heute gar nicht mehr vorstellen, wie groß das Gefühl der Bedrohung durch den Osten war. Viele Leute machten nur einen kurzen Halt und zogen dann gleich weiter nach Australien, Südamerika, Kanada. Sie hatten Angst vor einem weiteren Vormarsch der Russen: »Wenn die kommen, rollen sie in 24 Stunden durch bis zum Atlantik ...«

Der Schock der Eroberung von Berlin durch die Russen saß den meisten noch in den Gliedern. Auch schien die Expansion der Sowjetunion durch nichts zu stoppen zu sein. Fast ganz Osteuropa – das haben die meisten vergessen – kam ja erst nach dem Zweiten Weltkrieg unter Moskaus Herrschaft. In Polen war Mikolajczyk, Vorsitzender der polnischen Bauernpartei, stellvertretender Ministerpräsident und Exponent der demokratischen Kräfte, erst zweieinhalb Jahre nach Kriegsende im Herbst 1947 genötigt, in den Westen zu flüchten. Erst im Dezember 1947 zwang man König Michael von Rumänien zur Abdankung, und in der ČSSR fand erst im März 1948 ein Coup statt, der das kommunistische Regime etablierte.

Alles zitterte damals vor den Kommunisten. Millionen Deutsche waren vor ihnen in den Westen geflüchtet, Millionen von ihnen vertrieben worden, und Tausende von Kriegsgefangenen wurden noch bis zum Jahr 1955 als Arbeitskommandos in der Sowjetunion zurückgehalten. Nicht von ungefähr schlug der Antikommunismus damals tiefe Wurzeln in der Bundesrepublik.

Neben dem alles überragenden Problem: Wie kann aus dem herrschenden Chaos ein neues, besseres Gemeinwesen entstehen? gab es auch noch jene andere Frage, nämlich: Auf welche Weise kann ein verbrecherisches System eigentlich liquidiert werden? Also: Wie können die Schuldigen ermittelt und zur Rechenschaft gezogen werden? Diese Frage war von allergrößter Bedeutung, denn Schuld fordert Sühne. Und von der gerechten Schuldzumessung und einer angemessenen Sühne hing die neue Rechtsordnung ab und auch die Erneuerung des pervertierten und korrumpierten Rechtsbewußtseins der Bürger.

Als die Sieger – von einigen als Eroberer, von vielen als Befreier angesehen – in Deutschland einzogen, glaubte man, jetzt würden Gerichte eingesetzt werden, in denen auch Juristen aus neutralen Ländern sitzen würden, um diejenigen abzuurteilen, die laut Strafgesetzbuch persönlich schuldig geworden sind. Aber es kam anders. Die Sieger setzten Gerichte ein, in denen sie selbst Ankläger und Richter zugleich waren. Sie maßen die Schuld nicht an den bestehenden Gesetzen, sondern sie schufen neues Recht, und sie beurteilten nicht die Schuld des einzelnen, sondern proklamierten verbrecherische Kategorien, für die automatischer Arrest angeordnet wurde. So fanden sich denn plötzlich Opfer der Naziherrschaft und Gegner des Systems mit ihren Schergen zusammen auf der gleichen Bank wieder.

Ich habe mich damals viel mit diesen Problemen beschäftigt, die alle Menschen erregten und jahrelang die allgemeine Diskussion beherrschten. Darum möchte ich hier noch einmal Auszüge aus zwei in jener Zeit geschriebenen Artikeln zitieren, weil sie anschauliche Beispiele für die Problematik bieten. Der eine trug den Titel: ›Sechs Herrenmenschen‹ und erschien in der ›ZEIT‹ vom 8. Juli 1954:

»In Metz sind sechs der angeklagten Lagerleiter und Funktionäre des KZ-Lagers Struthof (bei Straßburg) zum Tode verurteilt worden. Einer jener sechs Männer stand eines

Tages während der Verhandlungen auf und sagte: ›Wenn ich irgend etwas dafür tun kann, den Haß gegen die Deutschen zu besänftigen, so will ich gern dafür den Tod erleiden.‹ Der Präsident des Gerichts entgegnete darauf: ›Es stimmt nicht, daß Sie hier als Deutscher sind. Sie sind hier als Verbrecher. Reden Sie sich und anderen nicht ein, daß wir hier Deutschland den Prozeß machen.‹ In der Tat sind die Verbrechen, die dort vor dem Metzer Tribunal sichtbar wurden wie Fernaufnahmen von einem fremden Gestirn und dessen grauenerregenden Kreaturen, so widerwärtig, daß niemand sich wünschen kann, mit ihnen identifiziert zu werden.

Eine lange Kette von Zeugen trat in Metz auf: Deutsche, Franzosen, Norweger, Belgier. Sie berichteten in immer neuen Abwandlungen von immer dem gleichen qualvollen Leben und Sterben, bei dem nur die Todesart variierte. Entweder: Verhungern (neun Zehntel der Umgekommenen sind an Entbehrungen gestorben, ein Zehntel wurde gewaltsam umgebracht), Genickschuß, Gaskammer, Erhängen am Galgen oder an einem der drei großen Fleischerhaken, die im Krematorium angebracht waren, aus dessen Schornstein bei ›vollem Betrieb‹ die Flammen meterhoch schlugen. Aus ›Zweckmäßigkeitsgründen‹ war an diese Wärmequelle die Wasserheizung angeschlossen, so daß, wenn genügend Leute umgebracht worden waren, heiß geduscht werden konnte. Leben und Sterben unterscheiden sich eben im Rahmen des KZ nur dadurch, daß sie verschiedene technische Probleme stellen.

Die meisten der Angeklagten sind ganz primitive Menschen, die ihre erste Ausrichtung und Ausbildung in den ›Totenkopfverbänden‹ der SS bekamen. Einige haben seit 1933/34, zunächst als Wachmannschaften, dann als Lagerführer, immer nur in der KZ-Atmosphäre gelebt. Viele haben, wie sich herausstellte, während des ganzen Krieges nie andere Kugeln pfeifen hören als die, mit denen sie ihre Opfer ins Jenseits beförderten. Sie kannten nur die Denk-

34

und Lebensweise des KZ, hielten die Vorstellung vom Herrenmenschen und dem auszumerzenden ›Untermenschen‹ für die einzig echten Kategorien, und nach Jahr und Tag hatten sie schließlich den Häftlingen gegenüber nur noch die Reaktion des Schlächters in einem Schlachthaus, der ja auch nicht mehr ›empfindet‹, daß er ein Tier tötet.

Einer der Verurteilten hielt seinen siebenjährigen Sohn dazu an, die Vorübermarschierenden mit Steinen zu bewerfen, damit er sich frühzeitig daran gewöhne, daß Häftlinge keine Menschen seien. Es war der gleiche, der, wenn er in der rechten Laune war, irgendeinem Häftling seines Trupps die Mütze vom Kopf riß, sie weit wegwarf und dem Betreffenden dann befahl, sie sich wiederzuholen. Da das Verlassen von Reih und Glied als Fluchtversuch galt, erschoß er ihn dann ›befehlsgemäß‹.

Solche Leute, wie jene sechs Lagerführer und 43 weitere, die in Abwesenheit zum Tode verurteilt wurden, gibt es wahrscheinlich zu allen Zeiten. Aber daß aus solchen potentiellen Verbrechern nicht nur Gelegenheitsverbrecher werden, sondern daß man sie in die vermeintliche Elite als ›Führer‹ eingliedert und ihnen unbeschränkte Macht gibt, das allerdings ist nur in totalitären Regimen möglich, die ihre eigene ›Weltanschauung‹ an die Stelle ewig gültiger Gesetze setzen. Sind diese erst einmal preisgegeben, dann stellen sich rasch neue Vorstellungen ein über das, was lebenswert und todeswürdig ist.

Die Verurteilten haben immer wieder darauf hingewiesen, daß sie auf höheren Befehl gehandelt haben und daß sie selbst erschossen worden wären, wenn sie nicht, wie ihnen befohlen, gemordet, geschlagen und gefoltert hätten. Mag sein. Aber ist es wirklich soviel leichter, in Stalingrad zu sterben – was zweifellos jeder von ihnen, wäre er dort eingesetzt worden, ohne zu klagen, getan hätte –, als sein Leben zu lassen, um nicht zum Verbrecher zu werden?«

Der andere Artikel – erschienen in der ›ZEIT‹ vom 29. Dezember 1949 – handelte von General von Falkenhausen, einem untadeligen Mann, der keinerlei Schuld auf sich geladen, sondern im Gegenteil viel Unrecht verhindert hatte. Dennoch wurde er im Zuge des Versuchs, ein totalitäres Regime zu sühnen, vor Gericht gestellt, weil er als Militärbefehlshaber in die Kategorie »Führercorps« eingestuft wurde:

»Ein einsamer alter Mann sitzt seit Monaten im Gerichtssaal in Brüssel und schaut schweigsam und geistesabwesend auf die Schar der vorüberziehenden Ankläger: Alexander von Falkenhausen, einst Militärbefehlshaber von Belgien. Und dies ist, was der belgische Verteidiger, Monsieur Botson, in seinem soeben abgeschlossenen Plädoyer sagte: ›Das Gericht ist nicht dazu da, über Deutschland oder das Dritte Reich zu urteilen, sondern über von Falkenhausen, der keinerlei moralische Verantwortung für die Schrecken des Naziregimes trägt. Es ist sicher, daß er alles tat, um die Greuel des Naziregimes abzuwenden, zu dem er sich politisch in Gegnerschaft befand.‹

Falkenhausen gehört zu den wenigen Deutschen, die schon zu einer Zeit erbitterte Gegner Hitlers waren, da viele spätere Widerstandskämpfer noch mit feierlicher ›Gänsehaut‹ 1933 dem Tag von Potsdam beiwohnten. Seit 1930 hatte man in Dresden und Umgebung seine warnende Stimme in Vorträgen gehört. Im August 1932 versuchte er vergeblich, Schleicher zum Verbot der SA zu bewegen. Nach der Harzburger Koalition trat er aus der Deutschnationalen Partei aus und wenig später, als Seldte den ›Stahlhelm‹ in die SA eingliederte, auch aus dem ›Stahlhelm‹.

Schließlich griff er zu, als Marschall Tschiang Kai-schek ihn aufforderte, in seine Dienste zu treten. Er reiste im April 1934 enttäuscht und angewidert nach China – gerade noch rechtzeitig, um nicht das Schicksal seines Bruders zu teilen, der am 30. Juni 1934 von den Nazis ermordet wurde. Aber die Freiheit währte nicht lange. 1938 zwang Ribbentrop ihn zur Rückkehr mit der Drohung, er werde andernfalls seine Familie in Sippenhaft nehmen, weil es nicht angehe, daß nach Abschluß des deutsch-japanischen Paktes Deutsche noch private militärische Berater in China seien.

Im August 1938 wurde er eingezogen, und im Mai 1940 sorgten einflußreiche und verantwortungsbewußte Offiziere dafür, daß Falkenhausen, sehr gegen seinen Willen, als Militärbefehlshaber in Belgien eingesetzt wurde. Für Falkenhausen war diese Zeit ein ständiger Kampf mit Partei, Sicherheitsdienst (SD) und Polizei. Im Dezember 1943 wurde der Kommandant der Gefängnisse in Brüssel von der Gestapo verhaftet. Er hatte sich des ›Verrats‹ schuldig gemacht, indem er Mißhandlungen an Gefangenen gemeldet hatte, was den Militärbefehlshaber von Falkenhausen dazu veranlaßt hatte, streng durchzugreifen. Falkenhausens Versuche, die Einführung des zwangsweisen Arbeitseinsatzes in Belgien zu verhindern, gingen so weit, daß er sich 1944 weigerte, den Jahrgang 1925 auszuheben; dies führte schließlich dazu, daß er am 14. Juli seiner Stellung enthoben wurde. Neun Monate ist er dann von der Gestapo durch viele KZ und Gefängnisse geschleppt worden.

Dennoch wurde er kurz nach der Befreiung als Kriegsverbrecher verhaftet. Seither sind Jahre vergangen, in denen Falkenhausen, diesmal von den Alliierten, durch 51 Gefängnisse und Lager in sechs verschiedenen Ländern geschleppt wurde. Sein Nachfolger hingegen, der frühere Gauleiter von Köln/Aachen, Grohé, der als Reichskommissar ein unvergleichlich schärferes Regime in Belgien führte, ist dort längst aus der Haft entlassen.

Vielleicht wird eines Tages in einem menschlicheren Zeitalter die Geschichte vom Ritter ohne Furcht und Tadel geschrieben werden, der im Gefängnis zugrunde ging, weil die Menschen verlernt hatten, zwischen Gut und Böse zu unterscheiden.« Soweit jene beiden Artikel.

Offenbar war der Fluch des totalitären Staates, für den nur noch die Kategorie zählt und für den der einzelne nicht mehr interessant ist, auch auf die Liquidatoren dieses Systems übergegangen. So wurden beispielsweise alle Generalstabsoffiziere als potentiell Kriminelle interniert, obgleich gegen die überwiegende Mehrzahl von ihnen nicht das geringste vorlag. Solange die Sieger die Hitlerschen Schergen – also individuell Schuldige – aburteilten, hatte dies allgemeinen Beifall gefunden, aber es wurde anders, als Leute wegen ihrer Zugehörigkeit zu bestimmten Kategorien, als Beamte, Offiziere, Industrielle, auf die Anklagebank gesetzt wurden.

Der absurdeste Fall, auf den ich damals gestoßen bin, war folgender: Arthur Dietzsch (Case-000-50-9) war 1923 dreiundzwanzigjährig als junger Reichswehroffizier zu zehn Jahren Festung verurteilt worden, weil er – verlobt mit der Tochter eines Altkommunisten – sich an kommunistischen Versammlungen aktiv beteiligt hatte. Das war damals verboten. Als seine zehn Jahre um waren, hatten gerade die Nazis die Macht ergriffen – ihr Verdikt: »Ein Kommunist – rein ins KZ.« Da saß er nun die nächsten dreizehn Jahre, bis das Tausendjährige Reich zu Ende war. Aber auch dann hatte für ihn die Stunde der Befreiung noch nicht geschlagen.

Er war im Konzentrationslager gezwungen worden, bei Fleckfieberversuchen mitzuwirken. Aufgrund dieser Tatsache verurteilte ihn ein amerikanisches Sondergericht zu fünfzehn Jahren Gefängnis, obgleich dieser Fall eindeutig unter den Begriff des gesetzlichen Notstands fiel und obgleich Beweise dafür vorlagen, daß Dietzsch die Rettung einer Anzahl von Gefangenen bewirkt hatte. Erst nach 1950 – der einst Dreiundzwanzigjährige war jetzt fünfzig – gelang es, ihn aufgrund mehrerer Artikel in der ›ZEIT‹ freizubekommen.

Zwei Ideen waren es, die die alliierte Rechtsprechung bestimmten, als sie nach der Kapitulation Deutschlands an die Liquidierung des Hitlerregimes gingen: Die Vorstellung,

38

man müsse und könne den Krieg für alle Zeiten unmöglich machen, und ferner die Vorstellung, der Nationalsozialismus habe sich nur ausbreiten können, weil die einzelnen Bürger nicht genug Widerstand geleistet hätten. Sie vergaßen, daß Heldentum etwas sehr Seltenes ist, etwas, das sich nicht zur Norm erheben und fordern läßt.

Die alliierten Gerichtsverfahren seit 1945 basierten daher auf dem Vorwurf des unterlassenen Widerstandes, so daß die jahrtausendealte Frage, ob der Bürger das Recht habe, sich gegen die Obrigkeit aufzulehnen, ganz im Gegensatz zu dem Brief des Apostel Paulus an die Römer in die Feststellung abgewandelt wurde, daß er die Pflicht habe, dies zu tun.

Es kann niemanden wundern, daß die alliierten Sondergerichte der verschiedenen Besatzungszonen besonders in der ersten Zeit nach der Kapitulation Urteile gesprochen haben, die, aus einer normalen Sicht betrachtet, nicht als gerecht bezeichnet werden können. Denn sie wurden mit Verbrechen konfrontiert, wie sie in der zivilisierten Welt bis dahin unvorstellbar gewesen waren.

Im Jahr 1945 war fast jeder Deutsche bereit, angesichts der ungeheuerlichen Taten – die sich für die Allgemeinheit ja erst in diesem Moment enthüllten – alles daranzusetzen, die Verbrecher der verdienten Strafe zuzuführen. Ein paar Jahre später aber konnte es geschehen, daß nicht wenige Leute eine gewisse Genugtuung empfanden, wenn es Internierten gelang, aus der Haft zu entfliehen. Warum? Weil sich die Vorstellung verbreitet hatte, die Alliierten mißbrauchten diese Prozesse, um sich einzelner Personen und Gruppen zu entledigen, die ihnen aus irgendeinem Grund lästig waren. So wurden jene Leute, die in der öffentlichen Meinung mit den übelsten Seiten des Systems nie identifiziert worden waren – Industrielle, Staatssekretäre und Generale –, zu Hauptschuldigen abgestempelt und in Nürnberg vor Gericht gestellt, während Gauleiter und andere Nazigrößen, soweit sie nicht im Ausland oder an Ausländern Verbrechen begangen hatten, nicht zur Rechenschaft gezogen wurden, weil der Internationale Gerichtshof sich für Verbrechen, die Deutschen zugefügt worden waren, nicht interessierte.

Schließlich folgten dann für viele Jahre die deutschen Spruchkammern, die das Entnazifizierungsverfahren durchzuführen hatten und die weitere Verwirrung anrichteten. So wurde beispielsweise Helene Schwärzel, jenes BDM-Mädchen, das den von den Nazis als Hochverräter angeklagten Goerdeler angezeigt und den Preis, der auf seinen Kopf ausgesetzt worden war, mehr oder weniger harmlos eingesteckt hatte, zunächst zu 15 Jahren Zuchthaus verurteilt. Sie erhielt also das gleiche Strafmaß wie die Führer aus den Einsatzgruppen in Nürnberg, die der Mitverantwortung an Folterungen und Massenmorden überführt worden waren.

Kein Wunder, daß, wo zuviel angeklagt worden ist, auch zuviel verteidigt wurde. Mit der Rechtsverwirrung wuchsen die Zweifel. Weil Schuldige und Unschuldige gleichermaßen verurteilt wurden, wandte die öffentliche Meinung sich dem anderen Extrem zu: der Schlußfolgerung, daß außer Hitler mehr oder weniger alle unschuldig seien und alliierte Rechtsurteile nicht ernst zu nehmen sind. Auch dies ein Grund für die oft beschworene »unbewältigte Vergangenheit«.

Ungeachtet jener chaotischen und deprimierenden Umstände erinnern sich die meisten Menschen an jene Jahre 1945/46 mit einer gewissen Wehmut. Viele haben das Gefühl, nie zuvor und auch nie wieder seither so intensiv gelebt zu haben wie damals. Vergessen sind die äußeren Umstände: Ruinenlandschaft, so weit das Auge reichte, keine Verkehrsmittel, kaum etwas zu essen, wenig Heizung – Bücher las man im Bett, einen Schal um den Hals und Handschuhe an den Händen. Geblieben ist die Erinnerung an nächtelange Diskussionen, an unerwartete Begegnungen und die ersten Bücher, die von draußen kamen.

Alles Denken und Diskutieren kreiste damals um die geistige und politische Erneuerung. Wie sollte das neue Deutschland aussehen? Was müssen wir tun? Welche Ziele anvisieren? Zentralismus oder Föderalismus? Was für eine Verfassung? Welche Prioritäten beim Wiederaufbau? Erziehungsreform – aber wie? Unzählbar waren die Fragen, unbegrenzt das Interesse an allem, was Orientierung bot und Standorte präzisierte. Das Materielle erschien daneben ganz gleichgültig, es war unerreichbar fern und auch gar nicht so wichtig. Alle Konzentration galt den geistigen, moralischen und politischen Notwendigkeiten.

Erstaunlich bald – schon im Winter 1945/46 – erschienen überall neue Zeitschriften:

›Die Sammlung‹ in Göttingen, herausgegeben von zwei großen Pädagogen, Wilhelm Flitner und Herman Nohl;

›Die Wandlung‹ in Heidelberg, mit Karl Jaspers, Alfred Weber, Dolf Sternberger als Herausgeber;

›Die Gegenwart‹, Freiburg; Benno Reifenberg und Robert Haerdter stellten das Erbe der alten ›Frankfurter Zeitung‹ dar;

›Der Aufbau‹ in Berlin, mit wechselnder Besetzung; am Anfang noch mit Ferdinand Friedensburg und Ernst Wiechert neben Heinrich Mann und Georg Lukács;

›Der Ruf‹ in München, Herausgeber Alfred Andersch unter entscheidender Mitwirkung von Hans Werner Richter. Ursprünglich war dies die Zeitung der deutschen Kriegsgefangenen in den USA gewesen.

›Frankfurter Hefte‹ in Frankfurt, mit Eugen Kogon und Walter Dierks – ihr besonderes Anliegen: Europa, Sozialismus und Christentum.

Von all diesen Zeitschriften war wahrscheinlich ›Die Wandlung‹ die wichtigste, weil der Philosoph Jaspers und der Soziologe Alfred Weber große Anziehungskraft ausübten. Um sie hatte sich in Heidelberg eine wichtige Gruppe von

Menschen zusammengeschlossen. Darum fanden dort auch mehrtägige Diskussionen statt, an denen Carlo Schmid, Adolf Arndt, Heinrich von Brentano, ungeachtet aller Schwierigkeiten des Reisens, von Anfang an teilnahmen.

Nach den langen Jahren der geistigen Dürre waren alle Menschen ausgehungert. Es war wie nach der Zerstörung von Karthago – es gab nichts mehr, keine Bücher, kein Papier, nur wenige Menschen, und es dauerte lange, bis man herausgefunden hatte, wer noch lebte, und vor allem, wer wo lebte. Mit welcher Spannung nahm man da die erste Nummer einer neuen kulturpolitischen oder literarischen Zeitung in die Hand. Es war ein Ereignis, als ›Die Wandlung‹ zum erstenmal erschien, in der Alfred Weber Teile seines Buches ›Abschied von der bisherigen Geschichte‹ veröffentlichte und Karl Jaspers, der große Mahner der Deutschen, das Geleitwort geschrieben hatte.

Hans Werner Richter hat in seinem Bericht ›Zwischen Freiheit und Quarantäne‹ etwas von dem festgehalten, was viele damals als die »Gnade der Stunde Null« bezeichneten, die Chance also, die Welt noch einmal zu erschaffen: »Deutschland stand, so glaubte man, an einer entscheidenden Wende seiner Geschichte. Es hatte viele Möglichkeiten. Es mußte sich aus seiner ›Nichtexistenz‹ als Staat und Nation zu einer völlig neuen Existenz durchringen. Es konnte sich selbst Aufgaben stellen, Aufgaben, die seiner geographischen Lage und seinen politischen Möglichkeiten entsprachen. Es konnte moderner, zeitgemäßer und zukunftsgläubiger handeln als alle anderen.«

Ob dies gelungen ist – darüber müssen andere urteilen.

# 3. Kapitel

## Konrad Adenauers Epoche

Als Konrad Adenauer geboren wurde, stand Bismarck auf der Höhe seiner Macht. Präsident der Vereinigten Staaten war damals noch Ulysses Grant, einst siegreicher Oberbefehlshaber der Unionstruppen im Bürgerkrieg. In England hatte Disraeli gerade für vier Millionen Pfund das Paket Suezkanalaktien gekauft, das der Khedive Ismail abzustoßen genötigt war und mit dem der Grundstein zur englischen Herrschaft über Ägypten gelegt wurde.

Weit zurück ins 19. Jahrhundert reichen also Adenauers Wurzeln. Er, der bei Ausbruch des Ersten Weltkrieges schon 38 Jahre zählte, war in seinen politischen Anschauungen und seiner Weltvorstellung ganz durch die Zeit vor 1914 geprägt; durch jene Epoche, in der Europa noch das Zentrum der Welt und die deutsch-französische Erbfeindschaft eines ihrer großen Probleme war.

Der Beamtensohn Konrad Adenauer wurde 1917 Oberbürgermeister von Köln, einer der ältesten und bedeutendsten Städte Deutschlands. Stolz und liebevoll schrieb er einmal: »Das heilige Köln, von den Römern gegründet, von den Werten des Christentums geformt, in humanistischem Geist gewachsen, war im hohen Mittelalter das Herz Europas.« Konrad Adenauer, der Chef dieser Stadt, war damals der mächtigste Kommunalpolitiker in Deutschland. Auch war er Präsident des Preußischen Staatsrats, der 1919 als eine Art zweite Kammer gegründet worden war, und überdies hatte er eine entscheidende Stimme in der Zentrumspartei. Diese zweite Kammer hatte zwar nur begrenzte Kompetenzen, aber ihr Präsident entschied zusammen mit den Präsidenten der Regierung und des Abgeordnetenhauses über dessen Auflösung.

1926 war ihm das Amt des Reichskanzlers angeboten worden, aber er hatte es ausgeschlagen. In der autorisierten Biographie von Paul Weymar[1] ist seine Aufzeichnung über jene Verhandlung, die er 1926 in Berlin führte, wiedergegeben. Daraus geht hervor, daß er die Gründung einer großen Koalition zur Bedingung gemacht hatte, weil er sicher sein wollte, über eine Mehrheit verfügen zu können. Er wollte nicht Opfer der parteipolitischen Zerrissenheit jener Zeit werden. Schließlich hatte es während der sieben Jahre seit Gründung der Weimarer Republik bereits zwölf Regierungen in Deutschland gegeben. Zu jener Zeit war es leicht, eine Mehrheit für ein Mißtrauensvotum gegen den Reichskanzler oder einen Minister mit einfacher Mehrheit zusammenzubringen und ihn zu stürzen. Darum beschloß der Parlamentarische Rat, als er das Grundgesetz für die Bundesrepublik formulierte: »Der Bundestag kann dem Bundeskanzler das Mißtrauen nur dadurch aussprechen, daß er mit der Mehrheit seiner Mitglieder einen Nachfolger wählt…«

Erleichtert reiste Konrad Adenauer, dem eine große Koalition nicht garantiert werden konnte, 1926 zurück in sein Köln. Als die Nazis kamen, wurde er gleich 1933 abgesetzt, eine Zeitlang mit Haß verfolgt, auch einmal eingesperrt. Im ersten Jahr fand er Unterschlupf im Kloster Maria Laach, mit dessen Abt er befreundet war; danach verbrachte er die meiste Zeit als Privatmann in Rhöndorf bei Bonn. Niemand hätte damals für möglich gehalten, daß er am Ende des Tausendjährigen Reiches noch einmal zu weit höheren Aufgaben und größerer Verantwortung berufen werden würde.

[1] Paul Weymar: Konrad Adenauer. München 1955.

44

Konrad Adenauer war 74 Jahre alt, als er 1949 Kanzler der Bundesrepublik Deutschland wurde. Vierzehn Jahre lang leitete er dann diesen Staat, den er mehr geprägt hat als irgendein anderer Mensch. Adenauer war ganz ohne Prätentionen, aber ausgesprochen autoritär. Er war von Natur selbstbewußt, zugleich jedoch bescheiden. Für sich persönlich hatte er keinen Ehrgeiz, aber er wollte die Macht, weil er überzeugt war, daß nur er, und er allein, imstande sein werde, die Deutschen nach vielen Irrungen auf den rechten Weg zurückzuführen. Viel List und manche Tücke hat dieser Meister der Taktik angewandt, um sich in den Besitz der Macht zu setzen. Und als er sie, die er nicht zum eigenen Vergnügen, sondern zum Benefiz seines Volkes suchte, dann endlich hatte und sie lang genug hatte, da wollte er sie nicht mehr hergeben.

Der Historiker Golo Mann nahm Churchills Ausspruch, Adenauer sei nach Bismarck der bedeutendste deutsche Regierungschef, zum Anlaß, über diesen Vergleich einmal nachzusinnen. Er schrieb[1]: »Beide trauten sich selber viel und ihrem Volk wenig. Aber Bismarck war ein Artist, ein verwegener Spieler, der mit vielen Bällen auf einmal jonglierte. Adenauer hielt einen einzigen in festen Händen und warf ihn immer in die gleiche Richtung. Bismarck dachte feudal und historisch, dachte in den Begriffen von Staat, Klasse, Herrschaft, Macht, Großmacht, was schon zu seiner Spätzeit ein Anachronismus war. Adenauer dachte gesellschaftlich und wollte große deutsche Außenpolitik nur führen, um großer deutscher Außenpolitik für immer ein Ende zu machen. Jener war der geistvollste Schriftsteller und ein geistiger Abenteurer, dieser – nicht. Der eine war Junker, privilegiert und übermütig von Haus aus, der andere ein hart arbeitender Bürger. Bismarck war schon auf der Höhe des Lebens krankhaft leidend, früh verbraucht, von schlechten Nerven gepeinigt, wüst und ohne Regel lebend; Adenauer

[1]  Golo Mann: Zwölf Versuche. Frankfurt/M. 1973.

eine fleischgewordene Lebensregel, die physische, geistige Gesundheit selber. Die Aufzählung der Verschiedenheiten wäre ad infinitum fortzusetzen; wobei die zeitbedingten und die persönlichen miteinander verschwimmen würden.

Trotzdem sind auch Ähnlichkeiten da, die das Handwerk mit sich bringt und die besondere deutsche Tradition des Handwerks. Beide waren sie gierig nach Macht. Zuerst, um etwas Großes damit anzufangen, später, weil sie sich allzu gründlich an sie gewöhnt hatten, weil sie sich selbst als eine nicht mehr abzuschaffende Institution empfanden und ohne Macht nicht mehr denken konnten. Beide waren ausgepichte Taktiker im Kleinen; im Großen verbanden sie Konsequenz, Aufrichtigkeit und Treue mit dem genauen Gegenteil …

Von Ideen hielten sie beide wenig, gingen mit konkreten Dingen um, so wie sie an sie herankamen; eine Haltung, die den Erfolg anzieht, aber auch Gefahren in sich birgt. Beide hatten einen persönlichen Erfolgsmythos aufgebaut, dessen Düpierte sie selber wurden; er wirkte lang, aber verblaßte, je näher das Ende kam. Beide waren sie fromm und pflicht-bewußt und gleichzeitig auf dem Umweg über ihr Pflichtge-fühl sehr redlich gesinnt. Eines war der Glaube, etwas an-deres die Politik. Selber starke Charaktere, umgaben sie sich mit Gehilfen tieferen moralischen Standes; es kam dies aus ihrer Intoleranz, ihrem Mißtrauen, das stets bereit war, fremde, unabhängige Meinungen mit Dummheit oder Bös-heit gleichzusetzen.«

Im Gegensatz zu Bismarck war Adenauer in der Tat ein Simplifikateur; oft sagte er, Politik müsse einfach sein. Als Günter Gaus[1] ihn einmal in der Sendung ›Zur Person‹ fragte, ob er es als Lob oder als Tadel empfinde, wenn er als ein großer Vereinfacher in der Politik bezeichnet werde, sagte er: »Das halte ich für ein ganz großes Lob, denn in der Tat, man muß die Dinge auch so tief sehen, daß sie einfach

---

[1] Günter Gaus: Zur Person, Band II. München 1966.

sind. Wenn man nur an der Oberfläche der Dinge bleibt, sind sie nicht einfach; aber wenn man in die Tiefe sieht, dann sieht man das Wirkliche, und das ist immer einfach.«

Adenauer dachte in Alternativen. Für ihn gab es nur ein Entweder-Oder: soziale Marktwirtschaft oder Planwirtschaft, Freiheit oder Sklaverei. Er war der ideale Chef für die Zeit des Kalten Krieges: zäh, unbeirrbar, konzentriert auf einige wenige, aber wichtige Dinge – alles andere nannte er »Gestrüpp und Ballast«.

Er hatte ein natürliches Gespür für das Machbare, vertrödelte keine Zeit mit Analysieren und fruchtlosen Erwägungen – er verließ sich auf seinen Instinkt, ergriff die jeweilige Gelegenheit beim Schopf und handelte. Alles Intellektuelle war ihm fremd. Konrad Adenauer war der Auffassung, es sei am besten, wenn Presse und Öffentlichkeit sich sowenig wie möglich in seine Politik – vor allem in die Außenpolitik – mischten. Darum hielt er auch nichts von regelmäßigen Pressekonferenzen, doch gab er gern Interviews. Da er sehr auf Geheimhaltung bedacht war, machte er seinen Pressechefs das Leben schwer – von den ersten vier blieb keiner länger als vier Monate.

Arnulf Baring[1] schreibt: »Ein Politiker konnte sich auf die Dauer im Umkreis des Kanzlers nur dann halten, wenn er sein Schicksal mit dem Adenauers blindlings zu verbinden entschlossen und damit zur Aufgabe jeder politischen Selbständigkeit bereit war. Der Bundeskanzler brauchte Berater und Gehilfen – er allein führte. Er selbst bestimmte die Politik, zumal die äußere.«

Und Herbert Blankenhorn[2], sein langjähriger Mitarbeiter, erst als Generalsekretär der CDU und dann als sein Verbindungsmann zur Alliierten Hohen Kommission – er und

---

[1] Arnulf Baring: Außenpolitik in Adenauers Kanzlerdemokratie. München 1969; als Taschenbuch unter dem Titel: Im Anfang war Adenauer. Die Entstehung der Kanzlerdemokratie. München 1982.
[2] Herbert Blankenhorn: Verständnis und Verständigung. Berlin 1980.

Hans Globke haben ihn wahrscheinlich intimer gekannt als irgend jemand sonst –, schreibt: »Adenauers Verhältnis zu seinen Ministern und den Großen seiner Partei war sachlich kühl, oft kritisch. Gegensätze zwischen den Großen hat er nicht ungern gesehen. Er war auch nicht frei von abschätzigen Urteilen an die Adressen derer, deren wachsender Einfluß ihn zu stören begann. An seinen Nachfolger im Amt hat er nur sehr ungern gedacht, und wenn, nur vorübergehend unter dem Druck der öffentlichen Meinung oder gewisser Parteigruppierungen. Er wirkte nicht ›kristallisierend‹, das heißt, er sammelte nicht um sich eine Führungsgruppe von begabten jüngeren politischen Menschen, die er an seinen Vorstellungen und Zielen hätte teilnehmen lassen und die damit zu einer tragenden Schicht in der politischen Arbeit hätten werden können.«

Adenauer hätte nie für möglich gehalten, daß die SPD imstande sein könne, das Land zu regieren. Die Sozialdemokraten waren für ihn im Grunde eine preußische Partei. Ihre Führer seiner Meinung nach die Erben der preußischen Junker: »Sie haben genau dieselben Herrschaftsgelüste wie jene gehabt, nur daß sie zunächst ihre Herrschaftsgelüste verlagern vom militärischen auf das wirtschaftliche und außenpolitische Gebiet.«

Man weiß nicht recht, ob er an die »Sozis« oder an wen sonst gedacht hat, als er im September 1954 nach dem Scheitern der von ihm favorisierten Europäischen Verteidigungsgemeinschaft (EVG) zu dem Außenminister von Belgien, Henri Spaak, und zu dessen Luxemburger Kollegen Joseph Bech sagte: »Wenn ich einmal nicht mehr da bin, weiß ich nicht, was aus Deutschland werden soll, wenn es uns nicht doch noch gelingen sollte, Europa rechtzeitig zu schaffen... Nutzen Sie die Zeit, solange ich noch lebe. Wenn ich nicht mehr bin, ist es zu spät – mein Gott, ich weiß tatsächlich nicht, was meine Nachfolger tun werden, wenn sie sich selbst überlassen sind, wenn sie nicht in fest vorgezeichneten Bahnen gehen müssen, wenn sie nicht an Europa gebunden sind...«

Lothar Ruehl, der damals beim ›Spiegel‹ war und der, ohne von den drei Politikern bemerkt zu werden, unbeabsichtigt Zeuge dieser Unterhaltung wurde, hat sie wörtlich so berichtet. Wer Adenauer kannte, weiß, daß diese Selbstüberschätzung nicht auf missionarischen Eifer zurückzuführen war und schon gar nicht auf Arroganz – sondern daß sie aus tiefer Sorge gewachsen war. Er hat die Deutschen kritischer betrachtet als irgendein anderes Volk, sein Mißtrauen war so tief verwurzelt, daß er gar nicht bemerkt hat, wieviel gerade die Deutschen aus den Erfahrungen der Hitlerzeit gelernt haben.

Konrad Adenauer war ein verschlossener, nüchterner Mann. Seine Reden waren hölzern, seine Erinnerungen, die er als uralter Mann mit 88 Jahren aufzuschreiben begann, sind so trocken, daß die Lektüre auch dem treuesten Anhänger kein Vergnügen bereiten kann, zumal er sich jede Form von Humor, die ihn sonst auszeichnete, versagt hat, obgleich er doch gerade dafür berühmt war. Nahum Goldmann[1] schreibt: »Adenauer erzählte mir, daß sich verschiedene Stilisten angeboten hatten, ihm bei der Redaktion seiner Erinnerungen zu helfen. Adenauer hatte sie jedoch alle abgelehnt, da er wünschte, sich so zu zeigen, wie er wirklich war.«

Adenauer war sein Leben lang ein Meister der witzigen Replik. Wie oft in seinem parlamentarischen Leben ist es ihm gelungen, peinliche Zwischenrufe oder lästige Fragen in Gelächter untergehen zu lassen, aber rhetorische Glanzstücke waren seine Reden nie. Sein Widersacher Kurt Schumacher sagte einmal: »Goethes Wortschatz wies 29 000 Worte auf, Herr Adenauer verfügt nur über 500.« »Und selbst wenn er 200 Worte mehr kennte«, ergänzte ein Kollege, »würde er sie nicht benützen. Das ist doch gerade seine Stärke.«

---

[1] Nahum Goldmann: Mein Leben als deutscher Jude. München/Wien 1980.

Eine besondere Stärke von ihm war auch sein ungewöhnlicher Spürsinn, mit dessen Hilfe es ihm gelang, die jeweils vorhandenen Möglichkeiten oder Stimmungen zu erkennen. Den einmal eingeschlagenen Weg verfolgte er dann mit unbeirrbarer Konsequenz. Fast unglaublich erscheint mir daher die Spontaneität, welche in einer Geschichte zum Ausdruck kommt, die mir Nahum Goldmann, der langjährige Präsident des Jüdischen Weltkongresses, erzählt hat, der sie wiederum von Adenauer selbst hörte: Adenauer fährt nach Rom zur ersten Audienz beim Papst – zuvor war diese Begegnung im Kabinett besprochen worden, und der Bundeskanzler hatte versprechen müssen, nicht niederzuknien –, »…aber als die Tür sich öffnete und ich mich plötzlich dem Heiligen Vater gegenübersah, fiel ich auf die Knie…«

Goldmann, der Adenauer häufig gesehen hat und überraschende Unterhaltungen mit ihm führte, berichtet von einem »Streitgespräch«, wer der Größere gewesen sei: Palestrina oder Bach. Adenauers Verdikt: »Palestrina – Bach ist mir zu protestantisch.« Ebenso aufschlußreich die gleiche Debatte über Franz von Assisi, dem Nahum Goldmanns Liebe galt, während Konrad Adenauers Bewunderung für Ignatius von Loyola größer war – Begründung: »Weil dieser sich seinen Glauben hat erkämpfen müssen und sich selber überwunden hat.«

In der Zwischenzeit, zwischen Kriegsende 1945 und Gründung der Bundesrepublik 1949, hatte sich immer deutlicher herausgestellt, daß die Amerikaner entschlossen waren, in Europa zu bleiben und hier eine entscheidende Rolle zu spielen. Auch wenn sie dies vielleicht nicht vorgehabt hatten, fügten sich die Schritte, die sie zwangsläufig der Reihe nach taten, ganz automatisch zu Gliedern einer Kette, mit der sie sich schon bald an den alten Kontinent gefesselt sahen.

Begonnen hatte es mit dem Entschluß, den Kommunismus, der sich auch nach dem Ende des Zweiten Weltkriegs immer weiter nach Westen ausbreitete, einzudämmen. Ganz Osteuropa ist ja erst nach 1945 unter kommunistische Herrschaft gelangt, und jetzt begannen die Kommunisten auch Griechenland zu terrorisieren. George Kennan, Chef des neu gegründeten Planungsstabs im State Department, entwarf die *Containment Policy*, die Politik der Eindämmung, die den nächsten Jahrzehnten zugrunde liegen sollte.

Der erste konkrete Schritt war im März 1947 die Truman-Doktrin. Ihr Ziel: »Alle freien Völker zu unterstützen, die sich Unterjochungsversuchen durch bewaffnete Minderheiten oder auswärtigem Druck widersetzen.« Ihr folgte im Juni 1947 die berühmte Rede des amerikanischen Außenministers General Marshall in Harvard, deren Konkretisierung dann als Marshall-Plan in die Geschichte eingegangen ist. In Ausführung des Marshall-Plans sind insgesamt mehr als 12 Milliarden Dollar nach Europa geflossen, davon 3,3 Milliarden Dollar in die Bundesrepublik und nach West-Berlin, von denen eine Milliarde innerhalb von dreißig Jahren rückzahlbar war und zurückgezahlt worden ist.

Herausgefordert durch den kommunistischen Coup in Prag 1948 und die Blockade von Berlin, die bis zum Frühjahr 1949 andauerte, hatte der Westen schließlich unter der Führung der USA im April 1949 den Nordatlantikpakt – North Atlantic Treaty Organziation (Nato) – zur gegenseitigen Verteidigung abgeschlossen. Als 15. Mitglied trat die Bundesrepublik nach Abschluß der Pariser Verträge und Beendigung der Besatzungszeit 1955 der Nato bei.

Alle Probleme, die das Verhältnis der Deutschen zu den drei westlichen Alliierten betrafen, fielen nach Gründung der Bundesrepublik unter den Begriff »Besatzungsstatut«. Zuvor hatte eine rechtlich unbeschränkte Besatzungsherrschaft bestanden. Bei ihr ging es um politische und wirtschaftliche Beschränkungen oder Auflagen verschiedener Art: die Demontage von Industrieanlagen, Tonnagebeschränkungen der Handelsflotte, Begrenzung im Schiffsbau,

Kohlelieferungen an die westlichen Nachbarn und Rechtsfragen aller Art. Deutsche diplomatische Missionen waren nirgends zugelassen, nur in London, Paris und Washington gab es seit 1950 Generalkonsulate.

Es ist schwer, sich die Situation zu vergegenwärtigen, vor allem die Emotionen, die die Beteiligten in jener Zeit erfüllten. Auf der Alliiertenseite überschatteten Mißtrauen und Argwohn gegen das besiegte Nazideutschland noch jahrelang alle anderen Gefühle. Lange Zeit war der heimliche Verdacht nicht auszurotten, die Bundesrepublik werde ihre Zuflucht in einer Schaukelpolitik zwischen Ost und West sehen und sich am Ende dem Osten zuwenden, der allein ihr das bieten könne, worauf es den Deutschen ankomme. »Rapallo« war ein Stichwort, das alle drei westlichen Besatzungsmächte immer wieder in Schrecken versetzte.

Vieles sprach in den Augen der Sieger dafür, daß sich dieses Volk, bei dem jeder vierte Bürger ein Flüchtling war, für Neutralität entscheiden werde in der Hoffnung, auf diese Weise am ehesten das Verlorene zurückbekommen zu können. Die Deutschen ihrerseits waren überwältigt von dem Gefühl der Bedrohung durch den Osten.

Joe Slater, der Secretary General of the Allied High Commission, der damals auf dem Petersberg amtierte, hat mir erzählt, daß nach Ausbruch des Koreakrieges die Sorge vor einem Angriff der Russen so groß war, daß die Alliierte Hohe Kommission – die ja in der Bundesrepublik die Rechte eines Souveräns ausübte – in Trier für sich und Adenauer samt seinem Kabinett heimlich unterirdische Ausweichquartiere habe herrichten lassen.

Die Ära Adenauers hat ebenso lang gedauert wie die Weimarer Republik und länger als das Hitlerreich. Das Faktische, nicht der Stil seiner Zeit, wird im Gegensatz zu den beiden vorangegangenen Epochen weiterbestehen, denn seine drei großen, fundamentalen Leistungen sind von Dauer.

Adenauer hat die Integration der Bundesrepublik Deutschland in die freie Welt vollzogen; die Aussöhnung mit Frankreich herbeigeführt; und in seiner Partei die beiden einander durch Jahrhunderte feindlichen Konfessionen vereinigt.

Das Kapitel im Buch der deutschen Geschichte, das Konrad Adenauer geschrieben hat, ist jedoch nicht aus einem Guß. Es zerfällt in zwei Teile. Im ersten Teil sehen wir ihn, wie er mit sicherem Instinkt, großer Beharrlichkeit und gelassener Würde dem deutschen Volk – das in den Augen der Welt zu einem Volk von Mördern geworden war – langsam Schritt für Schritt das Vertrauen der Welt zurückgewinnt. Dabei hat er nie übertriebene Forderungen gestellt, versteifte sich nie auf Widerspruch, sondern vertraute darauf, daß das natürliche Gewicht der Dinge den Deutschen ihr Recht schon verschaffen werde. Geduldig bemühte er sich – und schließlich auch erfolgreich –, die vielen Begrenzungen, Demontagen und Zwangsablieferungen zu stoppen, nie jedoch mit nationalistischen Argumenten. Mit unbeirrbarem Sinn gab er den Deutschen das Gefühl für Richtung, Proportion und Maßstab wieder – den Deutschen, die, durch die größte Katastrophe ihrer Geschichte verwirrt, desillusioniert und verzweifelt, nur noch von Ratlosigkeit und Angst beherrscht wurden.

Im zweiten Teil wurden ihm gerade jene Eigenschaften zum Verhängnis, die die Voraussetzung für seine Wirkung in der ersten Phase gewesen sind. Die Gewißheit, den rechten Kurs zu kennen, und die von keinem Zweifel angefochtene Entschlossenheit, diesen Kurs weiter zu steuern, verwandelten sich in politische Phantasielosigkeit, unfruchtbaren Starrsinn und eine ärgerliche Nichtachtung aller Mitbürger. Die Ansichten und Warnungen von Atomwissenschaftlern, unabhängigen Politikern und Publizisten interessierten ihn nicht.

Wo die Trennungslinie zwischen diesen beiden Teilen verläuft, ist nicht ganz eindeutig festzulegen. Hinsichtlich der Deutschlandpolitik wurde schon in den fünfziger Jahren deutlich, daß die Sorge vor jedwedem Risiko ihn Zuflucht zu den sogenannten altbewährten Grundsätzen nehmen ließ, die zugleich mit dem Risiko auch jede Chance eliminierten. Dabei war doch klar, daß nach Stalins Tod 1953 und nach dem XX. Parteitag 1956, der den Ostblock in seinen Grundfesten erschütterte, die Lage in der Sowjetunion nicht mehr die gleiche sein konnte wie vorher.

Man muß allerdings hinzufügen, daß Adenauer von jeher mit zwei Zungen geredet hat: Nach innen wurde er nicht müde, von der Wiedervereinigung in Frieden und Freiheit und vom Alleinvertretungsrecht zu sprechen, nach außen gab er zu erkennen, daß für ihn die feste Einordnung der Bundesrepublik in den Westen das Allerwichtigste war, auch wenn seine Gegner meinten, daß dies die Teilung Deutschlands für alle Zeiten verewigen werde.

Anfänglich hatte der Eiserne Vorhang die Bundesrepublik ja noch vor der Infiltration durch den Kommunismus geschützt; seit 1953 – der 17. Juni war ein deutlicher Beweis – lag aber das Schutzbedürfnis auf der anderen Seite: Der Osten begann sich vor der Infiltration durch die Freiheit zu fürchten. Doch Bonn schien diesen Wandel nicht zu bemerken. Es suchte, ungeachtet der Mahnungen aus den Hauptstädten des Westens, weiterhin ängstlich alle Kontakte mit denen »drüben« zu meiden und ersparte jenen damit mancherlei Unbilden.

Dabei hätten sich in jenen Jahren vielleicht neue Weichen nicht nur der Sowjetunion gegenüber stellen lassen. Hätten wir damals, 1956, als die Polen sich in der Gomulka-Revolution mit einigem Erfolg von der unmittelbaren sowjetischen Herrschaft zu befreien versuchten, als sie mit erstaunlich offener Bereitschaft die Begegnung mit der Bundesrepublik suchten und der polnische Außenminister Rapacki 1957 vor der Vollversammlung der Vereinten Nationen eine »kernwaffenfreie Zone für Europa« propagierte – hätten wir uns damals zu einer aktiven Ostpolitik entschlossen, dann wären wir nicht weitere fünfzehn Jahre lang als Militaristen, Revi-

54

sionisten und Revanchisten verdächtigt worden. Wir hätten dann weit konstruktiver agieren können.

Dies sind nicht retrospektive Einsichten – ich habe in der ›ZEIT‹ über die Jahre ungezählte Artikel zu diesem Thema geschrieben, beispielsweise am 18. Juni 1953 unter der Überschrift: ›Drei Monate nach Stalins Tod‹[1]: »Die einen wollen sich weiterhin auf die bewährte Faustregel verlassen: Erst rüsten, dann reden! Nur dank einer unbeirrten Rüstungs- und Integrationspolitik und dem Aufbau der Nato-Organisation, sagen sie, sind wir so weit gekommen; folglich war unsere Politik richtig, und deshalb sollten wir sie fortsetzen.

Die anderen leugnen diese Tatsache nicht, sind aber der Meinung, der Zeitpunkt sei gekommen, auf dem Verhandlungswege herauszufinden, wie weit man eigentlich gediehen ist. Und sie haben zweifellos recht, denn, wenn man nicht ab und zu auf dem eingeschlagenen Weg prüfend innehält, landet man zwangsläufig eines Tages in der Sackgasse. Schlimm daran ist nur, daß die Verhandlungswilligen in ihrer Bereitschaft so überschwenglich sind, daß sie alles andere darüber vergessen. Der ›Observer‹ schrieb neulich, auf keinen Fall dürfte beim Kreml der Eindruck entstehen, daß der Westen sich in Bermuda zusammenrotte.

Genau dies aber ist nötig. Jetzt nämlich ist der Zeitpunkt gekommen, wo man die beiden Taktiken gemeinsam anwenden sollte: sich zusammenrotten, Druck ausüben, fordern, aber gleichzeitig verhandeln! Jetzt ist der Moment, wo vielleicht wieder einmal wirkliche Politik gemacht werden kann.«

Oder am 5. April 1956 ein Artikel mit dem Titel: ›Nach dem XX. Parteikongreß‹[2]: »In der nächsten Zukunft wird es verzweifelte Schwierigkeiten für alle Satellitenregierungen, einschließlich der DDR, geben, weil es viel schwieriger ist,

---

[1] Marion Dönhoff: Die Bundesrepublik in der Ära Adenauer. Reinbek bei Hamburg 1963.
[2] Marion Dönhoff: Die Bundesrepublik in der Ära Adenauer. Reinbek bei Hamburg 1963.

ein bißchen Terror aufrechtzuerhalten, als mit totalem Terror zu regieren. Verwirrung und Unsicherheit in der SED müssen unvorstellbar groß sein. Ein Augenblick, der der Bundesregierung und dem Gesamtdeutschen Ministerium – das ja schließlich für Gesamtdeutschland zuständig ist – reichlich Gelegenheit gäbe, sich nach jahrelangem, geduldigem Warten etwas eingehender mit der Zone zu beschäftigen. Wir haben kürzlich an dieser Stelle vorgeschlagen, aus der ewigen Defensive gegen das ›Deutsche an einen Tisch‹ einmal in die Offensive überzugehen und jenes Schlagwort, mit dem die SED die Anerkennung der DDR als selbständiger Staat erzwingen will, abzuwandeln in eine Aufforderung, nicht die Funktionäre an einen Tisch zu bringen, sondern die Bürger von hüben und drüben.

Wir meinen, die Gelegenheit sei heute selten günstig. Warum laden wir sie nicht zu Tagungen und Diskussionen ein: die Bürgermeister der großen Städte, Direktoren der Universitäten, Gewerkschafter, demokratische Frauen, Studenten? Kommen sie nicht, so wissen wir, daß ihre Parole ›Deutsche an einen Tisch‹ nur Geschwätz ist; kommen sie aber, so hätten wir genug interessanten Gesprächsstoff...

Der 17. Juni 1953 hat, wie wir heute wissen, Kettenreaktionen bis weit nach Sibirien hinein gehabt. Der März 1956 ist ein anderes Datum, das tief, noch viel tiefer hineingeschrieben sein wird in den Nachkriegsband der Geschichte des sowjetischen Imperiums. Und nichts rührt sich bei uns.«

Konrad Adenauers politischer Aufstieg hatte am 1. September 1948 begonnen. Damals wurde er zum Präsidenten des Parlamentarischen Rates gewählt. Der Parlamentarische Rat hatte die Aufgabe, das Grundgesetz, also die Verfassung, auszuarbeiten; er war im übrigen die erste Institution, die die ganze Bundesrepublik umfaßte und überwölbte, denn bis dahin hatte es ja weder eine Regierung noch ein Parlament gegeben, sondern nur die Länderregierungen. Adenauer ergriff die Gelegenheit und setzte sogleich durch, daß von nun an der Parlamentarische Rat – also er – mit den Alliierten verhandelte und nicht mehr, wie bisher, die Konferenz der Ministerpräsidenten.

Am 14. August 1949 fand dann die erste Wahl zum Bundestag statt. Von insgesamt 402 Sitzen erhielt die CDU/CSU 139, die SPD 131, FDP 52 und DP (Deutsche Partei) 17 Sitze. Die beiden großen Parteien waren also nahezu gleich stark. Somit ergab sich die Frage, sollte ein Große Koalition die Fundamente des neuen Staates legen oder war eine Rechtskoalition, ein bürgerlicher Block, zu bevorzugen. Für Adenauer gab es keinen Zweifel. Er wollte die Macht nicht teilen, sich sein Weltbild nicht verwässern lassen. Und bis an sein Lebensende ist er der Meinung gewesen, daß dies die wohl wichtigste politische Entscheidung gewesen sei, die er in seinem Leben getroffen habe.

Wenige Monate später endete dann auch das wochenlange Gerangel um den Sitz der Bundesregierung: Bonn oder Frankfurt? Am 3. November entschied der Bundestag mit 200 Stimmen gegen 179 für Bonn. Blankenhorn[1] notierte in sein Tagebuch: »Wie so oft in der Geschichte: wichtige Entscheidungen finden ihre Erklärung auch in persönlichen Gründen. So war für ihn – wenn er es auch nie ausgesprochen hat – recht maßgeblich, daß sein Haus in Rhöndorf in unmittelbarer, leicht erreichbarer Nähe seines Amtssitzes liegt.«

Schwer zu sagen, ob Adenauer einen Meisterplan für die Zukunft hatte oder ob er sich, wie ich meine, von Fall zu Fall entschied und sich auf solche Weise das ergab, was, von ihm aus gesehen, die optimale Entwicklung war: Westintegration, Wiederbewaffnung, Europäische Wirtschaftsgemeinschaft. Zunächst aber handelte es sich darum, die Zügel in die Hand zu bekommen. Adenauer, ein erfahrener Kommunalpolitiker, wußte, wie man das macht.

---

[1] Herbert Blankenhorn: Verständnis und Verständigung. Berlin 1980.

Zu jener Zeit gab es die CDU/CSU noch nicht als Bundespartei. Adenauer war lediglich Vorsitzender der CDU in der britischen Besatzungszone; darum war niemand befugt, Entscheidungen für die Gesamtpartei zu treffen. Wie wurde Konrad Adenauer mit dem Problem fertig, unter diesen formal schwierigen Bedingungen sich die Position als Chef der Gesamtpartei zu sichern? Er lud am 21. August 1949 die Mitglieder der CDU/CSU zu einer Konferenz nach Rhöndorf ein. Sein Freund, der Bankier Robert Pferdmenges, hat später einmal angemerkt, daß die entscheidende Frage, wer das Präsidium führen solle, gar nicht aufkam, weil er schlau und mit Bedacht die Sitzung in seinem Haus abhielt. So sei es selbstverständlich gewesen, daß der Hausherr selbst den Vorsitz übernahm und er es denn auch war, der als erster das Wort ergriff und seine Sicht der Dinge abgab.

Nach langen, heftigen Diskussionen waren schließlich am Abend alle soweit, dem Hausherrn zuzustimmen, daß die Kleine Koalition mit Adenauer als Bundeskanzler das beste sei. Sodann wurde auch gleich beschlossen, Theodor Heuss, den Vorsitzenden der FDP, der davon noch nichts wußte, zum Bundespräsidenten zu machen. Dies wurde dann am 12. September 1949 vollzogen, und drei Tage später wurde Adenauer mit einer Stimme Mehrheit – seiner eigenen – zum Bundeskanzler gewählt.

Er war schon einmal 1929, am Ende seiner ersten Amtszeit als Oberbürgermeister von Köln, mit nur einer Stimme Mehrheit – ebenfalls seiner eigenen, denn es war die der Verwaltung – in seinem Amt bestätigt worden. Nur eine Stimme Mehrheit bekam er damals, weil er zuviel Geld ausgegeben hatte. Fünf Jahre nach der Stabilisierung der Mark, 1928, zu einer Zeit also, da diese besonders hoch im Wert stand, hatte er in Köln mehr als 300 Millionen Mark Schulden gemacht.

Die oberste Gewalt in Deutschland hatten zu jener Zeit, als Adenauer Kanzler wurde, die drei Besatzungsmächte, personifiziert durch die drei Hochkommissare, die ein allgemeines Vetorecht über alle neu erlassenen Gesetze besaßen und die sich außerdem die Außenpolitik vorbehalten hatten. Alle wichtigen Angelegenheiten mußten mithin zwischen ihnen und Konrad Adenauer verhandelt werden, wobei dieser streng darauf achtete, daß er allein, und nicht die Fachminister, jene Besprechungen, die dreimal in der Woche auf dem Petersberg stattfanden, führte.

Dieses Recht bot dem ersten Bundeskanzler eine einzigartige Gelegenheit, seine überragende Stellung auszubauen. So war es ihm gelungen, in jenen ersten Jahren alle wichtigen Teile der Exekutive im Bundeskanzleramt zu konzentrieren. Dort gab es, lange bevor es den Deutschen gestattet war, ihre eigene Außen- und Verteidigungspolitik zu betreiben, verschiedene Dienststellen, in denen sachlich und personalpolitisch diese Ministerien vorbereitet wurden.

Jene Konstruktion hatte den großen Vorteil, daß Adenauer sich nicht mit selbständigen Ressortministern auseinandersetzen mußte, sondern die Fragen allein entscheiden konnte. Er sollte es nie wieder so gut haben wie in jener ersten Legislaturperiode, als er sich mit allem und jedem hinter den Besatzungsmächten verschanzen konnte; das Parlament noch nicht aufsässig war; seine Partei, die sich erst im Oktober 1950 auf Bundesebene konstituiert hatte, noch keinen großen Einfluß besaß und die Meinung der Opposition ihn nicht anfocht, da er sich im Besitz der allein gültigen Wahrheit fühlte.

Das Resümee von Arnulf Barings[1] Studien: »Die Startchance des ersten Regierungschefs der Bundesrepublik – und der Ursprung der Kanzlerdemokratie – lag in der Monopolisierung aller außenpolitischen Aktivitäten im bürokratisch hochqualifizierten, von partei- und verbandspolitischen Einflüssen abgeschirmten, allein vom Regierungschef kontrollierten Bundeskanzleramt. Mit der Dienststelle für

---

[1] A. Baring: Außenpolitik in Adenauers Kanzlerdemokratie. München 1969; als Taschenbuch unter dem Titel: Am Anfang war Adenauer. München 1982.

Auswärtige Angelegenheiten, der Keimzelle des späteren Auswärtigen Amtes, dem Amt Blank als Vorläufer des Verteidigungsministeriums sowie dem auf die besonderen Bedürfnisse des Kanzlers zugeschnittenen Informationsdienst des Bundespresseamtes, war das Bundeskanzleramt das ausschließliche Entscheidungszentrum – das innenpolitischen Einflüssen fast völlig entzogen war. Selbst die Konrad Adenauer tragende Kräftekonstellation – also der Bundespräsident, die Bundesregierung und deren Bundestagsmehrheit sowie sämtliche große Verbände – war vom außenpolitischen Entscheidungsprozeß weitgehend aus geschlossen. Noch weniger zählte die Opposition und eine vage öffentliche Meinung. Wichtig, ja, anfangs ausschlaggebend, waren dagegen die drei Hochkommissare. Im Zusammenwirken mit ihnen und ihren Regierungen konnte der Bundeskanzler in einem innenpolitischen Machtvakuum, sozusagen in einem sozialen Hohlraum, eine Außenpolitik der Wiederbewaffnung und Westintegration ins Werk setzen.«

In der schon erwähnten Sendung Günter Gaus'[1] ›Zur Person‹ heißt es:

»Gaus: ›Sind Sie ein Bundeskanzler gewesen, der, wann immer er in die Lage kam, allein entscheiden zu müssen, sich am sichersten fühlte?‹

Adenauer: ›Wenn ich in die Lage kam, mich allein entscheiden zu müssen, und die Überzeugung hatte, daß ich das Material, das zum Treffen einer Entscheidung nötig war, wirklich vor mir gehabt hatte, war ich sehr ruhig im Treffen einer Alleinentscheidung.‹

Gaus: ›Und es hat für Sie nie eine Last bedeutet, Entschlüsse fassen zu müssen?‹

Adenauer: ›Nein.‹«

Es ist die einzige Frage in diesem Interview, die der Bundeskanzler mit einem einzigen Wort beantwortet hat.

---

[1] Günter Gaus: Zur Person, Bd. I. München 1966.

Von den Personen, die Adenauer für die verschiedenen Fachbereiche aussuchte, verlangte er in erster Linie absolute Loyalität, mehr noch: Ergebenheit. Eigenständige Charaktere mit eigenen Ideen und selbständigem Durchsetzungsvermögen konnte er nicht brauchen. Ihnen mißtraute er – es sei denn, er kannte ihre geheimen Schwächen und konnte daher sicher sein, von solcher Kenntnis gegebenenfalls Gebrauch machen zu können. Auch die Berater gegeneinander auszuspielen gehörte zum Repertoire seiner politischen Taktik.

Alle, die mit Konrad Adenauer eng zusammengearbeitet oder über ihn in ihren Memoiren geschrieben haben, bewundern seine sachliche Leistung, aber niemand preist seine Menschlichkeit. Er war ohne Illusionen, hatte wenig Herz, einen trockenen, listigen, zuweilen aggressiven Humor. Er war schlau, skeptisch, gelegentlich ruchlos und beherrschte alle Tricks und Manöver eines ausgekochten Politikers.

Aber er war eine eindrucksvolle Persönlichkeit von großer angeborener Autorität. Auch seine parteipolitischen Gegner – Willy Brandt beispielsweise – haben oft mit Bewunderung von ihm gesprochen. Offenheit und Skepsis, Härte und Kompromißbereitschaft, Zähigkeit und Elastizität, Charme und Verschlagenheit mischten sich bei ihm in unnachahmlicher Weise.

Theoretische Analysen, langwierige Diskussionen ließ er nur gelten, soweit sie für praktisches Handeln unerläßlich waren. Er wollte, in Deutschland solle wieder Ordnung und Wohlstand einziehen, Fleiß und Tüchtigkeit sollten prämiert werden. Dem Volk zu einer moralischen Erneuerung zu verhelfen, dafür hatte er nicht viel Sinn. Wie er denn überhaupt nach außen viel positiver, großzügiger, verläßlicher wirkte als nach innen. Er ließ sich gern apostrophieren als Gärtner, der seine geliebten Rosen hegt und pflegt – im innenpolitischen Bereich aber fehlten ihm diese gärtnerischen Qualitäten vollkommen.

Adenauer hatte eine sehr präzise Witterung für Leute, die ihm als Rivalen gefährlich werden konnten, und deren gab es, ehe er als Bundeskanzler etabliert war, immerhin einige, vor allem die Männer, die unter schwierigsten Umständen in dem von den Russen besetzten Berlin, Monate bevor dies in der Bundesrepublik geschah, die CDU gegründet hatten: Andreas Hermes, Jakob Kaiser, Hans Schlange-Schöningen... Sie, die als Minister der Weimarer Zeit – Hermes war zuletzt Finanzminister gewesen, Schlange-Schöningen Reichsminister ohne Ressort, aber zuständig für Agrarreform, Jakob Kaiser ein führender Gewerkschaftler – tätig waren, hätten eigentlich alle beim Aufbau des neuen Deutschland unentbehrlich sein müssen. Aber Konrad Adenauer hatte es verstanden, sie sich geflissentlich vom Leibe zu halten.

Zeugnis davon gibt Andreas Hermes in seinem Tagebuch, das bei seiner Frau, Anna Hermes[1], in ›Und setzt ihr nicht das Leben ein‹ zitiert wird. Heute ist die Geschichte der Bundesrepublik ohne den Baumeister Konrad Adenauer gar nicht vorstellbar, aber damals, 1945, dachte zunächst niemand an diesen längst vergessenen Politiker – im Vordergrund standen viel eher Männer wie Andreas Hermes, die sich aktiv im Kampf gegen Hitler ausgezeichnet hatten.

Hermes, der nach dem Reichstagsbrand 1933 sein Mandat als Zentrumsabgeordneter niedergelegt hatte, war gleich darauf im März verhaftet worden, weil er zweimal die Hakenkreuzfahne, die jemand am Sitz seines Bauernverbandes gehißt hatte, wieder herunterholte. Als er nach einem halben Jahr wieder freikam, wanderte er aus nach Kolumbien, kam aber 1939 zurück nach Deutschland. Nach dem 20. Juli 1944 wurde er verhaftet und zum Tode verurteilt. Tag und Nacht gefesselt, wartete er im Gefängnis in Berlin auf seine

---

[1] Andreas Hermes/Anna Hermes: Und setzt ihr nicht das Leben ein. Stuttgart 1971.

Hinrichtung, während die Stadt unter den Bomben der Alliierten allmählich in Trümmer sank.

Gleich nach seiner Befreiung in den ersten Maitagen 1945 erschienen Walter Ulbricht und ein sowjetischer Major bei ihm: Ob er bereit sei, die Lebensmittelversorgung der Stadt zu übernehmen, in der es kein Wasser, keinen Strom, keine Lebensmittel gab. Sein Ja kam ohne Zögern. Mit den übriggebliebenen Freunden aus der Widerstandszeit baute Hermes die Verwaltung Berlins auf. Jakob Kaiser, der sich während der neun Monate, in denen die Gestapo auf ihn Jagd machte, in Babelsberg versteckt hatte, versuchte sofort, alle Gewerkschaften in einer Einheitsgewerkschaft zu vereinen.

Mitte Juni 1945 genehmigten die Russen die Gründung von Parteien. Hermes hatte schon in der Widerstandszeit die Gründung einer sozialen, nichtmarxistischen Partei, die sich auf beide Konfessionen stützen sollte, ins Auge gefaßt, dieses Vorhaben dann im Gefängnis in allen Einzelheiten durchdacht und sofort nach seiner Befreiung mit den Freunden diskutiert. Am 15. Juni versammelten sich etwa 30 Freunde im Hause von Hermes, darunter Geistliche beider Konfessionen, auch Ernst Lemmer und Walter Schreiber, der langjährige preußische Minister für Handel und Gewerbe, ein prominentes Mitglied der früheren Demokratischen Partei.

Die Kommunisten wollten die entstehenden Parteien zu einem »antifaschistischen Block« zusammenschließen. Hermes weigerte sich und fand einen Kompromiß, dem alle zustimmten, auch der evangelische Pfarrer Propst Grüber und der katholische Gefängnispfarrer Buchholz. Als Namen schlug Hermes »Demokratische Union Deutschlands« vor. Otto von der Gablentz und Professor Dovifat wollten »christlich« hinzufügen. Hermes war dagegen. Schließlich einigte man sich doch auf »Christliche-Demokratische Union«. Hermes wurde zum ersten Vorsitzenden gewählt und Schreiber zu seinem Stellvertreter.

Am 26. Juni 1945 erschien ein großer Aufruf der »Christlichen-Demokratischen Union Deutschlands« an das deutsche Volk, unterschrieben von Andreas Hermes und 34 weiteren Männern, unter ihnen Ferdinand Friedensburg, Otto-Heinrich von Gablentz, Jakob Kaiser, Heinrich Krone, Ernst Lemmer, Otto Lenz, Ferdinand Sauerbruch, Graf Paul Yorck von Wartenburg. Dies war der Gründungsakt der CDU. Im Dezember fand dann ein allgemeines Treffen in Godesberg statt, zu dem Hermes die neu gegründeten Landes- und Ortsgruppen aller Zonen eingeladen hatte. Auch Adenauer nahm teil. Hermes selbst konnte schließlich nicht teilnehmen, weil die Russen ihm die Reisegenehmigung verweigert hatten.

Inzwischen hatten die Russen die Bodenreform in ihrer Zone vorbereitet und legten dabei großen Wert auf deutsche Zustimmung zu diesem Unternehmen. Darum stellten sie Hermes die Rückkehr seines letzten lebenden Sohnes, der sich in der Sowjetunion in Gefangenschaft befand, in Aussicht (zwei andere waren gefallen), wenn er die Zustimmung zu der entschädigungslosen Enteignung allen Grundbesitzes für die Bodenreform gäbe.

Als Vorsitzender einer Partei, die auf das Prinzip privaten Eigentums eingeschworen ist, sah er sich dazu nicht in der Lage. Auch in einer zweiten Unterhaltung lehnte er dies als nicht mit seinem Gewissen vereinbar ab. Daraufhin schickten die Russen seinen Sohn, der bereits bis Potsdam gelangt war, zurück nach Sibirien, wo er noch einmal viele Jahre zubringen mußte. (Später war Peter Hermes Botschafter der Bundesrepublik in Washington.) Der Sohn von Wilhelm Külz, dem Gründer der Liberalen Partei (LDP) in der DDR, der sich dem Wunsch der Russen fügte und unterschrieb, kam dagegen sogleich zurück.

Nach jener Weigerung setzten die Russen Andreas Hermes ab, der nun Berlin verließ, aber weiterhin dafür warb, die Verbindung zu den Russen auf keinen Fall abreißen zu lassen, damit der östliche Teil Deutschlands nicht ganz in ihren Machtbereich einbezogen würde.

64

Im Westen angekommen, erfuhr er, daß ein paar Tage später in Herford der CDU-Beirat der britischen Zone zusammentreten würde, um einen Vorsitzenden zu wählen. Hermes, der sein Haus in Köln wieder bezogen hatte und also in der britischen Zone residierte, meinte, als Gründer der Union, auch wenn er nicht ausdrücklich eingeladen worden sei, selbstverständlich willkommen zu sein, zumal einige Leute ihn zum Vorsitzenden vorschlagen wollten. Als er in Herford ankam, hatte Adenauer als Alterspräsident die Leitung der Sitzung übernommen. Er verbot Hermes den Zutritt mit der Begründung, die Besatzungsmächte hätten nur einem bestimmten Personenkreis das Recht zur Versammlung erteilt. Hermes reiste ab und erhielt viel später einen Brief aus Rhöndorf. Wie traurig überrascht er – Konrad Adenauer – gewesen sei, als er gehört habe, Hermes sei abgereist!

Von ähnlicher Gemütstiefe zeugt eine Geschichte, die mir ein ehemals maßgebender Abgeordneter der Zentrumspartei erzählt hat. Der Betreffende kommt 1949 zum erstenmal nach Deutschland zurück, besucht Adenauer und sagt ihm, Brüning sei eigentlich recht traurig dran, ob er, Adenauer, nicht etwas für ihn tun könne, schließlich handle es sich doch um den letzten bedeutenden deutschen Reichskanzler der Weimarer Zeit. Daraufhin schreibt Adenauer nicht etwa einen persönlichen Brief an Brüning, sondern weist Herbert Blankenhorn an, ihm zu schreiben und ihm 1000 Mark zu schicken. Natürlich hat Brüning dieses Almosen empört zurückgeschickt.

Adenauer hatte sicher recht, wenn er Brüning unter keinen Umständen wieder in der deutschen Politik sehen wollte – ihn aber vom Geheimdienst überwachen zu lassen, während er als Professor in Köln lehrte, um festzustellen, wer mit ihm verkehrte, das war dann doch ein starkes Stück.

Noch härter verfuhr er mit dem ehemaligen Reichskanzler Joseph Wirth. Wirth, der der Führer des linken Flügels der Zentrumspartei gewesen war, kehrte 1948 aus der Emigration zurück. Da ihm die Auszahlung seiner Pension verweigert wurde, klagte Wirth beim Verwaltungsgericht und erhielt, weil der Prozeß sich lange hinzog, interimistisch Vorauszahlungen vom Bund. Als er schließlich 1956 starb, war der Prozeß noch immer nicht entschieden. Wirth, der inzwischen Mitgründer und Vorsitzender des Bund der Deutschen geworden war, einer Organisation, die für Verständigung mit der Sowjetunion eintrat, hatte sich dadurch in noch schärferen Gegensatz zu Adenauer gesetzt. Als er starb, verlangte Bonn von den Erben die Rückzahlung der geleisteten Vorauszahlungen. Die Erben weigerten sich und waren schließlich sogar genötigt zu prozessieren. Die Akte über den Vorgang ›Wirth gegen Bundesinnenministerium‹ trägt das Aktenzeichen 6/K 74/57 und liegt in Köln – darf aber nicht eingesehen werden.

Das antipreußische Ressentiment ist typisch für viele Bewohner des Rheinlandes. Es stammt aus der Zeit nach dem Wiener Kongreß, der 1815 das Rheinland mit Preußen zusammengeschmiedet hatte – sehr zum Mißvergnügen beider: »Altes Kulturland mit Kolonialland« – ein Argument, das der erste Bundeskanzler noch 1946 benutzte, um zu verhindern, daß Berlin wieder zur Hauptstadt wurde.

»Wir im Westen«, so sagte er in einem Interview mit der ›WELT‹ vom 30. 11. 1946, »lehnen vieles, was gemeinhin preußischer Geist genannt wird, ab. Ich glaube, daß die deutsche Hauptstadt eher im Südwesten liegen soll als im weit östlich gelegenen Berlin. In der Gegend des Mains, dort, wo die Fenster Deutschlands auch nach dem Westen weit geöffnet sind, sollte die neue Hauptstadt liegen… Sobald aber Berlin wieder Hauptstadt würde, wird das Mißtrauen im Ausland unauslöschbar werden. Wer Berlin zur neuen Hauptstadt macht, schafft geistig ein neues Preußen.«

Adenauer selbst hatte in seiner Kindheit noch persönlich den Kulturkampf erlebt, der begreiflicherweise bittere Erinnerungen bei ihm hinterlassen hatte, denn damals hatte Bismarck katholische Geistliche, die gegen die preußische

Administration revoltierten, einsperren und Bischöfe verbannen lassen. In Berlin habe er sich immer wie in einer heidnischen Stadt gefühlt, gestand Adenauer einmal. Arnulf Baring schreibt, daß Konrad Adenauer in der Weimarer Zeit vertraulich zugegeben habe, für ihn beginne schon bei Braunschweig die asiatische Steppe; in Magdeburg ziehe er stets die Vorhänge des Abteils zu; und wenn er über die Elbe fahre, spucke er jedesmal aus dem Fenster. Mag dies auch eher der Kategorie rheinischer Humor zuzurechnen sein als seiner politischen Überzeugung – seine Grundeinstellung war eben antipreußisch und bestärkte ihn in seinem Entschluß, die Bundesrepublik strikt nach Westen auszurichten.

Herbert Blankenhorn zu diesem Thema: »Im Gespräch hat er öfter davon gesprochen, daß der neuzuschaffende deutsche Staat sein Schwergewicht im Westen und im Süden haben sollte. Er war überzeugt, daß manches in der deutschen und europäischen Geschichte anders verlaufen wäre, wenn die eher zu Kompromiß und Partnerschaft neigenden West- und Süddeutschen in Berlin größeren Einfluß gehabt hätten. Die großen organisatorischen und militärischen Talente des Nordens und Ostens hätten nach seiner Auffassung ein stärkeres Gegengewicht im Westen und Süden finden müssen. Er hat dem untergehenden Preußen keine Träne nachgeweint...«

Der vielgepriesenen Einfachheit halber war für Adenauer alles Unerfreuliche typisch preußisch: Militarismus, Nationalismus, Marxismus, Materialismus... Hinzu kam, daß er schon nach dem Ersten Weltkrieg eine Politik betrieben hat, deren Ziel es gewesen war, Preußen aufzulösen und die westlichen Teile Deutschlands zu einer »westdeutschen Republik« im Rahmen des Deutschen Reiches zusammenzuschließen. Karl Dietrich Erdmann[1] hat das Protokoll der »Versammlung der linksrheinischen Abgeordne-

---

[1] Karl Dietrich Erdmann: Adenauer in der Rheinlandpolitik nach dem Ersten Weltkrieg. Stuttgart 1966.

ten der Nationalversammlung sowie der Oberbürgermeister der besetzten rheinischen Städte in Köln« vom 1. Februar 1919 veröffentlicht.

Bei dieser Versammlung, die Adenauer als Vorsitzender leitete, ging es darum, die Anwesenden davon zu überzeugen, daß die Annexion des besetzten linksrheinischen Gebietes nur verhindert werden konnte, wenn die Deutschen dem zuvorkamen: »Der Ausweg, meine Damen und Herren, würde meines Erachtens darin bestehen, daß sich die Länder am Rhein, nicht etwa nur das linke Rheinufer, nicht nur etwa die Rheinprovinz, sondern auch die angrenzenden rechtsrheinischen Landteile zu einem westdeutschen Bundesstaat, zu einer ›westdeutschen Republik‹, im Verbande des Deutschen Reiches zusammenschließen.«

Im weiteren schildert er dann, wie die Feinde uns sehen. Er malt das so genüßlich aus, daß man nicht umhin kann, zu denken, seine Auffassung werde wohl so weit von jener nicht entfernt gewesen sein, zumal er ausdrücklich darum bittet, die herrschende separatistische Strömung auf Loslösung von Preußen, »die aus dem innersten Wesen des Volkes heraus entstanden ist«, zu beachten. Er sagte:

»In der Auffassung unserer Gegner ist Preußen der böse Geist Europas, Preußen ist in ihren Augen der Hort des kulturfeindlichen, angriffslustigen Militarismus; Preußen ist dasjenige Land gewesen, das zu diesem Kriege getrieben hat. Ich betone nochmals, damit kein Mißverständnis entsteht, ich spreche aus dem Gedankengut unserer Gegner heraus. Preußen wurde nach ihrer Meinung von einer kriegslüsternen, gewissenlosen, militärischen Kaste und dem Junkertum beherrscht, und Preußen beherrschte Deutschland, beherrschte auch die in Westdeutschland vorhandenen, nach ihrer ganzen Gesinnungsart den Entente-Völkern sympathischeren Stämme. Würde Preußen geteilt werden, die westlichen Teile Deutschlands zu einem Bundesstaate, der ›Westdeutschen Republik‹, zusammengeschlossen, so würde dadurch die Beherrschung Deutschlands durch ein vom Geiste des Ostens, vom Militarismus beherrschten Preußen unmöglich gemacht; der beherrschende Einfluß derjenigen Kreise, die bis zur Revolution Preußen und damit Deutschland beherrscht haben, wäre endgültig, auch für den Fall, daß sie sich von der Revolution wieder erholten, ausgeschaltet. Diese ›Westdeutsche Republik‹ würde wegen ihrer Größe und wirtschaftlichen Bedeutung in dem neuen deutschen Reiche eine bedeutungsvolle Rolle spielen und demgemäß auch die außenpolitische Haltung Deutschlands in ihrem friedensfreundlichen Geiste beeinflussen können.«

So traf sich also nach dem Zweiten Weltkrieg Adenauers langgehegte politische Vorstellung mit den Vorurteilen der Besatzungsmächte, die auch alles, was unerfreulich war, mit dem Etikett »preußisch« versahen. Konrad Adenauer war für sie der Garant, daß die Bundesrepublik im rechten Geist erzogen werde, denn für ihn war Europa auf ganz natürliche Weise auf Westeuropa beschränkt. Vom Norden Europas wußte er nichts, den osteuropäischen Staaten mißtraute er, und die Mittelmeeranrainer waren ihm fremd. Konrad Adenauer gehörte zu einer Generation, in der die meisten Menschen keine lebenden Fremdsprachen kannten und auch nicht ins Ausland reisten: Er hat Paris und Rom zum erstenmal als Bundeskanzler, das heißt als Siebzigjähriger besucht.

Was wäre eigentlich geschehen, so fragt man sich heute, wenn Leute wie Hermes, Jakob Kaiser oder Schlange-Schöningen, denen der Osten Deutschlands unendlich viel mehr bedeutete als dem Rheinländer Adenauer, ihm, dem die Westintegration sehr viel wichtiger war als die Überwindung der Teilung – was wäre geschehen, wenn sie sich in der Führung durchgesetzt hätten? Wenn beispielsweise Andreas Hermes, 15 Jahre jünger als Konrad Adenauer, ein fähiger, erfahrener, gesamtdeutsch engagierter Politiker, der die Teilung Deutschlands nicht hingenommen hätte, sondern um den Zusammenhalt gekämpft haben würde, wenn er an die Spitze der Bundesrepublik gelangt wäre? Wären BRD und DDR früher wiedervereinigt worden? Hätten sie zusammen ein neutralisiertes, wirtschaftlich schwaches Zwittergebilde sein können, weder Kapitalismus noch Kommunismus vertretend? Wären sie vielleicht einem blühenden Österreich gleich gewesen? Oder eher einer ausgepowerten Provinz an der Peripherie des sowjetischen Imperiums? Niemand kann heute diese Frage beantworten. Wir wissen weder, ob eine Große Koalition, die Hermes wahrscheinlich eingegangen wäre, eine so ganz andere Politik hätte machen können, noch läßt sich eindeutig klären, ob Moskau unter irgendwelchen Umständen bereit gewesen wäre, einer »Wiedervereinigung in Freiheit« zuzustimmen.

Niemand weiß, ob der Zwang der Situation, die Teilung Deutschlands, die die Bundesrepublik in wachsenden Gegensatz zum Osten bringen mußte, die zerbrochene Kriegsallianz und schließlich die zunehmende Rivalität zwischen Moskau und Washington, die die Bundesrepublik allmählich zur Speerspitze der westlichen Phalanx werden ließ, ob diese Tatbestände unsere Politik nicht ganz eindeutig vorgezeichnet haben. Mit anderen Worten: War der uns zukommende Spielraum nicht so gering, daß die Entwicklung gar nicht anders verlaufen konnte – wer immer auch das Heft in der Hand haben mochte?

Immer ist die Geschichte das Produkt von mindestens drei Faktoren: natürlichen Voraussetzungen, bestimmten Machtkonstellationen und individuellen Entscheidungen. Aber es gibt keine Norm über die Gewichtung dieser drei in ihrem Verhältnis zueinander. Im allgemeinen ist es schwer zu bestimmen, welcher dieser Faktoren der jeweils ausschlaggebende gewesen ist; in unserem Fall aber war es angesichts der Schwäche Deutschlands und der absoluten Macht der Sieger ganz ohne Frage die »Machtkonstellation«. Und das heißt, daß vermutlich weder Ost noch West den Griff gelockert hätten, mit dem jeder von ihnen einen Teil Deutschlands umklammert hielt.

Dennoch konnte man über die einzuschlagende Politik verschiedener Meinung sein. Der Vorrang, den Adenauer und die CDU dem Bündnis mit dem Westen einräumten, hat in den Jahren 1949 bis 1955, in denen die Weichen gestellt wurden, immer wieder zu harten Zusammenstößen mit der SPD geführt. Sie nämlich befürchtete, das Hineinwachsen der Bundesrepublik in die politische, militärische und wirtschaftliche Organisation des Westens werde die deutsche Wiedervereinigung unmöglich machen. Darum hat die Opposition vor jeder neuen vertraglichen Bindung immer wieder gefordert, daß zunächst die Möglichkeit einer Verhandlung mit Moskau ergründet werde. Ihr schwebte vor, man könne statt der Integration ein Sicherheitssystem konstruieren, das den Interessen aller Beteiligten – auch der Sowjetunion – Rechnung zu tragen imstande sei.

Die CDU pflegte sich später mit einigem Recht ihrer konsequenten Politik zu rühmen und mißbilligend festzustellen, daß die SPD alle wichtigen positiven Entscheidungen – Wiederbewaffnung, Nato-Teilnahme, EG-Beitritt – abgelehnt habe, anstatt sie mitzutragen. Dabei aber wird vergessen, daß dies geschah, weil die SPD von einer ganz anderen Zielvorstellung ausging. Viele Deutsche, auch solche, die nicht der SPD angehörten, haben sich damals immer wieder die Frage gestellt: Verbauen wir uns nicht die Möglichkeit der Wiedervereinigung, wenn wir uns auf so unauflösliche Weise mit dem Westen verbinden?

Der erste Anlaß, sich dies zu fragen, war schon sehr früh gegeben. Adenauer war erst ein halbes Jahr im Amt, da zog bereits das Problem einer deutschen Wiederbewaffnung am Horizont herauf, ungeachtet der Tatsache, daß die Alliierten die ersten Jahre der Besatzungszeit damit verbracht hatten, den Deutschen ihren Militarismus auszutreiben und sie umzuerziehen – dabei hatte doch Hitler dies bereits sehr viel gründlicher besorgt, als sie dies je vermocht hätten.

Noch im ersten Petersberger Abkommen vom 22. November 1949 hatte die Bundesregierung ihre feste Entschlossenheit erklären müssen, »die Entmilitarisierung des Bundesgebietes aufrechtzuerhalten und mit allen ihr zur Verfügung stehenden Mitteln die Neubildung irgendwelcher Streitkräfte zu verhindern«. Kurz darauf, im Dezember, erließen die Alliierten auch noch ein Gesetz über die Ausschaltung des Militarismus, in dem sie das, was sie inzwischen bereits ins Auge gefaßt hatten, noch mit lebenslanger Freiheitsstrafe bedrohten.

Schon wenige Monate später aber begannen die westlichen Alliierten, auf die Errichtung einer deutschen militärischen Kontaktstelle zu drängen. Konrad Adenauer war nicht abgeneigt. Schon im Mai 1950 ließ er – zunächst noch heimlich – im Bundeskanzleramt ein Büro für den »Berater des Bundeskanzlers in Sicherheitsfragen« einrichten und ernannte als dessen Chef den im Krieg vielfach ausgezeichneten, im Widerstand bewährten General Gerhard Graf Schwerin, von dem Adenauer nach der ersten Begegnung staunend sagte, er wirke gar nicht wie ein General, sondern sei ein ganz vernünftiger Mensch, mit dem man reden könne.

Nach Ausbruch des Koreakrieges im Juni 1950 wurde die Frage eines deutschen militärischen Beitrags noch dringlicher. Aber Adenauer, der sich wegen der Reaktion der Bürger Sorgen machte, konnte sich nicht entschließen, vor die Öffentlichkeit zu treten. Doch wurde, von der Öffentlichkeit unbemerkt, das Büro weiter vergrößert, immer mehr Offiziere wurden angeworben, bis schließlich das passierte, was gar nicht ausbleiben konnte: Die Presse bemächtigte sich im Oktober der Angelegenheit, und die Erregung war gerade wegen der Heimlichtuerei besonders groß.

Was also tun? Adenauer entschloß sich für die billigste Lösung: Er ließ Schwerin über die Klinge springen und erklärte, der General habe seine Kompetenzen überschritten und um seine Entlassung gebeten – was man ihm mit aller Dringlichkeit hatte nahelegen müssen. Arnulf Baring, der diese Episode in allen Einzelheiten schildert, berichtet, der Bundeskanzler habe Schwerin eine Aussprache verweigert und das Kanzleramt unter der Hand das Gerücht verbreitet, Schwerin habe bereits mit Industriefirmen verhandelt und Aufträge vergeben – was natürlich Unsinn war.

Schwerins Nachfolger wurde der weder durch militärische Vergangenheit noch durch den Grafentitel belastete Gewerkschaftler Theodor Blank, der das sogenannte Amt Blank erweiterte und ausbaute, bis es im Sommer 1955, nachdem die Pariser Verträge ratifiziert waren, in ein normales Verteidigungsministerium umgewandelt wurde.

Bis es soweit war, gab es dramatische Auseinandersetzungen: Die SPD, die der Meinung war, auf keinen Fall dürften die beiden Deutschlands in feindliche Militärbündnisse integriert werden, entfesselte unter der zugkräftigen Parole »Ohne mich« eine Kampagne, die von weiten Teilen der Bevölkerung mit voller Überzeugung getragen wurde. Viele Offiziere wollten nach allem, was sie an Mißbrauch und Verführung durch Hitler und an Diffamierung durch die Alliierten erlebt hatten, nicht mehr »dienen«. Manche waren auch aus grundsätzlichen Erwägungen der Meinung, Deutschland dürfe nie wieder eine Armee aufstellen. Die Opposition beanstandete schließlich, daß eine so weittragende Entscheidung wie die Wiederbewaffnung ohne Beratung durch das Parlament einfach unter Berufung auf die Organisationsgewalt der Bundesregierung getroffen worden war und daß dann auch noch die Finanzierung des allmählich entstehenden Verteidigungsministeriums kurzerhand vom Haushaltsausschuß bewilligt wurde.

Jahrelang war man auf die Besatzungsmächte angewiesen, nicht nur solange es keinen Staat gab, sondern auch noch, nachdem die Bundesrepublik gegründet worden war.

Die Bundesregierung verfügte nicht einmal über eine Polizei. Kein Minister, auch nicht der Bundeskanzler, konnte der Polizeiwache vor seinem Amtssitz einen Befehl erteilen. Die Alliierten waren nach den Erfahrungen zweier Weltkriege offensichtlich der Meinung, je schwächer die Deutschen sind, desto sicherer könnten sie selbst sich fühlen.

Diese Einstellung änderte sich sehr rasch mit Ausbruch des Koreakrieges im Juni 1950. Zuerst waren es die Amerikaner, dann die Engländer, die einsahen, daß nur ein starkes Westdeutschland ihrem Interesse dienlich sein könne. Die Franzosen waren noch nicht soweit – sie waren mit der Angliederung des Saargebiets beschäftigt.

Die Saar, Teil der französischen Besatzungszone, war sehr bald einem besonderen Regime unterstellt worden. In der Nacht vom 21. auf den 22. Dezember 1946 hatten die Franzosen überraschend einen Zollgürtel um das Gebiet gelegt und dadurch die vollständige Abtrennung der Saar von ihrem Besatzungsgebiet vollzogen. Sie wurde dann wirtschaftlich an Frankreich angegliedert und von einem Vertreter der französischen Regierung »mit Verordnungsrecht zur Sicherung der Zoll- und Währungseinheit« verwaltet.

Sich gegen die französischen Pläne hinsichtlich der Saar zu wehren schien hoffnungslos; da war es denn eine freudige Überraschung, daß Frankreichs Außenminister Robert Schuman im Mai 1950 den Vorschlag machte, eine westeuropäische Kohle- und Stahlgemeinschaft zu gründen – also den nationalen Aspekt der Saarfrage durch eine supranationale Regelung zu entschärfen. Konrad Adenauer stimmte erfreut zu, denn dieser Plan deckte sich vollkommen mit seinen Vorstellungen einer kontinentalen Neuordnung in Westeuropa. Dieser Vorschlag, »Schuman-Plan« genannt, war es, der dann 1952 die Kohle- und Stahlproduktion der sechs westeuropäischen Staaten zur Montanunion zusammenschloß.

Einen in jeder Hinsicht bedeutenden Schritt stellte einige Monate später die Außenministerkonferenz im September

1950 in New York dar. Dort wurde die veränderte Grundeinstellung der westlichen Besatzungsmächte zur Bundesrepublik zum erstenmal ganz deutlich. Bis dahin waren solche
Konferenzen stets bemüht gewesen, den natürlichen Fortschritt der politischen Entwicklung zu hemmen und dem, was
gestern schon überholt war, heute noch Geltung zu verschaffen. In New York dagegen war man bestrebt, für heute eine
Formulierung zu finden, die schon das Morgen einleitete.

New York wurde zu einer wichtigen Station auf dem Wege
vom einseitigen Diktat zum zweiseitigen Vertrag. Außerdem
wurden dort die meisten wirtschaftlichen Beschränkungen
aufgehoben, und auch der Außenpolitik wurde größerer
Spielraum eingeräumt. Seit jenem September 1950 wurden
die ausländischen Missionen bei der Bundesregierung und
nicht mehr bei der Hohen Kommission akkreditiert; ferner
erhielten die bisherigen deutschen Generalkonsulate in
London, Paris und Washington diplomatischen Status.

New York war auch ein Markstein in bezug auf die Sicherheit der Bundesrepublik. Bis dahin ging die europäische
Verteidigungsdebatte von der Prämisse aus, daß bestenfalls
die Rheinlinie, aber keinesfalls die Elblinie verteidigt werde.
In New York wurde nun beschlossen, daß jeder Angriff auf
das Gebiet der Bundesrepublik einschließlich Berlins einem
Angriff auf die Besatzungsmächte gleichkomme. Dies bedeutete, daß in einem solchen Fall die automatische Beistandspflicht aller Atlantikpaktpartner ausgelöst worden
wäre. Schließlich wurde auf dieser Konferenz die Beendigung des Kriegszustandes mit Deutschland verkündet.

Übrigens gibt es in der Erklärung der Außenminister
einen Passus, der verständlich macht, daß Bonn lange Zeit
an der Fiktion des Alleinvertretungsrechts festgehalten hat,
was aus heutiger Sicht manchem unbegreiflich erscheinen
mag. Es hieß dort: »Bis zur Vereinigung Deutschlands betrachten die drei Regierungen die Regierung der Bundesrepublik als die einzige frei und legitim ins Leben gerufene

deutsche Regierung, die somit allein befugt ist, als Vertreterin des deutschen Volkes im Namen Deutschlands in internationalen Angelegenheiten zu sprechen.« Das bedeutete, daß man de jure die Bundesregierung als die Rechtsnachfolgerin der Reichsregierung ansah; ein bemerkenswerter Wandel des Standpunktes der Alliierten, die bis zum Erlaß des Besatzungsstatus die Nichtanwendung der Haager Landkriegsordnung damit begründet hatten, daß der deutsche Staat durch die bedingungslose Kapitulation untergegangen sei.

Wenn dies auf dem Papier auch einer vollständigen Veränderung der bisherigen Besatzungspraxis gleichkam, so mußte die Regierung doch noch jahrelang um jeden Schritt kämpfen. Adenauer war ein Meister dieses Kampfes. Sein Grundprinzip hieß: Vertrauen schaffen ist wichtiger als alles andere. Aber innerhalb dieses Rahmens wußte er blitzschnell jede sich bietende Gelegenheit zu nutzen. Er stellte keine Forderungen, die bei der Besatzung Argwohn hervorrufen konnten, aber er hielt mit Härte und Zähigkeit an seinen Rechten fest und wußte die Ungeduld der Opposition oder des Volkes geschickt auszuspielen, vor allem in listig plazierten Interviews, die er mit Vorliebe amerikanischen Zeitungen gewährte.

In den Jahren 1952 bis 1955, in denen er die überaus komplizierten Verhandlungen über den Deutschlandvertrag und die Wiederbewaffnung führen und unendlich viele Enttäuschungen und Rückschläge hinnehmen mußte, bewährten sich jene Qualitäten besonders. Der Deutschlandvertrag, auch »Generalvertrag« genannt, zwischen den USA, Frankreich und Großbritannien einerseits und der Bundesrepublik andererseits sollte das Besatzungsstatut vom Mai 1949 ablösen. Er sollte also der Bundesrepublik die Kompetenz über ihre inneren und äußeren Angelegenheiten zurückgeben und sie als gleichberechtigten Partner in die Zusammenarbeit bei der Sicherung Europas einbinden.

Der Vertrag legte das Verhältnis Bonns zu den Besatzungsmächten sowie die Rechte der alliierten Truppen, die in der Bundesrepublik verblieben, fest. Im Artikel 5 wurden den Besatzungsmächten im Falle eines Angriffs auf die Bundesrepublik oder bei einem internen Umsturz, mit dem Bonn aus eigener Kraft nicht fertigwerden könne, gewisse Notstandsbefugnisse eingeräumt, die erst mit der nationalen Notstandsgesetzgebung – vom Bundestag 1968 beschlossen – wieder abgeschafft wurden.

Der Generalvertrag war wiederum gekoppelt mit einem Vertrag über die Europäische Verteidigungsgemeinschaft (EVG), die die Wiederbewaffnung Deutschlands sicherstellen und gleichzeitig die von den Franzosen dieserhalb gehegten Befürchtungen besänftigen sollte. Ihre Mitglieder: die Bundesrepublik, Frankreich, Italien und die Beneluxländer.

Was Adenauer betraf, so war er von vornherein entschlossen, die Bundesrepublik eines Tages in die Nato zu führen. Aber er sah ein, daß, um der Franzosen willen, eine Zwischenstation, die EVG, unvermeidlich sei: »Es ist für mich gar kein Zweifel daran möglich, daß wir, wenn wir in die Europäische Verteidigungsgemeinschaft eintreten, eines Tages auch Mitglied des Atlantikpakts werden, ganz von selbst…«, hatte er am 7. Februar 1952 im Bundestag gesagt.

Mitte Mai 1952 wurden die Verhandlungen über beide Verträge, die, wie gesagt, durch ein Junktim verbunden waren, abgeschlossen, und als Termin für die Unterzeichnung des Deutschlandvertrags wurde der 26. Mai in Bonn festgesetzt, für den EVG-Vertrag der 27. Mai in Paris. Die drei Außenminister, also auch Robert Schuman, waren zu diesem Zweck bereits in Bonn eingetroffen, als der französische Ministerrat plötzlich beschloß, die Unterzeichnung der Vertragswerke von neuen Bedingungen abhängig zu machen. Damit waren, so schien es, jahrelange Verhandlungen umsonst. »Alle meine Bemühungen, das Mißtrauen gegen uns Deutsche abzubauen, schienen wenig Erfolg gehabt

zu haben«, schreibt Konrad Adenauer[1] betrübt und enttäuscht in seinen ›Erinnerungen‹.

Man merkt seiner unterkühlten, trockenen Darstellung
nicht an, was für eine Verwirrung diese plötzliche Sinnesänderung der Franzosen auslöste. Man muß sich das einmal
vorstellen: Da kommen die drei großen Außenminister zur
Unterschrift nach Bonn – zu jener Zeit an sich schon ein
außerordentliches Ereignis –, alles ist vorbereitet, in endlosen Verhandlungen waren alle Wünsche formuliert, alle
Bedenken ausgeräumt worden, alle sind versammelt, da
bekommt der französische Außenminister die Weisung,
nicht zu unterschreiben! Unsicherheit, Ärger, stille Verzweiflung – neue Verhandlungen.

Erstaunlicherweise gelang es in dreitägigen Verhandlungen, sich über Modifikationen und neue Formulierungen zu
einigen, so daß schließlich doch noch unterschrieben wurde.

Endlich, »am 26. Mai um 10 Uhr fand«, wie Adenauer
schreibt, »die feierliche Unterzeichnung des Deutschland-
vertrages im Saal des Bundesrates statt«. Bitter merkt er an,
daß der Oppositionsführer Schumacher den Akt der Unterzeichnung eine »plumpe Siegesfeier der alliierten-klerika-
len Koalition über das deutsche Volk« genannt hat, daß er
ferner die Parole ausgab: »Wer diesem Generalvertrag zu-
stimmt, hört auf, ein guter Deutscher zu sein«. Und schließlich, daß zu der Feier kein Vertreter der SPD erschienen ist.

Adenauer hatte ursprünglich den Wunsch gehabt, diesem
Tag einen besonders festlichen Glanz zu verleihen – das Ereignis sollte sich allen Bürgern tief einprägen. Arnulf
Baring[2] beschreibt die Einzelheiten: »Schon lange vor dem
26. Mai hatte Adenauer den großen Tag der Unterzeichnung
herbeigesehnt und alle Vorbereitungen getroffen, ihn fest-

---

[1] Konrad Adenauer: Erinnerungen, Bd. I. Stuttgart 1965.
[2] Arnulf Baring: Außenpolitik in Adenauers Kanzlerdemokratie. München
1969; als Taschenbuch unter dem Titel: Am Anfang war Adenauer. München
1982.

lich zu begehen. Wie Paul Weymar berichtet, finden sich im Aktenband des Protokolls zahlreiche diesbezügliche Anmerkungen von Adenauers Hand… Otto Lenz hatte den Kanzler für den Gedanken gewonnen, den Staatsakt mit einem Fackelzug feiern zu lassen, und der Bundesinnenminister ersuchte sämtliche Länderregierungen, die öffentlichen Gebäude zu beflaggen, schulfrei zu geben und die Kinder auf die Bedeutung des Vertragswerkes hinzuweisen.

Doch daraus wurde nichts. Die Sozialdemokraten und einige Länderregierungen fuhren dem Regierungschef in die Parade. Teils durch die zuständigen Ministerien, teils mit Kabinettsbeschlüssen, lehnten die Länder den Wunsch des Bundesinnenministers mit der Begründung ab – nicht einmal ihren Regierungen sei der Inhalt der Verträge genau bekannt, geschweige denn den Lehrern.

Die SPD-Fraktion ihrerseits erzwang am 23. Mai eine Bundestagssitzung, in der sie zwar nicht erreichen konnte, daß die Koalition doch noch über die Vertragswerke debattierte, mit der sie aber dem Bundeskanzler die Stimmung zu verderben vermochte. Denn es war natürlich ärgerlich, zuhören zu müssen, wie der Abgeordnete Adolf Arndt vor aller Öffentlichkeit die Kollegen der Koalitionsparteien fragte, ob sie auf den geplanten Festlichkeiten über etwas zu jubilieren gedächten, was sie gar nicht kannten und worüber öffentlich zu beraten sie abgelehnt hätten.

Auch in den Mehrheitsfraktionen fand Arndt heimliche Zustimmung, als er zugleich beanstandete, daß man einen Fackelzug plane, obwohl schon einmal ein Fackelzug damit geendet habe, daß ganz Deutschland brannte. Jedenfalls war das Widerstreben auch in den eigenen Reihen so groß, daß das Vorhaben des Fackelzuges fallengelassen wurde… Am 25. Mai ließ der Bundeskanzler öffentlich verbreiten, er bitte, anläßlich des bevorstehenden Vertragsabschlusses außerhalb des Unterzeichnungsaktes keine Feierlichkeiten zu veranstalten. Die deutsche Öffentlichkeit müsse zunächst das Vertragswerk genau kennenlernen, um sich von den erreichten Fortschritten überzeugen können.«

Man fühlt Mitleid mit dem Achtundsiebzigjährigen – wie oft mag er sich gefragt haben, ob er das Werk noch werde vollenden können, für das er gegen so viel Widerstand zäh und ohne je einen Moment zu schwanken, gekämpft hatte; hat man doch noch jenen Stoßseufzer im Ohr: »Mein Gott, ich weiß nicht, was meine Nachfolger tun werden, wenn sie nicht an Europa gebunden sind…« Und dann diese rührend hilflose Idee von einem patriotischen Fackelzug, die aus der Zeit vor 1914 zu stammen scheint. Niemandem war nach Feiern zumute. Für viele war dies der Moment, in dem sie alle Hoffnung auf eine Wiedervereinigung preisgeben mußten, die ja damals noch keineswegs utopisch schien und die auch von Adenauer selbst, mindestens als Lippenbekenntnis, ständig gehätschelt wurde.

Die ganze Einsamkeit des alten Mannes wird in dieser fatalen Idee vom Fackelzug, die so unadenauerisch wie möglich ist, deutlich: Er wollte etwas Ungewöhnliches tun, etwas ganz außerhalb seiner normalen, nüchternen, strengen Alltagswelt – aber was? Was tut ein Patriarch in ganz exzeptionellen Fällen? Hatte Lenz nicht ganz recht: ein Fackelzug…

Als müsse er sich rechtfertigen, gibt Adenauer[1] in seinen ›Erinnerungen‹ eine Darstellung seiner Philosophie und der Gründe, warum er die Bundesrepublik so einseitig nach Westen ausgerichtet hat: »Nur mit Wünschen allein läßt sich keine Politik machen, und aus der Schwäche heraus erst recht nicht.

Erst wenn der Westen stark war, konnte sich ein wirklicher Ausgangspunkt für Friedensverhandlungen ergeben mit dem Ziel, nicht nur die Sowjetzone, sondern das ganze versklavte Europa östlich des Eisernen Vorhangs zu befreien, und zwar im Frieden zu befreien…«

[1] Konrad Adenauer: Erinnerungen, Bd. I, Stuttgart 1965.

Es ist merkwürdig, heute diese Sätze aus dem Jahr 1953 zu lesen: »Erst wenn der Westen stark ist...«, das sagt die CDU/CSU ja auch heute – knapp vierzig Jahre später – noch immer. Und sie würden auch im Jahr 2000, hätte es die Wiedervereinigung nicht schon gegeben, noch glauben, daß, wenn der Westen wirklich ganz stark geworden ist und immer noch stärker wird, der Tag kommt, an dem den Russen der Atem ausgeht und sie einsehen werden: »Es hat keinen Zweck, das beste ist, wir geben nach.«

Weder Adenauer selber noch seine Epigonen haben bemerkt, daß der Westen gerade damals, als die Russen zwar schon die Atombombe, aber noch keine Trägerwaffen hatten, seine optimale Stärke erreicht hatte. Und daß – obgleich die Rüstungsausgaben heute jedes vernünftige Maß übersteigen – dieser Zustand nie wieder erreicht worden ist und vermutlich auch nicht wieder erreicht werden kann. Die einzige Veränderung, die infolge dieser gewaltigen Anstrengung eingetreten ist, ist die, daß in den achtziger Jahren alle zusammen im Jahr 500 Milliarden Dollar für Rüstung ausgeben – damals, vor knapp vierzig Jahren, waren es erst etwa 50 Milliarden.

»Durch den Deutschlandvertrag mit den drei Mächten«, so fuhr Adenauer fort, »erhielt die Bundesrepublik auf allen Gebieten ihre Handlungsfreiheit zurück. Durch ihn wurde sie völkerrechtlich in den Stand gesetzt, den Vertrag über die Europäische Verteidigungsgemeinschaft zu schließen. Sie wurde vertrags- und bündnisfähig.«

Und weiter: »Mit der Bildung der Europäischen Verteidigungsgemeinschaft gewann die Bundesrepublik eine feste Verbindung zum Atlantikpakt. Durch den Beitritt zur Europäischen Verteidigungsgemeinschaft konnte die Bundesregierung eines ihrer Ziele verwirklichen, nämlich die Einbeziehung Deutschlands in eine europäische Gemeinschaft, die ihrerseits wieder einen Platz in dem weltweiten Gefüge von Verträgen einnahm, das sich die freie Welt zur Erhaltung des Friedens geschaffen hatte. Wir standen nicht mehr allein. Wir waren nicht mehr nur ein Objekt der Außenpolitik anderer Mächte.«

Der Deutschlandvertrag war also jetzt unterzeichnet, ungeachtet erregter Proteste, nicht nur bei der Opposition, sondern auch in den Kreisen der CDU, vor allem bei den späteren Ministern Brentano, Dehler, Blücher und Jakob Kaiser. Bei den Protesten ging es vor allem um die sogenannte Bindungsklausel (Artikel 7, Abs. 3), die feststellte, daß bei einer Wiedervereinigung die Bundesrepublik an diesen Vertrag gebunden sei. Was doch nichts anderes hieß, als daß ein wiedervereinigtes Deutschland Mitglied der westlichen Verteidigungsgemeinschaft sein müsse – eine Bedingung, die für jede denkbare Form von Wiedervereinigung prohibitiv wirken mußte. Das Vertragswerk war unterzeichnet, aber unter Dach und Fach war es noch lange nicht. Zwar hatten der US-Senat und das britische Parlament ihn schon vor Jahresende ratifiziert, und der Bundestag hatte ihn wenig später mit 226 gegen 164 Stimmen angenommen, aber 1952 und 1953 vergingen, ohne daß das französische Parlament Stellung genommen hätte. Und auch in der ersten Hälfte des Jahres 1954 regte sich nichts in Paris. Die Zahl der Gegner der EVG in Frankreich war inzwischen ganz offensichtlich weiter gewachsen.

Die Franzosen stießen sich an dem supranationalen Charakter der EVG, und wieder versuchten sie, mit Hilfe der anderen Partnerstaaten nachträgliche Änderungen durchzusetzen. In Bonn dachte man mit Schrecken daran, daß womöglich neue Ratifikationsverhandlungen notwendig würden. Herbert Blankenhorn[1] notierte unter dem 23. August 1954: »Die Haltung von Mendès-France ist im wesentlichen durch das Bedürfnis bestimmt, zum gegenwärtigen Zeitpunkt die Beziehungen zu Sowjetrußland nicht zu ver-

---

[1] Herbert Blankenhorn: Verständnis und Verständigung. Berlin 1980.

schlechtern. Der Ausgang der Indochinakonferenz in Genf und die Haltung Sowjetrußlands gegenüber der gegenwärtigen französischen Regierung bedeuten für die französische Außenpolitik gewisse Vorteile, die Mendès-France im Augenblick nicht aufgeben möchte.«

Tatsächlich hat die französische Nationalversammlung schließlich am 30. August 1954 die weitere Behandlung der Verträge mit 319 gegen 264 Stimmen von der Tagesordnung abgesetzt, nachdem sie ihre Partner mehr als zwei Jahre hatte warten lassen. Das war das Ende der EVG.

Blankenhorn notiert am 31. August: »Beim Bundeskanzler in Bühler Höhe. Die Nachricht hat ihn hart getroffen. Bis zuletzt hatte er gehofft, daß das französische Parlament die Verträge, wenn auch nur mit knapper Mehrheit, genehmigen würde. Nun war ein guter Teil der Arbeit am europäischen Einigungswerk zerstört.«

Und der Bundeskanzler selber schreibt in seinen ›Erinnerungen‹[1]: »Das Ergebnis der Abstimmung in der französischen Nationalversammlung vernichtete uns Deutschen die jahrelangen Bemühungen, die Souveränität unseres Landes wieder zu erhalten, die jahrelangen Bemühungen, bei dem Wiederaufbau Europas den entscheidenden Schritt nach vorn zu tun. Wer hatte bei diesen Bemühungen, bei diesen Kämpfen gesiegt, wer war überlegen? Gesiegt hatte ganz zweifellos Moskau durch die etwa hundert kommunistischen Stimmen, die in der französischen Nationalversammlung den Ausschlag gegeben hatten.

Jene schrecklichen Tage haben sich meinem Gedächtnis tief eingegraben, aber Trauer und Resignation helfen nichts. Die Aufgaben: Aufnahme der Bundesrepublik in den Kreis der freien Völker, Schaffung Europas, mußten von neuem in Angriff genommen werden.«

Immer wieder, in jedem Kapitel der Adenauerschen ›Er-

---

[1] Konrad Adenauer: Erinnerungen, Bd. I. Stuttgart 1965.

innerungen‹ folgt ein Raisonnement über die Notwendigkeit des europäischen Zusammenschlusses: »Über eines müßten wir Europäer uns völlig klar sein: Ohne die Hilfe und den Schutz der Vereinigten Staaten war Europa gegenüber dem Druck Sowjetrußlands machtlos. Es bestanden zwingende Gründe für den Zusammenschluß Europas. Die Selbstzerfleischung Europas mußte ein für allemal ein Ende finden. Die politischen und wirtschaftlichen Kräfte der europäischen Länder bedeuten, einzeln genommen, wenig im Weltgeschehen, wirtschaftlich und politisch zusammengefaßt aber würden sie eine große Rolle spielen.«

Dem Schreckschuß aus Paris folgte bald ein Lichtblick aus London. Eine britisch-amerikanische Arbeitsgruppe unter Führung Anthony Edens hatte die geniale Idee, den Brüsseler Vertrag von 1948, der von Großbritannien, Frankreich und den Beneluxstaaten als Schutz *gegen* Deutschland ins Leben gerufen worden war, durch Änderung seiner Zielsetzung in ein Bündnis *mit* Deutschland umzuwandeln. Man sieht, was in der Politik alles möglich ist, wenn der Wille zu einer Lösung stark genug ist.

Der Brüsseler Pakt war die Erweiterung eines Bündnisvertrages, den ursprünglich Großbritannien und Frankreich 1947 in Dünkirchen zum Schutz gegen mögliche »Feindseligkeiten Deutschlands« geschlossen hatten. Edens Vorschlag lautete jetzt, die Bundesrepublik und Italien als neue Mitglieder in diesen Pakt aufzunehmen, der eine automatische Beistandspflicht gegen jeden bewaffneten Angriff auf einen der Partner postulierte, um auf diese Weise einen Ersatz für die EVG zu bieten.

Mit dem nunmehr »Pariser Verträge« genannten Vertragswerk, das im Oktober 1954 in Paris unterzeichnet wurde und im Mai 1955 in Kraft trat, wurde also endlich das Besatzungsregime aufgehoben und Deutschland nach neun Jahren wieder souverän. Gleichzeitig wurde festgelegt, daß die Bundesrepublik einen Verteidigungsbeitrag im Rahmen des westeuropäisch-amerikanischen Bündnissystems zu leisten habe.

Diese Verpflichtung zur Wiederbewaffnung wurde sofort in Angriff genommen: Am 12. November 1955 wurden die ersten 101 Offiziere, an ihrer Spitze General Heusinger und General Speidel, in der Wagenhalle der Ermekeil-Kaserne von Theodor Blank vereidigt. Nur 10 der 101 Offiziere trugen Uniform, alle anderen waren in Zivil – die Schneider waren so rasch nicht fertig geworden. Diese Vereidigung war die Geburtsstunde der Bundeswehr. Fünf Jahre später, im Jahr 1960, standen 300 000 Mann unter Waffen – der Aufbau hatte 30 Milliarden DM gekostet, wie Norbert Tönnies[1] schreibt.

Jenes Vertragswerk, das die Regierung in Bonn von 1952 bis 1955 beschäftigt hat und das mit der Wiedergewinnung der Souveränität sowie dem Beitritt zur Westeuropäischen Union und zum Nordatlantikpakt endete, war wichtiger als alle Verträge, die die Bundesregierung vorher oder nachher abzuschließen hatte; darum ist es hier auch ausführlich geschildert worden. Eines freilich bleibt noch nachzutragen, nämlich die Geschichte der russischen Note vom 10. März 1952 (der im gleichen Jahr noch sieben weitere folgten), weil sie lange Zeit eine wichtige Rolle gespielt hat.

Am 10. März 1952 überreichten die Sowjets den drei alliierten Mächten eine Note, über deren Bedeutung in der Bundesrepublik ein Jahrzehnt lang diskutiert worden ist. Es hieß darin: »Es versteht sich, daß ein Friedensvertrag unter unmittelbarer Beteiligung Deutschlands, vertreten durch eine *gesamtdeutsche* Regierung, ausgearbeitet werden muß. Hieraus folgt, daß die UdSSR, die USA, Großbritannien und Frankreich, die in Deutschland Kontrollfunktionen ausüben, auch die Frage der Bedingungen prüfen müssen, die die schleunigste Bildung einer *gesamtdeutschen*, den Willen des deutschen Volkes ausdrückenden Regierung fördern …

---

[1] Norbert Tönnies: Der Weg zu den Waffen. Rastatt 1961.

Die Notwendigkeit, den Abschluß eines Friedensvertrages mit Deutschland zu beschleunigen, wird dadurch diktiert, daß die Gefahr einer Wiederherstellung des deutschen Militarismus, der zwei Weltkriege entfesselt hat, nicht beseitigt ist, weil die entsprechenden Beschlüsse der Potsdamer Konferenz noch nicht durchgeführt sind.«

Die »politischen Leitsätze«, die die Note propagierte, waren: die Wiederherstellung der deutschen Einheit; Abzug aller Besatzungsmächte; Gewährung aller demokratischen Grundrechte einschließlich Pressefreiheit, Freiheit der politischen Überzeugung und der Versammlungsfreiheit; keinerlei wirtschaftliche Beschränkungen; eigene nationale Streitkräfte, soweit sie für die Selbstverteidigung notwendig sind; schließlich Leitsatz Nummer 7: »Deutschland verpflichtet sich, keinerlei Koalition oder Militärbündnisse einzugehen, die sich gegen irgendeinen Staat richten, der mit seinen Streitkräften am Krieg gegen Deutschland teilgenommen hat.«

Adenauers Reaktion[1]: »Die Sowjetunion hielt offenbar den Zeitpunkt für gekommen, noch einmal den Versuch zu machen, die Entwicklung des europäischen Zusammenschlusses aufzuhalten und, wenn möglich, zu zerstören. Denn, wohlgemerkt, die Verhandlungen über die Europäische Verteidigungsgemeinschaft und den Deutschlandvertrag standen kurz vor dem Abschluß. Sowjetrußland versuchte offensichtlich, die Integration Europas zu hemmen mit all den Konsequenzen, die sich daraus ergeben würden. Das beste Mittel, dies zu erreichen, war tatsächlich die von sowjetischer Seite geplante Neutralisierung Deutschlands. Ohne Deutschland war die Integration Europas von Anfang an zum Scheitern verurteilt.«

Eine abschließende Analyse der amerikanischen Hohen Kommission in Bonn für Außenminister Acheson vom 2. Juli 1952 stellte fest, man neige jetzt der Meinung zu, daß die

[1] Konrad Adenauer: Erinnerungen, Bd. I. Stuttgart 1965.

Note ernst gemeint war und daß sie die Bedingungen für einen Friedensvertrag enthalten habe. Dies war wahrscheinlich der Grund, warum Acheson am 29. April entschied, daß ein Gespräch mit den Russen stattfinden solle, allerdings auf der Ebene der Hohen Kommission und nicht der Außenminister. Seine Begründung: Er glaube, daß viele Deutsche der Meinung seien, »daß wir Deutschland unseren Willen aufzwingen wollten, darum sei es wichtig, die Initiative zu ergreifen und Gespräche vorzuschlagen«.

Aber schon vier Tage später, am 3. Mai, telegraphierte McCloy an Dean Acheson, der Kanzler halte den amerikanischen Vorschlag eines Treffens in Berlin für einen Fehler. Er befürchte, so hieß es in dem Telegramm, »das Kabinett werde ihn nicht zu der Unterzeichnung der Verträge ermächtigen, bevor dieses Treffen nicht Klarheit darüber gebracht hat, ob die Sowjets es mit ihrem Angebot freier Wahlen ernst meinen... Er hält es auch für unklug, Viermächtegespräche auf das Thema freie Wahlen zu beschränken, da die Sowjets möglicherweise so viele Konzessionen machten, daß sehr lange Verhandlungen gerechtfertigt erscheinen, in deren Verlauf sich das öffentliche Interesse dann auf diese Zugeständnisse konzentrieren würde, so daß andere Punkte, die abzulehnen seien, gar keine Beachtung mehr fänden.« Adenauer war es offensichtlich wichtiger, Negativpunkte zu behalten, als positive neu zu sammeln.

Konrad Adenauer in seinem Argwohn Preußen gegenüber war entschlossen, nach dem Zusammenbruch des Deutschen Reiches eine Wiederbelebung der traditionell dominierenden Stellung Preußens für immer zu verhindern. Seine Devise hieß: »Berlin darf nie wieder Hauptstadt werden.«

Am 15. Dezember 1955 veranlaßte er den deutschen Botschafter in London, Hans von Herwarth, im britischen Außenministerium vorzusprechen, um Staatssekretär Sir Ivone Kirkpatrick eine vertrauliche Mitteilung zu machen: Selbst wenn im Zusammenhang mit dem Abschluß eines europäischen Sicherheitsvertrages, wie die Sowjets ihn wünschten, eine Wiedervereinigung Deutschlands aufgrund freier Wahlen möglich und völlige Handlungsfreiheit einer gesamtdeutschen Regierung gesichert sei, sei er – Adenauer – dagegen.

In dem als »top-secret« gekennzeichneten Dokument erläutert Kirkpatrick: »Der entscheidende Grund sei, daß Dr. Adenauer kein Vertrauen in das deutsche Volk habe. Er sei sehr besorgt, daß eine künftige deutsche Regierung, wenn er einmal nicht mehr da ist, sich zu Lasten Deutschlands mit Rußland verständigen könnte. Folglich sei er der Meinung, daß die Integration Westdeutschlands in den Westen wichtiger sei als die Wiedervereinigung Deutschlands...«

Kirkpatrick fügt hinzu, Adenauer habe betont, daß es »katastrophale Folgen für seine politische Position haben würde, wenn seine Ansichten, die er mir in solcher Offenheit mitgeteilt habe, jemals in Deutschland bekannt würden«.

Die Sozialdemokraten hatten die im Mai 1952 unterzeichneten Verträge abgelehnt, weil sie meinten, aus der Note vom 10. März 1952 ergäben sich vielleicht doch Chancen für eine friedliche Wiedervereinigung, die zuvor ausgelotet werden müßten. Die Bundesregierung aber, die in langen Beratungen diese Verträge zustande gebracht hatte, weigerte sich, die Diskussion noch einmal aufzunehmen und die Unterzeichnung zu verschieben.

Die SPD war gegen eine Bewaffnung der Bundesrepublik mit dem Argument, die Aufstellung von Streitkräften sei im Grundgesetz nicht vorgesehen, sie mache daher eine Änderung der Verfassung notwendig. Hierüber gab es mit Gutachten und Gegengutachten einen Verfassungsstreit, in dessen Verlauf 144 Abgeordnete, darunter die gesamte SPD, eine Normenkontrollklage beim Bundesverfassungsgericht einreichten. Das Gericht sollte feststellen, daß »Bundesrecht, welches die Beteiligung Deutscher an einer bewaffneten Streitmacht regelt oder Deutsche zu einem Wehrdienst verpflichtet, ohne vorangegangene Ergänzung und

Abänderung des Grundgesetzes weder förmlich noch sachlich mit dem Grundgesetz vereinbar ist«.

Das Gericht aber entschied, daß der Antrag auf Feststellung der Unvereinbarkeit eines deutschen Wehrbeitrages mit dem Grundgesetz zum gegenwärtigen Zeitpunkt nicht zulässig sei, da die gesetzgebenden Körperschaften ihre Entscheidung noch nicht getroffen hatten. Mit anderen Worten: Die Ratifizierung wurde nicht gestoppt, und damit ging die Geschichte über diese Episode wie über manche andere hinweg.

Das Jahr 1955 war ein ereignisreiches Jahr. Im Februar, nach dem Sturz Malenkows, der die erste Entspannungsphase eingeleitet hatte, setzte sich Chruschtschow als Nummer eins in Moskau durch; im März unterzeichneten die Sowjets nach über 300 Verhandlungen plötzlich den österreichischen Staatsvertrag; es folgte der Canossagang der Kremlchefs nach Belgrad zur Versöhnung mit Tito.

Nach diesen Vorbereitungen fand dann im Sommer 1955 der erste große Auftritt der sowjetischen Führung auf der westlichen Bühne statt. Der Generalsekretär der KPdSU, Chruschtschow, und Ministerpräsident Bulganin kamen zur Gipfelkonferenz nach Genf. Die beiden joviale Heiterkeit ausstrahlenden Herren hatten General Schukow, den Eroberer von Berlin, mitgebracht – wohl um Präsident Eisenhower an die Waffenbrüderschaft im Zweiten Weltkrieg zu erinnern. Es war die erste Begegnung der westlichen Regierungschefs mit den obersten Sowjetführern seit der Konferenz von Potsdam im Juli 1945.

Den interessantesten Vorschlag auf dieser Konferenz, die sonst ohne jeden neuen Gedanken endete, machte Anthony Eden: Ein wiedervereinigtes Deutschland solle zusammen mit den vier in Genf vertretenen Staaten (Amerika, Großbritannien, Frankreich, Sowjetunion) einen Fünfmächtepakt schließen, der im Falle, daß ein Partner angegriffen werde, die übrigen verpflichtet, ihm Beistand zu leisten. Interessant, aber natürlich unrealistisch, denn die Sowjets blieben bei ihren altbekannten Aussagen, zu denen sie als neue Forderung hinzufügten, bei einer Wiedervereinigung Deutschlands müßten die Errungenschaften der DDR erhalten bleiben.

Der einzige Vorteil, der für die Bundesrepublik bei diesem Gipfeltreffen herauskam, war die Erklärung, daß das von den Sowjets gewünschte europäische Sicherheitssystem in einen Kausalzusammenhang mit der Frage der Wiedervereinigung gestellt werden muß. In der »Direktive«, die für die Außenministerkonferenz bestimmt war, welche im Herbst ebenfalls in Genf stattfand, hieß es: »Die Regierungschefs sind in Erkenntnis ihrer gemeinsamen Verantwortung für die Regelung des deutschen Problems und die Wiedervereinigung Deutschlands übereingekommen, daß die Lösung der deutschen Frage und die Wiedervereinigung Deutschlands mittels freier Wahlen im Einklang mit den nationalen Interessen des deutschen Volkes und den Interessen der europäischen Sicherheit herbeigeführt werden soll.«

Dies war das letzte Mal, daß die Sowjets einem solchen Satz zugestimmt hatten. Im Grunde endete die Hoffnung auf Wiedervereinigung mit dieser Gipfelkonferenz, auf der die Sowjetführer sich nur den Anschein der Konzilianz gaben. Die anschließende Außenministerkonferenz im Herbst 1955 ließ dann keinen Zweifel mehr daran, daß für die Sowjets nur die fortdauernde Teilung Deutschlands akzeptabel war. »Der Geist von Genf«, der eine kurze Periode der Entspannung charakterisiert hatte, entschwebte rasch wieder.

Schon im Juni hatte die sowjetische Regierung Adenauer nach Moskau eingeladen, um »die Frage der Herstellung von diplomatischen Beziehungen, Handelsbeziehungen und kulturellen Beziehungen zu erörtern«. Die Bundesregierung antwortete, dazu gehöre auch »die Frage der staatlichen Einheit Deutschlands sowie die Freilassung derjenigen Deutschen, die sich gegenwärtig noch im Gebiet der Sowjetunion im Gewahrsam befinden« – im Klartext: die Frage der Wiedervereinigung und der Kriegsgefangenen. Nachdem die Russen solchen Gesprächen zugestimmt hatten, machte Adenauer sich im Herbst 1955 auf den Weg.

Es war eine höchst merkwürdige Reise, mindestens für die, die sich daran erinnerten, daß genau 16 Jahre zuvor, im Herbst 1939, ein deutscher Außenminister namens Joachim von Ribbentrop in einer viermotorigen Condor-Maschine ebenfalls auf dem Moskauer Flugplatz gelandet war. Damals wehte dort die Hakenkreuzfahne friedlich neben jener, die das Emblem Hammer und Sichel trägt. Ribbentrop war gekommen, um den Pakt zwischen den beiden Erztyrannen Hitler und Stalin abzuschließen. Ein Aufenthalt von 24 Stunden hatte zu jener Zeit genügt, um die Welt von der Ostsee bis zum Schwarzen Meer zwischen den beiden Diktatoren aufzuteilen.

Seit jenem Herbst 1939 hatte es keinen offiziellen deutschen Besuch in Moskau mehr gegeben, und daher kann man sich vorstellen, daß auch die sowjetischen Führer diesem Treffen mit Neugier entgegensahen. Nun, im September 1955, kamen Adenauer und seine Delegation also mit zwei Sonderflugzeugen und einem Sonderzug, das heißt mit großem Aufgebot, in die Sowjetunion. Wilhelm Grewe[1], damals Leiter der politischen Abteilung des Auswärtigen Amtes, erklärt den Zweck dieses Sonderzuges: »...ein auf dem Nebengleis eines Moskauer Bahnhofs abgestellter Sonderzug mit abhörsicherem Spezialwagen, Mitropa-Speisewagen, Funk- und Fernsprechanlagen, Schreibabteilen und so weiter – kurz eine ambulante Botschaft, deren Installierung wir in den prozeduralen Vorverhandlungen als Ersatz für eine noch nicht existierende Botschaft verlangt hatten«.

Groß war auch das Aufgebot, von dem der Kanzler empfangen wurde: Ministerpräsident Bulganin, Außenminister Molotow, die stellvertretenden Außenminister Gromyko

[1] Wilhelm G. Grewe: Rückblenden. Aufzeichnungen eines Augenzeugen deutscher Außenpolitik von Adenauer bis Schmidt. Berlin 1976.

und Semjonow sowie Chefideologe Suslow standen aufgereiht nebeneinander. Wieder, wie vor sechzehn Jahren, erklangen die Nationalhymnen – dieselben wie damals; wieder flatterten die Fahnen im Winde – aber nur eine war noch die gleiche. Die Ehrenkompanie – ausgewählte, ganz junge, wunderbar aussehende Burschen, die zum erstenmal seit 1917 bunte Paradeuniformen trugen – machte auf uns alle den beabsichtigten Eindruck: Entschlossenheit, Konzentration und Präzision. Am Abend gab es ein großes Galabankett mit hochgestimmten Trinksprüchen, weit ausholender Gastfreundschaft und allgemeiner Verbrüderung. Am nächsten Tag wurden die beiden Grundsatzerklärungen verlesen – die Bonner Erklärung war ein Meisterwerk von verhaltener Reue und spontaner Wärme, verbunden mit dem Appell zu einem Neubeginn. Tags darauf begann dann die sachliche Unterhaltung, und sofort wurde die tiefe Kluft deutlich: Deutsche Kriegsgefangene gebe es in der Sowjetunion nicht, »nur noch Kriegsverbrecher aus den ehemaligen Hitlerarmeen, um es genau zu sagen: 9 628 Gewalttäter, Brandstifter, Mörder«, sagte Chruschtschow.

Die von den Sowjets gewünschten diplomatischen Beziehungen beschworen für die Bundesregierung ein außerordentlich prekäres Problem herauf. Die gleichzeitige Anwesenheit eines Botschafters der Bundesrepublik Deutschland und eines Botschafters der DDR konnte die Staaten, die bisher die Bundesrepublik als einzig legitime Vertretung des deutschen Volkes ansahen und also keine offiziellen Beziehungen zur DDR unterhielten, womöglich dazu veranlassen, ihre Politik zu ändern.

Umgekehrt mußte aus eben diesem Grunde den Sowjets an der Aufnahme diplomatischer Beziehungen sehr viel gelegen sein, weil zwei deutsche Botschafter in Moskau die Zweistaatentheorie augenfällig bestätigten. Der deutsche Bundeskanzler konnte darum hoffen, für eine solche Konzession auch etwas Besonderes einhandeln zu können. In seinen Memoiren schreibt er, das Wichtigste seien ihm die Kriegsgefangenen gewesen... Wer mit in Moskau war, weiß, daß seine Priorität zunächst – das heißt bis zur kategorischen Ablehnung durch die Sowjets – ein Zugeständnis in der Frage der Wiedervereinigung war.

Charles Bohlen[1], der verstorbene Rußlandexperte des State Department, der damals amerikanischer Botschafter in Moskau war, meint, Adenauer habe sich in eine Falle locken lassen: Ihm sei am Schluß nichts anderes übriggeblieben, als ein Übereinkommen zu akzeptieren, das weniger als befriedigend war. Er, Bohlen, habe es für einen Fehler gehalten, daß ein Regierungschef nach Moskau gehe, um dort mit der vollen diplomatischen Anerkennung ein Geschäft zu machen.

Und Wilhelm Grewe stimmt in gewisser Weise zu: »Wenn Adenauer in bezug auf Moskau eine Fehlkalkulation unterlaufen war, dann war es, daß er geglaubt hatte, er könne seinen Besuch in Moskau als bloßen Ausgangspunkt für weitere, nicht unter Zeitdruck und nicht in grellem Licht der Weltöffentlichkeit stehende, von Experten oder doch auf einer etwas niedrigeren Ebene und damit nicht von ihm selbst zu führende Verhandlungen etablieren... Adenauer war in eine Zwangslage geraten, die ihn zum Abschluß nötigte und die es schwierig machte, mehr als gerade die Mindestbedingungen herauszuholen, die man sich selbst vorher als letzte Rückfallposition gesetzt hatte.«

Diese ganze Episode war schon bald nur noch als heuristisches Prinzip interessant: Sie hätte nämlich der CDU/CSU, die nicht aufhörte, an den Ostverträgen der SPD/FDP herumzunörgeln, eine Lehre sein können. Zeigte doch die Erfahrung, die der erste Bundeskanzler machen mußte, daß noch niemand aus Moskau zurückkam, der nicht Abstriche hätte vornehmen müssen an dem Konzept, mit dem er hin-

---

[1] Charles B. Bohlen: Witness to History 1929–1969. New York 1973.

gereist ist. Eigene Wunschvorstellungen zum Maßstab des von anderen real Erreichten zu machen – wie es die CDU/CSU hinsichtlich der Brandtschen Ostverträge tat – ist eine allzu billige Kritik.

Von heute her gesehen, erscheint ganz klar, daß es nie die Chance für einen Wiedervereinigungsfahrplan gegeben hat. Damals aber sah man es anders. Konrad Adenauer[1] berichtet in seinen ›Erinnerungen‹, daß in jenem August 1955 der US-Außenminister Dulles ihm mitteilen ließ: »Er habe den bestimmten Eindruck, der auf vielen Einzelbeobachtungen beruhe, daß die sowjetische Haltung weicher geworden sei. Er sei mehr denn je der Überzeugung, daß die Wiedervereinigung kommen werde, wenn vielleicht auch noch einige Jahre – er meinte zwei bis vier Jahre – bis zu ihrer Verwirklichung vergingen. Wenn die Sowjets im Augenblick noch nicht zu Konzessionen bereit seien, so liege das ausschließlich daran, daß sie glaubten, auf die Stimmung der Satellitenstaaten Rücksicht nehmen zu müssen. Die Regierungen dieser Staaten müßten sich gefährdet fühlen, wenn Moskau das Pankow-Regime jetzt fallenließe.« Soweit der von Adenauer zitierte Dulles.

In Moskau aber sagte Chruschtschow zu Adenauer, die Bundesrepublik Deutschland sei schließlich vor dem Abschluß der Pariser Verträge und vor dem Beitritt zur Nato oft genug gewarnt worden, aber Bonn habe ja nicht hören wollen. Jetzt werde auch noch, so sagte er wörtlich, »die Wiedervereinigung Deutschlands so ausgelegt, daß das *vereinigte* Deutschland der Nato angehören müßte. Dabei ist die Nato gegen die Sowjetunion geschaffen worden… Wenn aber eine Organisation geschaffen wird, die gegen uns ist, so werden wir als Staatsmänner alles tun, um diese Organisation zu schwächen.«

Bei diesen Sitzungen ging es oft sehr turbulent zu.

[1] Konrad Adenauer: Erinnerungen, Bd. II. Stuttgart 1965.

Chruschtschow protzte: »Uns bläst der Wind nicht ins Gesicht.« Auch Adenauer machte seinem Zorn einmal Luft: »Außenminister Molotow hat gesagt, daß die Deutschen nicht imstande gewesen seien, sich vom Hitlerismus zu befreien. Gestatten Sie mir einmal folgende Frage: Wer hat denn eigentlich das Abkommen mit Hitler abgeschlossen, Sie oder ich?«

Adenauer in seinen ›Erinnerungen‹: »Chruschtschow wurde sehr erregt, und es konnte nicht alles übersetzt werden, weil er zu schnell sprach. Zeitweilig drohte er mir mit den Fäusten. Ich bin dann aufgestanden und habe auch gegen ihn meine Fäuste erhoben.«

Doch schildert der Bundeskanzler auch Episoden, die von freundschaftlicher, gelöster, fast herzlicher Atmosphäre zeugen: »Wir saßen bei herrlichem Wetter auf der Terrasse der Datscha und diskutierten in größerer Offenheit miteinander…« Schließlich ein Gespräch unter vier Augen mit Chruschtschow: »Chruschtschow kam wieder auf Rotchina zu sprechen. Er bezeichnete Rotchina als das größte Problem. ›Stellen Sie sich vor, Rotchina hat jetzt schon über 600 Millionen Menschen. Jährlich kommen noch 12 Millionen hinzu. Alles Leute, die von einer Handvoll Reis leben. Was soll‹, und dabei schlug er die Hände zusammen, ›was soll daraus werden?‹«

»Ich dachte mir«, schreibt Adenauer weiter, »›lieber Freund, du wirst eines Tages ganz zufrieden sein, wenn du im Westen keine Truppen mehr zu unterhalten brauchst!‹

Chruschtschow sagte ziemlich unvermittelt: ›Wir können diese Aufgabe lösen! Aber es ist sehr schwer. Darum bitte ich Sie, helfen Sie uns, helfen Sie uns, mit Rotchina fertig zu werden!‹ Zögernd fügte er hinzu: ›Und mit den Amerikanern…‹

Diese Bitte, ihm zu helfen, hat Chruschtschow während meines Moskauer Aufenthaltes dreimal ausgesprochen. Ich ging nicht darauf ein. Es wäre eine Untreue gegen Europa und Amerika gewesen, und den Russen in diesem Stadium und ohne feste Bindung mit der übrigen freien Welt zu helfen, hieße, den Kopf in den Rachen des Löwen stecken. Das war mir klar.«

Nach weiteren dramatischen und gänzlich unfruchtbaren Sitzungen resignierte der Kanzler schließlich; er ließ einen Tag früher als vorgesehen die Flugzeuge zur Rückreise bestellen. Die Sowjets, denen dies natürlich nicht verborgen blieb, schwenkten noch am selben Tag ein. Während des Galadiners sagte Bulganin zu Adenauer, der neben ihm saß, im Privatgespräch: Wenn die Bundesregierung ihre Absicht, diplomatische Beziehungen aufzunehmen, erkläre, würden die sowjetischen Führer ihr Ehrenwort geben, daß binnen einer Woche die Kriegsgefangenen in Marsch gesetzt würden. So geschah es denn auch. Freilich erst nach heftigem Hin und Her innerhalb der deutschen Delegation. »Namentlich Brentano und Hallstein waren, nach alldem, was vorgefallen war, absolut gegen die Aufnahme diplomatischer Beziehungen: Wie könnte ich zustimmen, ohne in der Frage der Wiedervereinigung weitergekommen zu sein?«, schreibt Adenauer in seinen ›Erinnerungen‹.

Auf dem Heimflug beriet die Delegation tief besorgt, wie sie vor dem deutschen Volk werde vertreten können, daß Botschafter ausgetauscht werden sollten, ohne daß es irgendeine Konzession in der Wiedervereinigung gegeben hatte: Wir werden Prügel beziehen, war das allgemeine Gefühl. Groß war dann ihr Erstaunen, als sie auf dem Flughafen Köln-Wahn mit riesigem Jubel empfangen wurden. Alle Welt sprach von den heimkehrenden Kriegsgefangenen – die Wiedervereinigung wurde überhaupt nicht erwähnt. Die Presse der nächsten Tage – bis auf die ›ZEIT‹ – bot das gleiche Bild.

Bis zu diesem Zeitpunkt war die öffentliche Meinung in Deutschland ganz auf Überwindung der Teilung ausgerichtet. Aber wie von Anbeginn, so gab es auch weiterhin zwei Theorien zu diesem Thema: Die Konservativen glaubten, dies mit einer Politik der Stärke – also mit Rüsten und Abschrecken – erreichen zu können, die Sozialdemokraten waren dagegen der Meinung, die Bundesrepublik solle nicht aufrüsten, nicht der Nato beitreten, sondern alles tun, um die Beziehungen zu entspannen und so zur Normalisierung zu gelangen.

Die Aufnahme diplomatischer Beziehungen im Jahr 1955 hätte ein erster Schritt zur Normalisierung sein können, war es aber nicht: Auch in den folgenden Jahren wurde jede Berührung gemieden. Es dauerte zehn Jahre, bis wieder einmal ein offizieller Bonner – es war der damalige Staatssekretär und spätere Bundespräsident Karl Carstens – nach Moskau reiste.

Im Zeichen der kontinuierlichen Aufrüstung beider Seiten verblaßte die Hoffnung auf Wiedervereinigung allmählich. Der Ruf nach Wiedervereinigung blieb von nun an nur als Ritual erhalten, aber immer weniger Leute glaubten daran. Der alte Dissens zwischen den Konservativen und der Opposition blieb bestehen.

In modifizierter Form hat sich jener Dissens weiter erhalten und bestimmte lange Zeit die politische Auseinandersetzung in der Bundesrepublik. Die Bundestagswahl im Jahr 1980 ist im Grunde von dieser Alternative beherrscht worden: CDU und CSU erklärten, Bundeskanzler Schmidt verrate die Allianz, weil er trotz Afghanistan zu Besprechungen mit Breschnew nach Moskau fuhr. Es gebe eine »Moskau-Fraktion« in der SPD, so klagten sie. Und SPD und FDP revanchierten sich mit der Behauptung, die Politik der Stärke, so wie die Union sie auffasse, gefährde den Frieden. Entspannung »ja« oder »nein« hieß also auch 1980 die Parole.

Jener pseudotheologische Wettstreit zwischen den Stärkepredigern und den Entspannungsgläubigen tendiert dazu, diese politische Frage zu einer moralischen Kategorie werden zu lassen, bei der es nicht um Alternativen und Kompromisse geht, sondern um die reine Wahrheit. Auf diese Weise ist oft verhindert worden, daß das, was doch selbstverständlich gewesen wäre, unterblieb: aus beiden Auffassungen eine je nach Erfordernissen der Situation vernünftige Mischung von Stärke und Verhandlungsbereitschaft herzustellen. Adenauers Politik lag offenbar immer die wenig realistische Vorstellung einer sowjetischen »Kapitulation« zugrunde; Brandt und Schmidt waren ähnlich weit von der Realität entfernt, indem sie stetige und allzu rasche Resultate von der Entspannungspolitik erhofften.

Fast wie zum Spott fügt es sich auch immer so, daß, wenn die Entwicklung gerade der einen Seite mehr recht als der anderen zu geben scheint und die öffentliche Meinung im Begriff ist, sich für jene zu entscheiden, ein Ereignis eintritt, das die Kugel wieder nach der anderen Seite rollen läßt. So war es, als das Jahr 1955 und der »Geist von Genf«, der eine Lockerung der starren Haltung bewirkt hatte, 1956 von den Ereignissen in Suez und Ungarn überrollt wurden.

Als »Geist von Camp David« 1959 schüchtern wiedererstanden, wurde die Entspannung 1962 von der Kubakrise von neuem niedergewalzt – für die Deutschen schon ein Jahr zuvor durch den Mauerbau in Berlin. Vor Kuba hatte es eine Phase gegeben, in der die Vorstellung um sich griff, man müsse der Verständigung mit dem Osten gewisse Opfer bringen und einige »Realitäten« wie die Existenz eines zweiten deutschen Staates anerkennen. Dann kam Kuba und Kennedys Reaktion, die Chruschtschow zwang, die Raketen, die er dort aufgebaut hatte, wieder zurückzutransportieren. Und da sagten alle: Gott sei Dank, daß wir keine Opfer gebracht haben, offenbar ist es ja gar nicht nötig.

Und noch einmal wiederholte sich der Wechsel von Hoffnung und Enttäuschung, als nach den Fortschritten der siebziger Jahre am Ende jenes Jahrzehnts russische Divisionen in Afghanistan einmarschierten. Die Bundesregierung hoffte nun, mit der Devise »Entspannung ist teilbar« wenigstens Zentraleuropa aus der um sich greifenden Vereisung zwischen Washington und Moskau heraushalten zu können, aber dann folgten 1980 die Ereignisse in Polen, die zu der instinktiven Reaktion »erst einmal Abgrenzung« geführt haben.

Innenpolitisch war Adenauer seit 1953 ziemlich unanfechtbar. In der Wirtschaft herrschte Hochkonjunktur, und seit den Wahlen von 1953, die noch ganz unter dem Eindruck des 17. Juni gestanden hatten, an dem der Aufstand der Ostberliner Arbeiter von sowjetischen Panzern niedergewalzt worden war, fehlte der Union nur eine Stimme zur absoluten Mehrheit. Vier Jahre später, 1957, hat sie dieses Ziel dann leicht erreicht. Um aber seine Regierung auf eine möglichst breite Basis stützen zu können, hatte der Kanzler damals eine Koalition mit den Liberalen – also der FDP –, der Flüchtlingspartei – also dem BHE – und der vorwiegend in Niedersachsen beheimateten Deutschen Partei (DP) gebildet.

Seit Thomas Dehler 1954 Vorsitzender der FDP geworden war, hatten die Reibereien in der Koalition zugenommen. Dehler, eine starke, unabhängige Persönlichkeit, ein emotionaler Feuerkopf und mitreißender Redner, stets zur Rebellion aufgelegt, interessierte sich weit mehr für die Wiedervereinigung als für die Westintegration. Er hatte dem Kanzler schon früher oft zu schaffen gemacht. Von ihm stammte die Feststellung, die eigentlichen Entscheidungen in Bonn gingen am Kabinett wie am Parlament vorbei, weil Adenauer sich gegenüber den Hochkommissaren eine Monopolstellung geschaffen habe.

Den besonderen Ärger Konrad Adenauers hatte Dehler, der ständig gegen die Pariser Verträge polemisierte, erregt, als er nach dem Scheitern der EVG in Bremen erklärte: Der Versuch »der katholischen Staatsmänner«, Europa zu integrieren, sei gescheitert und dürfe nicht wiederholt werden. Diese Anspielung auf das katholische Trio Adenauer, de Gasperi, Robert Schuman, die nach Adenauers Meinung in perfider Weise norddeutsch-protestantische Ressentiments zu aktivieren gedachte, verfehlte nicht ihr Ziel: das Herz des Bundeskanzlers.

Schon 1952, bei den Verhandlungen, hatte die FDP den Deutschlandvertrag heftig angegriffen, was schwierig genug war, denn Adenauer hatte eifersüchtig alle Einzelheiten des Vertragswerks für sich behalten. Nicht einmal der »Ausschuß für das Besatzungsstatut und Auswärtige Angelegenheiten« war informiert worden; er hatte die Texte erst wenige Tage vor der Unterzeichnung erhalten. Konrad Adenauer hatte sogar zu verhindern gewußt, daß sein Vertreter, Vizekanzler Franz Blücher (FDP), von den Hochkommissaren über den Stand der Verhandlungen unterrichtet wurde.

Adenauers Taktik war es, sich das, was er für richtig hielt, nicht zerreden zu lassen – andererseits aber wollte er die Mitglieder des Bundestages an der Haftung beteiligen und verhindern, daß sie ihm hinterher Vorwürfe über zu viele Konzessionen machten. So erfuhren sie gelegentlich einzelne Tatsachen, aber immer nur in kleinen Ausschnitten.

Nach der Unterzeichnung, die im Mai 1953 stattfand, hatte einer aus den Reihen der FDP, Karl Georg Pfleiderer, in einer Rede in Waiblingen einen Vorschlag zur Wiederherstellung der deutschen Einheit gemacht. Pfleiderers Grundgedanke dabei war, die russische Note vom 10. März 1952 nicht in Vergessenheit geraten zu lassen. Darum wollte er, daß die Zeit zwischen Unterzeichnung und Ratifizierung des Vertragswerks genutzt würde, um mit der Sowjetunion über ein Auseinanderrücken der östlichen und westlichen Besatzungsarmeen in Zentraleuropa zu verhandeln. Pfleiderers Rede fand großen Widerhall – viele Leute dachten wie er. Aber letzten Endes wurden seine Gedanken nicht einmal von der eigenen Partei ernsthaft aufgegriffen. Verglichen mit dem Lauf der Dinge, erschien seine Idee fern der Realität.

Solche rednerischen Eskapaden der FDP gab es immer wieder, vor allem als sich dann im Herbst 1955 herausstellte, daß die Sowjetunion die Teilung Deutschlands zu verewigen entschlossen war. Die sowjetische Führung hatte nämlich am 20. September 1955, gleich nach Adenauers Abreise, in Moskau einen Vertrag mit der DDR unterzeichnet, der dieser dem Wortlaut nach die »volle Souveränität« zuerkannte. Der Kontrollrat, so wurde bestimmt, werde keine Kompetenz zu Beschlüssen mehr haben, und das Hochkommissariat werde aufgelöst. Die sowjetischen Truppen aber blieben! Die drei Westmächte, die dies für einen Bruch der alliierten Vereinbarungen hinsichtlich Deutschlands hielten, protestierten scharf:

»Die drei Regierungen sind der Ansicht, daß die Sowjetunion an die Verpflichtungen gebunden bleibt, die sie gegenüber den drei Mächten in bezug auf Deutschland übernommen hat. Insbesondere sind sie der Ansicht, daß die am 20. September 1955 zwischen Vizeaußenminister Sorin und Außenminister Bolz ausgetauschten Schreiben nicht die Wirkung haben können, die Sowjetunion von den Verpflichtungen zu entlasten, die sie in bezug auf das Transport- und Verkehrswesen zwischen den verschiedenen Teilen Deutschlands, einschließlich Berlins, hat.«

Schon sehr bald zeigte sich, wie notwendig dieser Protest war. Am 29. November 1955 kam es zu einem Zwischenfall in Berlin, den die Amerikaner sehr ernst nahmen. Zum erstenmal seit der Besetzung Berlins durch die vier Mächte wurde nämlich ein amerikanisches Militärfahrzeug durch Beamte der Volkspolizei festgehalten. Zu den Insassen gehörten zwei Mitglieder des Kongresses der Vereinigten Staaten. Die Amerikaner protestierten sofort bei dem sowjetischen Stadtkommandanten, aber dieser weigerte sich, den amerikanischen Protest entgegenzunehmen, und erklärte, daß die Kontrolle des Fahrzeuges entsprechend den Gesetzen der Deutschen Demokratischen Republik durchgeführt worden sei.

Der amerikanische Botschafter James Conant richtete daraufhin an den sowjetischen Botschafter in Ost-Berlin, Puschkin, folgendes Protestschreiben: »Sie werden verstehen, daß die Regierung der Vereinigten Staaten auch weiterhin die sowjetischen Behörden verantwortlich halten muß für die Sicherheit aller amerikanischen Staatsbürger und für eine ihnen zustehende Behandlung, solange sich diese Staatsbürger in Gebieten aufhalten, einschließlich des Sowjetsektors von Berlin, die sich unter sowjetischer Autorität und Kontrolle befinden.«

Konrad Adenauer, hierdurch veranlaßt nachzusinnen, was diese plötzliche Verschärfung und die Negierung des »Geistes von Genf« veranlaßt haben könne, berichtet in seinen ›Erinnerungen‹ über ein Gespräch, das der Gesandte und spätere Botschafter von Welck mit einem hohen amerikanischen Beamten geführt hatte. »Welck berichtete mir«, schreibt der Kanzler, »daß die Amerikaner es für durchaus möglich hielten, daß der Geist von Genf der Sowjetregierung viel zu schaffen mache. Überall in den Satellitenstaaten, in der sowjetisch besetzten Zone und auch in der Sowjetunion wittere die Bevölkerung Morgenluft, rechne sie mit einer Lockerung des bisherigen Regimes. Diese Auswirkungen des Geistes von Genf wären für die Sowjetregierung so gefährlich, daß sie es unter Umständen vorziehen würde, wieder mit dem Kalten Krieg zu beginnen.«

Adenauer zog daraus aber nicht die Lehre, daß Entspannung, die laut diesem Bericht doch offenbar viel bewirkt, gepflegt werden müsse und daß man nicht alles auf die Karte »Aufrüstung« setzen darf, sondern er bestand weiter darauf, daß Änderungen der sowjetischen Haltung erst dann zu erwarten seien, wenn die Sowjetunion einsehe, daß sie ihr Ziel einer Neutralisierung Deutschlands und der Beherrschung ganz Westeuropas aufgeben müsse. Darum wandte er sich energisch gegen alle Initiativen zur Lösung der Deutschlandfrage, wie sie die FDP immer wieder, zuletzt in Gestalt des »Euler-Plans«, anregte. Solche Initiativen, »die falsche Hoffnungen erwecken, richten nur Schaden an«, meinte der Kanzler.

Im Hinblick auf Dehler notierte er in seinen ›Erinnerungen‹: »Unter den Verhältnissen, die sich zum Ende des Jahres 1955 entwickelt hatten, erschien mir eine Fortsetzung der Koalition mit der Fraktion der FDP kaum noch möglich. Die gemeinsame Politik mit ihr mußte bis auf weiteres ruhen. Die FDP selbst war – dafür gab es zahlreiche Hinweise – in einem inneren Zerfallsprozeß begriffen. Ich hielt es für das klügste, hierbei nicht einzugreifen und abzuwarten, wie sich dieser Prozeß entwickeln würde.«

Das folgende Jahr, 1956, ist charakterisiert durch die berühmte Doppelkrise: den englisch-französischen Überfall auf Suez am 31. Oktober und die blutige Niederwerfung des ungarischen Aufstandes durch die Sowjetunion in den ersten Novembertagen. Es fügte sich so, daß Adenauer ausgerechnet auf dem Höhepunkt der Suezkrise am 6. November seinen ersten Besuch in Paris machte. Seine sonst so präzisen Schilderungen – in den ›Erinnerungen‹ stets treulich festgehalten – sind merkwürdig wortkarg. Vielleicht weil die Suezaktion einen offenbar geheimnisvollen, bis heute nicht geklärten Hintergrund hatte. Außenminister von Brentano[1] spricht davon in einem schriftlichen Bericht an Adenauer vom 31. Oktober 1956: »Die meisten Herren, die mich ansprachen, spielten ganz offen darauf an, daß England und Frankreich offenbar Israel zum Einmarsch veranlaßt haben, um damit den Grund für eine Intervention zu schaffen.«

Warum sie unbedingt intervenieren wollten, ist im dunkeln geblieben. Ausgelöst wurde der Konflikt dadurch, daß Nasser die Allgemeine Suezkanalgesellschaft im Juli verstaatlicht hatte, weil er deren Einkünfte für den Bau des Assuanstaudammes verwenden wollte, dessen Finanzierung England und Frankreich zunächst zugesagt, dann aber wieder abgelehnt hatten. Ich denke, es waren wohl die späten

---

[1] Konrad Adenauer: Erinnerungen, Bd. III. Stuttgart 1967.

Reflexe von Kolonialmächten, die sich noch nicht daran gewöhnt hatten, daß die ehemals von ihnen beherrschten Gebiete jetzt eigenständige und unbequeme Herren hatten –
mit anderen Worten: Nasser sollte weg.

Passiert war folgendes.

Am 29. Oktober hatten israelische Truppen die ägyptische
Grenze im Sinai überschritten und befanden sich im Vormarsch auf den Suezkanal. London und Paris richteten am
Tag darauf an Israel und Ägypten ein Ultimatum und forderten, daß das Gelände zehn Kilometer beiderseits des
Suezkanals von Truppen freigehalten werden müsse. Einen
Tag später begannen britische und französische Luftstreit-
kräfte durch gezieltes Bombardement die Voraussetzung für
die Landung eines britisch-französischen Expeditionscorps
am Kanal zu schaffen. Nach dem Absprung britischer Fall-
schirmjäger trat der Kommandant von Port Said in Kapi-
tulationsverhandlungen ein.

In diesem Moment drohte Moskau, mit seiner ganzen
Schlagkraft einzugreifen, wenn nicht umgehend der Frieden
wiederhergestellt würde. Auch Washingtons Ermahnungen
klangen drohend. Zum erstenmal stimmten Amerika und die
Sowjetunion in der UN gemeinsam gegen zwei Staaten der
Nato. Schließlich fügten sich alle Beteiligten in der Nacht vom
6. auf den 7. November der Aufforderung der UN, das
Feuer einzustellen.

Genau in jenen Tagen entschloß sich die Sowjetunion, mit
großer Brutalität dem Freiheitskampf in Ungarn, der schon
im Oktober mit Demonstrationen der Studenten für demokratische Freiheiten begonnen hatte, ein blutiges Ende zu
bereiten. Der Aufstand, in dessen Verlauf der im Jahr zuvor
abgesetzte Ministerpräsident Imre Nagy wieder die Regierungsgeschäfte übernahm, hatte sich zu einer Revolution
ausgewachsen. Nagy kündigte die Mitgliedschaft Ungarns
im Warschauer Pakt und verkündete die Neutralität des
Landes. Am 4. November schlugen die sowjetischen Trup-

pen trotz des erbitterten Widerstandes den Aufstand endgültig nieder.

Als ich bald darauf Gelegenheit hatte, mit Nehru über die Tragik dieser Doppelkrise zu sprechen, sagte er, der russische Botschafter habe ihm damals gesagt, im Kreml habe man das Suezabenteuer für den Beginn des Dritten Weltkrieges gehalten, weil man sich nicht habe vorstellen können, daß England und Frankreich ohne Wissen Amerikas eine so große militärische Aktion entfesseln würden. Eben darum, so meinte Nehru, sei die Reaktion in Ungarn so heftig ausgefallen; Moskau habe in diesem Moment auf keinen Fall Teile seines Glacis preisgeben wollen. Das klang damals sehr plausibel. Nach den Ereignissen in Prag und in Afghanistan möchte man allerdings vermuten, daß die Invasion Ungarns wohl auch ohne den Überfall auf Suez stattgefunden hätte.

Bei jenem ersten Pariser Besuch Adenauers, der ausgerechnet mit dem Suezabenteuer der Franzosen zusammenfiel, wurde der Kanzler von Außenminister Heinrich von Brentano und Ministerialdirektor Wilhelm Grewe begleitet. Grewe[1] schildert ein Gespräch Adenauers mit Guy Mollet, dem damaligen Ministerpräsidenten: »Im Zuge seiner Argumentation ließ Adenauer sich dabei zu einer derart kritischen Beurteilung der amerikanischen Führung und ihrer Politik hinreißen, daß sich Brentano gedrängt fühlte – und keine Scheu hatte –, sich von Adenauers Äußerungen deutlich zu distanzieren. Seit zweieinhalb Jahren, behauptete Adenauer, würden – ohne Beteiligung des State Department – Briefe zwischen dem Weißen Haus und dem Kreml gewechselt. Dulles, darauf angesprochen, habe diese Korrespondenz nicht geleugnet. Hinter diesem Briefwechsel stehe offenbar die Vorstellung, daß der Weltfriede durch ein Gleichgewicht der beiden Atommächte garantiert werden müsse. Ideen über eine Aufteilung der Welt und eine Weltschiedsrichterrolle der

---

[1] Wilhelm G. Grewe: Rückblenden. Berlin 1979.

beiden Großen könnten dabei eine Rolle spielen. Ihm, Adenauer, mißfalle die darin liegende Zweigleisigkeit der amerikanischen Politik, die die Interessen der Verbündeten außer acht lasse, das Interesse an Europa vermindere und die amerikanische Führungsrolle in der Nato preisgebe.«

Grewe fügte hinzu: »Vieles in diesen Tagen Gesagte war ein Vorspiel zu dem, was ich später als Botschafter in Washington erlebte. Adenauer verhielt sich zu Amerika im ganzen und zu seinen führenden Persönlichkeiten ähnlich wie zu seinen Mitarbeitern, seinen Parteifreunden und vielen anderen Personen seines Umgangs. Sein Verhältnis zu den meisten Menschen, mit denen er fortlaufend zu tun hatte, war starken Schwankungen ausgesetzt und wurde immer wieder von charakteristischen Mißtrauensanfällen überschattet, von denen schon mehrfach die Rede war. Die Vorstellung, daß das Weiße Haus unter Eisenhower zeitweilig das Zentrum einer präsidentiellen Außenpolitik mit weitreichenden eigenen Ideen gewesen sei, die Eisenhower in einer Geheimkorrespondenz mit ›dem Kreml‹ gesponnen habe, war eine Ausgeburt seines Mißtrauens, die der Wirklichkeit von 1956 nicht entsprach.«

Nur Frankreich, vor allem Charles de Gaulle gegenüber, bei dem es noch am ehesten angebracht gewesen wäre, unterdrückte Adenauer dieses Mißtrauen. Für ihn war die Aussöhnung mit Frankreich Problem und Ziel Nummer eins seiner Außenpolitik. Diese starke Betonung Frankreichs führte dazu, daß sich in seiner eigenen Partei als Gegengewicht diejenigen zusammenfanden, die der Meinung waren, er vernachlässige England und Amerika, obgleich doch gerade die Vereinigten Staaten im 20. Jahrhundert viel wichtiger seien. Um diesen Dissens zu charakterisieren, sprach man damals von einer französischen und einer anglo-amerikanischen Partei innerhalb der Union. Während Konrad Adenauer die französische Partei anführte, hieß es, Ludwig Erhard sei der Führer der anglo-amerikanischen Partei.

Vom Frühjahr bis zum Herbst 1957 wurde die Bevölkerung der Bundesrepublik durch leidenschaftliche Auseinandersetzungen über nukleare Waffen in Atem gehalten. Es ging um die Frage, ob die Bundeswehr mit Atomwaffen ausgerüstet werden solle. Auch die Lagerung von Atomwaffen in der Bundesrepublik löste große Diskussionen aus. Adenauer erläuterte auf einer Pressekonferenz am 5. April seinen Standpunkt. Die Bundesrepublik habe freiwillig auf die Produktion dieser Waffen verzichtet, er müsse aber, so sagte er, auf Ausrüstung mit taktischen Atomwaffen, »die nichts weiter sind als die Weiterentwicklung der Artillerie«, bestehen, denn andernfalls würden unsere Soldaten innerhalb der Nato schlechter ausgerüstet sein als alle anderen, und das sei Diskriminierung. Von allen Seiten hagelte es daraufhin Widerspruch: 18 namhafte Atomwissenschaftler schickten dem Kanzler ein Protesttelegramm. Albert Schweitzer veröffentlichte einen Aufruf, der die Bevölkerung sehr beeindruckte. »Kampf dem Atomtod« lautete allenthalben die Devise.

Die SPD war strikt gegen die Auffassung Adenauers. Der Parteiführer Erich Ollenhauer erklärte im Mai in Flensburg und im Juni in Dortmund, wenn die SPD die Bundestagswahl im September gewinne, werde sie die allgemeine Wehrpflicht abschaffen, eine atomare Ausrüstung der Bundeswehr verhindern und dafür sorgen, daß die westlichen Alliierten keine Atomwaffen in der Bundesrepublik lagern. Ein enorm populäres Programm.

Daß dennoch die CDU/CSU bei den Wahlen die absolute Mehrheit errang, mag nicht zuletzt darauf zurückzuführen sein, daß jedermann deutlicher geworden war, wer die Abrüstungskonferenz, die vom März bis September in London getagt hatte und auf die gewisse Hoffnungen gesetzt worden waren, hatte scheitern lassen. Es war die Sowjetunion. Dies wurde sehr augenfällig, als die Abrüstungsvorschläge, die der Westen dort vorgelegt hatte, kurz darauf von der UN-

Vollversammlung mit 56 gegen 8 Stimmen bei 15 Enthaltungen unterstützt wurden.

Als der Sowjetunion am 4. Oktober 1957 mit dem Start des Sputniks ein spektakulärer militärischer Durchbruch in der Raketentechnik gelang, begriff alle Welt, warum Moskau an Abrüstungsvereinbarungen kein Interesse hatte. Auch der zwei Tage zuvor veröffentlichte Vorschlag des polnischen Außenministers Adam Rapacki, der propagierte, daß beide deutsche Staaten auf Lagerung von Atomwaffen verzichten sollten – ein Plan, dem sich anzuschließen die ČSSR und Polen bereit waren –, rief nun kein großes Interesse mehr hervor. Jetzt verlagerte sich der Rüstungswettlauf von den Sprengköpfen auf die Träger.

Trotz allem ging das Jahr dann doch noch mit einem optimistisch stimmenden Schlußakkord zu Ende. Die Routinekonferenz der Nato im Dezember war ziemlich kurzfristig in eine Konferenz auf höchster Ebene umgewandelt worden. 15 Regierungschefs – Eisenhower an der Spitze –, die Außen- und Verteidigungsminister der Nato-Länder sowie ungezählte Sachbearbeiter waren in Paris versammelt. Ein Franzose, der als junger Mann noch die Versailler Friedenskonferenz mitgemacht hatte, sagte, auf diese Monsterversammlung blickend, zu mir, dies sei die größte internationale Versammlung dieser Art seit jenen Tagen im Jahr 1919.

Für jemanden, der wie ich seit der sowjetischen Note vom März 1952 immer wieder bedauert hatte, daß über keinen der vielen russischen Vorschläge verhandelt worden war – und wenn es auch nur gewesen wäre, um einmal die Probe aufs Exempel zu machen –, brachte diese Konferenz eine freudige Überraschung:

Als erster sprach Eisenhower, der eine eindrucksvolle Rede hielt. Dann kam Konrad Adenauer. Jedermann erwartete, er werde seine Routinerede halten, die wörtlich so lautete[1]: »Der Spannungsherd zwischen den Vereinigten

Staaten und Sowjetrußland kann nur dadurch beseitigt werden, daß die Russen durch ihre innere Entwicklung zu der Überzeugung kommen: Wir können das Wettrüsten mit dem Westen nicht durchhalten! Wir müssen eine Verständigung suchen!«

Aber nichts dergleichen. Er, der nie etwas von Verhandlungen mit den Russen hatte wissen wollen und immer nur von der Notwendigkeit, stark und einig zu sein, sprach, plädierte plötzlich für »den Versuch, auf diplomatischem Wege bei der Sowjetunion zu klären, welche präzisen Vorstellungen sie mit ihren Vorschlägen verbindet«. Dies die Reaktion auf einen Brief Bulganins vom 10. Dezember 1957 und eine Note vom 12. Dezember, mit der die sowjetischen Führer eine weltweite diplomatische Offensive entfesselten: für eine atomwaffenfreie Zone in Mitteleuropa, für ein Nichtangriffsabkommen zwischen der Nato und dem Warschauer Pakt und für eine Verpflichtung der Großmächte, keine Nuklearwaffen einzusetzen.

Das Erstaunen über Adenauer war groß. Einige Amerikaner sprachen vom drohenden Bonner Neutralismus, andere meinten, es handle sich wohl ganz einfach um ein innenpolitisches Manöver des Bundeskanzlers. Beides wird widerlegt durch Grewe, der schreibt, er habe zwischen Weihnachten und Neujahr an dem Entwurf einer Antwort an Bulganin gearbeitet, den er dann dem Kanzler nach Rhöndorf gebracht habe. »Mein Versuch, Adenauer für eine Antwort zu gewinnen, die auf eine wirkliche Gesprächsanknüpfung mit der Sowjetunion abzielte, schien auf fruchtbaren Boden zu fallen.«

Ein paar Monate später, im Frühjahr 1958, machte Adenauer dem sowjetischen Botschafter Smirnow sogar den Vorschlag, die Sowjetunion möge doch der DDR den Status Österreichs konzedieren; was ja angesichts des besonde-

[1] Konrad Adenauer: Erinnerungen, Bd. III. Stuttgart 1967.

ren österreichischen Status den Verzicht auf Wiedervereinigung (wegen des Anschlußverbots) bedeutet hätte sowie garantierte Neutralität, also keine Integration in die Nato. Allerdings fragt man sich, was an diesem Vorschlag für Moskau wohl hätte reizvoll sein sollen. Die Sowjetunion hätte vieles aufgeben müssen und überhaupt nichts gewonnen.

Ähnlich sieht es mit einem anderen Entwurf aus, der erst 1974 nach Adenauers Tod, als der dritte Band der Adenauer-Studien[1] herauskam, bekanntgeworden ist. Es handelt sich um einen als »Globke-Plan« bezeichneten Vertragsentwurf, dessen letzte Fassung von 1960 stammt. In ihn sind Gedanken von Konrad Adenauer, Hans Globke und Heinrich Krone eingegangen. An seinem Anfang steht die Forderung nach Selbstbestimmung der DDR-Bevölkerung, das heißt nach freien Wahlen, also genau das, was nach Moskaus Meinung unbedingt verhindert werden mußte. Man hat daraus nicht sehr überzeugend posthum Adenauers »Ostpolitik« entwickelt. Zwar ist es interessant zu erfahren, daß solche Gedanken überhaupt gedacht worden sind, unbefriedigend aber bleibt, daß sie ganz unrealistisch waren und daher nie der Versuch gemacht worden ist, sie in die Tat umzusetzen.

Erst nachdem Adenauer nicht mehr Regierungschef war, verkündete er im März 1966 auf dem Parteitag der CDU, es sei etwas ganz Außerordentliches »in der Weltgeschichte passiert«, nämlich die sowjetische Friedensvermittlung zwischen Indien und Pakistan… »Sehen Sie, meine Damen und Herren, das war für mich ein Beweis dafür, daß die Sowjetunion eingetreten ist in die Reihe der Völker, die den Frieden wollen. Ich weiß, daß ich damit ein kühnes Wort gesprochen habe, aber, meine Damen und Herren, die Tatsachen

---

[1] Adenauer-Studien. Hrsg. von Rudolf Morsey und Konrad Repgen. Bd. 3: Untersuchungen und Dokumente zur Ostpolitik und Biographie. Mainz 1974.

liegen so, daß die Sowjetunion zwischen diesen beiden sich mit bewaffneter Faust gegenüberstehenden Mächten den Frieden herbeigeführt hat.«

Auch 1958 war reich an Überraschungen. Um sich die Ereignisse in der größeren Welt noch einmal ins Gedächtnis zu rufen: In Frankreich stürzte die Vierte Republik, und de Gaulle kam an die Macht; die Krise um Quemoy und Matsu, zwischen Amerika und China, erreichte ihren Höhepunkt; im Irak wurden der König und der prowestliche Ministerpräsident Nuri as-Said, der kontinuierlich über drei Jahrzehnte eine maßgebliche Rolle in seinem Lande gespielt hatte, ermordet, und die Macht wurde von einer revolutionären Militärregierung übernommen, wodurch von neuem eine Nahostkrise ausgelöst wurde. In ihrem Verlauf sind 5000 amerikanische Marines im Libanon angelandet und britische Truppen aus Zypern nach Jordanien eingeflogen worden.

Ich war zwei Wochen zuvor in Bagdad gewesen, wo ich nach Gesprächen mit einer Vielfalt von Widersachern des Regimes den sicheren Eindruck gewonnen hatte, daß ein Umsturz kurz bevorstand. Ich berichtete dies unserem Botschafter, aber der war unbeirrbar und erklärte mir, das Regime Nuri as-Said sitze fest im Sattel und verfüge über einen allgegenwärtigen Polizeiapparat; ein Umsturz sei daher undenkbar. Wenige Tage später lief über alle Ticker die Nachricht, daß das Regime gestürzt sei.

Aus der Unterhaltung mit Nuri as-Said selbst ist mir unauslöschlich in Erinnerung geblieben, daß er als Junge vierzig Tage auf einem Kamel nach Istanbul hatte reiten müssen, weil er auf eine höhere Schule – oder ein College – gehen sollte und es diese Möglichkeit im Irak damals nicht gab.

Im Herbst erreichte die Serie der Ereignisse dann auch uns. Doch zuvor fand im Frühjahr noch eine Friedenstaube aus Moskau ihren Weg nach Bonn.

Im April 1958, bald nachdem Bulganin sein Amt verloren hatte, das dann Chruschtschow zusätzlich zu dem seinen übernahm, kam Anastas Mikojan, Erster Stellvertretender Ministerpräsident der Sowjetunion, nach Bonn, um die Verträge zu unterschreiben, über die seit langem verhandelt worden war: der Handelsvertrag, das Abkommen über die Einrichtung von Konsularvertretungen und die von Botschafter Lahr in Moskau ausgehandelte Vereinbarung zur Rückführung der in der Sowjetunion zurückgehaltenen deutschen Zivilisten.

Der Bundeskanzler fand großes Gefallen an dem lebhaften, stets witzigen, ungewöhnlich gescheiten Mikojan. Sie stritten ein bißchen darüber, ob Lenin, wie Adenauer behauptete, von der deutschen Reichsregierung zwanzig Millionen Goldmark bekommen hatte oder nicht. Mikojan widersprach und meinte, wenn dies so wäre, müßte er es schließlich wissen, denn er sei damals in Lenins nächster Nähe tätig gewesen. Adenauer, der diese Angabe einer Zeitung entnommen hatte, zog sich schließlich mit einem Hinweis auf Marx und Engels und der Feststellung aus der Affäre, daß die UdSSR doch zumindest ideologisch Deutschland viel verdanke. »Ja, darauf können die Deutschen stolz sein«, erwiderte Mikojan![1]

Im übrigen waren die Unterhaltungen zwischen Moskau und Bonn oder auch anderen Vertretern des Westens damals nicht anders, als sie es zwanzig Jahre später waren: Mikojan wies darauf hin, daß die Sowjetunion sich stets für den Frieden eingesetzt habe; gleich 1917/18, nach der Revolution, habe die Regierung sich entschlossen, mit dem Krieg Schluß

---

[1] Der Historiker Fritz Fischer schreibt in »Griff zur Weltmacht«, daß die deutschen Zahlungen an die Bolschewiki sich auf mindestens 50 Millionen Mark beliefen. Von 1916 bis zum Januar 1918 wurden 26 Millionen teils über die Botschaft in Kopenhagen, teils über unsere Vertretung in der Schweiz gezahlt. Bis zum Juli 1918 gelangten die Zahlungen direkt an die sowjetische Regierung über unsere Botschaft in Moskau; bis zum Ende des Krieges wurden dann nochmals 6 bis 9 Millionen abgerufen. – Schon 1915/16 hatte Parvus-Helphand einmal 2 Millionen Goldmark, das andere Mal 20 Millionen Rubel bekommen, um die russischen Linksrevolutionäre zu unterstützen.

zu machen. Darum sei man jetzt über die Aufrüstung der Bundesrepublik, vor allem über die atomaren Waffen, sehr besorgt. Adenauer: »Aber Herr Mikojan, ich will doch gerade die Abrüstung, und zwar eine allgemeine, kontrollierte Abrüstung. Nur dies ist der Weg, auf dem die Welt zur Ruhe kommen kann.«

Für die Bundesrepublik begannen die Überraschungen im Herbst. Vorbote war die Erklärung Ulbrichts: »Ganz Berlin liegt auf dem Territorium der DDR. Ganz Berlin gehört zum Hoheitsbereich der DDR.«

Zwei Wochen später, am 10. November, stieß Chruschtschow bei einer Rede im Moskauer Sportpalast in das gleiche Horn. Und am 27. November erschreckte Chruschtschow die Welt mit einer Berlin-Note, adressiert an die drei Westmächte, die als »Ultimatum« in die Geschichte eingegangen ist. Darin forderten die Sowjets innerhalb von sechs Monaten den Abzug aller Besatzungstruppen aus Berlin und die Umwandlung Berlins in eine »entmilitarisierte, freie Stadt«. Wenn in der genannten Frist keine Einigung mit den Westmächten erzielt werde, würden sie alle Rechte und Funktionen, über die sie als Besatzungsmacht verfügten, an die DDR übergeben. Die Westmächte reagierten mit Entrüstung und wiesen das Ansinnen einer einseitigen Veränderung des Viermächtestatus der Stadt Berlin scharf zurück.

Die britische Note war die eindrucksvollste, weil sie – alle Rücksichtnahme beiseite lassend – sich nicht scheute, die sowjetische Geschichtsfälschung: nur die Sowjetunion, nicht die westlichen Demokratien, seien rechtzeitig gegen Hitlers Eroberungen aufgetreten, vom Tisch wischte. Die Note beschwor noch einmal die Situation, die dem Zweiten Weltkrieg vorausging: »Am 23. August (1939) wurde mit einer Plötzlichkeit, die Europa erschütterte, der deutsch-sowjetische Nichtangriffspakt, im allgemeinen Hitler-Stalin-Pakt genannt, bekanntgegeben. Es überrascht die Regierung Ihrer Majestät, daß die sowjetische Regierung diesen Pakt in dem historischen Teil ihrer Note vom 27. November 1958 nicht erwähnt, da nach allgemeiner Ansicht es doch die Unterzeichnung dieses Paktes war, die den Ausbruch des Krieges unvermeidlich machte.«

Die Engländer erinnerten auch an eine hitlerfreundliche Rede, die Molotow auf der Sitzung des Obersten Sowjet am 31. Oktober 1939 gehalten hatte: »Die herrschenden Kreise Großbritanniens und Frankreichs haben in letzter Zeit versucht, sich selbst als die Vorkämpfer der demokratischen Rechte der Nation gegen den Hitlerismus hinzustellen; die britische Regierung hat erklärt, daß ihr Ziel im Krieg gegen Deutschland nicht mehr und nicht weniger sei als die Zerstörung des Hitlerismus... Aber es gibt absolut keine Berechtigung für einen solchen Krieg. So, wie es mit jedem anderen ideologischen System ist, kann man die Ideologie des Hitlerismus akzeptieren oder ablehnen – das ist eine Sache der politischen Anschauung. Aber jedermann wird verstehen, daß man eine Ideologie nicht mit Gewalt vernichten kann. Es ist deshalb nicht nur sinnlos, sondern verbrecherisch, einen solchen Krieg zu führen – einen Krieg für die Zerstörung des Hitlerismus, der als Kampf für Demokratie getarnt wird.«

Auch die Amerikaner waren hart. Außenminister John Foster Dulles begann seine Ausführungen auf der Nato-Tagung im Dezember 1958 mit der Feststellung, seit der Berliner Blockade 1948–49 sei dies die erste konkrete Bedrohung[1]. »Moskau habe einen Nervenkrieg begonnen, wie die am Vorabend der Nato-Konferenz übermittelte Sowjetnote vom 13. Dezember zeige. Aber die Sowjetunion müsse sich klar darüber sein, daß sie durch die Vereinigten Staaten ebenso ausgelöscht werden könne wie Europa durch die Sowjetunion. Die Abschreckungswaffen der Vereinigten Staaten seien stärker als die der Sowjetunion. Darum handle es sich um eine leere Drohung, um einen Test der westlichen

---

[1] Wilhelm W. Grewe: Rückblenden. Berlin 1979.

Widerstandskraft, ähnlich wie einst Hitler unter Mißachtung aller verantwortungsbewußten Ratschläge verfahren sei.« Dies die Reaktion auf Chruschtschows Ultimatum.

Knapp einen Monat später, im Januar 1959, hatte Chruschtschow sich wieder etwas Neues ausgedacht: Er übermittelte den Entwurf eines deutschen Friedensvertrages. Der Kriegszustand mit Deutschland solle beendet, beide deutschen Staaten sollten aus dem jeweiligen Militärbündnis gelöst, neutralisiert und von den beiden Supermächten kontrolliert werden. Für Berlin war der Status einer selbständigen dritten Einheit vorgesehen. Über eine Konföderation – eingefügt in ein europäisches Sicherheitssystem – wurde mit der Wiedervereinigung Deutschlands gewinkt, die dadurch möglich werden sollte. Aber der Pferdefuß war so deutlich sichtbar, daß niemand sich für diese neue Idee interessierte. Die Berlinkrise, die Chruschtschows Rede im Moskauer Sportpalast eingeleitet hatte, sollte während der nächsten vier Jahre bis zur alles überschattenden Kubakrise Bonn und die drei Westmächte immer wieder in Atem halten.

Allmählich allerdings wurden nun zwischen der Bundesrepublik und ihren Bündnispartnern gewisse Divergenzen deutlich. Der Bonner Immobilismus begann allen auf die Nerven zu fallen. Bei der Opposition in Bonn war dies schon seit langem der Fall. Im Januar 1958 hatte im Bundestag eine Debatte zur Außenpolitik von nie dagewesener Heftigkeit stattgefunden. Thema: Kennans Disengagementideen, Rapacki-Plan und andere Projekte atomwaffenfreier Zonen in Europa. Besonders Thomas Dehler von der FDP, einst Justizminister in Adenauers Kabinett, sowie der spätere Bundespräsident Gustav Heinemann, der 1950 aus Protest gegen Adenauers Wiederbewaffnung als CDU-Innenminister zurückgetreten war und der nun seit 1957 als Mitglied der SPD wieder im Bundestag saß, waren haßerfüllt in ihren Angriffen.

Nun wurden aber auch die Bündnispartner ungeduldig.

Sogar der härteste Antikommunist Washingtons, John Foster Dulles, der George Kennans *Containment policy* zugunsten einer Politik des *roll back* verworfen hatte, war am Ende seines Lebens doch wieder zu der Überzeugung gelangt, daß man den Kommunismus bestenfalls werde eindämmen, aber nicht zurückrollen können. Es heißt, er habe bei seinem letzten Besuch in Bonn im Februar 1959, kurz vor seinem Tod, Bundeskanzler Adenauer erklärt, daß die Vereinigten Staaten von nun an versuchen würden, durch eine Politik der Entspannung weiter zu gelangen, als dies mit der Politik der Stärke gelungen sei. Adenauer hat nicht vermocht, diesen Kurswechsel, den der neue Präsident John F. Kennedy dann zu seiner Politik machte, mitzuvollziehen – er blieb bei seinem selbstgeschaffenen Dogma.

Die Partner waren zunächst der Meinung, man solle die Berlinkrise zum Anlaß nehmen, die deutsche Frage in ihrer ganzen Breite zu diskutieren, also unter Einschluß der Oder-Neiße-Grenze – »natürlich nicht ohne Initiative aus Bonn«. Der Bundeskanzler dagegen war fest entschlossen, strikt an der bisherigen Politik festzuhalten. In einer Analyse vom 30. Januar 1959 hat Konrad Adenauer[1] seine Gedanken zur Lage zusammengefaßt. Punkt 1 dieser Studie heißt: »Das Ziel der Sowjetunion ist und bleibt die Beherrschung der Welt durch den Kommunismus unter Führung der Sowjetunion.«

Die Haltung der westlichen Alliierten zur deutschen Ostgrenze war im Potsdamer Abkommen vom Juli 1945 festgelegt worden; dort heißt es: »Die Häupter der drei Regierungen bekräftigen ihre Auffassung, daß die endgültige Festlegung der Westgrenze Polens bis zu der Friedenskonferenz zurückgestellt werden soll.« Die Abgeordneten des deutschen Bundestages hatten sich feierlich verpflichtet, diese Frage ohne Anwendung von Gewalt zu lösen; und der

---

[1] Konrad Adenauer: Erinnerungen, Bd. III. Stuttgart 1967.

Bundeskanzler hatte diese Verpflichtung am 20. Oktober 1953 noch einmal bekräftigt.

Im Frühjahr 1959 war de Gaulle der erste, der diesen Standpunkt aufgab. Er sagte, das normale Schicksal des deutschen Volkes sei eine Wiedervereinigung in Freiheit, sofern Deutschland seine heutigen Grenzen anerkenne. Mancher Deutsche pflichtete ihm bei. Fritz Erler sagte damals auf einer deutsch-französischen Konferenz: »Die Anerkennung dieser Grenze ohne Gegenleistung ist unsinnig, aber im Zusammenhang mit der Wiedervereinigung muß dieses Problem gelöst werden.«

Mein eigener Standpunkt war: »Zu einer Grenzziehung zwischen zwei Völkern, die von dritten Mächten festgelegt und erzwungen wird, werden beide Partner kein Vertrauen haben können… Die Grenze zwischen Polen und uns muß zwischen unseren beiden Ländern vereinbart werden, sie darf nicht eine Auflage Dritter sein.« Ich habe seit 1956 für die Aufnahme diplomatischer Beziehungen mit Warschau plädiert und für engere Kontakte unserer beiden Völker. Vieles könnte heute anders sein, wenn Bonn sich dazu rechtzeitiger entschlossen hätte.

Wenn man einen politisch interessierten Bürger der Bundesrepublik, der jene Jahre bewußt miterlebt hat, heute fragen würde, an welches Ereignis aus dem Jahre 1959 er sich erinnert, würde er sicher nicht die Genfer Außenministerkonferenz nennen, die sich vom Mai bis August hinzog und an der die beiden Deutschlands am Katzentisch teilnehmen durften. Die Antwort würde vielmehr lauten: An das quälende Hin und Her, das damals um das Amt des Bundespräsidenten stattfand.

Ausgelöst wurde dieses Hin und Her durch die Tatsache, daß die Amtszeit von Bundespräsident Theodor Heuss im September jenes Jahres ablief. Adenauer war damals 83 Jahre alt. Auch er also mußte an einen Nachfolger denken.

Die Partei war eingeschworen auf Ludwig Erhard, aber Konrad Adenauer war entschlossen, dessen Kandidatur – koste es, was es wolle – zu verhindern. Aus diesem Grunde schlug er zunächst Erhard als Bundespräsidenten vor. Dann erklärte er, er selber wolle dieses Amt übernehmen, aber bald darauf widerrief er diese Absicht, weil er als Kanzler unentbehrlich sei. Durch diese Wankelmütigkeit hat er ein gut Teil seines Renommees verspielt. Ich habe den Verlauf im einzelnen im Kapitel ›Ludwig Erhard‹ geschildert; hier sei nur darauf hingewiesen, daß diese Phase den Anfang vom Niedergang Bundeskanzler Adenauers einleitete.

Von nun an bis zu seinem Rücktritt im Oktober 1963 will ihm nichts mehr gelingen. Schlimmer noch: Die große Herausforderung vom 13. August 1961, als die Mauer in Berlin gebaut wurde, hat er nicht bestanden.

Die Atmosphäre war damals schon seit längerem gespannt, Unruhe war spürbar, Vorahnungen lagen in der Luft. Unter dem Datum vom 4. August 1961 schrieb ich in der ›ZEIT‹ einen Artikel, der jene Unruhe besser wiedergibt, als man sie heute schildern könnte. Die Überschrift lautete: ›Des deutschen Michels Schlaf‹[1].

»In den USA hat Präsident Kennedy vorige Woche in seiner großen Rede, mit der er die Einberufung von 150 000 Reservisten wegen der Situation in Berlin verkündete, gesagt: ›Ich bin mir der Tatsache wohl bewußt, daß viele amerikanische Familien die Last dieser Anforderung tragen müssen. Für manche wird Studium und Karriere unterbrochen werden, man wird Ehemänner und Söhne abberufen, und die Einkommen werden in einigen Fällen geringer werden. Aber dies sind Lasten, die getragen werden müssen, wenn die Freiheit verteidigt werden soll...‹

Man kann sich nicht erinnern, ähnliche Worte in der Bun-

---

[1] Marion Dönhoff: Deutsche Außenpolitik von Adenauer bis Brandt. Hamburg 1970.

118

desrepublik gehört zu haben, obgleich die Berlinfrage doch in erster Linie uns angeht. Das Bonner Echo auf jene Rede John F. Kennedys war Dank an die Amerikaner für ihre Festigkeit und das erleichterte Gefühl, wenn ›die‹ ordentlich auftrumpfen, dann sind wir aller Sorgen enthoben, dann wird schon nichts passieren...

Es ist traurig: Während die großen Schicksalsfragen unserer Geschichte entschieden werden, schläft das Volk wie einst die Jünger in Gethsemane. Damals, so wird uns überliefert, hieß es: Der Geist ist willig, aber das Fleisch ist schwach. Heute freilich müßte es heißen: Das Fleisch ist mächtig, aber der Geist ist schwach.

Sind wir wirklich unter den Trümmern des zusammenbrechenden Reiches übriggeblieben, um jetzt Bilanzen zu lesen und uns in einem Stück unserer Heimat – kann man das wirklich Heimat nennen? – häuslich einzurichten mit Stilmöbeln, Gartenzwergen und Volkswagen?

Sind wir wirklich ein so total geschichtsloses Volk geworden, daß keine Vision uns mehr aufzuschrecken vermag, auch nicht das Bild der verlorenen Ostgebiete und eines in zwei deutsche Staaten geteilten Landes? Zwei Staaten, die so wenig mehr miteinander zu tun haben wie Holland und Belgien, die auch einst eine Einheit waren? Wir, ein Volk, zu dem die Geschichte so deutlich gesprochen hat!

Da haben die Deutschen in der Mitte Europas stellvertretend für die ganze Generation ein Stück aufgeführt, in dem Urheidentum sich mit moderner Wissenschaft und Technik zu einer schaurigen Verbindung paarte. Da stellten sie ein Bild des Menschen auf die Bühne, das den zuschauenden Völkern kalte Schauer den Rücken hinunterjagte. Und als dann die Akteure selbst vom Hagel der Bomben zugedeckt wurden und in Strömen von Blut ertranken, als die Stille des Todes sich schließlich über Deutschland legte, da brachen die Sowjets von Osten herein und stillten ihre Gier und rafften an sich, was sie erreichen konnten.

Und die Nation wurde in zwei Teile geteilt, und der eine
Teil wurde von den Siegern geknechtet und versklavt. Und
der andere Teil, dem gaben die Sieger die Devise auf den
Weg: freie Bahn dem Tüchtigen. Und die Tüchtigen gelangten sehr weit auf ihrem Wege: die Bankkonten schwollen an,
die Konzentration in der Wirtschaft nahm zu, das Gesetz der
großen Zahl beherrschte alles. Jedes Jahr wurden die Zahlen vom Vorjahr überboten: die Wachstumsraten verdop-
pelten sich, die Zahl der Auslandsreisen verdreifachte sich,
die Summe der Bücher auf der Frankfurter Messe vervier-
fachte sich, der Bierkonsum auf der Oktoberwiese verfünf-
fachte sich... Aber das Sattsein lehrte nicht erkennen.

Deutsche Geschichte der letzten fünfundzwanzig Jahre –
niemand denkt mehr an sie. Und jetzt, was kommt jetzt? Wie
viele Leute gibt es im Lande, die diese Frage am Schlafen
hindert? Ach, sie alle schlafen vorzüglich!«

Eine Woche später, am 13. August, meldete der Rundfunk
am Morgen die Massierung sowjetischer Truppen in Berlin.
Ich rief meinen Kollegen Theo Sommer an; wir flogen beide
mit dem nächsten Flugzeug nach Berlin und sahen, wie die
Volksarmee entlang der Sektorengrenze in Vorbereitung
der Mauer Stacheldraht spannte.

In Bonn herrschte allgemeine Kopflosigkeit. Auch die Nato
hatte unter den vielen Möglichkeiten östlicher Provokation,
auf die man sich eingestellt hatte, an gerade diese offenbar
nicht gedacht. Am überraschendsten aber war, daß Adenauer
am nächsten Tag, wie seit langem vorgesehen, seine Wahlreise
nach Bayern antrat, so als sei nichts geschehen. Und was viele
Menschen wirklich empörte, war, daß er sich nicht scheute,
Willy Brandt – »alias Frahm«, wie er sagte –, den Regierenden Bürgermeister der bedrängten Stadt, in seinen Wahlre-
den durch persönliche Anspielungen zu diffamieren.

Drei Tage lang stand auf dem Flugplatz in Wahn eine von
der CDU-Partei gecharterte Maschine der British European
Airways startbereit, um den Kanzler nach Berlin zu bringen.

Aber auch in den nächsten Tagen konnte er sich nicht entschließen, nach Berlin zu fliegen. »Das würde nur dem Brandt nutzen«, soll er gesagt haben. Erst nach neun Tagen flog er endlich in die alte Reichshauptstadt, die er nie hatte leiden können. Im Gegensatz zu Vizepräsident Lyndon B. Johnson, der noch vor ihm dort gewesen war, wurde er dort sehr kühl empfangen. Die Quittung dafür, daß er kein Gespür für die Erregung der Bevölkerung gezeigt hatte, für den Mangel an Herz und politischem Instinkt also, bekam er kurz darauf in der Wahl zum Bundestag.

Vor den Ereignissen hatte niemand daran gezweifelt, daß die CDU/CSU wieder die absolute Mehrheit bekommen werde; als aber die Stimmen ausgezählt wurden, stellte sich heraus, daß die Union 29 Sitze und damit die absolute Mehrheit eingebüßt hatte. Die Reaktion der FDP: »Nie wieder FDP-Minister in einem Adenauerkabinett!« Die Liberalen wollten Erhard als Kanzler durchsetzen, aber so schwach war Adenauer noch nicht. Noch dachte der Sechsundachtzigjährige nicht an Rücktritt. Doch diesmal mußte er sich festlegen – schriftlich festlegen, daß er nur noch zwei Jahre bleiben werde.

Die Koalitionsverhandlungen nach der Wahl von 1961 gestalteten sich außerordentlich schwierig, weil die FDP, durch das Wahlergebnis – sie hatte bei weitem am besten abgeschnitten – übermütig geworden, immer neue Forderungen stellte; unter anderem forderte sie FDP-Staatssekretäre oder Staatsminister (also Aufpasser) im Innen-, Finanz- und im Außenministerium. Die Verhandlungen dauerten fast zwei Monate, und das Ergebnis war auch dann nur eine wacklige Regierung. Mißvergnügen, Gezänk, Eifersucht und Aufsässigkeit kennzeichneten das Kabinett, das vom Kanzler schlecht, oft gar nicht informiert wurde.

Noch ehe die Regierung gebildet war, erklärte Außenminister von Brentano Mitte Oktober seinen Rücktritt. Ihm war klargeworden, daß die FDP, die für mehr Flexibilität eintrat, das außenpolitische Werk der CDU in Frage stellen werde, wenn ein FDP-Staatsminister dem amtierenden Außenminister als Kontrolleur zur Seite gestellt wurde. Außerdem fühlte Brentano sich vom Kanzler, dem er viele Jahre so treu wie ein Vasall seinem Lehnsherrn gedient hatte, im Stich gelassen – denn dieser war ganz offensichtlich bereit, Brentano zu opfern, um die FDP zu befriedigen.

Ein Jahr später beschattete eine neue Katastrophe das Bild Konrad Adenauers: Mitten in der Kubakrise löste die ›Spiegel‹-Affäre eine schwere Regierungskrise in Bonn aus. Die fünf FDP-Minister erklärten am 19. November ihren Rücktritt. Am 27. November traten die der CDU/CSU angehörenden Kabinettsmitglieder zurück, und am 14. Dezember wurde Adenauers letztes Kabinett – dem Franz Josef Strauß nicht mehr angehörte – vereidigt. Was war geschehen?

Der ›Spiegel‹ hatte am 10. Oktober 1962 über das Herbstmanöver der Nato aus einem Bericht des Verteidigungsministeriums, der mit »geheim« bezeichnet war, berichtet. Der Artikel trug die Überschrift: ›Bedingt abwehrbereit‹ und teilte mit, das Ministerium sei nach dem Manöver zu der Überzeugung gekommen, daß die Bundeswehr zur Verteidigung zu schwach ist. Sie müsse vergrößert und zur Vorwärtsstrategie mit Mittelstreckenraketen ausgerüstet werden.

Zunächst konnte man vermuten, daß es sich hier um militärische Geheimnisse handelte. Später freilich hat das Gericht in Karlsruhe festgestellt, daß alle Informationen, die dieser Artikel enthielt, bereits vorher bruchstücksweise in verschiedenen Zeitungen erschienen waren und daß es mithin möglich war, auch ohne Kenntnis des Geheimberichts ein Mosaik zusammenzustellen, das zu den gleichen Schlüssen kommen konnte wie der Artikel ›Bedingt abwehrbereit‹.

Franz Josef Strauß aber, der zu jener Zeit Verteidigungsminister war, hatte nicht die Geduld abzuwarten. Der ›Spiegel‹, der ihm oft übel mitgespielt hatte, war sein Todfeind. So machte er sich zum Büttel der Strafverfolgung und gab Anweisung zur Verfolgung der Täter. Er wies seinen Militärattaché in Madrid an, Conrad Ahlers, den stellvertretenden Chefredakteur des ›Spiegel‹, der sich in Spanien im Urlaub befand, durch Francos Polizei festnehmen zu lassen. Lange Zeit bestritt Minister Strauß – auch dem Parlament gegenüber –, diese Weisung erteilt zu haben.

Als die Wahrheit schließlich herauskam, war jedermann überzeugt, daß es sich um einen Racheakt von Strauß gehandelt hat. Die Bürger reagierten entsprechend empört. Nach dreizehn Jahren CDU-Regierung war ihr natürlicher Verbündeter gegen staatliche Willkür die Presse. Zumal die Bundesanwälte das ›Spiegel‹-Büro im Pressehaus in Hamburg blitzartig wie einen Terroristenunterschlupf besetzen ließen, die Redakteure aus ihren Räumen vertrieben und nicht einmal Archiv und Telefonzentrale freigaben. Der Bundeskanzler, vielleicht weil er Strauß schützen wollte, ließ sich zu unhaltbaren Erklärungen hinreißen: Die Exekution gegen den ›Spiegel‹ sei notwendig gewesen, denn es habe sich um »einen Abgrund von Landesverrat« gehandelt. Die Verdächtigten wurden also verurteilt, ehe auch nur Anklage gegen sie erhoben worden war.

Noch nie seit Kriegsende war die deutsche Öffentlichkeit so aufgewühlt worden wie durch diese Affäre. Erbitterung über die Verletzung der Pressefreiheit, über fahrlässige Beschuldigungen, ein Minister, der gelogen hat, voreilige Verdammungsurteile des Regierungschefs trieben die Bürger massenweise zu Protesten. Am ehesten kann man einen Begriff von der damaligen Stimmung bekommen, wenn man Artikel liest, die damals erschienen. Ich schrieb in der ›ZEIT‹ vom 16. November 1962 unter dem Titel ›Die Spiegel-Affäre‹:

»Nein und abermals nein: So haben wir uns das neue Deutschland nicht vorgestellt. Dieses neue Deutschland, von dem man doch annehmen konnte, daß es mit mehr Ernst, größerer Integrität und geschärftem Bewußtsein für

123

Verantwortung und geschichtliche Perspektiven aufgebaut und geleitet werden würde. So nicht.

Erschreckend ist das Bild, das die letzten Tage und Wochen enthüllten. Für wen gibt es eigentlich noch Dinge, die höher stehen als die eigenen Gesichtspunkte, Ziele, Triebe oder Wünsche? Je weiter oben in der Hierarchie, desto seltener scheinen solche Leute zu werden.

Dem Kanzler geht die Erhaltung der Koalition, die sein Regiment garantiert, über alles andere, denn er glaubt ja, daß nur er in der Lage sei, die Bundesrepublik sicher durch die Wirren der Zeit zu steuern. Und angesichts dieses geheiligten Zweckes scheint ihm dann jedes Mittel recht zu sein.

Justizminister Stammberger, der mit seiner Rücktrittsdrohung die Koalitionskrise heraufbeschworen hatte, stellte für sein Verbleiben vier Bedingungen. Nur eine davon wurde ihm erfüllt. Sie war die objektiv belangloseste, für ihn aber subjektiv die wichtigste: seine persönliche Genugtuung durch Maßregelung der beiden Staatssekretäre Strauß und Hopf. Und also blieb er und jene gingen. Ein Minister, der vor einem Jahr das Justizministerium übernahm, das Adenauer der FDP als Koalitionsköder angetragen hatte, obgleich die Freien Demokraten mit keinem geeigneten Mann aufwarten konnten, ein Minister also, der so unbedeutend ist, daß er schon aus diesem Grunde gelegentlich nicht informiert wird – bleibt, während ein bewährter Staatssekretär gehen muß.

Und der Verteidigungsminister? Vierzehn Tage lang ließ er alle Welt darüber rätseln, wer wohl die Verhaftung von Conrad Ahlers in Spanien veranlaßt haben könnte, und blieb bei seiner Behauptung: ›Ich habe mit der Sache (also mit der ›Spiegel-Affäre‹) nichts zu tun, im wahrsten Sinne des Wortes nichts zu tun.‹ Dann aber, im Parlament in die Enge getrieben, mußte er zugeben, daß er persönlich das entscheidende Telefongespräch mit Oberst Oster in Madrid geführt hatte. Doch auch er ließ seinen Staatssekretär die Sache ausbaden.

124

Zwar hat Franz Josef Strauß auf der offenen Bühne des Parlaments mit großer Geste erklärt, er trage die volle politische und parlamentarische Verantwortung für alles, was in seinem Ministerium geschehen ist. Aber er selber weiß am besten, daß dies eine hohle Phrase ist, denn es gibt in der Bundesrepublik keine parlamentarische Verantwortung der Minister. Man kann ja keinen einzelnen Minister aus dem Kabinett herausbrechen und stürzen, man kann nur versuchen, ihn zum Rücktritt zu veranlassen, aber das bringt in diesem Fall offenbar niemand fertig. Und darum blieb Minister Strauß, und Staatssekretär Hopf wurde beurlaubt. Man muß sich das einmal vorstellen, da bleibt ein Minister und läßt den Staatssekretär, der sich schützend vor ihn stellte, über die Klinge springen. In was für Zuständen leben wir eigentlich? Wie war es überhaupt möglich, daß ein solcher Stil sich ausbreiten konnte?

Wer denkt heute noch an den Staat? Wem sind die Institutionen noch wichtig in einer Zeit, in der sich alles um individuelle Sicherheit, Wohlstand und persönliches Glück dreht? In einer Zeit, in der der Lebensstandard zum Angelpunkt aller Dinge geworden ist?

Da hat man staatsbürgerlichen Unterricht an den Schulen eingeführt, aber an höchster Stelle in Bonn ist von Staatsbewußtsein wenig zu spüren. Als der Innenminister, der doch zugleich der Verfassungsminister ist, vom Parlament in die Enge getrieben wurde, meinte er begütigend, die Bundesdienststellen hätten bei der Festnahme von Ahlers in Spanien wohl ›etwas außerhalb der Legalität‹ gehandelt – womit nur noch einmal *ex cathedra* jener widerwärtige Stil bestätigt wurde, von dem zuvor die Rede war.

Jene Auffassung nämlich, die demokratischen Spielregeln und der formal vorgezeichnete Weg möchten wohl für den Untertanen ganz gut sein, die Führenden aber brauchten sich nicht daran zu halten, weil sie die Richtung auch ohne den vorgeschriebenen Weg fänden. Wenn man einen Freund hat, der gute Beziehungen zur spanischen Polizei besitzt, dann ruft man den eben an; das ist doch viel einfacher als der umständliche bürokratische Weg.

›Je mehr Macht einer in den Händen hat, desto stärker ist er verpflichtet, die Grenzen zu wahren‹, belehrte der Bundeskanzler den ›Spiegel‹. Er selber jedoch ist sich in schöner Unschuld der Macht, die er in Händen hält, und der Verantwortung, der er verpflichtet ist, offenbar gar nicht bewußt: ›Leute, die dem ‚Spiegel‘ soviel Anzeigen geben, stehen nicht hoch in meiner Achtung.‹ Protesttelegramm einer Firma: ›Soll die Freiheit der Werbung beschränkt werden?‹ Erklärung einer anderen: ›Wir lassen uns durch Adenauers Ausführungen nicht einschüchtern.‹

Und weiter: Im staatsbürgerlichen Unterricht wird dem Volk klargemacht, daß jemand, der sich in Untersuchungshaft befindet, bis zu dem Moment, da seine Schuld vor Gericht bewiesen ist, für unschuldig gilt. Der Kanzler aber sprach vor dem Bundestag von einem Blatt, das ›systematisch, um Geld zu verdienen, Landesverrat treibt‹. Womit er suggestiv unterstellt, daß Rudolf Augstein des Landesverrats und der Bestechung überführt und rechtskräftig verurteilt sei. Und auch die Bemerkung: ›Wenn Ahlers zufällig in Deutschland gewesen wäre, hätte ihn dasselbe Mißgeschick getroffen, es ist daher unerheblich, ob er in Malaga oder in Hamburg verhaftet wurde – darüber rege ich mich nicht auf‹ zeugt nicht gerade davon, daß rechtsstaatliche Bedenken des Kanzlers Schlaf beschatten. Ob legitim in Hamburg oder ›etwas außerhalb der Legalität‹ in Spanien – verhaftet ist verhaftet, punktum. Diese lapidare Art zu denken, ist typisch für ihn und sein Regime.« Soweit der Artikel aus dem Herbst 1962.

Die ›Spiegel‹-Krise war sowohl Lehrstück als auch Meisterprüfung der neuen bundesdeutschen Demokratie. Ich glaube, man kann sagen, daß die Bürger die Prüfung mit ihrer unmittelbaren Reaktion – Widerstand gegen Willkür –

glänzend bestanden haben. Die Meister hingegen haben damals leider versagt.

Das zusammengekittete fünfte Kabinett Adenauers hat damals, 1962/63, kein besseres Bild geboten als das zerbröckelnde vierte. Der Autoritätsverschleiß des Kanzlers, der 1959 begonnen hatte, war nicht mehr aufzuhalten gewesen. Der Streit zwischen den Koalitionspartnern nahm kein Ende. Darum atmete jedermann auf, als im Oktober 1963 ein Wechsel an der Regierungsspitze eintrat: Konrad Adenauer blieb noch Parteichef, aber er verließ das Palais Schaumburg, in dem er vierzehn Jahre amtiert hatte und das nun Ludwig Erhard bezog.

Noch ein Wort zu Adenauers Persönlichkeit. Er wirkt in dem vorliegenden historischen Abriß problematischer, als er gewöhnlich geschildert wird. Aber auch im vollen Bewußtsein seiner großen Verdienste kann man nicht umhin, ihn mit einer Mischung aus Bewunderung und Abwehr zu betrachten.

Da ist dieser fast beängstigend unnahbare Mann, der keine Freunde hat, jedenfalls nicht im Sinne einer selbstverständlichen Vertrautheit. Vielleicht war er zu mißtrauisch oder zu hochmütig dazu. Zwar nennt man gern John Foster Dulles und Charles de Gaulle als seine Freunde, aber in beiden Fällen steckte da doch auf allen Seiten ein gut Teil Nützlichkeitserwägung. Mag sein, daß ihm Robert Pferdmenges ein wirklicher Freund war, aber ein echtes menschliches Interesse, wirkliche Wärme empfand er doch wohl nur für seine Familie.

Alle, die mit ihm eng zusammengearbeitet haben, stimmen überein in dem Urteil, daß seine Wertschätzung auf die Dauer nur der behalten konnte, der sich als nützlich erwies und bereit war, sich unterzuordnen. Diese Eigenschaft wie auch das angeborene Mißtrauen, das sich im Laufe des Lebens zu echter Menschenverachtung entwickelt hatte, schlossen Freundschaften aus, zumal er nicht das Bedürfnis hatte zu diskutieren oder im Gespräch mit anderen seine eigene Auffassung zu klären, seine Argumente zu prüfen. Er wußte ja selbst, was im Moment das Beste und auf die Dauer das Richtige ist, und die Ansichten anderer Leute interessierten ihn wenig.

Arnulf Baring[1] schreibt: »Wenn er sich etwas davon versprach, begann er eine Unterhaltung übelgelaunt, um sein Gegenüber einzuschüchtern. Kam es aber darauf an, jemanden zu gewinnen und für sich einzunehmen, zeigte der Kanzler eine bestrickende Liebenswürdigkeit, konnte scherzen und schmeicheln. Hatte er sich entschlossen, charmant zu sein, war er von zartfühlender Aufmerksamkeit, ja, einer geradezu rührenden Höflichkeit des Herzens.

Natürlich beherrschte er die Kunst der Komplimente. Er lobte hübsche Hüte und geschmackvolle Krawatten, bewunderte – etwa bei Ernst Lemmer – das Blau der Augen, schickte Urlaubsgrüße und Blumensträuße, machte Wichtigtuern scheinbar Konfidenzen, bat auch kleinere politische Köpfe um ihren Rat.«

Aber wie erbarmungslos konnte er gegenüber treuen Freunden sein, wenn sie von ihm abhängig waren. Keiner hat soviel erdulden müssen wie Außenminister Heinrich von Brentano. Baring[2], der die Briefe, die beide zwischen 1949 und 1964 gewechselt haben, herausgegeben und kommentiert hat, schreibt über Brentanos Rücktritt:

»Brentano hatte wirklich Vertrauen gegen Vertrauen gesetzt. Wie im Lehnswesen hatte er sich selbst immer als Gefolgsmann gesehen – als verläßlichen Vasallen, ja als Treuesten der Treuen verstanden, hatte Adenauers oft herrische Rücksichtslosigkeit ertragen, viele Demütigungen erduldet, weil er als Ausgleich aller Unbill das Herz des Kanzlers zu

---

[1] Arnulf Baring: Außenpolitik in Adenauers Kanzlerdemokratie. München 1969; als Taschenbuch unter dem Titel: Am Anfang war Adenauer. München 1982.

[2] Arnulf Baring: »Sehr verehrter Herr Bundeskanzler!« – Heinrich von Brentano im Briefwechsel mit Konrad Adenauer 1949–1964. Hamburg 1971.

besitzen meinte. Als er seinen Irrtum erkannte, als er bemerken mußte, daß hier nicht Treue mit Treue vergolten wurde, sondern, daß er als Mitarbeiter, als Außenminister für Adenauer jederzeit zur Disposition stand, da schwankte der Boden unter seinen Füßen. Mit einigen kühlen, gleichgültigen Worten hatte Adenauer vor all den anderen die menschliche Grundlage seiner politischen Existenz vernichtet. Nach diesem Augenblick der Wahrheit blieb Brentano nur eins: still seinen Abschied zu nehmen und in Würde zu sterben.«

Ganz anders verhielt er sich Hans Globke gegenüber, der seit 1953 Staatssekretär im Bundeskanzleramt war. Globke, der während des Dritten Reiches als Ministerialrat im Innenministerium arbeitete, hatte zusammen mit seinem Vorgesetzten, dem Staatssekretär Stuckardt, den Kommentar zu den Nürnberger Gesetzen geschrieben, die die rassenideologischen Vorstellungen der Nazis kodifizierten. Globkes Befürworter sagten, er habe sie abgemildert und außerdem habe er sich tarnen müssen, weil er als heimlicher Vertrauensmann des katholischen Klerus die Aufgabe gehabt habe, das bischöfliche Ordinariat in Berlin über Maßnahmen und Pläne des Regimes zu unterrichten.

Globke geriet in dem Maße, in dem die Opposition gegen Adenauer wuchs, immer stärker unter Beschuß. Er selber hat seinen Rücktritt mehrfach angeboten, aber Adenauer ließ ihn nicht gehen, weil er für ihn absolut unentbehrlich war. Theodor Eschenburg schrieb einmal über ihn in der ›ZEIT‹ (10. 3. 1961): »Daß aus dem Bundeskanzleramt eine Lenkungsbehörde des Bundeskanzlers – obendrein eine Behörde von respektabler Leistungsfähigkeit – geworden ist, die die Richtlinien des Kanzlers wirklich durchsetzt, deren Einhaltung wachsam kontrolliert und die vielfach auseinanderstrebende Politik der Ministerien mit ihren manchmal reichlich eigenwilligen Ministern koordiniert, das ist in hohem Maße das Verdienst Globkes.«

Adenauer ertrug also alle Verdächtigungen und Vorwürfe, die im Zusammenhang mit jenen antisemitischen Gesetzen seinem engsten Mitarbeiter gemacht wurden, weil dieser für ihn nützlich war. Dabei war Adenauer gerade in puncto Israel kompromißloser als irgendein anderer deutscher Politiker. Er war es, der sich mit ganzer Kraft für das Wiedergutmachungsabkommen mit Israel – unterschrieben am 10. September 1952 – eingesetzt hatte. Aufgrund dieses Abkommens sind von der Bundesrepublik an den Staat Israel 3,45 Milliarden DM gezahlt worden, ferner wurden an individuellen Entschädigungen und Renten bis Ende 1980 insgesamt 70 Milliarden DM aufgebracht. Weitere etwa 20 Milliarden werden noch im Laufe der nächsten zehn Jahre fällig werden. Die DDR hat sich übrigens an keiner Wiedergutmachung beteiligt und jegliche Zahlung an Israel oder an jüdische Bürger abgelehnt.

Bis zum 6. Dezember 1951 hatte keine Begegnung zwischen einem offiziellen Politiker Israels und der Bundesrepublik stattgefunden. Zwar war in beiden Ländern intern über die Frage der Entschädigung nachgedacht worden, aber in Israel waren begreiflicherweise alle so emotionalisiert, daß niemand mit einem Deutschen zu sprechen bereit war.

Am 6. Dezember fand in London im Hotel Claridge eine zunächst geheime Konferenz zwischen Nahum Goldmann, dem Präsidenten des Jüdischen Weltkongresses, und Bundeskanzler Konrad Adenauer statt. Dort wurde die Grundlage für die späteren Entschädigungszahlungen gelegt. Auch dann war die Reaktion in Israel noch immer außerordentlich heftig, es ging bis zum Aufruhr im Parlament. Der Präsident des Parlaments erklärte, daß es die Würde des jüdischen Volkes verbiete, selbst freiwillig angebotene Entschädigungen von Deutschland anzunehmen. Auch Golda Meir, damals ein einflußreiches Mitglied der Arbeiterpartei, war strikt gegen jede Verhandlung mit der Bundesrepublik. Nahum Goldmann schreibt zu dem Grundsätzlichen dieses

Problems einige so eindrucksvolle Bemerkungen, daß ich sie hier zitieren möchte:[1]

»Ich war stets der Meinung, daß Völker ihre Beziehungen nicht durch Emotionen bestimmen lassen dürfen; ihre Interessen verlangen, daß sie irgendwann eine Form des Zusammenlebens finden und sich nicht von noch so berechtigten Gefühlen beherrschen lassen. Jede emotionell determinierte Außenpolitik endet früher oder später in einer Katastrophe. Ein Volk kann ein anderes besiegen und den unterlegenen Gegner vernichten, so verwerflich dies auch ist. Aber einem gestrigen Gegner ewig zu grollen, ist in der historischen Realität undurchführbar. Vielleicht können sich Gruppen, die ohnehin keine Außenpolitik betreiben, in dem Gefühl ihrer Machtlosigkeit den billigen Luxus gestatten, nur ihren Emotionen zu leben. Dies haben die Juden in den Jahrhunderten ihrer Getto- und Diaspora-Existenz getan. Aber ein Volk, dem es gelungen ist, einen eigenen Staat aufzubauen, das Forderungen durchsetzen und Machtpositionen erwerben will, kann sich eine rein gefühlsmäßige und don-quichottische Politik nicht mehr erlauben.«

Zu Konrad Adenauers großen Eigenschaften gehörte, daß er Geduld hatte – er wußte, daß man die Dinge reifen lassen muß. Es waren ganz lapidare Weisheiten, von denen er ausging; darum waren die Sprüche, die er gern zitierte, auch von elementarer, geradezu hausväterlicher Einfachheit: »Wer langsam geht, geht sicher.« Oder: »Wer nicht hofft, wird selten enttäuscht.«

Er war nicht von des Gedankens Blässe angekränkelt. Adenauer stellte sich selbst nie in Frage, er war vielmehr überzeugt, daß seine Meinung stets zutreffend sei. Für jene Zeit des Neubeginns, in der die erschöpften, desillusionierten und zutiefst verwirrten Deutschen eine Vaterfigur brauchten, jemanden, auf den wirklich Verlaß war, ist dieser Patriarch,

---

[1] Nahum Goldmann: Mein Leben als deutscher Jude. München 1980.

der unbeirrbar an dem festhielt, was er einmal als richtig erkannt hatte, ein gottgesandter Regierungschef gewesen. Heute, wo jeder selber alles am besten weiß und die meisten nur ihre eigenen Anschauungen gelten zu lassen bereit sind, wäre Konrad Adenauer fehl am Platz und ganz verloren.

So ist der Schöpfer der Bundesrepublik in deren fünftem Jahrzehnt zu einer fast legendären Figur geworden, die – umrankt von vielen Anekdoten – aus jenen fernen Tagen in unsere bürokratisierte, technologische Welt hineinragt: »Politisches Urgestein«, wie Herbert Wehner einmal sagte.

# 4. Kapitel

## Ludwig Erhard legt den Grundstein, baut aber kein Haus

Am 16. Oktober 1963 wurde Ludwig Erhard Bundeskanzler. Aber damit wurde nicht die Krönung seiner politischen Laufbahn eingeleitet, sondern eine für ihn und auch die Bürger eher enttäuschende Phase. Konrad Adenauer hatte dies schon immer vorausgesagt, allerdings könnte es auch sein, daß es sich dabei um eine *self fulfilling prophecy* gehandelt hat: Adenauer hatte so oft davor gewarnt, den, wie er meinte, gänzlich ungeeigneten Erhard zum Regierungschef zu machen, daß dies sicherlich zu dessen Verunsicherung beigetragen hat. Tatsache ist, daß Erhards Ruhm in der nun folgenden Phase verblaßte. Nicht in der Geschichte unserer Zeit, denn da hat er seinen festen Platz, aber im Bewußtsein der Bürger schob sich das Bild des schwachen Kanzlers allmählich vor die Erinnerung an den vielbestaunten erfolgreichen Wirtschaftschef.

Es zeigte sich sehr bald, daß Erhard die Fähigkeit abging, Entscheidungen zu treffen; dabei war er es doch gewesen, der nach dem Krieg die vielleicht schwierigste Entscheidung, und zwar gegen die wütende Opposition der SPD, mancher Mitglieder der CDU und der gesamten alliierten Besatzungsmacht, getroffen hatte. Damals, gleich nach der Währungsreform, als es um die Frage »Planwirtschaft oder Marktwirtschaft?« ging, hatte er nicht gezögert, seine marktwirtschaftliche Überzeugung, ungeachtet der weitverbreiteten Skepsis im Publikum und der heftigen Opposition im Wirtschaftsrat, durchzusetzen, ohne auch nur einen Moment zu schwanken.

Erhard hat oft von den Zufällen gesprochen, die sein Leben bestimmt haben. Und wenn man der Definition von Wilhelm von Scholz folgt, daß der Zufall »die Anziehungskraft des Bezüglichen« ist, dann ist es durchaus verständlich, daß er in jener Frage so viel Entscheidungsfreudigkeit bewies. Um dies zu verstehen, muß man sich seinen Lebensweg vergegenwärtigen.

Ludwig Erhard, wie Henry Kissinger in Fürth bei Nürnberg geboren, war von jeher dazu bestimmt gewesen, das väterliche Geschäft, über dessen Eingangstür »Kurzwaren en gros & en détail« stand, zu übernehmen. Eine schwere Verwundung im Ersten Weltkrieg hatte ihn jedoch für Jahre außer Gefecht gesetzt. Erst nach sieben Operationen, aber auch dann noch schwer behindert, konnte er ins Zivilleben zurückkehren. Noch immer Rekonvaleszent, war er 1919 als Einundzwanzigjähriger zum Studium an die neugegründete Handelshochschule in Nürnberg gegangen – eigentlich nur, um die Zeit zu nutzen[1]. »Dieses scheinbar zufällige Beginnen erwies sich indessen als die vielleicht schicksalhafteste Entscheidung meines Lebens, die mich auf die meiner Anlage gemäße berufliche Bahn brachte.«

Auf solche Weise auf den Geschmack gekommen, drängte es ihn, seine Kenntnis wirtschaftlicher Zusammenhänge zu vertiefen. Ein Bedürfnis, das durch die Deutschland beherrschenden Probleme erst geweckt und dann ständig verstärkt worden war. Er ging nach Frankfurt am Main an die Universität und promovierte dort 1924 bei Franz Oppenheimer.

Wenn auch die Motivation und der Verlauf des Ersten Weltkrieges mit dem Zweiten nicht vergleichbar sind, waren die Konsequenzen für das besiegte Deutschland doch ähn-

---

[1] Ludwig Erhard: Kriegsfinanzierung und Schuldenkonsolidierung. Faksimiledruck der Denkschrift von 1943/44. Berlin 1977.

liche. Der Versailler Vertrag mit seinen jeder Vernunft Hohn sprechenden Reparationsforderungen hatte eine sich mehr und mehr beschleunigende Inflation zur Folge. Der Außenhandel schrumpfte immer mehr. Frontsoldaten, die seit ihrer Rückkehr arbeitslos waren, stellten in wachsendem Maße ein politisches Unruhepotential dar. Im Dezember 1921 forderte die Regierung ein Moratorium für Reparationsleistungen, aber Poincaré, der französische Regierungschef, verweigerte die Zustimmung. Als Deutschland schließlich nicht mehr willens und in der Lage war, weitere Zahlungen zu leisten, besetzten die Franzosen das Ruhrgebiet.

Am 11. Januar 1923 marschierten 40 000 Franzosen, unterstützt von belgischen Einheiten, in das Ruhrgebiet und besetzten Bergwerke und Fabriken. Gleich in den ersten Tagen wurden zehn Arbeiter getötet, die ihre Arbeitsstätte, die Kruppwerke, verteidigt hatten. Überall wurde ihr Widerstand mit Gewalt gebrochen. Die Proteste Großbritanniens und Amerikas blieben unbeachtet. Die französische Gesellschaft Mission Interalliée de Contrôle des Usines et Mines bekam freie Hand bei der Ausbeutung des Reviers.

Die Antwort darauf: Aufruf der Regierung zu passivem Widerstand. Im Ruhrgebiet standen alle Eisenbahnen still. Keine Elektrische fuhr mehr. Kein Schornstein rauchte. Immer wieder las man Todesanzeigen, in denen es hieß: »Im Ruhrkampf gefallen.« Über hunderttausend Menschen wurden aus ihrer Heimat vertrieben, viele saßen im Gefängnis. Dieser Zustand dauerte bis zum Oktober des Jahres – die letzten Bastionen freilich räumte Frankreich erst Jahre später.

Derweil fraß sich der Prozeß der Erstarrung und Verelendung immer weiter ins Land. Die Produktion war praktisch zum Erliegen gekommen, das Geld total entwertet, die Lohnzahlungen vom Sonnabend waren bereits am Montag nur noch die Hälfte wert. Der gesamte Mittelstand war über Nacht depossediert, denn alle Ersparnisse, Versicherungspolicen und Renten waren wertlos geworden. Wer über ein paar Devisen verfügte, konnte alles aufkaufen: Kunstwerke, Häuser, Ländereien, Schmuck – alles, was die so plötzlich Verarmten verkaufen mußten, um überleben zu können. Die Folge: Fremdenhaß, Antisemitismus, wachsender Links- und Rechtsextremismus.

Am 15. November 1923 wurde endlich die Mark stabilisiert. Die neue Rentenmark war durch eine Hypothek auf alle landwirtschaftlichen und industriellen Aktiva gedeckt und das Reparationsproblem im August 1924 auf der Basis des Dawes-Plans – aller Rachegesichtspunkte entkleidet – auf rein wirtschaftlicher Basis gelöst.

Für Erhard, der in jener Zeit studierte, war das Erlebnis einer darniederliegenden Volkswirtschaft sowie einer zerrütteten Währung und deren anschließender Stabilisierung ein Grunderlebnis seiner wirtschaftlichen Erkenntnis. Als in Nürnberg – angegliedert an seine alte Handelshochschule – ein Institut für Wirtschaftsbeobachtung gegründet wurde, ging er 1928 dorthin. Und noch einmal, Anfang der dreißiger Jahre, als die Zahl der Arbeitslosen auf sechs Millionen gestiegen war, die pro Familie und Woche mit 20 RM Unterstützung auskommen mußten, konnte er die Korrelation von wirtschaftlicher Misere und politischem Radikalismus studieren. Denn am Ende gab es damals nur noch Nazis und Kommunisten: Die Mitte war aufgezehrt.

Von seinem einunddreißigsten bis zu seinem fünfundvierzigsten Lebensjahr arbeitete Ludwig Erhard also als Marktforscher und erwarb dadurch eine umfassende Personalkenntnis der deutschen Wirtschaftskreise. Auch hatte er jede Gelegenheit, Erkenntnisse über die Rolle psychologischer Zusammenhänge im Wirtschaftsbereich zu gewinnen. Beides Erfahrungen, die ihm in der Zeit nach dem Zweiten Weltkrieg sehr zugute kamen.

Schon während des Krieges, seit 1943, hatte Ludwig Erhard an einer Denkschrift gearbeitet, die den Titel trug: ›Kriegsfinanzierung und Schuldenkonsolidierung‹. Sie um-

136

faßte 300 Seiten, ging *expressis verbis* von der Einsicht aus, daß der Krieg verloren war, und entwarf Pläne für die Zeit nach Hitler. Die offizielle Nazisprache bezeichnete solches Tun damals als Defaitismus und hat es in den letzten Kriegsjahren hundertfach mit Todesstrafe geahndet.

Theodor Eschenburg, der damals im Hause von Erhards Schwager Karl Guth oft mit Ludwig Erhard und Karl Blessing, dem späteren Bundesbankpräsidenten, zusammenkam, erzählt eine für Erhard typische Geschichte: Als diese Runde eines Abends im Herbst 1944, ungefähr zwei Monate nach dem 20. Juli, wieder einmal zusammensaß, griff Erhard plötzlich in seine große, unförmige Aktentasche, die er ständig bei sich führte, zog eine von vielen Broschüren heraus und empfahl sie Eschenburg zur Lektüre: »Nur für Sie.« Es war eine Kurzfassung der Denkschrift.

Eschenburg, der den Text noch in der gleichen Nacht las, sagt, er habe neben Bewunderung vor allem Angst empfunden und sich entschlossen, die Schrift noch in selbiger Nacht zurückzugeben. Er wanderte über den Boden, der die beiden Wohnungen miteinander verband, und klopfte an Erhards Tür. Nach langem Bemühen gelang es, ihn wach zu bekommen. Mit Lob und Vorwürfen, wie Eschenburg sagt, gab er ihm das Exposé zurück: Nicht eine Stunde länger wolle er es in seinem Zimmer behalten, denn, würde es bei einer Haussuchung gefunden, wäre Verhaftung die sichere Folge. »Deswegen wecken Sie mich«, grollte Erhard mürrisch und nahm das Papier zurück.

Am nächsten Abend begegnete Eschenburg ihm mitsamt seiner ausgebeulten Mappe ganz zufällig am Potsdamer Bahnhof. Er fragte Erhard, ob er immer noch das lebensgefährliche Exposé mit sich herumschleppe. Dieser öffnete stumm die Aktentasche: Der Inhalt war der gleiche wie in der Nacht zuvor.

Erhard hatte es nicht nur mit sich herumgetragen, sondern er hatte es auch an einige Experten gleicher Gesinnung verschickt, um ihre Reaktion zu testen. Unter anderem an Goerdeler, der nach dem Attentat auf Hitler vom 20. Juli 1944 hingerichtet wurde. Da allerdings verbrachte auch Erhard einige besorgte Wochen. Aber glücklicherweise ist Goerdeler offenbar vorsichtiger gewesen, die Denkschrift fiel nicht der Polizei in die Hände, wohl aber später den Amerikanern. Sie waren dadurch – und dies ist, wie sich noch herausstellen sollte, der zweite wichtige Zufall in Erhards Leben – dem mutigen Verfasser dieser weitschauenden Ausarbeitung von vornherein gewogen.

Im Juni 1947 trat der Wirtschaftsrat der Bizone, also der vereinigten englischen und amerikanischen Besatzungszone, zum erstenmal zusammen, und zwar in Frankfurt am Main, das nun zur Zentrale der Bizone wurde. Der Wirtschaftsrat war ein Parlament mit eingeschränkten politischen Kompetenzen, dem eine Reihe wesentlicher wirtschaftlicher Befugnisse übertragen worden waren. Seine 52 Abgeordneten, deren Anzahl bald auf 104 erhöht wurde, wurden von den Landtagen der Länder gewählt. Neben diesem »Parlament« existierte ein Verwaltungsrat, der so etwas wie eine Regierung darstellte und aus einem Oberdirektor und fünf Direktoren bestand.

Ludwig Erhard, der kurze Zeit als Wirtschaftsminister in Bayern fungiert hatte, wurde Vorsitzender einer Gruppe von Währungs- und Finanzexperten des Wirtschaftsrats. Er ging im September 1947 nach Homburg, wo er die Sonderstelle »Geld und Kredit«, die die Währungsreform vorbereiten sollte, leitete. Der Alliierte Kontrollrat hatte zwei Bedingungen für die Währungsreform gestellt: Erstens, der Plan sollte alle vier Besatzungszonen umfassen; zweitens, er mußte, ehe er zu den Deutschen ging, von den Alliierten abgesegnet werden.

Die Forderung zu »erstens« war gut gemeint, aber bald nachdem Erhard im Januar 1948 den Plan abgeliefert hatte, löste sich der Alliierte Kontrollrat für Deutschland in Ber-

138

lin auf. Was sich bereits seit einiger Zeit abgezeichnet hatte, trat ein: Es gab keine Gemeinsamkeit mehr zwischen Ost und West hinsichtlich der Verwaltung Deutschlands.

Am 19. März 1948 hatte Marschall Sokolowski, der Vertreter Moskaus im Alliierten Kontrollrat, unter Protest die gemeinsame Sitzung verlassen. Damit war die Zusammenarbeit beendet. Berlins Stadtparlament wurde schließlich vom sowjetischen in den britischen Sektor verlegt. Am 24. Juni nahmen die Sowjets dann die westdeutsche Währungsreform zum Anlaß, um alle Zugänge zu Land und zu Wasser an lebenswichtigen Gütern abzuschneiden. Auf diese Weise hoffte Moskau, die Alliierten zum Abzug aus der ehemaligen Reichshauptstadt zu zwingen. Aber General Clay und auch die Engländer vereitelten diesen Plan, indem sie eine Luftbrücke zur Versorgung Berlins einrichteten und sie aufrechterhielten, bis die Russen elf Monate später, am 12. Mai 1949, die Blockade aufgaben.

Erhard war schon am 2. März 1948 Direktor der Verwaltung für Wirtschaft des vereinigten englisch-amerikanischen Wirtschaftsgebiets, also der Bizone, geworden. Die Umstände, unter denen es dazu kam, stellen den dritten und ohne Zweifel wichtigsten Zufall in seinem politischen Leben dar. Übrigens nicht nur in seinem Leben, sondern im Dasein der Bundesrepublik; denn was die Bundesrepublik heute politisch darstellt, das verdankt sie in erster Linie ihrem wirtschaftlichen Status, und dessen Grundlage ist nun einmal durch Ludwig Erhard gelegt worden.

Wie also kam es dazu, daß Erhard Direktor der wichtigsten der fünf Verwaltungen des Verwaltungsrats – also der provisorischen deutschen Regierung der Bizone – wurde? Sein Vorgänger, ein führendes Mitglied der CSU, Johannes Semler, hatte Anfang Januar 1948 in Erlangen eine höchst verdrossene Rede gehalten, in der er die Amerikaner abkanzelte, weil sie angeblich den hungernden Deutschen nur Mais und Hühnerfutter schickten. Semler erklärte, die Deutschen könnten ruhig aufhören, dankbar zu sein, denn dazu bestehe keinerlei Veranlassung.

Diese Rede löste bei den Amerikanern große Empörung aus, denn sie, wie auch die Engländer, denen das zu jenem Zeitpunkt sehr schwerfiel, waren enorm großzügig gewesen. Ein Sprecher erklärte, es seien bisher nicht nur 750 000 Tonnen Mais, sondern auch 3,2 Millionen Tonnen Getreide und 0,5 Millionen Tonnen anderer Nahrungsmittel im Gesamtwert von 500 Millionen Dollar geliefert worden.

Semler mußte gehen, Erhard, der damals noch parteilos war, also den geringsten Widerspruch herausforderte und wegen »Zufall Nummer zwei« den Amerikanern sehr genehm war, wurde sein Nachfolger. Allerdings hatte er bei der Wahl nur 48 Stimmen erhalten, 49 Abgeordnete gaben leere Zettel ab, und 7 waren gar nicht erst erschienen. Die SPD war geschlossen gegen ihn; auch einige CDU-Politiker – Adenauer nicht ausgenommen – standen ihm äußerst skeptisch gegenüber. Seine Mehrheit war nicht gerade imposant, aber nun war der richtige Mann an der richtigen Stelle.

Schon Ende 1947 hatten die Amerikaner in den Vereinigten Staaten neues Geld für Deutschland drucken lassen, es unbemerkt herübergeschafft und auf einem ihrer Stützpunkte verschlossen. Während Ludwig Erhard mit seinem Team in Homburg fieberhaft an der Planung für die Währungsreform arbeitete, hatten die Amerikaner ihrerseits bereits 1946 einen höchst agilen, in Harvard ausgebildeten, jungen Finanz- und Währungsfachmann namens Edward Tannenbaum an dieselbe Aufgabe gesetzt. Tannenbaum, in den USA geboren, aber deutscher Abstammung, hat die Dodge-Colm-Goldsmith-Studie erstellt, die dem amerikanischen Plan zugrunde lag.

Mitte April 1948 wurde das deutsche Team unter strenger Geheimhaltung auf einen US-Luftstützpunkt in der Nähe von Kassel gefahren, wo es mit dem amerikanischen Plan vertraut gemacht wurde: Für eine neue Währungseinheit sollten zehn alte abgeliefert werden. 35 Prozent der alten Ersparnisse mußten ganz und gar gestrichen werden. Erhard hatte in seiner wesentlich gerechteren Ausarbeitung einen sofortigen Lastenausgleich vorgesehen, »damit die einseitige Begünstigung von Sachwertbesitzern vermieden werde, aber er hatte sich damit bei den Alliierten nicht durchsetzen können«, schreibt Willi Schickling[1].

Mittlerweile hatte sich die Wirtschaft immer mehr festgefahren: Die Bürokratie und der Apparat, der mit ungezählten Verordnungen, Vorschriften und einer verwirrenden Vielzahl von Bezugsscheinen arbeitete, wuchsen und wuchsen, während die Menge der zu bewirtschaftenden Waren ständig abnahm. Schließlich wurde nur noch der Mangel bewirtschaftet. Alle hungerten. Alles war erstarrt, nur die Inflation blieb in Bewegung. Vor meinem Fenster in der Warburgstraße in Hamburg standen zwei Mülleimer. Da im gleichen Hause, in dem ich ein Zimmer hatte, der schwedische Generalkonsul wohnte, sah ich von morgens bis abends Gestalten vorüberziehen, die in den Kübeln herumstocherten und nach Speiseresten und Zigarettenstummeln suchten. Zur Erhaltung von Gesundheit und Arbeitskraft schreibt die UN als Norm 2 550 Kalorien pro Tag vor; in Deutschland lag die offizielle Ration bei 1 500, die tatsächliche oft bei weniger als 1 000 Kalorien. In Hamburg litten Tausende an Hungerödemen; in Köln, so hieß es, hätten nur 22 Prozent der Kinder normales Gewicht, alle anderen seien unterernährt.

Am 21. Juni war es schließlich soweit. Die neuen Banknoten wurden verteilt. Jeder erhielt 40 DM Kopfgeld im Umtauschverfahren eins zu eins gegen alte Reichsmark; die Betriebe bekamen als Anfangskapital für jeden Arbeitnehmer 60 DM. Die Bank- und Sparguthaben wurden später mit 6,50 DM je 100 Reichsmark bewertet. Insgesamt wurden, so

---

[1] Willi Schickling: Entscheidung in Frankfurt. Hrsg. von der Ludwig-Erhard-Stiftung e.V. Stuttgart 1978.

schätzt man, circa 40 Milliarden RM vernichtet. Die Geldmenge wurde erst nach und nach mit zunehmender Produktion, also wachsender Warenmenge, wieder vermehrt.

Bevor dies alles stattfand, hatte es seit Monaten ungezählte erregte Diskussionen darüber gegeben, was nach dem Währungsschnitt zu geschehen habe. Erhard war der Ansicht – und gab ihr in vielen Reden Ausdruck –, daß eine Währungsreform nur Sinn habe, wenn gleich danach das Bewirtschaftungssystem mit all seinen Bezugsscheinen, Zwängen und Fesseln beseitigt werde. Es dürfe, so pflegte er zu sagen, nur noch einen Bezugsschein geben, und das sei das Geld. Er wollte, bis auf wenige Einschränkungen, alle Preiskontrollen und die Rationierung aufheben. Geschähe dies nicht, so sei die ganze Währungsreform umsonst, weil aller Leistungswille abgetötet und die Knappheit verewigt werde.

Obgleich alle die Zwangswirtschaft satt hatten – denn sie hatte dazu geführt, daß es überhaupt keine Waren mehr gab, weil niemand mehr bereit war, für Geld irgend etwas zu verkaufen oder gegen Geld irgendeine Arbeit zu leisten –, konnte sich niemand vorstellen, auf welche Weise man dieses System beseitigen könne. Allein Ludwig Erhard war entschlossen, dies schlagartig zu tun. Er sagte, es gebe nur die Alternative: freie Marktwirtschaft oder Rückkehr zur Hitlerschen Diktatur. Im übrigen war er, entgegen allen Warnungen und im Widerstand gegen die Skepsis fast aller Leute, überzeugt, daß nach einer solchen Maßnahme die Produktion automatisch ansteigen werde.

Als ich im Frühjahr 1948 von meiner Redaktion nach Frankfurt geschickt wurde, hörte ich dort, daß der neue Wirtschaftsdirektor, ein gewisser Erhard, am gleichen Tag eine Pressekonferenz geben werde. Auch ich hatte zu jener Zeit von diesem der Öffentlichkeit weithin unbekannten Mann nur wenig gehört.

Ich betrat, ein wenig zu spät kommend, einen primitiv ausgestatteten Büroraum. Um einen langen Tisch waren etwa

ein Dutzend Journalisten versammelt. Oben an der Schmal-
seite saß ein freundlich dreinblickender Mann mit Babyge-
sicht, semmelblonden Haaren und hellblauen Augen. Sein
Kopf schien ohne eine Andeutung von Hals direkt auf den
Schultern zu sitzen, was den Eindruck einer gewissen Un-
tersetztheit vermittelte. Wenn er an seiner Zigarre sog, war
er jedesmal für kurze Zeit in blauen Rauch gehüllt, der, verklärt durch einen genau auf ihn fallenden Sonnenstrahl, dem
Ganzen eine mystische oder zumindest surrealistische Note
verlieh. Noch heute, nach mehr als vierzig Jahren, steht dieses Bild deutlich vor mir.

Zurück in meiner Redaktion, sagte ich zu den Kollegen:
»Wenn Deutschland nicht schon eh ruiniert wäre, dieser
Mann mit seinem absurden Plan, alle Bewirtschaftung aufzuheben, würde es gewiß fertigbringen. Gott schütze uns davor, daß der einmal Wirtschaftsminister wird. Das wäre nach
Hitler und der Zerstückelung Deutschlands die dritte Katastrophe.«

Wie die meisten Menschen konnte ich mir nicht vorstellen, daß es möglich sein werde, in einem Lande, in dem man
nicht einmal mehr eine Schachtel Streichhölzer kaufen
konnte, die Bewirtschaftung einfach aufzuheben. Denn immerhin gab es ja auf Lebensmittelkarten noch gewisse, wenn
auch sehr dürftige Zuteilungen: pro Person und Monat zum
garantierten Preis von 10 RM: 425 Gramm Fleisch und 650
Gramm Fett; während ein halbes Kilo Butter zu der Zeit,
also vor der Währungsreform im freien Verkauf – wenn man
es überhaupt auftreiben konnte –, 250 RM kostete.

Gleich allen anderen Kritikern und Zweiflern sollte ich
sehr bald sehen, daß Erhards Radikalkur nach verhältnis-
mäßig kurzer Zeit die von ihm verheißenen Erfolge zeitigte.
Mein dringendstes Bedürfnis war damals ein Koffer. Ich
wollte endlich die Pappschachteln loswerden. In einem Laden in Hamburg sah ich einen herrlichen Lederkoffer – aber
er kostete 400 DM. Mein Gehalt bei der ›ZEIT‹ betrug da-

mals – obgleich ich längst mein Studium abgeschlossen und jahrelang eine große Verwaltung geführt hatte – 600 DM. Kaufen oder nicht kaufen war daher ein schwerer Entschluß.

Zufällig traf ich Hans Zehrer, einen der großen alten Journalisten, der später jahrelang Chefredakteur der ›WELT‹ in deren bester Zeit war. Ihn befragte ich. Sein Votum: »Es ist doch ganz klar, daß die wenige Ware, die noch vorhanden ist, sehr bald ausverkauft sein wird – es kann ja alles immer nur teurer werden.« Also kaufte ich den Koffer. Übrigens hatte auch Zehrer nicht recht. Sehr viel mehr Ware, als wir angenommen hatten, war gehortet worden. Freilich hätte auch sie keineswegs ausgereicht, um den Kaufkraftstoß aufzufangen, wenn nicht durch die Marshall-Plan-Hilfe und weitere amerikanische Kredite große Mengen an Konsumgütern importiert worden wären.

Was meinen Koffer anbetrifft, so war er, gemessen an den nach und nach sinkenden Preisen, gewiß zu teuer gewesen. Aber auch wenn ich den Gürtel für lange Zeit enger schnallen mußte, war die Entscheidung »kaufen« doch richtig gewesen. Der Koffer war unverwüstlich. Zum letzten Male ist er mit mir 1978 nach Moskau gereist, und insgesamt haben wir in den dreißig Jahren sicherlich das Äquivalent von einem Dutzend Erdumkreisungen gemeinsam bestanden.

Doch greift diese Schilderung den Ereignissen vor, zunächst war nur die Währungsreform beschlossen. Die Entscheidung, was danach passieren sollte – Marktwirtschaft oder Planwirtschaft –, stand noch aus. Willi Schickling beschreibt sehr anschaulich die große entscheidende Redeschlacht im Frankfurter Wirtschaftsparlament, mit der die Marktwirtschaft gegen den verbissenen Widerstand der SPD durchgepaukt wurde:

»Der Tagungssaal des Wirtschaftsparlaments in der Frankfurter Börse erlebte vom 17. Juni 1948 morgens 9 Uhr bis zum 18. Juni morgens 5 Uhr die größte Redeschlacht in der Geschichte des Vereinigten Wirtschaftsgebiets. Ludwig

Erhard und seine engeren Mitarbeiter und Freunde im Wirtschaftsrat wußten, was auf dem Spiel stand. Jetzt oder nie mußte das Ruder der Wirtschaftspolitik herumgerissen werden! Die Wirtschaftsreform mußte unbedingt noch vor dem Wochenende durchgesetzt werden, damit das neue Geld in einer freieren Ordnung und einem nach und nach wachsenden freien Markt zum vollen Erfolg werden konnte...

Erhards Rede war ein temperamentvolles, von großer Sachkunde getragenes Plädoyer für die Befreiung der Deutschen aus der ›Zwangsjacke‹ der staatlichen Befehlswirtschaft. Der Wirtschaftsdirektor setzte den Abgeordneten auseinander, daß auch nach der Währungsreform keine wirtschaftliche und soziale Gesundung eintreten werde, wenn man auf dem Gebiet der Bewirtschaftung und der Preispolitik keine freieren Entwicklungen zulasse. Er kündigte in eindringlichen Sätzen an, daß nur ein harter freier Wettbewerb mit entsprechend hohen Leistungsanforderungen an den einzelnen das deutsche Volk und die deutsche Wirtschaft aus ihrer Verelendung herausführen werde...

Erhard gab sich redliche Mühe, den Zweiflern – zu denen nach fünfzehn Jahren Gewöhnung an den Dirigismus auch bürgerliche Kreise gehörten – solche Zusammenhänge zu erklären. Als er beteuerte, daß künftig jeder, der einen wertvollen Beitrag zur Volkswirtschaft leiste, ›Kaufkraft und Lohn‹ erhalten werde, aber der ›Schmarotzer‹ von der Behörde nicht die gleiche Behandlung erfahren könne wie ein tüchtiger Mann, wurde ihm von links zugerufen: ›Und die Alten, Kranken, Schwachen?‹...

Dieses beharrliche Eintreten für freien Wettbewerb unter hartem Leistungsdruck erregte bei der Opposition starken Unwillen. Der Gedanke, daß es unsozialer sei, unproduktive Teile der Wirtschaft durchzuschleppen, statt den produktiven Kräften freie Bahn zu geben, wollte den SPD-Abgeordneten nicht einleuchten. Seit Jahrzehnten – eigentlich schon in den Krisen der Ära Brüning – hatte man einen Gegensatz zwischen Sozialpolitik und Wirtschaftspolitik konstruiert und es nicht für möglich gehalten, daß aus einer vernünftigen Wirtschaftspolitik auch die denkbar beste Sozialpolitik hervorgehen könne.«

Schickling zitiert dann den Sprecher der SPD: »Es ist meinem Gefühl nach ein überaus fragwürdiger Schritt, einen todkranken Mann ins kalte Wasser zu schmeißen, die deutsche Wirtschaft ist aber ein todkranker Mann seit drei Jahren.«

Und ein anderer Abgeordneter der Opposition: »Es will uns manchmal scheinen, als ob gewisse Herren hier den Ehrgeiz hätten, die gefährliche Kurve, in die die deutsche Wirtschaftspolitik nach der Reform geraten wird, mit einer Stundengeschwindigkeit von hundertzwanzig Kilometern zu durchfahren und im größten Gefahrenmoment noch Vollgas zu geben... Die sozialdemokratische Fraktion ist nicht in der Lage, diese Haltung mitzumachen. Wir können sie schon deshalb nicht mitmachen, weil bei dem Drang nach der Freiheit der Wirtschaft die Gefahr heraufbeschworen wird, daß ein erheblicher Teil unseres Volkes nicht mehr mitkommt und ermattet am Straßenrand liegenbleibt...«

Der Beschluß zur Einführung der Marktwirtschaft, die Ludwig Erhard immer als soziale Marktwirtschaft verstanden hat und nicht als Wiederbelebung eines uneingeschränkten Liberalismus oder eines ungebremsten Kapitalismus, wurde schließlich am Ende dieser zwanzigstündigen Debatte gefaßt. Aber die Zustimmung der Alliierten stand noch aus. Erhard wußte, daß die Alliierten sie in der von ihm gewünschten Form nie geben würden. Darum beschloß er noch am selben Tag – einem Freitag –, ein *fait accompli* zu schaffen und das Wochenende, an dem Bürokratien bekanntlich nicht handlungsfähig sind, zu nutzen. Er setzte eine Rundfunkansprache für Sonntag, den 20. Juni, fest und verkündete dabei, daß ab sofort eine Reihe von Verbrauchsgütern freigegeben werde.

Am Montagmorgen wurde er vor die erzürnte alliierte

Kommission bestellt; besonders die Engländer, bei denen zu Haus die meisten Lebensmittel noch rationiert waren, empörten sich. Auf den Vorwurf, der deutsche Wirtschaftsdirektor habe in alliierte Rechte eingegriffen und die Bewirtschaftungsvorschriften geändert, erwiderte dieser einfach: »Ich habe sie nicht abgeändert, ich habe sie aufgehoben.« Lukomski[1] schildert die Szene so:

»Der Eifer und die Überzeugung, mit denen Erhard seine Entscheidung verfocht, die Offenheit, mit der er zugab, daß sein Plan, hätte er ihn erst einmal zur Begutachtung vorgelegt, einen Papierkrieg nie hätte überleben können, und das Maß an gesundem Menschenverstand, mit dem er sein Argument untermauerte, daß die alliierten Behörden es selber nicht wagen würden, die damit verbundenen Risiken einzugehen, brachten Clay auf seine Seite.

›Alle meine Berater sind sehr dagegen‹, sagte Clay.

›Herr General, ich kann Ihnen versichern, daß sie nicht alleine dastehen. Die meinen sind auch dagegen‹, erwiderte Erhard.

›Nun gut. Ich bin zwar kein Fachmann, aber ich habe ebenfalls das Gefühl, Sie sind auf dem richtigen Wege. Also machen Sie weiter.‹« Damit war die Bahn frei.

Sehr bald verschwand der Schwarzmarkt, und allenthalben kam wieder Ware ans Tageslicht. Glücklicherweise hatte der Wirtschaftsdirektor in der vorangegangenen Periode verhindern können, daß die noch vorhandenen Warenbestände zwangsweise verteilt wurden. Ihr Verkauf schaffte jetzt die Möglichkeit, wenigstens in geringem Umfang Kapital zu akkumulieren, um wieder investieren zu können. Löhne und Gehälter blieben zunächst eingefroren, und einige Preise standen einstweilen weiter unter Kontrolle. Trotzdem ging nicht alles sogleich glatt vonstatten. Die

[1] Jess M. Lukomski: Ludwig Erhard, der Mensch und der Politiker. Düsseldorf 1965.

Preise stiegen erst einmal, desgleichen nahm die Arbeitslosigkeit zu, denn alle Betriebe begannen sofort zu rationalisieren. Die Gegner Erhards triumphierten. Sie stellten einen Mißtrauensantrag gegen ihn, und im November riefen die Gewerkschaften zu einem vierundzwanzigstündigen Generalstreik auf. Erst in der ersten Hälfte des nächsten Jahres, also 1949, bewahrheiteten sich Erhards Voraussagen: Die Preise fielen, die Produktion stieg. Und als die Blockade Berlins, die sehr zum Vorteil Erhards alle Aufmerksamkeit auf sich gezogen hatte, beendet wurde, war die Marktwirtschaft bereits fest etabliert.

Jacques Rueff, der spätere Währungsberater de Gaulles, hat begeistert über die westdeutsche Währungsreform berichtet, wobei in seiner Erinnerung die positiven Folgen rascher eingetreten sind als in Wirklichkeit – aber seine Zahlen stimmen. Er schreibt: »Vom Juni 1948 ab änderte sich alles mit einem Schlage. Alle Kurven stiegen steil an. Die Produktion der Landwirtschaft und der Industrie erwachte im gleichen Augenblick. Wohnbauten begannen, aus dem Boden zu schießen. Und bald erreichte der Wiederaufbau ein Tempo, wie man es sich in keinem der benachbarten Länder hatte vorstellen können. In der Zeit von 1948 bis 1952 war der Export um das Sechsfache gewachsen, das reale Volkseinkommen stieg zwischen 1948 und 1950 um 40 Prozent...

Von einem Tag zum anderen füllten sich die Läden mit Waren, fingen die Fabriken an wieder zu arbeiten. Noch am Abend vorher liefen die Deutschen ziellos in den Städten umher, um kärgliche zusätzliche Nahrungsmittel aufzutreiben, am Tage darauf dachten sie nur noch daran, sie zu produzieren. Am Vorabend malte sich die Hoffnungslosigkeit in ihren Gesichtern, am Tage darauf blickte eine ganze Nation hoffnungsfreudig in die Zukunft.« Soweit Rueff.

Unter solchen Umständen war Ludwig Erhard in Westdeutschland rasch bekannt geworden. Viele hielten ihn für einen Wunderdoktor, alle bestaunten ihn. Daher war denn auch die erste Wahl zum Bundestag im Herbst 1949 eine Erhard-Wahl, denn Konrad Adenauer war für die meisten eine noch unbekannte Größe. Bei einer Umfrage, die 1949 angestellt wurde, rangierte Konrad Adenauer hinter Ludwig Erhard und Kurt Schumacher. Kein Wunder, denn die SPD war die älteste, durch ihren Widerstand in der Hitlerzeit renommierte Partei, während es sich bei der CDU/CSU um eine Neugründung handelte, von der noch niemand wußte, wie sie sich bewähren würde.

Franz Josef Strauß, damals das jüngste Mitglied des Wirtschaftsrates, meinte 1963 in einem Artikel für die ›Deutsche Zeitung und Wirtschaftszeitung‹, daß »die Entscheidung der Wähler, die der Union 1949 ihre Stimme gaben, zuerst und vor allem den Auftrag für Ludwig Erhard« gemeint hätten, »den Weg fortzusetzen, den er mit der Propagierung der sozialen Marktwirtschaft eröffnet hatte«. Strauß zog daraus die Konsequenz, daß ohne Erhard »der erste Kanzler der Bundesrepublik wohl nicht Adenauer, sondern Schumacher geheißen« hätte.

Ein brennendes Problem lag damals allen Politikern auf der Seele: Die Flüchtlinge hatten alles verloren – die Einheimischen hatten fast alles behalten. Ein Ausgleich mußte geschaffen werden, wenn nicht schwere soziale Spannungen entstehen sollten und jegliche Integration unmöglich gemacht werden sollte. Zwölf Millionen Flüchtlinge waren 1945 in die Bundesrepublik geströmt. Ihre Unterbringung und Versorgung hatten vor allem den grenznahen Ländern von Schleswig-Holstein bis Bayern fast unlösbare Probleme aufgegeben. Die meisten wurden in den von Kriegsgefangenen verlassenen Lagern, in Turnhallen und zufällig nicht zerbombten Räumen aller Art untergebracht.

Als es schließlich nach Gründung der Bundesrepublik wieder eine Zentrale gab und die Währungsreform die Voraussetzung für eine Bewertung des heimischen Volksvermögens geschaffen hatte, wurde 1949 das Soforthilfegesetz erlassen. Es gab die Möglichkeit, durch Belastung der einheimischen Vermögen mit einer fünfzigprozentigen Abgabepflicht die Mittel zu gewinnen, den Heimatvertriebenen zur Eingliederung zu verhelfen.

Drei Jahre später, 1952, trat dann an die Stelle dieses provisorischen Gesetzes das Lastenausgleichsgesetz. Es belastete die einheimischen Vermögen – Grundbesitz, Industrieunternehmungen, Gewerbetreibende – entsprechend dem Einheitswert mit einer jährlichen Abgabe von zwei bis vier Prozent. Schäden bis zu 4800 DM wurden in voller Höhe in DM ausgeglichen. Dann setzte eine Kürzung zunächst langsam ein, steigerte sich erheblich bei den mittleren Werten und berücksichtigte hohe Schäden nur noch mit rund zehn Prozent des Schadensbetrages und auch nur bis zu einer bestimmten Höchstgrenze.

Neben dieser Vermögensentschädigung fand auch eine Einkommensentschädigung statt. Die Flüchtlinge und Geschädigten erhielten Darlehen für Wohnungs- und Arbeitsplatzbeschaffung, für Ausbildung und Geschäftsgründungen. Bis zum 31. Dezember 1971 sind dem Ausgleichsfonds, aus dem diese Zahlungen erfolgten, 82,8 Milliarden DM zugeflossen. Hiervon erhielten 67,5 Prozent die Vertriebenen, 19,4 Kriegsgeschädigte, 9,4 Spargeschädigte.

Außerdem verpflichtete das Grundgesetz im Artikel 131 den Bund, die durch die Amputation des Reiches, die Auflösung des Wehr- und Arbeitsdienstes und andere ihrer Rechte und Versorgung beraubten Angehörigen des öffentlichen Dienstes in angemessener Weise zu versorgen. Das gleiche galt für pensionierte Beamte und versorgungsberechtigte Angehörige. Für diese Verpflichtungen waren bis Ende 1968 über 30 Milliarden DM ausgegeben worden.

Nie zuvor ist ein so großer Vermögenstransfer in einem Lande vorgenommen worden. Dieses Bemühen um soziale Gerechtigkeit ist sicherlich mit ein Grund dafür, daß es in der Bundesrepublik nie zu größeren sozialen Unruhen gekommen ist, obgleich doch alle Voraussetzungen dafür gegeben waren.

Neben der Abgabe von zwei Prozent auf landwirtschaftlichen Grund und Boden unterlagen die großen Grundbesitze noch einer speziellen Bodenreform. Die Besatzungsmächte hatten in ihren Zonen angeordnet – übrigens jede von ihnen nach einem anderen System –, daß Großgrundbesitzer Teile ihres Landbesitzes abgeben mußten, die dann, soweit es sich um landwirtschaftliche Betriebe handelte, aufgesiedelt wurden. Dies geschah aber in erster Linie aus politischen Gründen, um, wie es hieß, »die Macht der Großgrundbesitzer zu brechen« und nicht um vertriebenen Bauern eine neue Existenz zu ermöglichen; daher siedelte man auch oft ehemalige Landarbeiter des betreffenden Gutes an und nicht Flüchtlinge.

Bei der Bundestagswahl von 1949 war Erhard Spitzenkandidat der CDU für Ulm und Baden-Württemberg. Wann er der CDU beigetreten ist, läßt sich nicht genau feststellen, offenbar erst vor der Wahl von 1965. Es war seine Wirtschaftspolitik, die dann am 14. August 1949 die Wahl entschied: Die CDU erhielt 139 Sitze, die SPD 131, die FDP 52. Damals zogen noch sieben weitere Parteien und drei Wählergemeinschaften in den Bundestag ein, der 402 Abgeordnete hatte. Die KPD, die 1933 fast fünf Millionen Stimmen auf sich vereinigte, erhielt jetzt 1,3 Millionen Stimmen und 15 Sitze. Bei den nächsten Bundestagswahlen 1953 stimmten nur noch 2,2 Prozent für die KPD. Da sie die Fünfprozentklausel nicht überspringen konnte, kam sie bei keiner Bundestagswahl mehr ins Parlament.

Vier Wochen später wurde Adenauer zum ersten Bundeskanzler der Bundesrepublik Deutschland gewählt, und Erhard übernahm das Wirtschaftsministerium. Der neue Wirtschaftsminister mußte auch während der nächsten Jahre noch unablässig für die Marktwirtschaft kämpfen. Vor allem während des Koreakrieges, der alle Rohstoffpreise in die Höhe trieb (Kautschuk stieg um 350 Prozent), wurde immer wieder das Verlangen nach Bewirtschaftung und Planwirtschaft laut. Erhard aber wurde nicht müde zu kämpfen.

Konsumfreudigkeit sei kein Laster, wie manche Puritaner meinten. »Expansion muß sein«, sagte er; und: »Man kann der Meinung sein – und sicher sind es viele –, daß die Dekkung des sogenannten gehobenen Bedarfs nicht in unsere soziale Landschaft paßt. Manche ärgern sich darüber, daß es so viele schöne Autos gibt und andere wertvolle Dinge. Das ist aus enger Sicht verständlich. Aber der Verzicht auf Güter dieser Art bedeutet auch gleichzeitig Verzicht auf ihre Produktion und das daraus fließende Volkseinkommen. Es gibt eben in der Volkswirtschaft kein Einkommen, das nicht unmittelbar mit einer produktiven Güterleistung verkoppelt wäre.« Ludwig Erhards Forderung lautete: »Wohlstand für alle.«

Dieses Ziel ist im Rahmen des Möglichen tatsächlich erreicht worden. Haus- oder Wohnungseigentum, Autos, luxuriöse Ferienreisen sind nicht mehr das Monopol weniger, sondern wirklich Massengut geworden. Aber auch hier zeigt sich wieder, daß eine sinnvolle Entwicklung, eingeleitet durch die Leistungsgesellschaft, zum Un-Sinn wird, wenn sie, ohne je innezuhalten, in derselben Richtung weiter und weiter geht. In diesem Fall wurde aus Erhards Leistungsgesellschaft eine Konsumgesellschaft, die viele Menschen geistig verkümmern läßt und Politiker und Ökonomen mit Verzweiflung erfüllt, weil sie nun das Rad nicht mehr anhalten können. Jetzt erwarten die Bürger, daß es jedes Jahr mehr gibt: mehr Lohn, mehr Freizeit, mehr Konsum.

Erhard war ein fesselnder Redner: Er sprach stets frei und hatte eine große Begabung, komplizierte Erkenntnisse in volkstümlicher und eingängiger Weise darzustellen. Hierfür als Beispiel der bekannte Ausspruch: »Ein bißchen Planwirtschaft gibt es genausowenig wie ein bißchen Schwangerschaft.«

Als im Herbst 1953 die Wahlen zum zweiten Bundestag stattfanden, war es wieder in erster Linie Ludwig Erhards Wirtschaftspolitik, die von den Wählern honoriert wurde, denn außenpolitisch war man, verglichen mit den wirtschaftlichen Erfolgen, noch weit zurück. Die Deutschlandverträge waren noch nicht ratifiziert, und die Besetzung der Bundesrepublik war noch nicht aufgehoben. Auf wirtschaftlichem Gebiet war dagegen schon eine Menge Fortschritt zu verzeichnen. Die CDU/CSU erhielt denn auch bei dieser Wahl 12,5 Millionen Stimmen, die SPD knapp 8 Millionen.

Ein paar Zahlen zum wirtschaftlichen Fortschritt in jenen Jahren: In der Bundesrepublik wurden inzwischen jährlich eine halbe Million Wohnungen gebaut. Der monatliche Export der Bundesrepublik stieg von 300 Millionen DM 1949 auf nahezu 3 Milliarden DM 1956. Schon 1954 war die Bundesrepublik zum größten Stahlproduzenten Westeuropas geworden. Die Vollbeschäftigung wurde ein Jahr später erreicht. 1957 schließlich verfügte die Bundesrepublik nach den USA über die größten Goldreserven der Welt. Und eine letzte Zahl: Ende 1958 – inzwischen wurden 30 Prozent des Bruttosozialprodukts exportiert – war die volle Konvertierbarkeit der Mark bei einem Außenhandelsvolumen von fast 70 Milliarden DM erreicht.

Im Frühjahr 1959 – Adenauer war jetzt 83 Jahre alt – stellte sich heraus, daß eine dritte Kandidatur von Theodor Heuss auf parteipolitische Schwierigkeiten stieß. Die neue Besetzung des höchsten Amtes mußte also ins Auge gefaßt werden. Wie immer bei solchen Gelegenheiten begann ein gewaltiges Geschiebe und Gezerre, vordergründige Sprüche und hintergründige Motivationen beherrschten das Feld. Natürlich entbrannte der Streit am heftigsten in der CDU, denn es war klar, daß die Entscheidung über den Bundespräsidenten die

Kanzlerkandidatur für die Bundestagswahl von 1961 präjudizieren würde. Insofern also ging die Diskussion in erster Linie um die Frage: Wer wird Nachfolger von Adenauer? Und nicht darum: Wer wird Nachfolger von Heuss?

Meinungsumfragen ergaben, daß 32 Prozent für Erhard waren – alle anderen Mitglieder der CDU blieben unter 10 Prozent. Da Adenauer, der Erhard gegenüber schon immer skeptisch gewesen war, auf jeden Fall verhindern wollte, daß die CDU Erhard zum Kanzler küre, lancierte er die Idee, den Wirtschaftsminister, der zugleich Vizekanzler war, auf den Posten des Bundespräsidenten zu schieben. Adenauers Argument lautete, Erhard verstehe nichts von Außenpolitik – womit er durchaus recht hatte. Daß er selber, als er nach 1945 anfing, auch kein außenpolitischer Experte gewesen war, hatte er wohl inzwischen vergessen.

Es mag auch sein, daß ganz einfach Eifersucht im Spiel war. Von wirtschaftlichen Problemen verstand Adenauer nichts, vielleicht war er darum geneigt, Erhard gegenüber *sein* Monopol, die Außenpolitik, besonders zu unterstreichen. Auch mag ihm die große Popularität des Wirtschaftsministers häufig ein Dorn im Auge gewesen sein. So kam er auf die Idee, ihn auf den Stuhl des Bundespräsidenten abzuschieben und auf solche Weise das Problem elegant zu lösen.

Wie gewöhnlich stellte Konrad Adenauer es sehr listig an. Er gewann zunächst eine kleine, mit Bedacht zusammengestellte Gruppe von vier Ministerpräsidenten und einigen Bonner Prominenten für seinen Plan. Aber als er, gestärkt durch diese Hilfstruppe, vor die Bundestagsfraktion zog, meuterte diese. Adenauers Macht stieß zum erstenmal an eine Grenze. Die Abgeordneten durchschauten unschwer, worum es ging, und weigerten sich, auf den populären Wirtschaftsminister als Wahllokomotive für 1961 zu verzichten.

Um so größer war die allgemeine Überraschung, als Adenauer Anfang April 1959 plötzlich erklärte, er wolle selber für das Amt des Bundespräsidenten kandidieren. Allgemeine Erleichterung, viel Lob für die Weisheit des großen alten Mannes, in das sich allerdings auch die Skepsis mischte, er wolle vielleicht dieses repräsentative Amt umfunktionieren, um von dort aus einen eigenen Kandidaten durchzusetzen oder den potentiellen Bundeskanzler Erhard zu steuern.

Zwei Monate später, Anfang Juni, widerrief Konrad Adenauer seinen Entschluß. Nun wollte er doch nicht Bundespräsident werden. Ein Sturm der Entrüstung brach los. Adenauers Ansehen in der Öffentlichkeit stürzte wie das Thermometer bei einem plötzlichen Kälteeinbruch. Seine Autorität in der Partei war erschüttert. Vielleicht geben Auszüge aus einem Artikel, den ich damals schrieb, einen Begriff von dem Zorn, der sich vieler Menschen bemächtigt hatte.

Der Titel lautete: ›Mit dem Volk spielt man nicht‹. Unter dem Datum 12. Juni 1959 hieß es in der ›ZEIT‹: »Bundeskanzler Adenauer hat den Beschluß, nun doch nicht für das Amt des Bundespräsidenten zu kandidieren, mit der außenpolitischen Situation Deutschlands begründet. Es sei angesichts der sich verschlechternden außenpolitischen Lage besser, so sagte er, wenn er bleibe. Besser? Er müßte außenpolitische Wunder vollbringen, wenn der Schaden, den seine Wankelmütigkeit angerichtet hat, vergessen oder gar wettgemacht werden sollte. Denn wie sieht schließlich die Bilanz der letzten Tage und Wochen aus?

Außenpolitisch: Der Kanzler hat dem Ausland seine ganz eindeutige Meinung vor Augen geführt, daß alle Deutschen – bis auf einen – unzuverlässig seien. Er, dem seit Jahren das Vertrauen des Auslands sicher ist, hat nicht versucht, den Personalkredit ›Konrad Adenauer‹ in einen Realkredit ›Bundesrepublik Deutschland‹ umzuwandeln. Er hat es nicht versucht, schlimmer noch: er hat diesen notwendigen und möglichen Prozeß nun sogar verhindert.

Innenpolitisch: Der Kanzler hat sich selbst angeschossen, und es ist fraglich, ob er je wieder der alte sein wird. Der Vizekanzler Erhard, zur Zeit noch in USA, ist schwer blessiert – Ausgang noch ungewiß. Der Bundespräsident leidet still, aber darum nicht weniger. Sein Amt wurde in dem vielfältigen Hin und Her entscheidend abgewertet. Die Fraktion ist – von ein paar Ausnahmen abgesehen – zu zwar zornigen, aber doch zu Jasagern abgestempelt worden. Der Ruf aller denkbaren Nachfolger für die beiden höchsten Ämter im Staat wurde schwer geschädigt. Jetzt werden das alte Vorurteil und die mühsam überwundene Skepsis, Politik sei ein schmutziges Geschäft, wieder in alter Frische erstehen: Da sieht man mal wieder, daß keiner wegfahren kann, ohne daß der andere ihn betrügt. Der Begriff der Autorität, im Tausendjährigen Reich bis auf den letzten Rest verschlissen und seither mit unendlicher Mühe, Hege und Pflege wenigstens in den Grundzügen wiederhergestellt, ist achtlos zertreten worden.

Dies ist die erschreckende Bilanz weniger Wochen. Das Erstaunlichste aber ist, daß der große Trümmerhaufen nicht etwa von den Widersachern der Demokratie angerichtet wurde oder von den neidischen Gegnern derer, die unseren Staat in den harten Jahren nach dem Zusammenbruch aufgebaut haben, sondern gerade von denen, die all dies vollbrachten: von ihnen selbst. Selten nur werden die Starken von ihren Gegnern erledigt. Gewöhnlich gehen sie an ihren eigenen Fehlern zugrunde.

Wer wird in Zukunft noch das Wort des demokratischen Regierungschefs ernst nehmen können, der erst das Grundgesetz ändern wollte, um die Amtszeit des Bundespräsidenten um zwei Jahre zu verlängern..., der dann seinen Vizekanzler auf diesem Posten kaltzustellen trachtete..., der am 7. April seinen Beschluß verkündete, selber Bundespräsident werden zu wollen wegen der Kontinuität... Schließlich aber, zwei Monate später, erklärte, daß er wegen der gleichen Kontinuität Bundeskanzler bleiben müsse.

Der Kanzler ist ein Opfer seiner Menschenverachtung geworden. Er glaubte, dem Volk und den Mitgliedern seiner

156

Fraktion ohne jede Rücksicht alles zumuten zu können. Die Fraktion aber, die ihren Chef schon erhöht und gebändigt sah, erhielt die Quittung für ihr vorzeitiges Frohlocken. Hätte sie sich nicht soviel zugute getan auf ihre künftige Selbstherrlichkeit und die fortan geringen Kompetenzen ihres bisher mächtigen Chefs – diese Staatskrise wäre vielleicht an uns vorübergegangen.

Was aber kann man von Abgeordneten erwarten, die vor zwei Monaten einstimmig den damaligen Beschluß des Kanzlers bejubelten und von denen jetzt, da er ihn widerrief, kaum einer aufbegehrte. Auch aus ministeriellem Munde war keine Empörung zu vernehmen. Nur ein denkwürdiger Ausspruch bleibt zu verzeichnen: Bundesverkehrsminister Seebohm, so berichtet ›DIE WELT‹, stellte fest, der Bundeskanzler habe sein Mandat vom Volke erhalten, ›bis Gott ihm das Ruder aus der Hand nimmt!‹ Ein Minister, der seit der Gründung der Bundesrepublik amtiert und der das Einmaleins der Demokratie noch immer nicht erfaßt hat. Es ist eine Lust, sich in Deutschland mit Politik zu befassen! Wenn Eugen Gerstenmaier nicht wäre und ein paar Unabhängige, die vergeblich nach Gesinnungsgenossen ausspähten, könnte man verzweifeln an so viel Untertanengeist, der obendrein mit Nibelungentreue verbrämt ist: Und im Unglück nun erst recht.

Was soll, was kann in dieser Situation geschehen? Einer Fronde innerhalb der CDU/CSU könnte nur ein Mann Wirkung verleihen: Ludwig Erhard selbst; dann nämlich, wenn er erklärte, angesichts der Behandlung, die der Kanzler ihm zuteil werden ließ, sei er nicht bereit, weiter im Kabinett zu verbleiben. Ein Rücktritt Erhards würde zweifellos zum Aufruhr der Fraktion und zu einer Kabinettskrise führen.

Freilich ist kaum anzunehmen, daß ein so loyaler Geist wie Ludwig Erhard seine Hebelstellung zu solchem Druck benutzt, zumal in einem Augenblick, in dem Böswillige meinen könnten, er täte es nur, um selber Kanzler zu werden. Was

Erhard allerdings verlangen kann, das ist eine Rehabilitierung durch den Kanzler, der ihm – seinem Vizekanzler – das Zeugnis ausstellte, er habe in der Außenpolitik das Ziel der Klasse nicht erreicht und müsse noch zwei Jahre nachsitzen.

Was schließlich die Fraktion anlangt, so wäre es wirklich eine Schande, wenn sie die Nichtachtung der Demokratie, der hier so sichtbar Ausdruck verliehen wurde, schweigend duldete, ohne Protest vor der Öffentlichkeit einzulegen. Die Staatsräson der Demokratie verlangt nicht, daß die Repräsentanten des Volkes durch dick und dünn zum Regierungschef stehen, sondern daß sie dort rebellieren, wo sich Ansätze von Willkür zeigen und die Institutionen der Republik nicht respektiert werden.« Soweit jener Aufsatz aus der ›ZEIT‹ vom Juni 1959.

Wer gemeint hatte, Konrad Adenauer werde nun versuchen, die Spuren seines Tuns, die zu einer ernsten Kanzlerkrise geführt hatten, zu verwischen, irrte sich. Er war, ganz im Gegenteil, entschlossen, den ihm lästigen »Kronprinzen« weiter zu attackieren, und so verbreitete er denn von neuem, Erhard sei außenpolitisch unberechenbar und darum müsse er, Konrad Adenauer, weiter Bundeskanzler bleiben, denn die Lage sei so ernst wie noch nie.

Vor Journalisten erklärte Erhard, der am 9. Juni aus Washington zurückkam: »Es ist undenkbar, daß die geschichtliche Lüge im Raum bleibt, ich sei in bezug auf die außenpolitische Konzeption weniger standhaft und weniger klar in meiner Auffassung als der Bundeskanzler; ich kann auch nicht hinnehmen, daß ich ein Gegner der Integration Europas bin. Um diese Richtigstellung werde ich kämpfen.«

Aber kämpfen gegen einen Gegner wie Adenauer, der sich in der Folgezeit nicht scheute, Unwahrheiten zu verbreiten, beispielsweise Erhard habe, ehe er nach Amerika abreiste, gewußt, daß Adenauer seinen Entschluß widerrufen werde, und der in Interviews dem Wirtschaftsminister immer wieder die außenpolitischen Fähigkeiten absprach, das lag Erhard

158

nicht. Er kämpfte defensiv, aber nicht offensiv. Vielleicht war es gerade diese Eigenschaft, die ihn in der Gunst des Publikums noch höher steigen ließ, während Adenauers Popularität durch dessen aggressive Bosheit ins Wanken geriet. Nach diesen Ereignissen zeigte sich bei neuerlichen Meinungsumfragen, daß 50 Prozent Erhard zum Bundeskanzler haben wollten und nur noch 32 Prozent für Adenauer waren.

Die Reaktion auf diese Episode und auch darauf, daß Adenauer so gleichgültig reagierte, als die Sowjets am 13. August 1961 mit dem Mauerbau in Berlin begannen, kam im Wahlergebnis von 1961 zum Ausdruck. Im Vergleich zu 1957 verlor die CDU/CSU 29 Sitze. Den größten Erfolg hatte, wie schon gesagt, die FDP. Sie gewann zu ihren 41 Sitzen 25 hinzu – vermutlich weil sie dafür eingetreten war, Adenauer abzulösen. Konrad Adenauer wurde mit 258 Stimmen gegen 206 gewählt, bei 26 Stimmenthaltungen. Aber er mußte sich schriftlich verpflichten, rechtzeitig vor den Wahlen des Jahres 1965 zurückzutreten.

Bevor es dazu kam, gab es noch einmal ein schweres Zerwürfnis zwischen ihm und Erhard. Ausgelöst wurde es dadurch, daß de Gaulle Anfang 1963 mit seinem Veto die Aufnahme Großbritanniens in die EWG verhindert hatte. In der Krise, die darüber in Brüssel ausbrach, opponierte Erhard sehr scharf, während Adenauer bemüht war, dieses Ereignis mit Stillschweigen zu übergehen. Er, der sich sonst so souverän über Kritik oder Beifall anderer hinwegzusetzen pflegte, verhielt sich de Gaulle gegenüber stets merkwürdig devot; fast immer stimmte er dem General bewundernd zu.

De Gaulles Verhältnis zu Amerika war die Quelle immer neuer Querelen, die zwischen Adenauer und Erhard ausbrachen. Für Adenauer, dessen Welterfahrung bis ins 19. Jahrhundert zurückging, war die deutsch-französische Aussöhnung das Kernstück seiner Außenpolitik. Er war bereit, diesem Ziel alles andere unterzuordnen. Erhard dagegen sah sehr deutlich, daß in der zweiten Hälfte des 20. Jahrhunderts die enge Verbindung zu Amerika unerläßlich geworden ist, zumal inzwischen das Einflußgebiet der Sowjetunion bis zur Elbe vorgeschoben worden war. Man hat, um die Einstellung der beiden zu kennzeichnen, Adenauer gelegentlich als »Gaullisten«, Erhard als »Atlantiker« apostrophiert.

In der Tat deckten sich die Europavorstellungen der beiden keineswegs. Erhard hatte von allem Anfang an dem Vertrag von Rom kritisch gegenübergestanden: »Ich kann keine Begeisterung über diesen Vertrag heucheln, weil ich zur Idee zwar ja sage, Methoden und Tempo, vor allem die zahlreichen Ausweichmöglichkeiten aber ablehnen muß. Dennoch werde ich für den Vertrag stimmen.« Dies sagte er 1957.

Während Adenauer bereit war, de Gaulles Führungsanspruch auf dem europäischen Kontinent anzuerkennen, lehnte Erhard diese Vision ab; er war überhaupt eher skeptisch, was die Motive des Generals anbetraf. Er argwöhnte, de Gaulle gehe es nur um Vorteile für sein Land, das er vor lästiger Konkurrenz schützen wolle.

Ludwig Erhard war ein liberaler Großeuropäer – ihm mißfiel die institutionalisierte Beschränkung auf sechs Länder, die sich überdies noch durch eine Außenzollmauer vom übrigen Europa abgrenzten. Daher war er auch ein engagierter Befürworter des Beitritts Großbritanniens, nachdem Macmillan ihn bei seinem Besuch in Bonn im Sommer 1960 von der Ernsthaftigkeit des englischen Wunsches überzeugt hatte. Erhard mißtraute den französischen Planifikationsmissionaren und der Bürokratie, die er in Brüssel entstehen sah; dieser ganzen »europäischen wirtschaftlichen Inzucht«…

Unter diesen Umständen mußte der deutsch-französische Vertrag, den Adenauer und de Gaulle am 22. Januar 1963 im Elysée-Palast unterzeichnet hatten, zu einem Stein des Anstoßes werden. Denn mit diesem Vertrag war es de Gaulle ja gelungen, eine Kooperation der beiden Regierungen außerhalb der supra- und internationalen Institutionen zu etablieren. Und vielleicht noch schlimmer: Die Unterzeichnung erfolgte in einem Augenblick, in dem sich bereits deutlich abzeichnete, daß der General beabsichtigte, England nicht in die EWG hereinzulassen. Der bilaterale Vertrag stärkte daher die französische Verhandlungsposition in Brüssel und konnte so ausgelegt werden, als schwenke die Bundesrepublik Deutschland auf die antiamerikanische Linie de Gaulles ein.

Dies war denn auch der Grund, warum nicht nur Erhard, sondern große Teile des Bonner Parlaments darauf bestanden, daß dem Vertrag ein Protokoll hinzugefügt werde, in dem festgestellt wurde, daß die Bonner Regierung in ihm keinen Widerspruch zur Europäischen Gemeinschaft und zur Nato erblicke und ein solcher auch nicht beabsichtigt gewesen sei. Dies trug sehr zur Beruhigung der »europäischen« Europäer wie auch der Amerikaner bei. Es ärgerte zwar de Gaulle, aber auch er beruhigte sich bald. Bei einem Essen, das der General im Sommer französischen Parlamentariern gab, sagte er beiläufig: »Les traités sont comme les jeunes filles et les roses; ça dure que ça dure.« (Verträge sind wie die jungen Mädchen und wie Rosen. Sie dauern, solange es dauert.) Wenn der deutsch-französische Vertrag nicht zur praktischen Anwendung käme, so meinte er damals, wäre dies nicht der erste Fall dieser Art in der Geschichte.

Noch ein Wort zu de Gaulles Entschluß, die Engländer nicht in die EG hereinzulassen, denn dieser hat nicht nur das Verhältnis Erhards zu Frankreich langfristig belastet, sondern auch die Entwicklung Europas in entscheidender Weise gehemmt. Wenn heute in Brüssel oft über die Engländer und ihre angeblich egoistischen Obstruktionen geklagt wird, so liegt dies mit an der Entscheidung von 1963. Die Briten haben zehn Jahre europäischer Entwicklung verpaßt, und jene verlorenen zehn Jahre, in denen die anderen sich weiterentwickelten, sind nicht wieder einzuholen.

Der Tag, an dem die Franzosen die Verhandlungen über die Aufnahme Englands in Brüssel scheitern ließen, ist ein schwarzer Tag. Ich schrieb damals unter dem Titel ›Ein schwarzer Tag‹ in der ›ZEIT‹:

»Mitten in das zwanzigste Jahrhundert ist wieder der Virus nationaler Großmannssucht längst vergangener Epochen eingeschleppt worden. Europa schickte sich gerade an, zu einer Interessengemeinschaft zusammenzuwachsen, und nun beginnt wieder das alte Dreiecksspiel aus der Mottenkiste zwischen England, Frankreich und Deutschland …

Mein Gott, da sind zwei Weltkriege über Europa hinweggegangen und haben die alten Vorstellungen und Spielregeln ad absurdum geführt, da wurden mit Hilfe Amerikas die Überreste wieder gesammelt und zu einem neuen Muster gefügt, und nun kommen zwei alte Herren und wollen wieder nach der vorgestrigen Methode das alte Spiel weiterspielen! Und dabei glauben sie noch, besonders weitschauend und fortschrittlich zu sein. Es ist fast wie in einer griechischen Tragödie: Konrad Adenauer meint, das Werk der deutsch-französischen Aussöhnung durch den Pariser Vertrag zu krönen, und bemerkt gar nicht, daß er gleichzeitig die Voraussetzungen der europäischen Einigung unterminiert. Es geht ihm wie den Generalen, die immer den letzten – und nicht den möglichen neuen – Krieg vorbereiten. Er ist bemüht, Hindernisse, die gar keine mehr sind, wegzuräumen, aber leider türmt er derweil, ohne es zu bemerken, das Gerümpel andernorts zu neuen, unüberschreitbaren Barrieren auf.

Dreizehn Jahre lang hat er gegen alle Opposition mit großer Geduld und Konsequenz die Bundesrepublik ins Lager des Westens gesteuert und dort vertäut ohne Rücksicht auf die Wiedervereinigung, die, wie manche meinen, für eine Neutralisierung Deutschlands zu haben gewesen wäre. Er setzte also die westliche Gemeinschaft vor die Wiedervereinigung, und nun opfert er diese Gemeinschaft um der Freundschaft willen, die ihn mit General de Gaulle verbindet. Dabei bemerkt er gar nicht, daß nur dieser, nicht das französische Volk, jenes Opfer verlangt. Denn das französi-

sche Volk hegt keine Rachegefühle gegenüber England.«
Soweit der Artikel vom 1. Februar 1963.

Endlich, im April 1963, war es dann soweit. Bis zum letzten Moment versuchte Konrad Adenauer, die Kanzlerschaft Erhards zu hintertreiben, indem er immer neue Kandidaten erfand. Aber in einer Kampfabstimmung setzte die Fraktion ihren Willen schließlich durch: Adenauer verpflichtete sich im Oktober 1963, Ludwig Erhard, der kurz vor seinem siebenundsechzigsten Geburtstag stand, das Amt zu überlassen.

Am 17. Oktober 1963 präsidierte Erhard zum erstenmal einer Kabinettssitzung. Michael K. Caro[1] beschreibt die Veränderung: »Ein Minister, der hierüber sachverständig urteilen kann, da er beiden Bundeskanzlern gedient hat, gab mir folgende Schilderung mit dem Pro und Contra von einst und jetzt: Adenauer war ein Genie der Oberflächlichkeit und ein Meister der Improvisation. Er verstand es, aus dem Augenblick heraus mit ein paar, manchmal sogar läppischen Bemerkungen Effekte herauszuholen, selbst wenn das, was er sagte, alles andere als tief war. Dadurch konnte es ihm gelingen, sowohl eine unangenehme Debatte abzubiegen als auch eine Aussprache in dem von ihm gewünschten Sinn entscheidend zu lenken.

Erhard ist genau das Gegenteil. Infolgedessen besitzt Erhard mehr als Adenauer die Bereitschaft zu diskutieren und die Meinungen anderer zu ihm zweifelhaft erscheinenden Fragen zu hören. Deshalb dauern die Kabinettssitzungen unter Erhard im allgemeinen etwas länger als früher.

Bei Adenauer gab es nur autoritäre Kabinettssitzungen, deren Szenario er allein bestimmte und festlegte. Er ging mit seinen Ministern um wie ein Dozent mit seinem Seminar. Wirklich diskutiert wurde unter den Ministern nur in seltenen Fällen, nämlich dann, wenn Adenauer selbst unsicher war. Adenauer hielt stets lange Monologe, besonders wenn es ihm

[1] Michael K. Caro: Der Volkskanzler Ludwig Erhard. Köln 1965.

darauf ankam, unangenehme Themen, die auf der vorbereiteten Tagesordnung standen, nicht mehr anschneiden zu müssen oder wenn heikle Fragen wegen Zeitmangels nur noch ganz kurz behandelt werden sollten. Wenn er von Auslandsreisen zurückkam, unterrichtete er die Minister über seine Gespräche mit ausländischen Staatsmännern nur summarisch und in Gemeinplätzen. Seine Berichterstattung ging oft kaum über die von der Presse gebrachten Mitteilungen hinaus.

Dagegen ist bei Erhard die Diskussion das Primäre im Prozeß der politischen Meinungsbildung. Er informiert seine Minister mit großer Offenheit selbst über diplomatische Geheimnisse. Auch als Bundeskanzler ist er bereit, sich belehren zu lassen. Zum erstenmal seit Gründung der Bundesrepublik herrscht deshalb in den Kabinettssitzungen eine Atmosphäre der Kollegialität. Die Minister sind in besserer Stimmung als unter Adenauer. Denn in ihm sahen sie den gestrengen Lehrer, von dem jeden Moment unangenehme Überraschungen zu erwarten waren.«

Erhards Verhältnis zur Macht war ganz anders als das Adenauers. Konrad Adenauer verlangte von seinen Mitarbeitern absolute Loyalität bis zur Selbstverleugnung, wobei seine treuesten Gefolgsleute am schlechtesten behandelt wurden – beispielsweise Heinrich von Brentano und Heinrich Krone. Er übte Macht auf autoritäre Weise aus. Führen hieß für ihn kraft seiner Autorität entscheiden. Wenn sich zeigte, daß dies mit Hilfe des normalen Befehlsstranges schwierig sein würde, dann verfügte »der Alte«, wie er oft liebevoll genannt wurde, über ein großes Reservoir an Hilfsmitteln. Die Unwahrheit sagen – er nannte das »die Grenzen der Wahrheit erweitern« – war sicherlich nur das primitivste, Witze reißen und manipulieren gehörten dazu, Klatsch sammeln und Dossiers anlegen nicht nur über Feinde, sondern auch über Freunde und dieses Wissen dann im rechten Augenblick zum besten zu geben in Form einer Frage, als latente Drohung, als amüsantes oder vernichtendes Aperçu: »Herr B., ich höre, daß Sie abends oft nach Köln fahren. Weiß Ihre Frau das eigentlich?«

Ludwig Erhard war, verglichen mit solch machiavellistischen Künsten, die eher dem 19. Jahrhundert zugeordnet scheinen, fast naiv. Macht war für ihn ein durchaus berechenbarer Faktor, dem nichts Hintergründiges anhaftet, und mit Macht wollte er nicht viel zu tun haben. Er war der simplistischen Meinung, wenn er seine Macht nicht ausspiele, vielleicht deren Existenz sogar leugne, dann könne sie auch keinen Schaden anrichten. Erhard war allem Autoritären abhold. Sein Element war die pluralistische Gesellschaft. Für ihn war Diskussion unentbehrlich, Teamarbeit selbstverständlich. Führen hieß bei ihm überzeugen, und überzeugen hielt er für möglich, weil er daran glaubte, daß der Mensch aufgrund seiner Vernunft und entsprechend seinen Interessen handle.

Man hatte große Erwartungen in Erhard als neuen Bundeskanzler gesetzt – in den Liberalen, der dem Erzkonservativen folgte. Aber es dauerte nicht lange, bis die erste Ernüchterung kam. Die Erwartungen in einen Neubeginn waren wohl auch zu hoch gespannt gewesen: Die Jugend hatte gehofft, nach dem patriarchalischen Regiment Adenauers werde jetzt der Aufbruch in eine neue Zeit erfolgen. Die Wirtschaft rechnete mit einem stetigen Aufschwung. Die Intellektuellen meinten, das Ende des rheinischen Klüngels sei jetzt gekommen und eine weltoffene Phase werde beginnen. Und der Normalbürger glaubte, des Wirtschaftswunders gebe es nun kein Ende mehr.

Aber schon bei der Regierungsbildung zeigte sich, daß Erhards Versprechen, mit einem kleineren, gestrafften Kabinett anzutreten, wegen der Koalitionsrücksichten nicht eingelöst werden konnte. Viele vermißten denn auch bald den erhofften klaren Regierungsstil und die gewohnte feste Hand, über die sie noch vor kurzem gestöhnt hatten.

Die Anlässe zur Kritik waren zwar durchaus offensichtlich, aber die Erbschaft, die er antreten mußte, war ja auch mit allerlei Hypotheken belastet. Adenauer hatte seit 1959 die Zügel schleifen lassen. Vieles war liegengeblieben, manches schiefgegangen. So war das Verhältnis zu Amerika zunehmenden Belastungen ausgesetzt gewesen. Auch mit Frankreich wurden die Beziehungen schwieriger, denn der General hielt Erhard für anglophil und war ihm gegenüber entsprechend mißtrauisch. Das schwierigste aber war, daß Bonn, ohne es verhindern zu können, in die wachsenden Spannungen hineingezogen wurde, die das Verhältnis zwischen Frankreich und Amerika trübten.

Es nutzte gar nichts, daß Bonn selbstverständlich nur den einen Wunsch hatte, mit beiden gleich gut Freund zu sein. Es nutzte deshalb nichts, weil de Gaulle und Washington von Grund auf verschiedene Konzepte hatten. Jeder der beiden aber brauchte die Bundesrepublik zur Verwirklichung seiner Pläne, so daß Bonn ständig unter Druck gesetzt wurde für den einen, und das bedeutete in jedem Fall, gegen den anderen zu optieren.

Washington wünschte ein Europa, das am Ende eines langen Integrationsprozesses »mit einer Stimme« spricht, weil es einen handlungsfähigen Partner wollte. Paris war, wie de Gaulle immer wieder verkündete, für absolute nationale Unabhängigkeit und »gegen alle Systeme, die unter dem Deckmantel des Supranationalen oder der Integration oder auch des Atlantikertums in Wirklichkeit uns nur unter der bekannten Hegemonie halten wollen«. Er wollte freie Hand haben für Frankreichs Führung im Europa der Sechs. Daher auch sein Veto gegen den Beitritt Englands zur Wirtschaftsgemeinschaft. Wobei er gar nicht merkte, daß sein Konzept vom Europa der Vaterländer das Gewicht Europas schwächte und nicht stärkte – eben weil Europa nicht als politische Einheit auftreten konnte.

Washingtons Militärkonzept lautete: hohe Atomschwelle

und gestufte Abschreckung – de Gaulle dagegen forderte: niedrige Atomschwelle und massive Vergeltung. Washington ist für die Nato – Paris war gegen sie. Washington kämpfte um die Erhaltung des durch Handelsbilanzdefizite geschwächten Dollars als Leitwährung – de Gaulle propagierte die Rückkehr zum Goldstandard, um genau dies zu verhindern. Die Ziele waren also verschieden und auch die Methoden. Nur eins war den beiden gemeinsam: ihr gegenseitiges Mißtrauen. Die Amerikaner fürchteten, de Gaulle werde versuchen, bis 1969 – dem Zeitpunkt, der einen Austritt aus der Nato zuließ – das Verteidigungsbündnis so zu unterminieren, daß er als einziger Atomwaffenbesitzer unter den Sechs dann mit seiner *Force de frappe* den westeuropäischen Teil des Bündnisses unter seiner Vorherrschaft verselbständigen könne. De Gaulle seinerseits wurde den Verdacht nicht los, die beiden Supermächte könnten auf die Idee kommen, die Welt noch einmal unter sich zu verteilen, so wie sie das in Jalta getan hatten. Eben darum wollte er – freilich mit falschen Mitteln – ein unabhängiges Europa aufbauen, eine dritte Kraft zwischen den beiden Supermächten.

Nicht genug damit, daß Erhards Politik in ein von Bonn aus gesehen unerfreuliches und künstliches Dilemma hineinmanövriert wurde, die gleichen Spannungen beherrschten auch die innerparteiliche Atmosphäre.

Der Streit, der sich in der CDU/CSU zwischen den Frankreichbefürwortern und den Amerikaanhängern entwickelt hatte, hat dem Renommee des neuen Kanzlers wahrscheinlich am meisten geschadet. Man hätte meinen sollen, daß kein deutscher Politiker sich diese ganz und gar artifizielle Alternative würde aufdrängen lassen, aber Erhard brachte es nicht fertig, seine Partei zu integrieren. Vor allem deshalb nicht, weil der Zwist zwischen Gaullisten und Atlantikern natürlich auch von persönlichen Fehden bestimmt war. So beschwerte Adenauer sich beispielsweise darüber, daß de Gaulle im Juni 1964 in Bonn nicht herzlich genug behandelt worden sei. In der Tat war de Gaulle verschnupft, aber nicht wegen der Behandlung – die war dem großen Mann sicherlich egal –, sondern weil, wie er behauptete, die Bundesrepublik im Schlepptau der Amerikaner segle.

Innenpolitisch wurde für Ludwig Erhard – wie später auch für andere – das Rentenproblem zu einem Stolperstein. Allenthalben war der Wunsch nach Erhöhung der Renten laut geworden. Erhard war gegen eine lineare Erhöhung und trat statt dessen für eine spektakuläre Besserstellung der Schwerkriegsbeschädigten ein. Er hatte schon immer gegen Interessenvertreter und Gefälligkeitsdemokratie gewettert. Hier war darum, so meinte er, die Walstatt, auf der er kämpfen müsse. Aber gegen die Verbandsfunktionäre, noch dazu in einem so gefühlsbestimmten Sektor, zog er den kürzeren. Resultat: Die einen beklagten seine mangelnde Härte, die anderen den psychologisch falsch gewählten Anlaß, also den Mangel an politischem Realitätsdenken.

Auch die ersten Auslandsreisen des neuen Kanzlers zeugten von mangelndem politischen Sinn. Michael Caro beschreibt in dem schon genannten Buch die ersten Besuche Ludwig Erhards als Bundeskanzler in Paris und Washington:

»Am 22. November 1963 wurde Bundeskanzler Erhard zum erstenmal als Regierungschef von de Gaulle im Elysée empfangen. Erhard war klar, daß er es mit dem französischen Staatspräsidenten nicht leicht haben werde. Bevor er Kanzler geworden war, hatte er im Juli der Zeitschrift ›Paris Match‹ in einem Interview recht undiplomatisch erklärt: ›De Gaulle braucht nicht darauf zu rechnen, daß ich ihm Avancen machen werde. Ich werde ihn auf mich zukommen lassen.‹ Bisher sei sein Verhältnis zu dem General eine Rangfrage gewesen. ›Ich war in den Augen des Generals nur eine Figur zweiten Ranges. Wenn ich Kanzler bin, werden wir gewissermaßen auf gleicher Ebene arbeiten. Und erst dann können wir miteinander reden.‹«

Nicht viel diplomatischer verhielt Erhard sich bei der nächsten wichtigen Auslandsreise. Ende Dezember 1963 wurde er von Präsident Johnson auf seine Farm in Texas eingeladen. Caro, der zu den ihn begleitenden Journalisten gehörte, schildert diesen Besuch:

»Der Bundeskanzler zeigte sich von der Meinungsübereinstimmung, die zwischen ihm und dem amerikanischen Präsidenten herrschte, übertrieben begeistert: ›Wir sehen die Dinge ganz gleich. Es gelingt uns, uns gegenseitig unser Herz, unsere Seele, unsere Aufgaben und unsere Schwierigkeiten zu eröffnen...‹ Bei einem Fest auf der LBJ-Ranch mit texanischem Überschwang und deutschen Liedern lief die Stimmung über, und auch Johnson bekannte: ›Erhard ist ein Mann meines Herzens...‹

Die Verbesserung der deutsch-amerikanischen Beziehungen war echt und die Aussprache sehr offenherzig. Lyndon B. Johnson erklärte dem Bundeskanzler, er wolle sich von den Deutschen nicht ständig über die Gefahren des Kommunismus belehren lassen. Die Amerikaner seien sich dieser Gefahren voll bewußt. Jedesmal, wenn die Amerikaner auch nur die Möglichkeit erörterten, mit den Sowjets über die Berlinfrage zu sprechen, stoße man in Westdeutschland ›Schreie des Entsetzens‹ aus. Erhard solle doch seinerseits Vorschläge machen...

Erhards Antwort fiel positiv aus. Sie klang anders als alles, was Bonn während der Adenauerära offiziell geäußert hatte; denn damals wurde jeder amerikanische Versuch, eine relative Entspannung im Kalten Krieg anzustreben, automatisch als ein Ausverkauf der Bundesrepublik dargestellt. Nach der Rückkehr des Kanzlers in die Bundesrepublik geschah jedoch wenig oder nichts, um diese Dinge zu konkretisieren.« Auch das war nicht untypisch für den neuen Kanzler.

Von den drei Jahren, in denen Ludwig Erhard die Regierung führte, waren die beiden ersten ständig belastet durch zwei Probleme, die man eher für peripher halten würde: die

MLF und den Getreidepreis. Beide hatten vor allem mit Frankreich zu schaffen.

Die MLF (Multi Lateral Forces) war eine in Aussicht genommene Flotte, die aus 25 Schiffen mit gemischt nationaler Besatzung bestehen und mit Polarisraketen bestückt werden sollte. Neben der Aufgabe, die alle Waffen haben, sollte die MLF dazu dienen, stufenweise ein europäisches Mitspracherecht an den amerikanischen Atomwaffen zu ermöglichen, ohne neue individuelle Atomwaffenbesitzer zu schaffen.

De Gaulles Einstellung zu dieser intellektuellen Ausgeburt multilateraler Waffentechnik verwandelte sich von wohlwollender Duldung zu erbitterter Opposition. Je länger die Verhandlungen, die sich über zwei Jahre hinzogen, dauerten, desto argwöhnischer wurde der General. Erst nachdem Präsident Johnson das Unternehmen schließlich abblies, um die Nato nicht zu gefährden, wurde der französische Staatspräsident wieder umgänglicher.

Allerdings nicht für lang, denn gleichzeitig vergiftete der Disput über den europäischen Getreidepreis die Atmosphäre zwischen Frankreich und der Bundesrepublik. Das Problem: Im Hinblick auf den gemeinsamen Agrarmarkt sollten die europäischen Getreidepreise in den Ländern der Gemeinschaft einander angeglichen werden. In der Bundesrepublik waren sie am höchsten (Weichweizen 442 DM je Tonne), in Frankreich am niedrigsten (347 DM je Tonne). Die Gleichschaltung war deshalb so wichtig, weil der Getreidepreis den entscheidenden Kostenfaktor für die Veredelungsprodukte Fleisch, Milch, Eier darstellt. Um dem Wunsch Brüssels zu entsprechen, strebten die Franzosen eine Senkung der Preise an, die Bonner Regierung dagegen eine Anhebung aller nationalen Preise auf das Niveau der Deutschen.

Nur wer die Rolle kennt, die die Bauernverbände in beiden Ländern spielten, vermag sich heute noch vorzustellen, wie gravierend dieser Streit für beide Regierungen war. Für

Bonn wohl noch mehr als für Paris, denn Erhard wußte, wie wichtig für die 1965 bevorstehenden Wahlen die Stimmen der Bauern waren, deren Vertreter nachwiesen, daß die von Frankreich geforderte Preissenkung ihre Einnahmen um 1,1 Milliarden DM kürzen würde.

Ludwig Erhard versprach der Grünen Front, er werde bis 1966 am hohen Getreidepreis festhalten. De Gaulle dagegen erklärte in ultimativer Form, wenn die EG bis zum 15. Dezember 1964 nicht einen gemeinsamen Preis beschließe, werde Frankreich die Gemeinschaft boykottieren. Daraufhin versprach Erhard den Bauern, daß er ihnen jeden Einkommensverlust ersetzen werde, obgleich er doch allen Gruppeninteressen den Kampf angesagt und geschworen hatte, er werde immer nur überzeugen und auf keinen Fall »zahlen«. Vor jedermann entschleierte sich also Erhards Schwäche, aber wenigstens wurde auf diese Weise nach zwölfmonatigen Verhandlungen, die die deutsch-französischen Beziehungen arg strapaziert hatten, ein Kompromiß erzielt.

Diese ärgerlichen Probleme aber waren geringfügig, verglichen mit einer anderen Katastrophe, die über den Bundeskanzler hereinbrach: die Nahostkrise. Am 26. Oktober 1964 stand in der ›Frankfurter Rundschau‹ ein Artikel, der zum erstenmal die Existenz eines geheimen Waffenabkommens zwischen Bonn und Jerusalem bekannt werden ließ. Dieses Abkommen, über das sich Adenauer und Ben Gurion 1960 in New York geeinigt hatten, war auf Anregung und Druck Amerikas zustande gekommen. Es war nie schriftlich festgelegt worden, und außer dem Verteidigungsminister (1960 Strauß, 1962 von Hassel) wußte niemand etwas davon. Auch der Bundestag war nie konsultiert worden.

Präsident Nasser bediente sofort den damals üblichen Hebel: Er kündigte an, wenn die Waffenlieferungen nicht sofort eingestellt würden – der Gegenwert von 320 Millionen DM war zugesagt und davon für 260 Millionen DM bereits geliefert –, werde er die DDR anerkennen. Eine Drohung, die sehr wahrscheinlich erschien, denn im Sommer 1964 hatten sich die Beziehungen zwischen der DDR und der Dritten Welt, insbesondere mit Ägypten, intensiviert; ungeachtet der Hallstein-Doktrin, mit der die Bundesrepublik versuchte, eine Isolierschicht um die DDR zu legen.

Die Hallstein-Doktrin – die nicht von Staatssekretär Hallstein, sondern von Außenminister Brentano erfunden worden war – existierte seit 1955. Ihre Entstehungsgeschichte: Als Adenauer 1955 die diplomatischen Beziehungen mit der Sowjetunion aufgenommen hatte, mithin also zwei deutsche Botschafter in Moskau amtierten, fürchtete Bonn, dies könnte zum willkommenen Präzedenzfall für all diejenigen werden, die seit langem bereit waren, die Zweistaatenthese zu akzeptieren. Darum erklärte die Bundesregierung, sie werde die diplomatischen Beziehungen zu allen Staaten abbrechen, die in Zukunft die Regierung der Sowjetzone anerkannten. Begründung: Bonn sehe dies als einen »unfreundlichen Akt« an.

Erhard, der dieses Debakel nicht verschuldet hatte, befand sich in einer Zwickmühle: Entweder gab er der Forderung Nassers nach und machte sich Israel zum Feind, das ohnehin ärgerlich war, weil es seit langem auf die Aufnahme diplomatischer Beziehungen wartete; oder er ließ die Waffenlieferungen nicht einstellen und riskierte damit, daß alle arabischen Staaten ihre diplomatischen Beziehungen zu Bonn abbrachen. Aus der heutigen Sicht mag es schwer vorstellbar sein, daß man Mitte der sechziger Jahre, also zwanzig Jahre nach dem Kriege, noch immer hoffte, den Weg zur Wiedervereinigung offenhalten zu können, indem man die internationale Anerkennung der DDR im Westen blockierte. Tatsächlich aber hatte die Hallstein-Doktrin bis dahin fast lückenlos funktioniert. Ein einziges afrikanisches Land hatte mit Ost-Berlin Botschafter ausgetauscht, das war 1964 Sansibar; aber als die Insel sich mit Tanganjika zu Tansania zusammenschloß, wurde die Botschaft in ein Konsulat zurückverwandelt. So herrschte denn großes Entsetzen, als bekanntwurde, daß Präsident Nasser den Staatsratsvorsitzenden der DDR, Walter Ulbricht, nach Ägypten eingeladen hatte und der DDR-Chef nun also zum erstenmal einem blockfreien Land einen Besuch abstatten werde. Ein Besuch, dem sehr bald Nassers Visite in Ost-Berlin folgen sollte.

Zuvor aber hatte Erhard angekündigt, daß die Waffenlieferungen an Israel eingestellt würden und daß er Ulbrichts Besuch als »unfreundlichen Akt« betrachte, der mit Einstellung der Wirtschaftshilfe an Ägypten beantwortet würde. Am 24. Februar traf Ulbricht in Kairo ein und unterzeichnete dort eine Reihe von Abkommen. Drei Tage später verkündete Nasser, daß er ein Generalkonsulat in Ost-Berlin errichten werde. Wiederum drei Tage später erklärte Erhard das Ende der Wirtschaftshilfe an Ägypten und die Aufnahme diplomatischer Beziehungen mit Israel. Eine Ankündigung, die am 13. Mai 1965 vollzogen wurde. Alle arabischen Staaten, mit Ausnahme von Marokko, Tunesien und Libyen, brachen daraufhin ihre diplomatischen Beziehungen zur Bundesrepublik ab.

Dies war zweifellos die schwerste Krise der Erhardzeit. Aber eine Krise, die nicht seiner Führungsschwäche zur Last gelegt werden konnte, die vielmehr zeigte, wie gering der außenpolitische Spielraum des geteilten Deutschland war, jedenfalls solange die Bundesrepublik an dem Anspruch festhielt, allein für das ganze deutsche Volk zu sprechen. Denn nun hatte sich ja gezeigt, daß die Bundesrepublik Erpressungsversuchen besonderer Art ausgesetzt war. Und noch etwas anderes war deutlich geworden, daß die Hallstein-Doktrin kein taugliches Instrument mehr war, um Wohlverhalten zu erzwingen.

Dies war denn auch der Grund, warum Außenminister Schröder im September 1965 erstmalig die Hallstein-Doktrin relativierte, indem er die Aufnahme diplomatischer Beziehungen zu kommunistischen Staaten, die mit solchen Beziehungen zur DDR »geboren« seien, für akzeptabel erklärte. Auch war es Außenminister Gerhard Schröder – dem von Erhard freie Hand gelassen wurde –, der in den meisten osteuropäischen Staaten deutsche Handelsmissionen errichtete und damit wenigstens den ersten Schritt auf dem Wege zu diplomatischen Beziehungen tat.

Obgleich also längst Zweifel an Erhards Führungsqualitäten laut geworden waren, hatte die CDU/CSU unter seiner Kanzlerschaft im September 1965 mit fast 48 Prozent der abgegebenen Stimmen noch einmal einen strahlenden Sieg erfochten. Aber schon ein Jahr später sah alles ganz anders aus: Kohlenkrise, Stahlflaute, der Staatshaushalt vom Bankrott bedroht, Sorgen um die wirtschaftliche Stabilität. Erhard mußte viele Zusagen und Geschenke, die er vor der Wahl großzügig annonciert hatte – es handelte sich insgesamt um 6 Milliarden DM –, nach der Wahl wieder zurücknehmen. Auch war die Sozialreform steckengeblieben; die Neuverteilung der Steuern zwischen Bund, Ländern und Gemeinden nie in Angriff genommen worden; Subventionen wucherten allenthalben, und nicht nur die Koalitionspartner stritten miteinander, auch in seiner eigenen Partei gelang es Erhard nicht, Einigkeit herzustellen.

Die Meinungsforscher stellten denn auch fest, daß die CDU von 48 Prozent Ende 1965, über 46 im Februar 1966, auf 38 Prozent im Juni 1966 gesunken war. Franz Josef Strauß, Chef der CSU in Bayern, erklärte ultimativ, seine Partei werde die Ablösung Erhards verlangen, wenn dieser nicht bis zum nächsten Frühjahr sein Kabinett neu formiere und seine Außenpolitik auf Frankreichkurs bringe.

Erhard aber ließ die Dinge treiben. Er war so erfüllt von seinem Sendungsbewußtsein, war so sicher, daß er es war, der die Bundesrepublik auf den richtigen Weg gebracht hatte, daß er auch nicht bereit war, über etwaige Fehler nachzudenken. Zu Adenauer hatte er einmal gesagt: »Was kümmern mich die

174

Wahlen. Ich weiß, daß ich es richtig mache.« In Nordrhein-Westfalen aber standen Wahlen bevor, und zum erstenmal stieß Erhard auf eine Welle der Ablehnung. Während der Wahlversammlungen im Ruhrgebiet wurde er angepöbelt. Er pöbelte zurück: »Bevor ich gehe, möchte ich Ihnen sagen, Sie Lümmel, Sie würden in Ihren Windeln verkommen sein, wenn ich nicht gewesen wäre und meine Politik.« Und Intellektuellen, die sich – wie Grass und Hochhuth – über seine »formierte Gesellschaft«, die frei von »Parteiungen, Gruppierungen und Egoismen« sein sollte, lustig machten, rief er zu: »Da hört der Dichter auf, da fängt der ganz kleine Pinscher an.«

Am 10. Juli 1966 fand die Landtagswahl an Rhein und Ruhr statt. Das Ergebnis war ein politischer Erdrutsch. Die SPD erhielt fast die Hälfte aller Stimmen – die CDU fiel weit zurück. Niemand zweifelte daran, daß die Schuld nicht in Düsseldorf, sondern in Bonn zu suchen sei: in der Uneinigkeit der CDU, die in immer neuen Interviews zum Ausdruck kam, sowie in Erhards mangelnder Entschlossenheit zum Durchgreifen. Nun wurden die Messer gewetzt, die Diadochenkämpfe begannen, und die FDP, der Koalitionspartner, machte sich skeptische Gedanken über den glücklosen Kanzler.

Mitte August besuchte der damalige diplomatische Korrespondent der ›WELT‹, Hans Werner Graf Finckenstein, den Bundeskanzler und führte ein Gespräch mit ihm, das ein interessantes Psychogramm Ludwig Erhards bietet. Finckenstein begann das Gespräch mit der Frage, ob sein Selbstvertrauen durch die letzten Ereignisse beeinträchtigt worden sei. Erhard: »Nein, an dem, was zu tun ist, was gemacht werden muß, bin ich nicht irre geworden. Das weiß ich ganz genau. Da kann mir kein Mensch was erzählen. Wenn ich an etwas irre geworden bin, dann nur daran, ob das deutsche Volk wirklich den Freiheitswillen hat, den ich ihm einzuimpfen versucht habe. Wenn ich ernüchtert bin, dann nur darüber, daß niemand bereit ist, freiwillig etwas zu tun, sondern eben nur unter Zwang.«

Finckenstein meint, angesichts der Fronde, die sich gegen Erhard gebildet hatte, und der Entschlossenheit, ihn als Alleinschuldigen an den politischen Pranger zu stellen, habe sein Selbstbewußtsein merkwürdig irreal gewirkt. »Kein vorgetäuschtes Selbstbewußtsein, sondern die fast unbekümmerte Ausstrahlung eines Mannes, der sich unverdrossen mit sich selbst im reinen sieht.«

»Es soll erst mal einer kommen, der es besser macht als ich«, sagte Erhard in dieser Unterhaltung. Und auch: »Mit mir darüber zu verhandeln, wann ich gehe, das kommt gar nicht in Frage.«

Zwei Monate später erfuhr er während einer Fraktionssitzung, daß die vier FDP-Mitglieder seines Kabinetts zurückgetreten waren. Erhard, der die Macht als politischen Faktor nie akzeptiert hat, war nicht bereit, um die Macht zu kämpfen, die ihm Bürger, Partei und Fraktion ein Jahr zuvor übertragen hatten. Er gab auf und kehrte zurück auf die Abgeordnetenbank, auf der man ihn noch oft, zuletzt aber still und resigniert sitzen sah.

# 5. Kapitel

## Willy Brandts Ostpolitik rückt die Bundesrepublik wieder in das Zentrum Europas

### Als Außenminister von 1966 bis 1969

Adenauer war davon überzeugt – mindestens hat er dies stets gesagt –, daß nur eine Politik der Stärke, die die Sowjetunion unter Druck zu setzen in der Lage sei, zur Befreiung jenes Gebietes führen könne, das damals als »Sowjetzone« bezeichnet wurde; darum erschöpfte seine Ostpolitik sich auch darin abzuwarten. Die SPD hat dem stets widersprochen, und zwar mit dem Argument, daß die Wiedervereinigung nicht gegen die Sowjetunion erreicht werden könne, sondern nur in Verhandlungen mit den vier ehemaligen Besatzungsmächten.

Es war klar, daß nun, nachdem eine SPD/FDP-Koalition unter Willy Brandt und Walter Scheel die CDU/CSU-Regierung abgelöst hatte, erstmalig eine aktive Ostpolitik zum Zuge kommen werde. Allerdings war die Zeit vorbei, in der die sowjetische Seite mit immer neuen Angeboten aufwartete, denn die Bundesrepublik war inzwischen fest in die Nato eingegliedert worden, hatte eine schlagkräftige Bundeswehr aufgestellt, und atomare Waffen befanden sich auf deutschem Boden. Drei Entwicklungen, die Moskau mit allen Mitteln hatte verhindern wollen.

Im Westen hat man sich nie vorstellen können, wie tief die Sorge der Russen vor einer neu entstehenden deutschen Militärmacht war und sein mußte nach allem, was sie zwischen

177

1914 und 1945 erlebt hatten. Die Russen hatten im Zweiten Weltkrieg, Seite an Seite mit den Amerikanern kämpfend, Jahre gebraucht, um Deutschland niederzuringen – kein Wunder, daß eine Allianz dieses mächtigen, ehemaligen Verbündeten mit der gefürchteten Bundesrepublik Deutschland für sie den höchsten Grad der Bedrohung darstellte. Man kann sich durchaus vorstellen, daß die Sowjets bereit gewesen wären, einen hohen Preis zu zahlen, um diese Waffenbrüderschaft zu verhindern.

Aber die Zeit, in der die Russen zu neuen Konzeptionen bereit schienen – vor der Wiederbewaffnung der Bundesrepublik und ihrem Beitritt zur Nato, nach Stalins Tod 1953 und nach dem XX. Parteitag 1956 –, war nun vorbei. Und es gab auch niemanden mehr, der, wie der polnische Außenminister Rapacki 1957 und noch einmal 1958, eine atomwaffenfreie Zone vorgeschlagen oder wie George Kennan, der ehemalige Planungschef im State Departement, 1957 in den »Reith Lectures«, ein Auseinanderrücken der Blöcke propagiert hätte. Kennan war der Ansicht – er hat mir dies oft gesagt, es auch geschrieben –, er habe immer bezweifelt, daß es klug gewesen sei, Westdeutschland wieder zu bewaffnen und in den Atlantikpakt aufzunehmen. Er fand, die amerikanische Politik hätte im Gegenteil vor allem die Wiedervereinigung betreiben müssen. Ein wiedervereinigtes, neutralisiertes Deutschland, das nach einem Auseinanderrücken der beiden militärischen Blöcke entstanden wäre, hätte, so meint er, den Konflikt entschärfen können, der erst durch die Eingliederung der beiden deutschen Teilstücke in die gegnerischen Militärallianzen wirklich explosiv geworden ist.

Der Einwand gegen eine Neutralisierung der Mitte Europas lautete: Bei einem Auseinanderrücken der Blöcke werde das Gleichgewicht nicht gewahrt, weil die Sowjets sich nur ein paar hundert Kilometer zurückziehen würden, die amerikanischen Truppen aber über den Ozean zurückverlegt werden müßten. Außerdem war ja Adenauers wichtig-

178

stes Anliegen: Kontinuität. Das, was ihm in den Augen der Besatzungsmächte so viel Vertrauen erworben hat, war doch seine Devise »keine Experimente«. Sie hat ihm auch innenpolitisch über viele Jahre eine sichere Mehrheit garantiert. Aber Kontinuität in seinem Sinne bedeutete eben auch, daß er nicht bereit war, einmal getroffene Entscheidungen angesichts neuer Entwicklungen zu modifizieren. Willy Brandt sollte später sagen: »Indem wir Tatsachen anerkennen, schaffen wir neue Tatsachen.« Aber diese Einsicht war dem Altkanzler verschlossen.

Adenauer – und das muß man deutlich sehen – war eben die Verwirklichung der Westintegration wichtiger als der Versuch, die Ostintegration des anderen Teils Deutschlands zu verhindern. Eben darum gab es während seiner Regierungszeit auch keine Ostpolitik, und die innerdeutsche Politik erschöpfte sich in dem Ruf nach freien Wahlen. Der allzu jung verstorbene Historiker Waldemar Besson[1] schrieb hierzu:

»Eine Erklärung der Bundesregierung vom März 1950 suchte eine erste Fixierung ihrer gesamtdeutschen Position. Es wurde damit, wie Adenauer meinte, ein klares Programm entworfen, das jedoch nur aus der Forderung nach freien Wahlen für eine verfassungsgebende Nationalversammlung bestand. Für lange Zeit bildete dies in Bonn die offizielle Formel für die Veränderung des Status quo in Deutschland. Der allgemeine Beifall, den Adenauer damit in der Bundesrepublik fand, täuschte darüber hinweg, daß dies nach Lage der Dinge einem Verzicht auf eigene Aktivität gleichkam, auch wenn er moralisch und politisch außerordentlich gut begründet war… Die Forderung nach freien Wahlen in der sowjetischen Besatzungszone war der tatsächlichen Machtlage in Mitteleuropa nicht angemessen. Sie drohte der Sowjetunion ihre Kriegsbeute zu nehmen, ohne die Frage der

---

[1] Waldemar Besson: Die Außenpolitik der Bundesrepublik Deutschland. Erfahrungen und Maßstäbe. München 1970.

179

Kompensation auch nur anzuschneiden. Das machte zwar im Westen Eindruck, aber der Anfang einer praktikablen Ostpolitik war es gewiß nicht.«

Wer miterlebt hat, wie die europäischen Nachbarn und auch Amerika bei jeder Gelegenheit das Gespenst von Rapallo wieder aus der Versenkung hervorholten – eine deutsch-amerikanische Konferenz im Jahr 1979 in Hamburg wurde weitgehend von diesem Thema beherrscht –, versteht, daß damals in den fünfziger Jahren das Bedürfnis bestand, erst einmal Vertrauen zu begründen. Und Vertrauen hieß, laut Konrad Adenauer, sich nicht dem Verdacht der »Schaukelpolitik« auszusetzen.

Ehe die SPD/FDP-Koalition unter Willy Brandt 1969 die Regierung übernahm und die neue Ostpolitik auf ihr Programm schrieb, gab es noch einen wichtigen Zwischenakt: die Große Koalition. Die Regierung der beiden großen Parteien CDU/CSU und SPD kam Anfang Dezember 1966 nach dem Sturz Erhards mit Kurt Georg Kiesinger als Kanzler und Willy Brandt als Außenminister zustande.

Schon in den Monaten vor der Großen Koalition hatte sich die Diskussion in der Bundesrepublik mit ungewohntem Eifer dem Thema Ostpolitik zugewandt. So wurden denn, um dieser Stimmung Rechnung zu tragen, im März 1966 von Außenminister Gerhard Schröder allen Regierungen, mit denen die Bundesrepublik diplomatische Beziehungen unterhielt, sowie allen osteuropäischen und arabischen Staaten neue Vorschläge zur Abrüstung und Friedenssicherung in Europa überreicht. Nur die DDR erhielt keine Note, weil sie ja als Staat nicht anerkannt war. Diese sogenannte Friedensnote, an deren Zustandekommen Herbert Wehner mitgewirkt hat, sprach zum erstenmal davon, daß es notwendig sei, Erklärungen über einen Gewaltverzicht – vor allem mit der Sowjetunion, mit Polen und der ČSSR – auszutauschen.

Damals, in jenem Vorstadium der Großen Koalition, hat die SPD die Initiative im beginnenden innerdeutschen Gespräch in die Hand genommen. Der Parteivorstand der SPD antwortete auf einen offenen Brief der SED, den diese an die Delegierten des für Juni 1966 geplanten Dortmunder Parteitages gerichtet hatte. Darin hatte die SED der SPD vorgeschlagen, eine gemeinsame »sozialistische« Front gegen die bürgerliche Regierung zu bilden. Dieser Vorschlag zur »Volksfront« wurde merkwürdigerweise nicht in den Papierkorb geworfen, sondern mit dem Gegenvorschlag beantwortet, eine offene Aussprache zwischen beiden Parteien an einem Ort in der DDR und einem in der Bundesrepublik zu arrangieren.

Im April einigte man sich für diesen Redneraustausch auf Karl-Marx-Stadt und Hannover. Aber nun bekam es die DDR offenbar mit der Angst. Es scheint, daß auch in Mitteldeutschland, genau wie in der Bundesrepublik, zugleich mit dem Interesse an diesem Thema auch gewisse nationale Emotionen geweckt wurden. Wahrscheinlich war dies der Grund, warum die SED den Redneraustausch im Juni schließlich absagte. Obgleich also das Gespräch endete, ehe es begonnen hatte, war nun doch der Bann gebrochen, der so viele Jahre direkte Kontakte mit der DDR verhindert hatte. Es war auch höchste Zeit, denn der Ärger im Westen über die ewigen Neinsager, die die Entwicklung bremsten, war groß, und die Gefahr, daß wir in einer Welt allgemeinen Wandels als letzte kalte Krieger isoliert übrigbleiben könnten, war nicht gering.

In Dortmund erklärte die SPD ihre Bereitschaft zum Verzicht auf Anwendung der Hallstein-Doktrin gegenüber den osteuropäischen Staaten, das heißt, sie signalisierte ihre Bereitschaft, diplomatische Beziehungen aufzunehmen. Auch stellte die Parteiführung fest – und dies war die erste Andeutung, die darüber gemacht wurde –, daß eine Friedensregelung Opfer in der Grenzfrage fordern werde. Beide Punkte erschienen dann in der Regierungserklärung von Bundeskanzler Kiesinger wieder. Dort hieß es: »Wir wollen, soweit es an uns liegt, verhindern, daß die beiden Teile unseres Volkes sich während der Trennung auseinanderleben. Wir wollen entkrampfen und nicht verhärten, die Gräben überwinden und nicht vertiefen.«

Nun also kam die Politik in Bewegung: Die Bundesrepublik war bereit, gleich allen anderen im Strom der Entspannung mitzuschwimmen, sich von den juristischen Fiktionen und bürokratischen Fesseln zu trennen, mit denen sie sich immer mehr in die Isolierung manövriert hatte. Die neue Haltung wurde überall im Westen als eine Wendung zum Realismus und als Beitrag zur Entspannungspolitik begrüßt. Im Osten dagegen betrachtete man den Wandel der Politik mit Skepsis. Die DDR erklärte, die neue Politik sei nur ein »Trick der Bonner Revanchisten«; die Sowjetunion und Polen blieben hart, nur Rumänien nahm die diplomatischen Beziehungen zu Bonn schon im Januar 1967 auf. Im August 1967 wurden Handelsmissionen mit Prag ausgetauscht, und im Dezember die diplomatischen Beziehungen mit Jugoslawien wiederaufgenommen, die zehn Jahre zuvor unter Berufung auf die Hallstein-Doktrin abgebrochen worden waren, weil Belgrad mit Ost-Berlin Botschafter ausgetauscht hatte. Wie berechtigt die Skepsis in Moskau war, zeigte die Entwicklung in der ČSSR, wo der aufgestaute Unwille im Zeichen der Entspannung den Generalsekretär der Partei Novotný entmachtet und an seine Stelle Alexander Dubček gesetzt hatte.

Das Jahr 1968 war ein Jahr tiefer Unruhe, dramatischen Ungestüms, großer Hoffnungen und revolutionärer Träume. In der ČSSR begann ein Volk im Überschwang des ersten Gelingens sich immer mehr Freiheiten zu nehmen und sein Schicksal selbst zu gestalten. Es ist schwer, die Gefühle zu beschreiben, die damals jeden bewegten, dem das Schicksal Osteuropas am Herzen lag. In Frankreich und Berlin brach eine Revolte der Studenten los – in Paris, wo sich ihnen im Mai 1968 vorübergehend auch die Arbeiter anschlossen, schien ein Umsturz im Bereich des Möglichen. De Gaulle wurde damals gezwungen, seinen Staatsbesuch in Rumänien abzubrechen. Er kehrte zurück nach Paris, wo bereits das Chaos herrschte, und flog sogleich nach Baden-Baden zu General Massu, um sich der Loyalität der Armee zu versichern.

Als im Frühjahr 1968 die Studenten auch in Polen unruhig wurden und mehr Freiheit verlangten, erkannte Moskau, daß der Zusammenhalt des östlichen Lagers im Zeichen der Entspannung schwer aufrechtzuerhalten sein würde. Mitten hinein in den Taumel der Begeisterung rollten darum am 21. August die sowjetischen Panzer nach Prag. Die bewaffnete Intervention begann, die gesamte tschechoslowakische Führung wurde abgesetzt, alle Hoffnung des Volkes zunichte gemacht.

Kiesingers CDU hielt die neue Ostpolitik für gescheitert, während ihr Koalitionspartner, die SPD, der Meinung war, daß die Sowjetunion zum erstenmal sichtbar die Initiative gegenüber dem Westen verloren habe, also die neue Politik erfolgreich sei. Der Wahlkampf des Jahres 1969 wurde von der CDU/CSU mit den alten Argumenten defensiv geführt, von der SPD dagegen offensiv unter der Fahne der Ostpolitik. Die FDP war lange Zeit stets Koalitionspartner der CDU gewesen. Bei der Wahl von Gustav Heinemann zum Bundespräsidenten im März 1969 stimmte sie zum erstenmal mit der SPD. Und jetzt, im Wahlkampf 1969, war sie im Hinblick auf die Ostpolitik immer enger an die Seite der SPD gerückt. Das Ergebnis: CDU/CSU verloren die Wahl, SPD und FDP hatten zusammen eine schmale Mehrheit und bildeten gemeinsam die neue sozialliberale Koalition.

Da Bundeskanzler Kiesinger sich der Ostpolitik gegenüber sehr aufgeschlossen gezeigt hatte, war die Große Koalition zum entscheidenden Kugelgelenk geworden zwischen den vier Legislaturperioden, in denen die CDU in Permanenz an der Regierung gewesen war, und der Regierungsübernahme durch die SPD, die damit aus der Rolle der Opposition erlöst wurde, zu der sie scheinbar für immer verdammt gewesen war.

Jedenfalls war dies mein Eindruck, der allerdings von wenigen anderen Beobachtern geteilt wurde, denn alle empfanden diese Periode als Sünde wider den Geist der Demokratie. Natürlich ist eine Große Koalition, bei der es keine effektive Opposition, also keine ausreichende Kontrolle gibt, im Sinne demokratischer Spielregeln auch wirklich nicht empfehlenswert. In diesem Fall aber – und das war mein Argument – wurde durch sie erst einmal die Voraussetzung für die Demokratie, das heißt für das Alternieren der Parteien, geschaffen: Offenbar mußte dem deutschen Volk die SPD erst einmal zweispännig, also zusammen mit dem bewährten Leitpferd, der CDU, vorgetrabt werden, ehe das Publikum es für möglich hielt, daß man auch mit den Sozialdemokraten ganz gut fahren kann.

Vielleicht darf ich, um dem Leser jene kurze Zeitspanne zwischen 1966 und 1969 ins Gedächtnis zurückzurufen, aus einer Bilanz zitieren, die ich damals im September 1969 in der ›ZEIT‹ gezogen habe[1]: »Zum erstenmal entdecken nun auch breitere Schichten des Bürgertums, daß die SPD regierungsfähig ist. Von den drei Ministern, die sich der Öffentlichkeit als die interessantesten und wirkungsvollsten Mitglieder des Kabinetts darboten – Franz Josef Strauß, Willy Brandt, Karl Schiller –, gehörten zwei der SPD an. Es hat sich ferner die prinzipielle Einstellung zu einigen großen Komplexen von Grund auf verändert: In der Wirtschafts- und Sozialpolitik, in der Außenpolitik und im Bereich der Justiz.

Um mit dieser zu beginnen: Die Große Koalition hat mehr liberale Reformen ermöglicht als die fünf vorangegangenen Kabinette. Ein neues Staatsschutzrecht ist an die Stelle der alten, vom Geist des Kalten Krieges regierten Gesetze getreten, und eine gründliche Durchforstung der Sittenparagraphen fand statt.

---

[1] Marion Dönhoff: Deutsche Außenpolitik von Adenauer bis Brandt. Hamburg 1970.

Während Erhard jede Form von Planung in der Wirtschaft als Häresie empfand, ist Schiller für Globalsteuerung. Darum wurden die Mittelfristige Finanzplanung und das Stabilitätsgesetz eingeführt, wurde bewußte Konjunktursteuerung betrieben, die Konzertierte Aktion erfunden und ein Finanz-, Sozial- und Agrarkabinett errichtet. Unter solchen Aspekten konnte endlich auch die Strukturkrise des Bergbaus tatkräftig angegangen werden. Die Reform der Finanzverfassung im Mai dieses Jahres gibt schließlich die Möglichkeit, daß drei Gemeinschaftsaufgaben – Bau von Hochschulen, regionale Wirtschaftspolitik und Agrarstrukturpolitik – nach bestimmten Regeln von Bund und Ländern gemeinsam geplant und finanziert werden...

Auch in der Sozialpolitik hat sich in der Ära der Großen Koalition der Aspekt von Grund auf verändert. Lag der Ansatz früher bei der Überzeugung, Fürsorge und Wohltätigkeit seien nun einmal unvermeidlich, so hat sich jetzt die Erkenntnis Bahn gebrochen, daß Sozialpolitik aus gesellschaftspolitischen Gründen notwendig ist und sich auch volkswirtschaftlich als Investition rechtfertigen läßt.

Heute verfügt das Arbeitsministerium mit rund 17 Milliarden Mark über den zweitgrößten Etat. Vorausschauende Berufsplanung und Anpassung an die sich verändernde Wirklichkeit sind die entscheidenden Motive der Sozialpolitik. Der entsprechende Erfolg in der Großen Koalition: das Berufsbildungsgesetz, das Arbeitsförderungsgesetz, die Lohnfortzahlung und die Gleichstellung der 11 Millionen Arbeiter mit den 5,6 Millionen Angestellten. Dies alles ist weitgehend das Verdienst des CDU-Ministers Katzer, der aber ohne die SPD im Kabinett dieses Programm nicht hätte durchsetzen, ja nicht einmal hätte konzipieren können...

Man staunt, wie vieles im Bereich der Außenpolitik und der Beziehungen zur DDR heute für die öffentliche Meinung selbstverständlich geworden ist, was in der Adenauer- und Erhardära ganz undenkbar gewesen wäre. Anderthalb

Jahrzehnte war in Bonn kein Brief aus Ost-Berlin angenommen, gelesen oder gar beantwortet worden. Im Sommer 1967 fand ein Briefwechsel auf höchster Ebene zwischen Kiesinger und Stoph statt. Bonn hat damals Verhandlungen über 16 konkrete Themen angeboten ...

Einen Erfolg hat dieser Versuch, durch offizielle Kontakte mit DDR-Behörden zur Entspannung beizutragen, nicht gezeitigt: die einzige Antwort, die von seiten der DDR einging, war negativ, nämlich die Einführung der Paß- und Visapflicht im Jahre 1968. Das aber macht die Bonner Politik nicht weniger richtig.

Die Sowjetunion reagierte ebenfalls negativ, und zwar aus genau dem gleichen Grunde. Drohend wurde immer wieder vermerkt, die neue Ostpolitik der Bundesrepublik versuche, die Solidarität des sozialistischen Lagers zu untergraben. Moskau befürchtet, daß die Kohäsion im östlichen Lager proportional zur Ausbreitung der Entspannung abnehmen würde, und hat darum hohe Barrieren gegen eben diese Politik errichtet.

So hat die neue Flexibilität der Ostpolitik leider zu nichts anderem geführt als dazu, vor aller Welt deutlich sichtbar den Schwarzen Peter wieder loszuwerden, den der Osten während der Adenauer- und Erhardzeit Bonn ohne Schwierigkeiten hatte zuschieben können. Und noch etwas: Die Haltung der Bürger dem Osten gegenüber hat sich gewandelt. Trotz aller kalten Duschen, die aus Moskau, Ost-Berlin und anfangs auch aus Warschau kamen, haben sich 75 Prozent der Bevölkerung für eine Fortsetzung der Brandtschen Außenpolitik erklärt.

Die Große Koalition hat demnach nicht nur strukturelle Veränderungen hervorgebracht, sie hat auch die Bewußtseinslage der Bürger verändert. Übrigens in einer Weise, wie es einer SPD-Regierung im Alleingang nie möglich gewesen wäre; denn die SPD hat ja den Born der Weisheit auch nicht gepachtet. Sie hätte ohne die Partnerschaft sicherlich versucht, sehr viel kühnere Pläne – erträumt in den Jahren wirkungsloser Opposition – zu verwirklichen. Die Große Koalition aber zwang sie, die Grenzen der Realisierbarkeit solcher Ideen empirisch zu prüfen. Jetzt ist der Weg frei für eine normale Politik, bei der die beiden großen Parteien einander in der Regierung abwechseln können.«

Allerdings gab es ein negatives Phänomen in jener kurzen Periode, den Aufstieg und Fall einer rechtsradikalen Partei, der Nationaldemokratischen Partei Deutschlands (NPD). Zu ihr hatten sich 1964 verschiedene konservative und rechtsradikale Splittergruppen zusammengeschlossen, die dann ab 1966 bei verschiedenen Landtagswahlen plötzlich erschreckende Erfolge erzielten: 1966 in Hessen 7,9 Prozent aller Stimmen, in Bayern 7,4; 1967 in Niedersachsen 7 Prozent, in Bremen 8,9, in Baden-Württemberg 9,8.

Das Charakteristikum der Partei: Sie rechnete Auschwitz gegen Dresden auf und beklagte »den Geist der Unterwerfung«. Sie geiferte gegen Gammler, lange Haare und »Vergangenheitsbewältigung« – sie pries die gesunde Familie, wünschte sich eine nationale Wiedergeburt, redete viel von Schicksalsgemeinschaft und hatte überhaupt kein politisches Konzept. Es waren Zukurzgekommene, Rückwärtsgewandte, Ewiggestrige, die sich da zusammengefunden hatten – aber es waren keine Nazis oder Faschisten, sondern einfach Reaktionäre. Sie waren das letzte Aufgebot. In ihrem eigenen Jargon: »Nach uns kommt kein Zug mehr.«

Bei der Bundestagswahl 1969, die die Große Koalition beendete, gelang es ihnen nicht, die Fünfprozentklausel zu überspringen, und nach 1970 verschwanden sie aus den Landtagen ebenso unerfindlich rasch, wie sie aufgetaucht waren. Es mag durchaus sein, daß diese Partei nicht nur eine Konsequenz der Rezession war, sondern auch eine unerfreuliche Begleiterscheinung der Großen Koalition, die ja als Folge des gemeinsamen Regiments der beiden großen Parteien auf der rechten Seite des Spektrums einen Platz frei ließ für die, die es unüberwindlich fanden, mit den »Sozis« auf einer Bank zu sitzen. Außerdem waren die ausgehenden sechziger Jahre eine Zeit des Aufbruchs in die Moderne: Nichts war modern genug – da konnten und wollten diese Leute wohl einfach nicht mit.

Systematische Ostpolitik, die von der Devise »Sicherheit durch Normalisierung« ausging, setzte also im Oktober 1969 ein, als die sozialliberale Koalition aus SPD und FDP unter Bundeskanzler Willy Brandt gebildet wurde. Einige Verhandlungsangebote, die Moskau bereits gemacht hatte, wohl um den Eindruck der Prager Ereignisse zu verwischen, lagen bereits auf dem Tisch: der Vorschlag einer europäischen Sicherheitskonferenz, die Bereitschaft zu Viermächteverhandlungen über Berlin, und auch Gomulka hatte Vorschläge über einen Grenzvertrag gemacht.

In Brandts Regierungserklärung vom 28. Oktober 1969 war erstmals von »zwei Staaten in Deutschland« die Rede. Auch machte er dem Ministerrat der DDR den Vorschlag, »Verhandlungen beiderseits ohne Diskriminierung auf der Ebene der Regierungen, die zu vertraglich vereinbarter Zusammenarbeit führen sollen«, aufzunehmen. Die Devise Brandts lautete: »Über ein geregeltes Nebeneinander zu einem Miteinander.« Freilich hieß es auch, daß die deutschen Staaten »füreinander nicht Ausland sind, ihre Beziehungen zueinander können daher nur von besonderer Art sein«.

Im Klartext bedeutet dies: Eine völkerrechtliche Anerkennung der DDR durch die Bundesrepublik kommt nicht in Frage. Den Westmächten wurde geraten, »die eingeleiteten Besprechungen mit der Sowjetunion über die Erleichterung und Verbesserung der Lage Berlins mit Nachdruck fortzusetzen«. Schließlich kündigte Brandt die Absicht an, einen Termin für die von der Sowjetunion angeregten Verhandlungen in Moskau vorzuschlagen und der Volksrepublik Polen als Antwort auf eine Rede Gomulkas zur gleichen

Zeit einen Vorschlag zur Aufnahme von Gesprächen übermitteln zu lassen.

Diese Regierungserklärung, die keinen Zweifel daran ließ, daß der Versuch, die Beziehungen zum Osten zu normalisieren, auf der Grundlage der festen Verankerung der Bundesrepublik im westlichen Bündnis und in den westeuropäischen Gemeinschaften erfolgen werde, machte also vom ersten Tag an die veränderte Politik deutlich. Es war ein kompliziertes, vielstufiges Programm, das sogleich in Angriff genommen wurde. Brandt[1] selbst sagt: »Meine eigenen Überlegungen und Empfehlungen waren in langen Jahren gewachsen. Die Vorschläge meiner Partei lagen schon 1969 vor, als über die Regierung Kiesinger/Brandt verhandelt wurde.« Die Basis mußte der Vertrag mit der Sowjetunion sein, die ja den Schlüssel zum Ganzen in der Hand hatte. Doch setzte dies wiederum voraus, daß die Verträge mit Polen und der DDR wenigstens in den Grundzügen festlagen, darum mußten mit ihnen zur gleichen Zeit rekognoszierende Gespräche stattfinden. Eine Anerkennung der DDR aber durfte nicht erfolgen, ehe die vier Mächte hinsichtlich Berlins Entscheidungen getroffen hatten. Doch war hierbei wiederum zu bedenken, daß die Sowjetunion zu neuen Garantien für Berlin nicht bereit sein würde, solange die Anerkennung der DDR nicht sichergestellt war.

Diese ungewöhnlich schwierige diplomatische Problematik, die nur zu vergleichen war mit der Notwendigkeit, das Ei zu erfinden, ehe die Henne existiert, erklärt die Rolle, die Junktims und Absichtserklärungen bei der Lösung dieser ineinander verschachtelten Einzelprobleme gespielt haben. Daß die Preisfrage schließlich zeitgerecht und in der richtigen Reihenfolge gelöst werden konnte, läßt die unermüdlich über viele Jahre wiederholte Kritik der Opposition

---

[1] Willy Brandt: Begegnungen und Einsichten. Die Jahre 1960–1975. Hamburg 1976.

an der Verhandlungsführung der SPD/FDP unberechtigt und abwegig erscheinen.

Im Januar 1970, kurz nach der Regierungserklärung, schickte Bundeskanzler Brandt seinen Staatssekretär Egon Bahr zu Vorgesprächen nach Moskau. In drei langen Gesprächsserien mit Gromyko und dem zuständigen Abteilungsleiter im Außenministerium Falin gelang es ihm, in den ersten fünf Monaten Vereinbarungen zu treffen. Die Bundesrepublik verpflichtete sich, die Oder-Neiße-Grenze und die Grenze zwischen der Bundesrepublik und der DDR als »jetzt und in Zukunft unverletzlich« zu respektieren. Die Sowjetunion ihrerseits verzichtete auf die Geltendmachung ihres angeblichen Interventionsrechts aus den Feindstaaten-Klauseln der Charta der UN.

In Absichtserklärungen verpflichtete sich Bonn ferner, entsprechende Verträge mit Polen, der ČSSR und der DDR abzuschließen, die mit dem Moskauer Vertrag »ein einheitliches Ganzes« bilden würden. Und schließlich verpflichtete die Bundesrepublik sich auch dazu, die Aufnahme beider deutscher Staaten in die UN zu betreiben. Die Zustimmung zu dem geplanten Vertrag sollte abhängen von dem befriedigenden Ausgang der Berlinverhandlung.

Als die Einzelheiten des sogenannten Bahr-Papiers durch Indiskretion vorzeitig bekannt wurden, begannen – geschürt durch die CDU/CSU – erbitterte Diskussionen. Die Illusion, alles werde sich schon irgendwie richten, wenn man nur strikt an den alten Glaubenssätzen festhalte, hatte fünfundzwanzig Jahre lang das Publikum eingelullt. Jetzt wurde plötzlich allen klar, daß es doch einen zweiten deutschen Staat geben würde und daß die Gebiete östlich der Oder-Neiße unwiderruflich verloren waren. Obgleich nur die Realitäten anerkannt und nichts weggegeben wurde, was nicht längst weg war, bedeutete dies doch einen schweren Schock für viele.

Das Kabinett billigte den Entwurf, verfaßte aber eine Direktive für die formellen Verhandlungen, die nun begannen.

Die Direktive verlangte, »daß die Viermächteverhandlungen dazu führen, die enge Verbindung zwischen der Bundesrepublik und West-Berlin sowie den ungehinderten Zugang
nach West-Berlin zu sichern; ohne eine solche Sicherung
wird ein Gewaltverzichtsvertrag nicht in Kraft gesetzt werden können«. Das hieß: Ohne ein befriedigendes Ergebnis
der Berlinverhandlungen wird die Ratifizierung nicht eingeleitet. Überdies wurde mit aller Dringlichkeit noch einmal
auf den wichtigen Anspruch auf Selbstbestimmung hingewiesen. Ein diesbezüglicher Brief der Bundesregierung
wurde von der Sowjetregierung zu den Vertragsakten genommen; er stellte klar, daß die Aufrechterhaltung dieses
Anspruchs keine territoriale Forderung bedeutete. Dies
waren die Grundlagen des Vertrages, der von Willy Brandt
am 12. August 1970 in Moskau unterzeichnet wurde.

Fünfzehn Jahre waren vergangen, seit Konrad Adenauer
auf dem Moskauer Flugplatz zusammen mit Nikita Chruschtschow die angetretene Ehrenkompanie abgeschritten hatte.
Ich sehe das Bild noch deutlich vor mir, erinnere mich noch
genau der Gefühle, die mich damals beschlichen: vor allem
eine große Beklommenheit. Unsicherheit auch, schließlich
war dies der erste offizielle deutsche Besuch nach dem Krieg,
den Hitler vom Zaun gebrochen und der 20 Millionen Ein-
wohnern dieses Landes das Leben gekostet hatte. War ich, die
ich hier stand, mitschuldig, obgleich ich Adolf Hitler von Anbeginn als Feind betrachtet hatte? So fragte ich mich 1955.
Konnte man hoffen, daß das, was er im Osten von Warschau
bis Moskau angerichtet hatte, in der Erinnerung der noch
Lebenden je verblassen würde? War dies ein neuer Anfang,
oder markierte dieser Auftritt nur einen Strich unter ein Kapitel?

Diesmal waren die Gefühle in Moskau weniger gemischt,
eindeutiger. Denn Brandt war gekommen, um, wie er sagte,
»ein neues Blatt im Buch der Geschichte aufzuschlagen«.
Diesmal war ich nicht beklommen, sondern tief bewegt – viel-

leicht weil soviel Hoffnung auf beiden Seiten mitschwang. Allen ging es so. Selbst die abgebrühtesten Journalisten hatten das Gefühl, dies ist ein Aufbruch zu neuen Ufern. Eine erfahrene alte Korrespondentin des ›Figaro‹ sagte mit einem Unterton von vorwurfsvollem Ärger in der Stimme zu mir: »Jetzt weiß ich, wer eure wahren Freunde sind.«

Viele Oppositionelle haben später immer wieder – übrigens auch ärgerlich und vorwurfsvoll – behauptet, die Ostverträge seien in einem Zustand permanenter Euphorie abgeschlossen worden. Das ist sicherlich nicht der Fall gewesen, aber dieser spezielle Tag wurde in der Tat von allen als etwas Außergewöhnliches empfunden. Ich möchte aber auch weder zu Freunden noch zu Regierenden Leute haben, die keiner menschlichen Regung mehr fähig sind.

Nach der Unterschrift unter die Verträge hielt Bundeskanzler Brandt eine Ansprache im Fernsehen. Er sagte: »Unser nationales Interesse erlaubt es nicht, zwischen dem Osten und dem Westen zu stehen. Unser Land braucht die Zusammenarbeit und die Abstimmung mit dem Westen und die Verständigung mit dem Osten. Das deutsche Volk braucht den Frieden im vollen Sinne dieses Wortes auch mit den Völkern der Sowjetunion und allen Völkern des europäischen Ostens… Europa endet weder an der Elbe noch an der polnischen Ostgrenze. Rußland ist unlösbar in die europäische Geschichte verflochten, nicht nur als Gegner und Gefahr, sondern auch als Partner – historisch, politisch, kulturell und ökonomisch. Nur wenn wir in Westeuropa diese Partnerschaft ins Auge fassen und nur wenn die Völker Osteuropas dies auch sehen, können wir zu einem Ausgleich der Interessen kommen.«

Wer war dieser Willy Brandt? Er war ein im Grunde einsamer, verschlossener Mensch. Für ihn, der schon früh Ersatz für die Familie in der sozialistischen Jugendbewegung gefunden hatte und der als neunzehnjähriger Junge 1933 allein auf sich gestellt aus Lübeck emigrierte, muß dieser Tag einer der großen Momente seines politischen Lebens gewesen sein.

Sein Leben? In einem Fernsehinterview antwortete er auf eine Frage von Günter Gaus[1]: »Ich will es nicht dramatisieren, das mit der schwierigen Kindheit oder nicht ganz einfachen Kindheit… Ich möchte es nicht schwieriger machen, als es war. Man hat gut für mich gesorgt, das war es nicht. Aber… man unterschied sich von anderen.« Mit kleineren Worten läßt großer Schmerz sich kaum beschreiben. Und an anderer Stelle: »Ich hatte viele Freunde, aber im Grunde keinen, der mir wirklich nahe war… Lange Jahre gewohnt, mit mir allein auszukommen, fiel es mir nicht leicht, meine Gefühle und innersten Gedanken mit anderen zu teilen.«

Als die SPD sich 1930 entschloß, das Kabinett Brüning zu tolerieren, um es nicht in die Arme der Rechtsradikalen zu treiben, empfanden viele der Jungen dies als Verrat am Sozialismus. Die Fähigkeit zum Pragmatismus, diese Voraussetzung aller Politik, ist von idealistischen Ideologen noch nie ästimiert worden. Auch der siebzehnjährige Lübecker, der schon mit sechzehn in die Partei aufgenommen worden war, obgleich die Altersgrenze damals bei achtzehn lag, schloß sich zornig der Sozialistischen Arbeiterpartei (SAP) an, die links von der SPD stand. Bald wurde er deren politischer Leiter. Zusammen mit seinen Kumpanen druckte und verteilte er nachts Flugblätter. Gleich nach der Machtergreifung 1933 wurden einige seiner Kameraden verhaftet.

Herbert Frahm, der erst im Untergrund den Namen Willy Brandt angenommen hat, reist heimlich nach Dresden, um an einer illegalen Konferenz seiner Partei teilzunehmen. Am 31. März muß er sich zur Flucht entschließen. Ein Fischer bringt ihn nachts von Travemünde über die Ostsee nach Dänemark. Die nächsten Jahre verbringt er in Norwegen, lernt fließend Norwegisch und kommt 1936 zurück nach Deutsch-

---

[1] Beides zitiert nach Carola Stern: Willy Brandt. Reinbek bei Hamburg 1975.

land. Als norwegischer Student getarnt, lebt er in Berlin und arbeitet dort mit der Widerstandsbewegung zusammen. 1937, vorübergehend in Spanien, schreibt er Berichte für seine Parteifreunde in Paris, um dann nach Oslo zurückzukehren, bis er – inzwischen ausgebürgert – im April 1940 durch die Invasion der Deutschen wieder zur Flucht gezwungen wird. Irgendwo im nördlichen Norwegen gerät Brandt – vorübergehend als norwegischer Soldat verkleidet – in deutsche Kriegsgefangenschaft, wird aber nach ein paar Wochen unerkannt entlassen und flüchtet nach Schweden. Sein Resümee dieser Zeit: »In der deutschen Armee gab es Nazis – und Deutsche.« Andere Emigranten hatten ganz andere Kommentare.

An einen schwedischen Freund schrieb er damals: »Wenn es so wäre, wie einige sagen, daß das gesamte deutsche Volk nur aus Nazis besteht, dann hätte Hitler es sicherlich nicht nötig gehabt, mit Hilfe von Terror, Gestapo und Konzentrationslagern zu regieren.« Ende 1946 kommt Brandt als Presseattaché der norwegischen Militärmission in das zerstörte Berlin. Als ihm die SPD im Jahr darauf anbietet, die Verbindungsstelle des Parteivorstandes zu den Alliiertendienststellen in Berlin zu übernehmen, entschließt er sich, wieder deutscher Staatsbürger zu werden.

Jahrelange innerparteiliche Kämpfe in Berlin folgten. Im September 1953 stirbt Ernst Reuter. Otto Suhr wird sein Nachfolger, und als dieser vier Jahre später auch stirbt, wird Willy Brandt Regierender Bürgermeister von Berlin.

Wenn ich an Willy Brandt im Zusammenhang mit Berlin denke, dann sehe ich eine ungewöhnlich beeindruckende Szene vor mir. Es war im Herbst 1956 während des ungarischen Aufstandes. Brandt war damals Präsident des Abgeordnetenhauses. Die Berliner Partei hatte zu einer abendlichen Kundgebung vor dem Schöneberger Rathaus aufgerufen, um gegen die Brutalität zu protestieren, mit der die sowjetischen Panzer den Aufstand in Budapest niederwalzten. Die etwa 100 000 Menschen, die zusammengeströmt waren und von denen die meisten wahrscheinlich an ihre im anderen Teil der Stadt unterdrückten Verwandten und Freunde dachten und die darum bitter und wütend waren, ergriff am Ende der Kundgebung eine Welle der Emotion.

Man hörte plötzlich Pfiffe, Rufe und Sprechchöre: »Zum Brandenburger Tor!« Und: »Russen raus!« Am Brandenburger Tor, noch auf westlicher Seite, befindet sich ein Denkmal für gefallene russische Soldaten, das stets von einer russischen Ehrengarde bewacht wird. Die Menge hatte sich bereits in Bewegung gesetzt, fackelschwingende junge Leute vorneweg. Die Polizei war machtlos. Es gehörte nicht viel Phantasie dazu, sich vorzustellen, wie das ausgehen würde.

Brandt realisierte sofort das Ausmaß der Gefahr. Er stürzte weg vom Balkon des Rathauses auf die Straße, sprang in einen demolierten Lautsprecherwagen der Polizei, fuhr in Richtung Brandenburger Tor und brachte es tatsächlich fertig, die erregte Menge aufzuhalten. Gemeinsam sang man das Lied vom guten Kameraden, auf diese Weise löste das Ganze sich schließlich auf; und am Ende gelang es Brandt sogar, die Demonstranten, die schon bis zur Sektorengrenze vorgedrungen waren, zur Umkehr zu bewegen und dadurch eine Katastrophe zu verhindern.

Brandt war Regierender Bürgermeister von Berlin zu einer Zeit, als diese Stadt im Westen ein Synonym für Freiheit war, ein Symbol, zu dem die Staatsmänner aus aller Welt pilgerten. Er war Regierungschef während Chruschtschows Ultimatum und auch, als die Mauer gebaut wurde. In all diesen Jahren gab er – wie einst Ernst Reuter – den Bürgern Mut und Zuversicht.

Ohne die Alliierten oder die Bonner Regierung zu konsultieren, hatte er 1958 Chruschtschows Ultimatum sofort als unannehmbar zurückgewiesen. Und während der Kubakrise 1963 schickte er, ebenfalls von sich aus, ein Telegramm an Präsident Kennedy, er solle sich nicht wegen Berlin erpressen lassen.

Willy Brandt hat seine Souveränität und seine Unabhängigkeit dem Geschwätz der Umwelt und auch seinem eigenen Geschick gegenüber oft unter Beweis gestellt. Wenn es heißt, er habe nicht genug Menschenkenntnis gehabt und nicht immer die richtigen Mitarbeiter ausgesucht, so läßt sich das nicht bestreiten; die Behauptung hingegen, er habe sich gescheut, Entscheidungen zu treffen, stimmt jedenfalls für die Zeit seiner Kanzlerschaft nicht.

## Als Bundeskanzler von 1969 bis 1974

Es ging vielmehr Schlag auf Schlag: Kaum in Bonn angetreten, schickte er im Januar 1970 Staatssekretär Egon Bahr zur Vorbereitung des deutsch-sowjetischen Vertrages nach Moskau. Im Februar begann Staatssekretär Duckwitz in Warschau zu verhandeln. Der deutsch-sowjetische Vertrag wurde im August in Moskau unterschrieben, der deutsch-polnische im Dezember in Warschau. Die Verhandlungen mit beiden Regierungen waren außerordentlich schwierig; die mit Polen vor allem wegen der Grenze. Bonn sah sich nicht in der Lage, die Oder-Neiße-Grenze im Vorgriff auf etwaige gesamtdeutsche Friedensverhandlungen endgültig festzulegen. Im Artikel 1 des Vertrages heißt es darum, daß die im Potsdamer Abkommen festgelegte Linie »die westliche Staatsgrenze der Volksrepublik Polen bildet«; ferner wird die Formulierung über die Unverletzlichkeit der bestehenden Grenzen wiederholt und der Verzicht auf territoriale Ansprüche aus dem Moskauer Vertrag. In Artikel 2 folgt dann der Gewaltverzicht.

In einer Fernsehansprache aus Warschau am Tag der Unterschrift sagte Bundeskanzler Brandt: »Die Flucht vor der Wirklichkeit schafft gefährliche Illusionen … Ein klares Geschichtsbewußtsein duldet keine unerfüllbaren Ansprüche. Es duldet auch nicht jene ›geheimen Vorbehalte‹, vor denen der Ostpreuße Immanuel Kant in seiner Schrift ›Zum ewigen Frieden‹ gewarnt hat. Wir müssen unseren Blick in die Zukunft richten und die Moral als politische Kraft erkennen. Wir müssen die Kette des Unrechts durchbrechen. Indem wir dies tun, betreiben wir keine Politik des Verzichts, sondern eine Politik der Vernunft.«

Damals fand auch jener Kniefall statt, der so viele Kommentare hervorrief. Ein Korrespondent des Londoner ›Guardian‹[1] schrieb später in einem Interview mit Willy Brandt: »Ich fragte ihn nach dem Augenblick in Warschau im Dezember des vergangenen Jahres, als er im ehemaligen jüdischen Ghetto auf das steinerne Mahnmal für die fünfhunderttausend dort von den Nazis ermordeten Juden zuging, den Kopf senkte und dann auf die Knie fiel. Woran hatte er gedacht, als er kniete?

Er sagte: ›Die Geste sollte für sich selbst sprechen. Sie war nicht geplant, es geschah einfach. Und ich schäme mich deswegen nicht.‹«

›Time Magazine‹, das ihn zum »Mann des Jahres« erklärt hatte, schrieb damals: »Willy Brandt ist der erste westdeutsche Staatsmann, der bereit ist, die vollen Konsequenzen der Niederlage zu akzeptieren: das verlorene Land, das Eingeständnis moralischer Verantwortung, das Eingeständnis der Teilung Deutschlands. Dabei fordert er die kommunistischen Länder zu einer Ausweitung ihrer Beziehung mit dem Westen heraus und damit indirekt zur Gewährung größerer Freiheiten für ihre eigenen Völker.«

Und Alfred Grosser[2] schrieb in ›L'Allemagne de Notre Temps‹: »Zu dieser Zeit galt der deutsche Kanzler nicht nur, wie es ›Time‹ hervorhob, als ›der Mann des Jahres‹, sondern als der einzige große europäische Staatsmann schlechthin. Eine seltene Einstimmigkeit herrschte darüber insbesondere in der französischen Presse, obwohl doch eine ›offene‹

---

[1]  Was hält die Welt von Willy Brandt? Hamburg 1972.
[2]  Alfred Grosser: Geschichte Deutschlands seit 1945. München 1974.

deutsche Ostpolitik in Frankreich traditionell immer Besorgnis erregt hatte…«

Und Grosser fährt fort:»In ihrer Jahresbilanz schrieb die sonst unsentimentale große Pariser Wochenzeitung ›L'Express‹, Willy Brandts Geste sei 1970 die einzige Darstellung menschlicher und moralischer Souveränität bei einem Staatsmann gewesen. In Belgien ließ der Erziehungsminister die Geste in allen Schulen kommentieren. Niemand im Ausland hat von Demütigung gesprochen oder von einem neuen Kollektivschuldgedanken. Eben gerade weil eine gesprochene Kritik des Antisemitismus vor den antisemitisch handelnden Gastgebern unmöglich war, verstand man gut, was der Kanzler wollte und was er dann in seiner Rede vom 21. März 1971 zur Eröffnung der ›Woche der Brüderlichkeit‹ noch einmal klar gesagt hat: ›Als ich Anfang Dezember in Warschau stand, lag auf mir die Last der jüngsten deutschen Geschichte, die Last einer verbrecherischen Rassenpolitik. Ich habe dann getan, was Menschen tun, wenn die Worte versagen, und ich habe so – für meine Landsleute mit – der Millionen Ermordeter gedacht. Aber ich habe auch daran gedacht, daß Fanatismus und Unter drückung der Menschenrechte – trotz Auschwitz – kein Ende gefunden haben.‹«

Viele draußen – und auch viele drinnen – meinten damals, erst jetzt, da sich gezeigt habe, daß ein ausgebürgerter Emigrant in Bonn zum Kanzler gewählt werden kann, beginne das neue Deutschland wirklich.


Willy Brandt hatte Günter Grass, Siegfried Lenz, Henri Nannen und mich eingeladen, ihn auf jener Reise nach Warschau zu begleiten. Ich hatte zugesagt, denn schließlich war ich seit vielen Jahren für eine aktive Ostpolitik eingetreten. Aber je näher das Datum rückte, desto ungemütlicher war mir zumute: Zwar hatte ich mich damit abgefunden, daß meine Heimat Ostpreußen endgültig verlorengegangen ist, aber selber zu assistieren, während Brief und Siegel darunter gesetzt werden, und dann, wie es nun einmal unvermeidlich ist, ein Glas auf den Abschluß des Vertrages zu trinken, das erschien mir plötzlich mehr, als man ertragen kann.

Was tun? Mein Name war mit denen der anderen Mitreisenden genannt worden. Wenn ich jetzt absagte, könnte dies womöglich als eine politische Manifestation angesehen werden und dem Kanzler Ärger bereiten. Ich schob die Entscheidung immer wieder hinaus und schrieb ihm erst im letzten Moment – mit sehr schlechtem Gewissen. Groß war daher meine Erleichterung, als ich nach seiner Rückkehr aus Warschau einen handgeschriebenen Brief bekam, in dem Willy Brandt sagte, er habe mein Verhalten gut verstehen können. Und dann stand da auch der Satz: »Was das ›Heulen‹ angeht: Mich überkam es an meinem Schreibtisch, als ich die Texte für Warschau zurechtmachte. Was ich dann dort und von dort nach hier sagte, ist wohl auch verstanden worden. Ich darf jedenfalls hoffen, daß Sie es verstanden haben und wissen: Ich habe es mir nicht leicht gemacht.«

Fünfundzwanzig Jahre hatte es gedauert, bis die Bundesrepublik sich dazu durchrang, die Oder-Neiße als Westgrenze Polens anzuerkennen. Für Millionen Menschen war dies der endgültige Abschied von ihrer Heimat. Für sie alle sollte ein Artikel gelten, den ich damals schrieb. Er trug den Titel ›Ein Kreuz auf Preußens Grab‹ und ist, soweit ich weiß, der einzige Artikel der ›ZEIT‹, den die Londoner ›Times‹ je in voller Länge nachgedruckt hat und zu dem ich von Dean Acheson[1], dem ehemaligen amerikanischen Außenminister, einen persönlichen Brief erhielt. Der Artikel erschien in der ›ZEIT‹, Nr. 47, vom 20. 10. 1970.

»Nun ist der Vertrag über die Oder-Neiße-Grenze fertig ausgehandelt. Bald werden die Vertreter Bonns und Warschaus ihn unterzeichnen. Und dann wird es hier und da heißen, die Regierung habe deutsches Land verschenkt – da-

---

1 Among Friends. Personal Letters of Dean Acheson. New York 1980.

bei wurde das Kreuz auf Preußens Grab schon vor 25 Jahren errichtet. Es war Adolf Hitler, dessen Brutalität und Größenwahn siebenhundert Jahre deutscher Geschichte auslöschten. Nur brachte es bisher niemand übers Herz, die Todeserklärung zu beantragen oder ihr auch nur zuzustimmen.

Heimat ist für die meisten Menschen etwas, das vor aller Vernunft liegt und nicht beschreibbar ist. Etwas, das mit dem Leben und Sein jedes Heranwachsenden so eng verbunden ist, daß dort die Maßstäbe fürs Leben gesetzt werden. Für den Menschen aus dem Osten gilt das besonders. Wer dort geboren wurde, in jener großen einsamen Landschaft endloser Wälder, blauer Seen und weiter Flußniederungen, für den ist Heimat wahrscheinlich doch noch mehr als für diejenigen, die im Industriegebiet oder in Großstädten aufwachsen.

Die Bundesrepublik mit ihrer offenen Gesellschaft und der Möglichkeit, frei zu leben, ist ein Staat, in dem mitzuarbeiten und den mitzugestalten sich lohnt – aber Heimat? Heimat kann sie dem, der aus dem Osten kam, nicht sein.

Dort im Nordosten, wo meine Familie Jahrhunderte lang gelebt hat – und dies sei nur erwähnt, weil es das Schicksal von Millionen Menschen verdeutlicht –, im Raum zwischen Weichsel und Peipussee, stand nicht wie im Westen die Loyalität zum Lehnsherrn an erster Stelle, sondern die Verwobenheit mit dem Lande. Wer beim häufigen Wechsel jeweils die Oberherrschaft ausübte: der Orden, die Polen, Schweden, Dänen, Russen oder Preußen, war nicht das Entscheidende. Entscheidend war es, festzuhalten am Grund und Boden, der Landschaft zugeordnet zu sein.

Friedrich der Große hat es den ostpreußischen Ständen nie verziehen, daß sie, als ganz Ostpreußen während des Siebenjährigen Krieges von den Russen besetzt war, der Zarin Elisabeth gehuldigt hatten – obgleich dies doch das Vernünftigste war, was sie tun konnten. Erst während der letzten hundert Jahre, als der Geist des Nationalismus alle Beziehungen zu vergiften begann, wurde alles anders.

Seit nun die Deutschen aus ihrer Heimat östlich von Oder und Neiße vertrieben wurden, hat es mit jenem Wechsel der Herrschaft ein Ende. Jetzt ist das Land polnisch. Fast die Hälfte aller heute in den alten deutschen Gebieten lebenden Menschen wurde bereits dort geboren. Die Polen haben, wie auch die Tschechen, ohne Erbarmen reinen Tisch gemacht. Nie zuvor hatte jemand im Osten versucht, sich dadurch in den endgültigen Besitz von Ländern und Provinzen zu setzen, daß er acht Millionen Menschen aus ihrer Heimat vertrieb. Aber wer könnte es den Polen verdenken? Nie zuvor war ja auch einem Volk soviel Leid zugefügt worden wie diesem während des Dritten Reiches.

Der von Hitler eingesetzte Generalgouverneur Hans Frank, der zusammen mit der SS die polnische Bevölkerung tyrannisierte, sie deportierte und in die Gaskammern schickte, hat einmal in einer Ansprache die Ziele der Nazis verdeutlicht: ›Kein Pole soll über den Rang eines Werkmeisters hinauskommen. Kein Pole wird die Möglichkeit erhalten können, an allgemeinen staatlichen Anstalten sich eine höhere Bildung anzueignen. Ich darf Sie bitten, diese klare Linie einzuhalten!‹ Und weiter: ›Was wir jetzt als Führungsschicht in Polen festgestellt haben, das ist zu liquidieren; was wieder nachwächst, ist von nun an sicherzustellen und in einem entsprechenden Zeitraum wieder wegzuschaffen... Wir brauchen diese Elemente nicht erst in die Konzentrationslager des Reiches abzuschleppen; denn dann hätten wir Schererereien und einen unnötigen Briefwechsel mit den Familienangehörigen, sondern wir liquidieren die Dinge im Lande.‹

Der ›Führerbefehl‹ nach dem Warschauer Aufstand vom Herbst 1944 hatte gelautet, die Stadt dem Erdboden gleichzumachen. Und die SS ließ es an Gründlichkeit und Brutalität wahrhaftig nicht fehlen. Als sie abzog, hausten nur noch 2 000 Menschen in den Höhlen und Trümmern der einstigen Millionenstadt.

Niemand kann heute mehr hoffen, daß die verlorenen Gebiete je wieder deutsch sein werden. Wer anders denkt, der müßte schon davon träumen, sie mit Gewalt zurückzuerobern. Das würde heißen, wieder Millionen Menschen zu vertreiben – was nun wirklich keiner will. Man muß hoffen, daß darum nun auch die Polemik der Landsmannschaften, für die jeder ein Verräter ist, der ihre Illusionen nicht für Realitäten hält, eingestellt wird.

Man möchte sich freilich wünschen, daß die Polen uns in Zukunft mit ihrem Chauvinismus verschonen, der sie von ›wiedergewonnenen Gebieten‹ reden und sogar in offiziellen Schriften immer wieder Behauptungen aufstellen läßt wie diese: ›... waren die Westgebiete unter deutscher Herrschaft größtenteils von bodenständiger, polnischer Bevölkerung bewohnt...‹ In Wahrheit stellten die Deutschen in Ostpreußen, Pommern, Ostbrandenburg und Niederschlesien 98 bis 100 Prozent der Bevölkerung; Oberschlesien war die einzige Provinz mit einer nennenswerten polnischsprechenden Minderheit. Die Ostgrenze Ostpreußens bestand seit siebenhundert Jahren unverändert, und Schlesiens Grenzen sind, das oberschlesische Industriegebiet ausgenommen, immer die gleichen geblieben, seit Kasimir der Große im Vertrag von Trentschin zugunsten Böhmens auf Schlesien verzichtet hatte – also von 1335 bis 1945.

Es gibt zu all diesen Fragen auf beiden Seiten viele Klischees und sehr selten kompetente Urteile; zu kompliziert und zu unbekannt ist die Geschichte des Ostens. Auch vergessen viele, daß es stets die Sieger sind, die die Geschichte schreiben. Wer spricht in Osteuropa noch von den Geheimprotokollen zu den Verträgen, die Hitler und Stalin am 23. August und 28. September 1939 untereinander schlossen? Sie waren die Grundlage für einen mit Hitler synchronisierten Aggressionskrieg der Sowjets gegen Polen, bei dem Moskau sich 50 Prozent des damaligen polnischen Staates aneignete.

Obwohl jenes Geheimabkommen den Fortbestand eines polnischen Staates nicht unbedingt ausschloß, hat Moskau nach dem Einmarsch der Sowjettruppen in Ostpolen (bei dem die Repräsentanten der führenden Schicht ebenfalls verschleppt und vernichtet wurden) Druck auf den deutschen Botschafter Graf Schulenburg ausgeübt, um die Bildung eines polnischen Rumpfstaates zu verhindern.

Seit Jahrhunderten, seit den Zaren, die alle danach trachteten, Polen als europäischen Faktor zu eliminieren, ist dies der Wunsch der Beherrscher Rußlands gewesen. Schon Katharina hatte dieses Ziel vor Augen, als sie sich 1772 zur ersten und 1793 zur zweiten Teilung Polens entschloß, wobei sich Preußen an beiden Teilungen, Österreich nur an der ersten beteiligte. Bei der dritten Teilung haben Preußen und Rußland im Verein mit Österreich Polen dann gemeinsam ausgelöscht.

Auch erinnern sich nur noch wenige daran, daß die Polen zur Zeit des Münchner Abkommens den Tschechen das Gebiet von Teschen weggenommen haben und durch Unterstützung des deutschen Abenteuers in der Sudetenkrise die Regierung in Berlin zu jenen Forderungen ermutigten, die am Ende eines langen Weges schließlich zum Zusammenbruch ihres Landes führten.

Niemand ist ohne Sünde. Aber der Versuch, gegeneinander aufzurechnen, ist nicht nur sinnlos, sondern würde auch dazu führen, daß der Fluch der bösen Tat fortzeugend Böses gebiert. Also ein neuer Anfang? Ja, denn sonst nimmt die Eskalation nie ein Ende. Also Abschied von Preußen? Nein, denn das geistige Preußen muß in dieser Zeit materieller Begierden weiterwirken – sonst wird dieser Staat, den wir Bundesrepublik nennen, keinen Bestand haben.«

Zur selben Zeit, als die beiden Staatssekretäre nach Moskau und Warschau reisten, nahm der Bundeskanzler Verbindung zur SED auf, die aber von einem Gewaltverzicht nichts wissen wollte, solange die völkerrechtliche Anerkennung der DDR nicht erfolgt sei. Schließlich bot Willy Brandt Gespräche ohne Vorbedingungen über die Tagesordnung an, und Ministerpräsident Stoph akzeptierte. Als Treffpunkt wurde Erfurt ausgemacht, als Datum der 19. März 1970. Die Interessen der Gesprächspartner waren einander diametral entgegengesetzt: Brandt wollte Kontaktmöglichkeiten schaffen, um die Folgen der Teilung zu mildern. Stoph war auf Trennung, Abgrenzung und sowenig Kontakte wie möglich bedacht. Und nachdem Willy Brandts Eisenbahnfahrt von Bonn nach Erfurt sich innerhalb der DDR zu einem Triumphzug ausgewachsen hatte, waren die Bedenken Ulbrichts und der SED vermutlich noch gewachsen.

Niemand hatte geahnt – auch der Reisende nicht –, daß das Erscheinen des Bonner Regierungschefs wie ein Blitz zünden würde, daß die Menschen wie elektrisiert plötzlich in einen sonst nie wahrgenommenen Zustand nationaler Erregung geraten würden. Unvergessen das Bild, das rund um die Welt ging und das auch dem Fernsehzuschauer daheim das Wasser in die Augen trieb: Das Hotel ›Erfurter Hof‹, davor Kopf an Kopf eine dichtgedrängte Menschenmenge. Plötzlich schwenkt die Kamera auf ein Erkerfenster des Hotels, an dem Willy Brandt erschienen ist. Eine Sekunde des Zögerns – Totenstille –, und dann braust ein vielstimmiger Schrei – nicht ein Ruf, wirklich ein Schrei – über den Platz: »Willy, Willy!« Hoffnung? Verzweiflung? Man weiß es nicht. Der Kanzler am offenen Fenster hebt fast erschrocken, Besorgnis andeutend, kaum sichtbar die Hände, mit denen er sich auf das Fenstersims stützt – eine flehende Geste der Hilflosigkeit. Sekunden danach verschwindet er, und alles ist vorbei.

Außenminister Walter Scheel hatte nach der Regierungserklärung Brandts im November 1969 zum Thema Hallstein-Doktrin eine sehr bedeutsame Weisung an die Botschafter im Ausland hinausgehen lassen.

Hieß es bisher gegenüber dritten Staaten, die Anerkennung der DDR werde von Bonn als »unfreundlicher Akt« angesehen und geahndet, so lautet die neue Weisung nun: Wenn die DDR sich zu einem geregelten Nebeneinander mit dem anderen Teil der deutschen Nation herbeifindet, dann wird die Bundesrepublik »dem Verlangen der DDR nach Respektierung ihrer staatlichen Existenz nicht im Wege stehen«.

Da wird das Modell ganz deutlich: Aus einem Sperriegel wurde ein Kugelgelenk gemacht – an die Stelle einer Drohung wurde eine Belohnung gesetzt.

Diejenigen, die mit so großer Sorge auf die Preisgabe von vertrauten Formeln, von fest einzementierten Haltepunkten blickten und immer wieder nach dem Preis fragten, den die andere Seite zu zahlen bereit sei, vergaßen ganz, daß ein verändertes Klima ja auch neue Möglichkeiten eröffnet. M. J. Rakowski, der Chefredakteur der polnischen Wochenzeitung ›Polityka‹, schrieb damals in seiner Zeitung:

»Die Eloquenz des Kanzlers sowie die vielfachen Versicherungen der Bundesregierung, es gehe ihr ausschließlich um friedliche Absichten und um den Wunsch, an der Suche nach konstruktiven Lösungen für Europa mitzuwirken, eröffnen dieser Bundesrepublik einen Vertrauenskredit, den keine der ihr vorausgegangenen Regierungen besessen hat. Eine wichtige Rolle ... spielt dabei die Anti-Hitler-Vergangenheit Willy Brandts. Es ist nicht zu übersehen, daß die Bundesrepublik aufgrund dieser Tatsache die erste Geige in den Ost-West-Beziehungen zu spielen beginnt.«

Das Gespräch mit Stoph hatte große Erwartungen geweckt, führte aber begreiflicherweise zu nichts. Stoph war zu einem zweiten Treffen bereit, aber er bestand weiterhin auf Anerkennung als erstem Schritt. Diese zweite Begegnung, die am 21. Mai 1970 in Kassel stattfand und die von Bonn mit einem 20-Punkte-Dokument sorgfältig vorbereitet worden war, verlief wiederum ohne Ergebnis. Diesmal gab es auch keinen neuen Termin – zu groß war wohl der Schock von Erfurt für die Partei gewesen.

Ohne direkte Beteiligung der Bundesrepublik oder der DDR waren derweil die Verhandlungen der vier Mächte über das Berlinabkommen angelaufen. Die Bonner Botschafter der drei Westmächte tagten mit Botschafter Abrassimow seit dem 26. März 1970 in dem ehemaligen Gebäude des Alliierten Kontrollrats im amerikanischen Sektor Berlins. Auch hier waren die Interessen der beiden deutschen Staaten einander wieder um 180 Grad entgegengesetzt. Die Wünsche der Bundesrepublik: Sicherung der Zugangsrechte sowie Sicherung der Besucherrechte für die Westberliner im Osten – und das Wichtigste: Anerkennung der Bindungen West-Berlins an Bonn und des Bonner Rechts zur Außenvertretung West-Berlins und seiner Bürger.

Sollte dies wirklich gelingen, so mußte es für die DDR eine Beschränkung ihrer Souveränität auf den Zugangswegen nach Berlin bedeuten. Niemanden konnte es daher verwundern, daß die Verhandlungen monatelang nicht vorankamen, denn schon über den Ausgangspunkt war man sich nicht einig. Die Westmächte gingen von dem Viermächtestatus für ganz Berlin aus, während die Sowjets den von ihnen widerrechtlich und einseitig herbeigeführten Zustand als gültige Grundlage betrachteten, also: Ost-Berlin ist Hauptstadt der DDR und Verhandlungsgegenstand allein West-Berlin. In dieser Frage wurde schließlich nachgegeben, das heißt, es wurde weder von ganz Berlin noch von West-Berlin gesprochen, sondern nur von »dem betreffenden Gebiet«.

Wenn man es recht betrachtet, konnte die DDR nur zustimmen, wenn sie genötigt war, den Preis für den Moskauer Vertrag zu bezahlen; dies freilich wurde ihr dadurch erleichtert, daß dieser ihr wiederum die internationale Anerkennung bringen sollte. Schließlich, im Herbst 1971, anderthalb Jahre nach Beginn der Verhandlungen und bald nachdem Präsident Nixon angekündigt hatte, er werde Peking besuchen – was sicher nicht ohne Wirkung geblieben ist –, war es endlich soweit: Am 3. September wurde das Viermächteabkommen von den vier Botschaftern unterzeichnet.

Nun gab es also eine sowjetische Garantie für den zivilen Transitverkehr nach Berlin; eine Zusicherung verbesserter Besuchsmöglichkeiten für Westberliner, die nach Ost-Berlin und in die DDR reisen; und – was sehr wichtig war – es gab die Bestätigung, daß »die Bindungen zwischen den Westsektoren Berlins und der Bundesrepublik Deutschland aufrechterhalten und entwickelt werden«. Allerdings mußte auch der Westen Konzessionen machen, nämlich bestätigen, »daß diese Sektoren so wie bisher kein Bestandteil der Bundesrepublik Deutschland sind und auch weiterhin nicht von ihr regiert werden«.

Dies bedeutete zwar den Verzicht auf Hoheitsakte der Bundesorgane in Berlin, doch wurde die Aufrechterhaltung der institutionellen Präsenz des Bundes bestätigt, desgleichen die Übernahme von Bundesgesetzen mit alliierter Zustimmung in West-Berlin, und die bisherige Teilnahme von Berliner Vertretern am Bonner Parlament wurde auch nicht verändert. Die Sowjetunion hatte außerdem ihre Zustimmung dazu gegeben, daß Personen mit ständigem Wohnsitz in West-Berlin konsularisch durch die Bundesrepublik vertreten werden können, so daß also Berliner mit Bundespässen ausgestattet werden dürfen. Die Sowjetunion ihrerseits erhielt das Recht, ein Generalkonsulat, das bei den Stadtkommandanten akkreditiert ist, in West-Berlin zu errichten. Mit diesem im ganzen befriedigenden Abkommen war nun der Weg zur Ratifizierung frei.

Im Januar 1972 begannen die Verhandlungen über den allgemeinen Verkehrsvertrag, der bereits im Mai unterzeichnet wurde. Dies war übrigens der erste selbständige, völkerrechtliche Vertrag zwischen den beiden deutschen Staaten. Die letzte Etappe, die nun noch fehlte, war der Grundvertrag über die Normalisierung der Beziehungen zwischen den beiden deutschen Staaten. Er bildete die Voraussetzung für die Aufnahme beider in die Vereinten Nationen, womit dann die internationale Anerkennung der DDR verbunden war und damit automatisch auch die Preisgabe des Alleinvertretungsanspruchs der Bundesrepublik.

Die DDR hatte in diesem Vertrag die Staatsangehörigkeitsfrage nicht in dem von ihr gewünschten Sinne regeln können. Es war ihr also nicht gelungen, die im Grundgesetz verankerte Bestimmung, daß jeder Deutsche Bürgerrechte in der Bundesrepublik beanspruchen kann, abzuschaffen. Und die Bundesrepublik hatte ihr Konzept von den »Beziehungen besonderer Art« auf der gemeinsamen nationalen Grundlage nicht durchsetzen können. Die »nationale Frage« wird nur in der Präambel erwähnt und nur als eine Grundsatzfrage, über die weiterhin unterschiedliche Auffassung besteht.

Man muß sich im übrigen klar darüber sein, daß mit Hilfe dieses mühsam ausgehandelten Vertrages noch lange nicht die zwischen normalen Staaten üblichen Beziehungen etabliert worden sind. Egon Bahr hatte ganz recht, als er bemerkte, bisher habe Bonn keine Beziehungen mit der DDR gehabt, nun gebe es wenigstens schlechte.

Im Osten haben die Persönlichkeit und die Lebensgeschichte Willy Brandts die neue Politik der Bundesrepublik sehr rasch glaubhaft werden lassen. Auch im Westen hatte der neue Bundeskanzler aus denselben Gründen große Resonanz. Sein erster öffentlicher Auftritt fand bei einer EG-Konferenz der Staats- und Regierungschefs in Den Haag am 1. und 2. Dezember 1969 statt. Der neue Anstoß, der dort für Europa gegeben wurde, ging nach allgemeiner Meinung vor allem vom Bundeskanzler der Bundesrepublik Deutschland aus.

Brandt sagte in Den Haag: »Erfolg oder Mißerfolg unserer Konferenz wird mit Recht daran abgelesen werden, ob wir das Schiff der Europäischen Gemeinschaft wieder in freies Fahrwasser bringen. Konzentriert auf unsere engeren Probleme, dürfen wir den notwendigen Entscheidungen nicht ausweichen, damit unsere Mitbürger wieder verstehen lernen, daß Europa mehr ist als eine Frage von Marktordnungen. Und damit die Jugend sieht, daß Europa mehr ist als die Erinnerung an eine düster-gloriose Vergangenheit… Deshalb sage ich mit allem Freimut: Der Deutsche Bundestag und die öffentliche Meinung meines Landes erwarten, daß ich von dieser Konferenz nicht ohne konkrete Vereinbarungen in der Frage der Erweiterung der Gemeinschaft zurückkehre…«

Der Pariser ›Combat‹ schrieb damals: »Der Präsident der französischen Republik hatte mitteilen lassen, daß er seinen Partnern wichtige Verträge unterbreiten würde. Er hat dies auf heute verschoben. Der deutsche Kanzler aber hat nicht gewartet. Vom Beginn des Treffens an hat er mit Nachdruck die deutsche Haltung zum Beitritt Großbritanniens zur Gemeinschaft unterstrichen. Er hat sogar den Vorschlag einer Währungseinheit und eines europäischen Reservefonds gemacht und so den Absichten vorgegriffen, die man Pompidou zuschrieb. Er hat sich dadurch eine Machtposition geschaffen, weil er sich den Luxus erlaubte, Frankreich an seine Verantwortung zu erinnern, indem er den Präsidenten der Republik gewissermaßen in die Stellung eines Angeklagten manövrierte, die dieser heute nicht so leicht wird umkehren können.«

Und ›Le Monde‹ kommentierte: »… Im Gegensatz dazu hat das Auftreten Willy Brandts den bedeutenderen Platz gerechtfertigt, den einzunehmen Deutschland aufgerufen ist als ein Wirtschaftsgigant des Kontinents, der seit kurzem über eine dynamischere politische Führung verfügt. Die zweite Lehre, die man nach diesem Tage ziehen kann, ist die, daß die Zeit willfähriger ›Gefolgschaft‹, in die sich die christlich-demokratische Führung in Bonn gegenüber dem gaullistischen Standpunkt zurückzog, der Vergangenheit angehört. Ohne sich allzusehr um die französische Empfindlichkeit zu kümmern, hat Brandt gefordert, daß – im Frühjahr 1970 – ein Zeitpunkt für den Beginn der Verhandlungen mit Großbritannien festgelegt werden sollte, und im Widerspruch zu den ausdrücklichen Wünschen von Paris erklärte er, daß eine ›Interdependenz zwischen der Agrarfinanzierung und der Erweiterung der Gemeinschaft existiere‹.«

Drei Monate später wird Brandt in London eine seltene Ehre zuteil: Er ist aufgefordert, vor beiden Häusern des Parlaments zu sprechen. Der konservative ›Daily Telegraph‹ schrieb: »Brandt wird der erste deutsche Staatsmann sein, der seit mehr als hundertfünfzig Jahren einen Ehrengrad in Oxford erhält (selbst wenn er bei dem Gedanken zittert, was sein alter Lateinlehrer in Lübeck von seiner Aussprache bei der Clarendon-Zeremonie halten wird!)… Seine antinazistische Vergangenheit, sein tapferes Auftreten als Regierender Bürgermeister von West-Berlin in kritischen Jahren und die Würde, die er ausstrahlt, haben ihm allgemeine Achtung verschafft.«

Übrigens wurde er zwei Jahre später als Gast der Königin nach Windsor eingeladen – eine Ehre, die offenbar seit dem Ersten Weltkrieg, also seit sechzig Jahren, keinem deutschen Politiker zuteil geworden war.

Die Ostpolitik ist zweifellos das größte Verdienst von Willy Brandt. Bis zu seiner Kanzlerschaft war die Bundesrepublik Deutschland im Ostblock als militaristisch und revanchistisch verschrien. Sie mußte als Schreckgespenst herhalten, um gelegentlich oppositionelle Mitglieder des kommunistischen Lagers zu disziplinieren und das Ganze zusammenzuhalten. Den Vorwand dazu lieferte das Wunschdenken der Union: der Alleinvertretungsanspruch und die Deklamationen zur Wiedervereinigung, die im Osten als Beweis für die aggressive Politik Bonns bewertet wurden. Daß Brandt die Realitäten anerkannte, also die Existenz zweier deutscher Staaten und die Unverletzlichkeit der Grenzen (niemals mit Gewalt…), veränderte das Image der Bundesrepublik und ermöglichte einen neuen Anfang. Seine außenpolitischen

Ziele sind – soweit die Verhandlungspartner dies zuließen – tatsächlich verwirklicht worden.

Von den innenpolitischen Zielen kann man dies nicht sagen. Zu kühn waren die Visionen: Staat und Gesellschaft sollten von Grund auf reformiert, das »moderne Deutschland« sollte geschaffen werden. Mehr Demokratie, vor allem soziale Demokratie, hieß die Devise, mehr Gerechtigkeit, mehr Toleranz und Nächstenliebe. Tatsächlich gelang es Brandt, das moralische Engagement der Bürger zu wecken und ihre Bereitschaft zur Mitverantwortung.

Im März 1971 sagte er im Bundestag: »Unsere Reformen sind an folgenden Zielvorstellungen zu messen: Mehr Humanität in unserer Gesellschaft, gleiche Lebenschancen, mehr soziale Gerechtigkeit, mehr Freiheit für den einzelnen, Sicherheit nach innen und nach außen, mehr Mitwirkung für den Bürger in unserem Gemeinwesen.«

Wer hätte diesem Programm nicht aus vollem Herzen zustimmen wollen? Aber jeder, der je mit praktischer Politik zu tun hatte, weiß auch, wie viele Hemmnisse, Widrigkeiten und Unzulänglichkeiten zwischen solchen Vorstellungen und ihrer Verwirklichung liegen; wie groß das Beharrungsvermögen vieler Menschen und fast aller Umstände ist; wie riesig der Bedarf an Geld, das nicht vom Himmel fällt, sondern erarbeitet werden muß.

Aber das Programm war inspirierend. Allerdings wuchsen die Erwartungen und Ansprüche der Bürger auch immer höher. Ein ganz neues Lebensgefühl bemächtigte sich der Menschen. Eine Reformsucht allergrößten Stils brach los, breitete sich aus wie ein Flächenbrand, ergriff Schulen, Universitäten, die Verwaltung, das Familienrecht. Im Herbst 1970 erklärte Hans-Jürgen Wischnewski, daß »wöchentlich mehr als drei Reformvorhaben im Kabinett und im Parlament entscheidungsreif« würden. Und Arbeitsminister Walter Arendt verkündete zwei Jahre später, er habe zwischen 1969 und 1972 neunzehn Reformen durchgebracht.

Hierzu gehörten: die Dynamisierung der Renten von 2,5 Millionen Kriegsopfern; die Befreiung von 9 Millionen Sozialrentnern von Krankenhausbeiträgen; der Anspruch auf ärztliche Selbstvorsorge von 23 Millionen Kassenpatienten, ferner die Unfallversicherung auf Staatskosten für 11 Millionen Kinder auf dem Weg vom Kindergarten bis zur Universität. Die Kosten und damit die Verschuldung stiegen entsprechend. Jochen Steffen, SPD-Partei- und Oppositionsführer in Schleswig-Holstein, erklärte damals, man müsse die Belastbarkeit der Wirtschaft testen. Und das geschah dann auch. Während das »Jahrhundertwerk«, die große Steuerreform, nie zustande kam.

Willy Brandt und viele SPD-Führer hatten aus den Niederlagen der fünfziger Jahre gelernt, daß eine hundertjährige Partei im Zeitalter der Industriegesellschaft und in der politisch und soziologisch veränderten Situation der Nachkriegszeit lernen muß umzudenken. Diese Erkenntnis hat sich dann im Godesberger Programm niedergeschlagen, das auf dem Parteitag in Godesberg im November 1959 mit überwältigender Mehrheit angenommen worden ist. Vor allem waren es Fritz Erler, Carlo Schmid, der Bayer von Knoeringen und Willy Brandt, die damals die Umwandlung von einer Klassenpartei zur Volkspartei vorbereitet hatten und die entschlossen waren, »ideologischen Ballast abzuwerfen«, wie Carlo Schmid das nannte.

Im Programm heißt es: »Die Sozialdemokratische Partei ist aus einer Partei der Arbeiterklasse zu einer Partei des Volkes geworden.« Während das Aktionsprogramm 1954 die Partei noch so definiert hatte: »Die Arbeiterschaft bildet dabei den Kern ihrer Mitglieder und Wähler.«

Jene programmatische Neuorientierung führte dazu, daß die Partei, die sich nunmehr einer pragmatischen Politik erschlossen hatte, die Grundentscheidungen, die von der Bundesregierung seit 1949 getroffen worden waren, akzeptieren mußte; denn auch sie mußte ja nun von den Realitäten ausgehen. Niemand konnte die Nato oder den Warschauer Parkt, die zwei deutschen Staaten oder die EG wieder verschwinden lassen. Und wenn die SPD das politische Leben in Deutschland mitgestalten wollte, dann mußte sie vom Status quo ausgehen, also gewisse Grundpositionen akzeptieren – auch die Aufstellung der Bundeswehr, gegen die sie so lange Widerstand geleistet hatte. Bei der Wehrgesetzgebung hat die sozialdemokratische Bundestagsfraktion dann als Opposition eine sehr konstruktive Rolle gespielt.

Der stellvertretende Parteivorsitzende Herbert Wehner hat in einer großen Rede vor dem Deutschen Bundestag am 30. Juni 1960 die gemeinsame außenpolitische Verantwortung von Regierung und Opposition betont: »Die Bundesrepublik ist ein zuverlässiger Vertragspartner, gleichgültig ob die jetzige Regierung oder die gegenwärtige Opposition als Regierung die Geschäfte führt. Nach unserer Ansicht jedenfalls sind die Zeichen der Zeit so zu deuten: Nicht Selbstzerfleischung, sondern miteinander wirken im Rahmen des demokratischen Ganzen, wenn auch in sachlicher, innenpolitischer Gegnerschaft. Innenpolitische Gegnerschaft belebt die Demokratie. Aber ein Feindverhältnis, wie es von manchen gesucht und angestrebt wird, tötet schließlich die Demokratie, so harmlos es auch anfangen mag. Das geteilte Deutschland... kann nicht unheilbar miteinander verfeindete christliche Demokraten und Sozialdemokraten ertragen.«

Während Kurt Schumacher, der erste Vorsitzende der SPD, die Gesellschaft noch sozialistisch umformen wollte, erklärte sein Nachfolger Erich Ollenhauer ein Jahr nach Godesberg: »Die erste Aufgabe ist die Sicherung des Bestandes der Bundesrepublik nach innen und außen.« Seither ist das Ziel nicht mehr Politik zur Veränderung der Gesellschaft, sondern ein neuer Geist in der bestehenden Gesellschaft. Und das war es eben auch, was Willy Brandt vorschwebte, als er 1969 Bundeskanzler wurde und sein Reformprogramm entwarf.
Im politischen Bereich ist es oft schwer zu sagen, was Ursa-

che und was Wirkung ist. Hatte die sozialliberale Koalition mit ihrer Reformbegeisterung das neue Lebensgefühl erzeugt, oder war es umgekehrt der Aufbruch der Jugend, die revolutionäre Welle, die zunächst das Publikum erfaßt und dann SPD und FDP auf die Regierungsbänke gespült hatte? Ging die Initiative, »alte Zöpfe abschneiden« zu wollen, von der FDP aus? Oder hatten ihre Antennen die Signale aufgenommen, die die Stimmung der Studenten mit dem Satz vom »Muff von tausend Jahren unter den Talaren« zum Ausdruck gebracht hatte?

Wie dem auch sei, die Reformkampagne der neuen Regierung wurde begleitet und untermalt von dem Aufstand der Jugend, der in Berlin am 2. Juni 1967 anläßlich des Schah-Besuchs ausbrach und bei dem der Student Benno Ohnesorg von einem Polizisten erschossen wurde. Schon Jahre zuvor hatte der Protest in verschiedenen Formen begonnen. Es war eine Mischung aus neomarxistischer – also revolutionärer – und radikaldemokratischer – also reformistischer – Revolte. Jahrelange Diskussionen kleiner Gruppen, vornehmlich des SDS (Sozialistischer Deutscher Studentenbund) über Marxismus, Kritische Theorie und Psychoanalyse, sind kennzeichnend für jene Vorphase gewesen.

Die Berliner Ereignisse vom 2. Juni haben dann aus diesen Randerscheinungen eine Bewegung entstehen lassen, die das Bewußtsein in der Bundesrepublik von Grund auf veränderte und die als Apo (außerparlamentarische Opposition) in die Geschichte der Bundesrepublik eingegangen ist. Demonstrationen mit roten Fahnen waren an der Tagesordnung, Wandzeitungen wie bei Maos Kulturrevolution tauchten überall in den Universitäten auf. Herbert Marcuse, ein seit Jahrzehnten vergessener deutscher Professor, der nach Amerika emigriert war, wurde als Autorität von den Antiautoritären verehrt und viel zitiert. Seither »reflektiert« man, wurde alles »hinterfragt«, erleidet man ständig »Repressionen«.

Es war ein Aufstand gegen den bürgerlichen Alltag, der

als sinnentleert und unerträglich empfunden wurde. Preisverleihungen und Amtsübergaben wurden gestört und als lächerliches Theater verhöhnt. »Macht kaputt, was euch kaputtmacht«, hieß die Devise. Die neue Welt, die man sich gelegentlich ausmalte, übertraf an Phantasie bei weitem Karl Marx' Visionen, die er für die Zeit nach dem Absterben des Staates vorgesehen hatte. Ihren Höhepunkt fand die Bewegung im Jahr 1968 mit den Osterunruhen, die durch den Mordanschlag auf Rudi Dutschke ausgelöst wurden. Danach zersplitterte sich die Bewegung: Die DKP wurde gegründet, die auf die DDR hin orientiert ist, und die KPD/ML, eine maoistische Partei. Die Ereignisse in Prag mögen dann die Hoffnung auf die Befreiung der unterdrückten Völker und die Emanzipation der lohnabhängigen Massen endgültig verdunkelt haben. In das neue Jahrzehnt reichte diese Bewegung jedenfalls nicht mehr hinein.

Höhen und Tiefen liegen oft dicht beieinander. Im Dezember 1971 wurde Brandt als viertem Deutschen nach Ludwig Quidde, Stresemann und Carl von Ossietzky in Oslo der Friedensnobelpreis überreicht. In seiner Rede sagte er:

»Ich verstehe diese Stunde auch so, daß wir uns denen nahe fühlen, die ihrer Überzeugung wegen Opfer bringen und doch nicht aufhören, für Frieden und Gerechtigkeit zu kämpfen. Sie werden es richtig auffassen, wenn ich sage, wie sehr mich in diesen Tagen und Wochen gefreut hat, daß viele – nicht nur in meinem Lande – dies als etwas begreifen, was sie alle angeht. Und wenn ich dies hinzufügen darf: Wie viel es mir bedeutet, daß meine Arbeit ›im Namen des deutschen Volkes‹ apostrophiert wurde. Daß es mir also vergönnt war, nach dem unauslöschlichen Schrecken der Vergangenheit den Namen meines Landes und den Willen zum Frieden in Übereinstimmung gebracht zu sehen.«

Aber auf Höhepunkten gibt es kein langes Verweilen. Schon im vorangegangenen Jahr waren drei Abgeordnete der FDP zur CDU/CSU übergewechselt (Mende, Zogelmann und Starke), so daß die Regierung Brandt/Scheel nur noch eine Mehrheit von sechs Stimmen hatte.

Jetzt, nach der ersten Lesung der Ostverträge im Februar 1972, verließ auch noch der Abgeordnete Hupka, ein Vertreter der Vertriebenen, die SPD und ging ebenfalls zur CDU-Fraktion. Nun bestand die Mehrheit nur noch aus vier Stimmen. Nach weiteren zwei Monaten entschloß sich noch ein FDP-Abgeordneter, der Bauer Wilhelm Helms, seine Fraktion zu verlassen. Sofort entstanden allerlei Gerüchte über die Motive und Ursachen dieses Wechsels. »Da waren's nur noch zwei«, und diese zwei waren keineswegs sicher, denn es hieß allgemein, Knut von Kühlmann-Stumm und sein Kollege Gerhard Kienbaum würden im Ernstfall ihre Stimme wohl auch nicht mehr der FDP geben.

Nachdem die CDU inzwischen bei den Landtagswahlen in Baden-Württemberg glänzend abgeschnitten hatte, glaubte sie, etwas riskieren zu können, was im Bundestag noch nie praktiziert worden war: Sie brachte ein konstruktives Mißtrauensvotum gegen Bundeskanzler Brandt ein und schlug vor, an seiner Stelle den Fraktionsvorsitzenden der CDU Rainer Barzel zu wählen.

Als drei Tage später, am 27. April 1972, über den Antrag der Opposition abgestimmt wurde, hielt Außenminister Walter Scheel (FDP) eine staatsmännische, bewegende Rede. Er sagte: »Jeder einzelne Abgeordnete muß heute eine Entscheidung von großer politischer Tragweite fällen. Es geht um den Versuch, eine Veränderung politischer Mehrheitsverhältnisse ohne Wählerentscheid herbeizuführen. Das trifft unabhängig von der formalen Legitimität den Nerv dieser Demokratie.

Wenn es zur Regel werden sollte, daß Mehrheitsverhältnisse in den Parlamenten durch Parteiwechsel, also ohne Wählervotum, verändert werden, dann stirbt die Glaubwürdigkeit der parlamentarischen Demokratie...«

Und an die CDU/CSU gewandt: »Diese Regierung hat ihre Spur tief in die Nachkriegsgeschichte unseres Volkes eingekerbt, komme, was da wolle. Diese Regierung hat sich geschichtlich allein schon dadurch gerechtfertigt, daß sie mit ihrer knappen Mehrheit das geschaffen hat, was andere mit ihren großen Mehrheiten nicht erreichen wollten oder konnten: unser Volk über seine Tabuschwellen hinauszuführen, es von Illusionen wegzubringen, ihm auch harte Wahrheiten über seine Lage zu sagen und auf diese Weise die ihm nach zwei verlorenen Weltkriegen verbliebene nationale Wertsubstanz dauerhaft zu sichern. Wir haben den Schutt weggeräumt, und wir haben uns die Finger dabei blutig gemacht. Sie haben uns bei dieser politischen Knochenarbeit nicht geholfen, meine Damen und Herren. Sie haben uns verspottet und verteufelt, aber nun wollen Sie die Früchte unserer Mühe genießen. Selbst wenn Ihnen das gelingen sollte, könnte das den Stolz auf unsere unter schwierigsten Umständen erbrachte politische Leistung nicht mindern.

Ich will nicht mehr als an die schwere Verantwortung jedes einzelnen Abgeordneten appellieren. Lassen Sie diesem Volk noch ein Jahr lang seinen inneren Frieden, stellen wir uns dann gemeinsam dem Urteil der Wähler. Machen Sie unser Land und sich selber nicht unglücklich, indem Sie zur falschen Zeit mit falschen Methoden eine Regierung etablieren wollen, deren Fundament sich auf politische Überläufer stützen müßte und deren Geburtsstunde vom Makel des Wortbruchs gekennzeichnet wäre.«

Barzel fehlten zwei Stimmen zur absoluten Mehrheit. Die Abstimmung war geheim, aber alle sind überzeugt, daß die fehlenden Stimmen die der eigenen Partei sind. Sehr bald heißt es, daß der CDU-Abgeordnete Julius Steiner Stimmenthaltung geübt und dafür angeblich 50 000 DM vom Geschäftsführer der SPD erhalten habe. Große Empörung, viele Gerüchte, aber auch ein parlamentarischer Untersuchungsausschuß vermag kein Licht in diese dunkle Angelegenheit zu bringen.

Am Tag nach diesem Ereignis, am 28. April 1972, wird in Bonn über den Kanzlerhaushalt abgestimmt. Das Ergebnis 247 zu 247 fordert den Ruf nach Neuwahlen heraus. Da die Ratifizierung der Ostverträge auf den 17. Mai datiert ist, steht drohend am Horizont, daß, wenn die Wahl vorgezogen wird, das ganze komplizierte parlamentarische Verfahren noch einmal absolviert werden müßte. Nach großen Anstrengungen gelingt es schließlich, die Verträge noch vorher durchzubringen. Der Moskauer Vertrag wird mit 248 gegen 10 Stimmen bei 238 Enthaltungen angenommen; der Warschauer Vertrag mit 248 gegen 17 bei 230 Stimmenthaltungen.

Die Opposition hatte bis zur letzten Minute um eine Entscheidung gerungen. Fraktionschef Rainer Barzel und mehrere andere Abgeordnete, die am Abend vor der Abstimmung noch für die Verträge votieren wollten, sahen sich am nächsten Morgen einem massiven Druck der Vertragsgegner um den CSU-Vorsitzenden Strauß und den stellvertretenden CDU-Vorsitzenden Schröder gegenüber.

Die »Zauberformel«, auf die sich die Fraktion schließlich einigte, hieß »Enthaltung«. Für die stärkste Partei im Bundestag bei einer politisch so wichtigen Frage keine sehr imponierende Leistung.

Bei den Neuwahlen, die am 19. November stattfanden, wurde die SPD zum erstenmal stärkste Partei im Bundestag. Barzels Versuch, den Kanzler zu stürzen, hatte viele Wähler empört, die in Reaktion darauf für Brandt stimmten. Die Aktivität in der Ostpolitik hatte überdies viele Bürger zu engagierten Parteigängern von Brandts Bemühungen um ein friedliches Nebeneinander gemacht. Zum erstenmal haben sich damals auch Intellektuelle engagiert. Günter Grass rief eine Sozialdemokratische Wählerinitiative ins Leben; viele Schriftsteller, Künstler und Journalisten beteiligten sich aktiv als Wahlkämpfer. Nie zuvor war das Verhältnis zwischen

Machthabern und Intellektuellen so unbeschwert und selbstverständlich positiv wie unter Willy Brandt, dem ethische Impulse stets mehr bedeutet haben als machtpolitische Gesichtspunkte. Seine Art zu führen: nicht durch Autorität, sondern durch Überzeugen in oft langen Diskussionen, die er mit unendlicher Geduld führte, sein Hang zum Philosophieren und Politisieren, zu großen Entwürfen und mitreißenden Visionen waren das, was sie anzog.

Gerade diese Eigenschaften aber waren es wohl, die ihm nach und nach zum Verhängnis wurden. Im Alltag des Regierens und Verwaltens wirkte sich dieser Stil mit der Zeit negativ aus. Immer häufiger tauchte das Wort »Führungsschwäche« auf, wurden Klagen laut, daß notwendige Entscheidungen nicht getroffen werden. Carola Stern[1] gibt in ihrem Buch ein Beispiel für solche Klagen.

»Am Ende seiner Amtszeit als Regierungschef im September 1972 fragten ihn ›Spiegel‹-Redakteure, wie in den vorangegangenen zwölf Monaten der Eindruck der Entschlußlosigkeit an der Regierungsspitze hätte entstehen können: ›Hat Willy Brandt sein Kabinett am zu langen Zügel geführt?‹ Brandt darauf: ›Ja, ja, das kann man so nennen. Ich habe mein Lehrgeld in diesem Jahr noch einmal bezahlen müssen und aus bitteren Enttäuschungen noch zugelernt ..., was die Handhabung bestimmter Formen der Zusammenarbeit angeht. Nur, in den Grundfragen des Verhältnisses zu anderen kann keiner den Willy Brandt in dem Alter, das er jetzt erreicht hat, noch ummodeln.‹ Die Kanzlerkrise 1973/74 kam nicht aus heiterem Himmel.«

Zunächst aber standen noch Erfolge im Vordergrund. Breschnews Besuch im Mai 1973 wurde zu einem solchen Erfolg; der erste Auftritt eines deutschen Regierungschefs vor der UN hinterließ einen sehr positiven Eindruck. Aber dann schlug es um. Seine Reise nach New York mußte der

---

[1] Carola Stern: Willy Brandt. Reinbek bei Hamburg 1975.

Kanzler vorzeitig abbrechen, weil er und seine Mitarbeiter beunruhigt waren über die Kritik Herbert Wehners an Willy Brandt.

Wehner hatte während einer Parlamentarierreise ausgerechnet in Moskau und ausgerechnet gegenüber Journalisten, die ihn begleiteten, den Kanzler »abgeschlafft« und »entrückt« genannt und seine Forderungen in der Ostpolitik als überzogen bezeichnet. Nachdem einer der wichtigsten Männer der Parteiführung sich so kritisch geäußert hatte, nahmen sich bald auch andere dieses Recht heraus. Am Ende des Jahres war Brandts Popularitätskurve im Vergleich zum Vorjahr tief gesunken. Und wie gewöhnlich in solchen Fällen war die Presse, die ihn zuvor nicht genug hatte preisen können, jetzt besonders unbarmherzig.

Dann kamen die neuen Tarifabschlüse im Frühjahr 1974. Der Bundeskanzler hatte immer wieder gewarnt: »Keine zweistelligen Lohnerhöhungen!« Aber die Gewerkschaften taten so, als gingen sie die Warnungen des Regierungschefs gar nichts an. Sie schlossen mit 11 Prozent ab und unterstrichen damit Brandts Machtlosigkeit. Als seine Partei dann noch starke Verluste bei Landtagswahlen hinnehmen mußte, wurde die Situation immer prekärer. Aber erst die Guillaume-Affäre gab den Ausschlag.

Günter Guillaume, 1956 aus der DDR in die Bundesrepublik »geflüchtet« – in Wahrheit als Agent eingeschleust –, war es gelungen, sich von einem Parteibüro in der Provinz bis ins Bundeskanzleramt hochzudienen, wo er für Partei- und Gewerkschaftsfragen zuständig war. Brandt hatte ihn im Sommer 1973 als Mitarbeiter in den Urlaub nach Norwegen mitgenommen, wo er Einblick in Dokumente von hoher Geheimhaltungsstufe hatte nehmen können. Und dies, obgleich schon seit Frühjahr 1973 ein Verdacht gegen Guillaume bestand, über den man den Kanzler allerdings nur unvollständig orientiert hatte. Es war dann noch ein ganzes Jahr vergangen, bis das Material ausreichte, um ihn zu verhaften. Mitten in diese Krise hinein platzten schließlich noch Gerüchte über das Privatleben des Kanzlers.

Die letzte Entscheidung über Bleiben oder Zurücktreten hat Willy Brandt damals offenbar von einer Unterredung mit Herbert Wehner abhängig gemacht – vielleicht, weil dieser sein schärfster Kritiker gewesen war. Wehner, der Vorsitzende der SPD-Bundestagsfraktion, hat nach eigener Aussage Brandt versichert, er werde, was auch immer dieser entscheide, zu ihm stehen. Aber es scheint, daß Willy Brandt etwas anderes herausgehört hat. Sein Rücktrittsbrief an den Bundespräsidenten trägt das Datum vom 6. Mai 1974. Am späten Abend des gleichen Tages verließ er das Kanzleramt.

Aber er ist nicht von der Bühne abgetreten. Er ist bereit gewesen, dem Land und der Partei als Vorsitzender der SPD weiter zu dienen. Und dort ist er für die Partei und auch für die Regierung unentbehrlich geworden. Das Gefühl ideologischer Unterernährung und »weltanschaulicher Öde«, das viele Genossen, vor allem junge, angesichts des Schmidtschen Pragmatismus überkam, wurde durch ihn ein wenig ausgeglichen.

Brandt hatte die Fähigkeit, das, was die Menschen umtrieb, zu registrieren und gelegentlich zu artikulieren. Seine Loyalität war in erster Linie menschlich und nicht parteipolitisch; er trat auch für die ein, die für die Regierenden ein Ärgernis waren, weil sie die Probleme anders betrachteten als Bonn. So sagte Willy Brandt im Mai 1981, als der baden-württembergische SPD-Vorsitzende wieder einmal zum Erzwidersacher abgestempelt wurde:»Solange ich Vorsitzender der SPD bin, möchte ich gern dafür sorgen, daß Leute wie Erhard Eppler weiterhin aktiv an unserer Arbeit teilhaben und feststellen können, daß es sich lohnt.«

Wahrscheinlich haben Adenauer und Schmidt mehr für die Bundesrepublik geleistet als Willy Brandt. Aber wenn die zukünftigen Bürger dieses Landes von jenen vielleicht nur noch die Namen kennen werden, wird die Geschichte immer noch von Brandts Kniefall in Warschau zu berichten wissen. Denn das ist der Stoff, aus dem seit alters die Mythen und Legenden gewoben werden. Doch es geschieht nur dem, der ganz echt ist – Werbeagenturen und Public-Relations-Büros könnten diesen Effekt nicht erzeugen.

# 6. Kapitel

## Helmut Schmidt stellt die Balance zwischen wirtschaftlicher und politischer Macht her

Brandt ist gegangen – niemand zweifelte auch nur einen Augenblick daran, wer als Nachfolger in Frage käme: Helmut Schmidt und kein anderer. Zuvor aber – also gleich nachdem die Affäre Guillaume bekanntgeworden war – hatten sich die führenden Sozialdemokraten in Münstereifel versammelt, um zu überlegen, was nun zu tun sei. Helmut Schmidt widersprach mit großer Entschiedenheit einem Rücktritt Brandts, obgleich gerade er es gewesen ist, der immer wieder über dessen Mangel an Entscheidungsfreudigkeit geklagt hatte. Begründung: Es sei vollkommen ausgeschlossen, daß ein deutscher Bundeskanzler durch einen kommunistischen Agenten zu Fall gebracht werde. Aber am Tage danach war klar, daß Willy Brandt sich nicht beeinflussen ließ, und so wurde Helmut Schmidt am 16. Mai 1974 mit 267 von 492 Stimmen zum neuen Bundeskanzler gewählt.

In der sofort anschließenden Fraktionssitzung, die er einberief, noch ehe der Bundespräsident ihm die Ernennungsurkunde überreichte, läßt Schmidt seinem Unmut freien Lauf. Die Partei selbst sei verantwortlich dafür, daß Millionen von Wählern abgesprungen seien: große Versprechungen und kein Augenmaß für das, was erreichbar ist, keine Tuchfühlung mehr mit der Wählerschaft. In der Tat verheißt das Amt, das er jetzt übernehmen muß, viel Streß und Ungemach. Bei der Wahl in Hamburg zwei Monate zuvor war die SPD von 55,3 Prozent im Jahr 1970 auf 44,9 zurückgegangen. Und eine neue Umfrage hatte soeben ergeben, daß die Popularität der Partei bundesweit unter 30 Prozent gesunken war. Bei den drei Landtagswahlen, die dann in der zweiten Hälfte des Jahres stattfanden (Niedersachsen, Bayern und Hessen), verlor die SPD ebenfalls Punkte, aber so groß wie in Hamburg war die Schlappe nie wieder.

Schmidt ist entschlossen, keine Zeit zu verlieren. In Rekordgeschwindigkeit wird die Regierung gebildet: Fünf Minister werden ausgewechselt. Schon drei Tage nach seiner Nominierung steht das neue Kabinett. Eine Woche später ist die Regierungserklärung fertig. Sie ist nüchtern, knapp, konzentriert. Sein Leitsatz für die neue Regierung lautet: »In einer Zeit weltweit wachsender Probleme konzentrieren wir uns in Realismus und Nüchternheit auf das Wesentliche, auf das, was jetzt notwendig ist, und lassen anderes beiseite.« Die meisten ahnen, was das bedeutet: das Ende aller Reformen.

Allerdings waren die Bürger ohnehin von einer gewissen Reformmüdigkeit erfaßt. Ihnen war klargeworden, daß durch Aufwendung von mehr Mitteln, zum Beispiel für Bildung – in wenigen Jahren waren sie in diesem Ressort von 16 Milliarden DM auf 50 Milliarden DM gestiegen –, die Qualität nicht automatisch gehoben wird. Auch daß anstehende Probleme auf diese Weise nicht unbedingt gelöst werden, sondern allenfalls neue entstehen – Numerus clausus, Lehrerschwemme, absurde Zulassungsverfahren –, ließ sich nicht länger übersehen.

Bei vielen hatte sich auch Enttäuschung breitgemacht, denn die Erwartungen, die da hinsichtlich mehr Demokratie und mehr Emanzipation geweckt worden waren, hatten sich nicht erfüllt. In vielen Fällen war nur die Bürokratisierung gefördert worden. Nicht der Raum der Freiheit, sondern nur die Möglichkeit zum Mißbrauch war gewachsen, weil entschlossene Minderheiten die Gelegenheit benutzten, um sich Machtpositionen zu erobern.

Ungeachtet solcher Einsicht gefielen vielen Jungen und manchen Linken der neue Stil und der andere Ton gar nicht. Ihr Vorwurf: zu viel Pragmatismus, zu wenig Weltanschauung. Sie waren nicht bereit, von dem neuen Lebensgefühl, das sie erfüllte, Abschied zu nehmen, von jener Vision eines großen, alles verändernden Neubeginns. Nicht nach kleinen Schritten stand ihr Sinn, nach vorsichtigem Ausprobieren, pragmatischen Veränderungen, sondern nach einer neuen Gesellschaft, einer alternativen Lebensweise. Zunächst wurden diese antagonistischen Gefühle noch von den großen Erfolgen Helmut Schmidts und der ungewöhnlichen Anerkennung, die er rund um die Welt fand, überdeckt. Aber bald begann sich dies zu ändern. Im Februar 1975 schrieb Herbert Kremp[1] in einem Aufsatz:

»Die Enttäuschung kam schnell und vehement und ist fast ebensowenig rational erklärbar wie die Morgengabe des Vertrauens kurz davor. Für irrationale Vorgänge im politischen Leben hat Schmidt jedoch keinen ausgeprägten Sinn. Er bemüht sich, ›Tatsachen‹ und ›Philosophie‹ auseinanderzuhalten, und streitet die gegenseitige Abhängigkeit ab.

Damit sind wir bei einem der wichtigsten Gründe für die gegenwärtigen und zukünftigen Mißerfolge des Bundeskanzlers angelangt.« Kremp schreibt weiter: »Der Pragmatismus, den er nicht nur behauptet, sondern geradezu leiblich darstellt, setzt Feindschaft zwischen ihn und den Typus des Ideologen und Utopisten, der sich nicht nur in der Sozialdemokratischen Partei eingenistet hat, sondern heute zu den bestimmenden Kräften im intellektuellen Leben der Republik zählt. Hier herrscht Erb- und Todfeindschaft. Böll muß gegen Schmidt sein. Aber das ist nicht zum Lachen. Denn ein SPD-Kanzler, moralisch zum Linkssein verpflichtet, kann ohne die publizistisch-propagandistische Unterstützung der

---

[1] Herbert Kremp: Hart am Wind. Helmut Schmidts politische Laufbahn. Einführung Marion Dönhoff. Hamburg 1978.

intellektuellen Medien- und Bildungsmafia seine Erfolglosigkeit auf die Dauer nicht als Erfolg darstellen.

Das aber war das Geheimnis Willy Brandts, den die intellektuelle Priesterschaft zu ihrem Sarastro gewählt hatte. Er war ihr Typ – der Sühnedeutsche mit dem Abscheu vor der Macht. Die Priesterschaft, unter der Schelsky die tonangebende, moralausgebende, preisverteilende Herrschaftsschicht in den Medien, Schriftstellerverbänden und umfunktionierten Bildungsinstitutionen versteht, will selbst die Macht, will nicht mitbestimmten, sondern alles bestimmen – über das Bewußtsein, das Denken und Urteilen. Brandt, vom Habitus her selbst ein Mitglied dieser Kaste, rollte der Priesterschaft den Teppich zum Throne aus.

Schmidt dagegen bestreitet ihr jeden Anspruch aufs Regiment. Nicht erst jetzt, sondern gleichsam von Natur aus. Er ist der ›andere‹, der Tendenzwendetyp. Die Priester hängen ihm dafür die Bezeichnung ›Macher‹ an. Sie stammt von ihnen und ist als Beschimpfung gedacht; denn ein Macher kann nicht ›Seher‹ sein. Die Zukunft gehört ihm nicht. Sie ist ihm Feindesland. Er wird in ihr umkommen.«

Zunächst aber sind wir noch im Jahr 1974, in dem auch der Bundespräsident neu gewählt wurde. Walter Scheel löste am 1. Juli 1974 Gustav Heinemann ab. Aber diesmal ist es wirklich nur eine Wachablösung und kein Machtwechsel wie 1969, als Heinemann an die Stelle Heinrich Lübkes trat, also ein Sozialdemokrat erster Mann im Staat wurde.

Der neue Bundeskanzler fegte wie ein Sturmwind durch die Lande. Auf dem Landesparteitag der SPD in Hamburg herrschte er die Parteigenossen an:»Was denkt ihr denn, was die Arbeiter interessiert, bei Edelstahlwerk Witten AG? Oder die, die auf Kurzarbeit gesetzt sind bei VW oder bei NSU oder in Wolfsburg oder in Emden? Was denkt ihr denn, was die Angestellten der Hamburger Sparkasse oder der Iduna interessiert? Oder die Leute auf Howaldt? Theoriedebatte ist etwas Notwendiges – mein Gott, ja; man braucht Grundlagen. Ich bilde mir ein, in meinem Leben dazu auch eine ganze Menge beigetragen zu haben mit mehreren Büchern, mit einer Reihe wissenschaftlicher Aufsätze und auch mit einem ersten Entwurf zu einem Langzeitprogramm. Aber es ist etwas anderes, in seinem eigenen Studierzimmer mit seinen Genossen darüber zu reden oder dieses geistige Ringen quasi als Hauptinhalt einer Partei der öffentlichen Meinung darzustellen. Geht gefälligst hin in die Delegierten-versammlung der Gewerkschaften, in ihre Funktionärsver-sammlungen, geht gefälligst hin zu den Zusammenkünften der Arbeitnehmer unserer Partei, um zu begreifen, was die Arbeiter wirklich berührt. Und ersetzt dies nicht durch theo-retische Bekenntnisse zu den Interessen der Arbeitnehmer.«

Irgendwann fiel bei dieser Gelegenheit auch der Satz: »Die Weltwirtschaft ist in eine Krise geraten, die ihr nicht begreifen wollt. Ihr beschäftigt euch mit der Krise des eige-nen Hirns statt mit den ökonomischen Bedingungen, mit denen wir es zu tun haben.« Die Erbitterung gerade über diesen Satz ist besonders bei der jungen Linken sehr groß. Proteste allenthalben. Schmidt wird vorgeworfen, antiintel-lektuelle Vorurteile zu verstärken, die Parteibasis zu zer-stören, die inneren Reformen zu opfern. Resümee: Er sei ein reiner »Macher«.

Schmidt ficht das nicht an. Er hält nicht viel von System-veränderern, die im luftleeren Raum planen, die nie ihre Ideen in Taten haben umsetzen müssen, auch nie genötigt waren, den Konsensus einer Mehrheit herbeizuführen, was er für das Wichtigste in der Demokratie hält. Im übrigen be-kommt bei ihm jeder sein Teil ab. Mit den Unternehmern geht er bald darauf ähnlich hart ins Gericht. Die Versamm-lung des Bundesverbandes der Arbeitgeber knurrt er an: »Hören Sie doch auf so zu tun, als ob die Regierung die Löhne in Deutschland festsetzt.« Und dann schimpft er auf den verbandsoffiziellen Pessimismus und empfiehlt den Unternehmern, sich nicht als Ersatzpartei zu gebärden. Den Gewerkschaften aber erklärt er immer wieder, daß die Gewinne stärker steigen müssen als die Löhne, damit die Investitionsquote wächst und zukünftige Arbeitsplätze geschaffen werden. Beide Seiten wissen nicht, sollen sie mehr Ärger oder Zustimmung empfinden.

Sehr rasch zeigt sich die außerordentliche Effizienz von Schmidts Regierungsstil. Bei der morgendlichen Lagebesprechung wird der Teilnehmerkreis auf die wichtigsten Mitarbeiter beschränkt. Einmal in der Woche findet ein Koalitionsmittagessen statt, für das immer, wenigstens in Umrissen, eine Tagesordnung vorliegen muß, damit nicht unnütz Zeit vertrödelt wird. Im Kabinett geht es präzis, klar und zügig voran; häufig stellt der Kanzler die wichtigste Frage, die andere oft vergessen: »Kriegen wir das im Parlament durch?« Seine Erfahrungen als Fraktionschef kommen ihm da sehr zugute. Er selber faßt dann die Ergebnisse der Kabinettssitzung für den Protokollführer zusammen, und meist wird mit den Beschlüssen auch gleich das weitere Vorgehen festgelegt. Danach tritt der Kanzleramtschef in Aktion, der sogleich die Anweisungen für die Durchführung der Beschlüsse gibt.

Das Kanzleramt funktioniert unter dem neuen Regierungschef wie ein Generalsekretariat: gut geölt, präzis, lautlos. Wobei »lautlos« heißt – und das ist neu in Bonn –, daß aus den Kabinettssitzungen nichts mehr nach draußen dringt, denn Schmidt fordert äußerste Diskretion. Dafür ist er auf der anderen Seite den Mitarbeitern gegenüber auch von allergrößter Offenheit und beweist ihnen großes Vertrauen.

Während es Brandt darum ging, verschiedene Interessen zu einem Konsensus zu integrieren, was naturgemäß viel Zeit beansprucht, geht es Schmidt darum, zu Entscheidungen zu kommen. Deshalb werden bei ihm die Diskussionen straff geführt und sind stets auf ein Ziel ausgerichtet. Ist eine Mehrheit zustande gekommen, dann wird Schluß gemacht; der Punkt ist erledigt. Zwar diskutiert Schmidt gern, auch kann er gut zuhören und ist intensiv im Nachfragen, aber Debatten dürfen bei ihm nicht ausufern. Zum Philosophieren ist keine Zeit: »Diskussionen müssen zu Ergebnissen, Ergebnisse zu Entscheidungen und Entscheidungen zu Taten führen«, so lautet seine Devise.

Man kann gut verstehen, daß seine atemlosen, gehetzten Tage nur für das absolut Essentielle Zeit lassen. In einem Interview hat er einmal auf die Frage, ob unsere Industriegesellschaft bei den heute so komplexen Problemen überhaupt noch demokratisch-parlamentarisch regierbar sei, geantwortet: »Sie ist gewiß regierbar, aber niemand soll sich einbilden, daß dies im Zeitalter des Fernsehens, der Massenpresse und der sich schnell ausbreitenden Stimmungen ein einfaches Geschäft sei. Man braucht bestimmt weit mehr als die Hälfte seiner Zeit und seiner Arbeitskraft, vielleicht zwei Drittel, um die Zustimmung von Gremien und Ausschüssen, die Zustimmung des Bundestages und der öffentlichen Meinung zu erreichen für Entscheidungen, die man für sich selbst bereits getroffen hat; und das ist nicht nur in Deutschland so.«

Die Notwendigkeit zu ordnen, zu analysieren, zu handeln und zu vollbringen, steht bei Helmut Schmidt so sehr im Vordergrund, daß viele Leute in ihm nur den Macher und Technokraten sehen, ohne zu bemerken, daß jene Leidenschaft, der *res publica* zu dienen, von der Max Weber gesprochen hat, auch die seine ist. Diese Leidenschaft, die aus tieferen Dimensionen wächst als die Geschäftigkeit von Machern, kann ohne eine moralische Grundkomponente gar nicht existieren. Politische Führung ohne moralische Prinzipien, ohne geistige Disziplin ist für Schmidt nicht denkbar. »Politik ohne Gewissen tendiert zum Verbrechen«, sagt er. Und auch: »Nach meinem Verständnis ist Politik pragmatisches Handeln zu sittlichen Zwecken.«

Helmut Schmidt ist kein forscher Macher, er ist ein nachdenklicher Mensch, gelegentlich melancholisch, eher zur Vorsicht neigend, stets umsichtig. Aber wenn etwas gemacht werden muß, wenn es sich darum handelt, mit kühlem Kopf rasch zu entscheiden und dann energisch zuzupacken, dann tun es ihm wenige gleich. So war es 1962 bei der Flutkatastrophe in Hamburg. Damals war er es, der die Übersicht behielt, der als Innensenator, ohne dafür zuständig zu sein, den gesamten Oberbefehl übernahm: über die Verwaltung, über alle Rettungsdienste und über die Bundeswehr, die gar nicht hätte eingesetzt werden dürfen. Und so ist es auch während der Serie der Terroristencoups im Jahre 1977 – vor allem auf dem Höhepunkt der Krise in Mogadischu.

Noch ehe das Jahr 1974 zu Ende ging, zeigte das Wirtschaftsbarometer einen Wettersturz an. Die Ölkrise vom Herbst 1973 begann sich abzuzeichnen, auch wenn die Bundesrepublik zunächst noch relativ besser dastand als die meisten anderen Länder. Sie hatte noch die härteste Währung, die höchsten Währungsreserven, die größten Exportüberschüsse und geringsten Preissteigerungsraten.

Das Magazin ›Newsweek‹, das diese Tatsache seinen Lesern vor Augen führte, schrieb im Oktober 1974: »Schmidt hat auf eine beträchtliche Anzahl von Zehen treten müssen, um jene Ziele zu erreichen. Er hat zuweilen sein Kabinett behandelt wie eine Bande unartiger Kinder. Bei seiner ersten Sitzung forderte er Finanz- und Wirtschaftsminister auf, sie sollten sich ihm direkt gegenübersetzen, ›damit ich euch besser hören kann‹. Vor kurzem hat er eine dicke Liste von 251 vordringlichen Projekten auf den Tisch geknallt mit der Bemerkung, er erwarte, daß alle bis zur nächsten Wahl in 750 Tagen ausgeführt seien. Manche seiner Minister haben es erleben müssen, daß er auf den Tisch schlug und ›nein‹ schrie, wenn sie mit Ausgabenvorschlägen kamen, die ihm nicht paßten.«

Und im gleichen Moment schrieb der konservative ›Daily Telegraph‹ bewundernd: »Zum erstenmal seit dem Krieg kann man dieses Land nicht mehr als wirtschaftlichen Riesen bezeichnen, der zugleich ein politischer Zwerg ist. Unter Helmut Schmidt hat die Bundesregierung ihre historischen Hemmungen abgelegt und angefangen, in der Weltpolitik einen Einfluß auszuüben, der ihrer wirtschaftlichen Stärke entspricht. Wenn Helmut Schmidt, der Kanzler, und Hans Apel, sein barscher Finanzminister, verlangen, daß die anderen Länder ihre antiinflationären Socken hochziehen und aufhören, die Bundesrepublik als Milchkuh zu behandeln, dann sind einige Außenseiter schockiert. Übrigens auch viele deutsche Diplomaten.«

Aber dann begann die Situation in der Bundesrepublik sich rasch zu verschlechtern. Das Defizit im Bundesetat 1975 hatte sich fast verdoppelt. Vorgesehen war eine Neuverschuldung von 22,8 Milliarden DM; tatsächlich betrug sie 40 Milliarden. Schon damals wurde einigen Leuten klar, daß die Leistungspflicht des Sozialstaates übertrieben worden ist. Der Vorwurf lautete: Man hat den Staat immer mehr zum Versorgungsbetrieb ausgebaut, was zwangsläufig dazu geführt hat, daß er einen immer größeren Anteil am Sozialprodukt für sich beansprucht.

In der Gefälligkeitsdemokratie sind die Ausgabenwünsche den Einnahmen stets davongelaufen, auch wenn diese von Jahr zu Jahr stiegen. Jahrelang war von der Wirtschaft mehr gefordert worden, als sie leisten kann. Nicht erst in den letzten Jahren – die Experten meinen, schon seit den fünfziger Jahren sei dies der Fall gewesen. Nun begann man sich zu fragen, wo denn die Grenzen des Sozialstaates liegen, aber niemand wußte eine Antwort – besser: Niemand wagte, eine Antwort zu geben.

So nahm die Arbeitslosigkeit weiter zu, während die Produktion sank und die Preise stiegen. Auch das alte, so bequeme Rezept, mit ein bißchen Inflation die Vollbeschäftigung wieder zu sichern, funktionierte nicht mehr. Diese Zustandsbeschreibung trifft mehr oder weniger auf die ganze westliche Welt zu, denn mittlerweile war der weltweite

Charakter der Rezession deutlich geworden. Dazu hatte zweifellos auch beigetragen, daß, wie sich an der Wende zu den siebziger Jahren herausgestellt hatte, die festen Umrechnungskurse im internationalen Zahlungsverkehr falsch fixiert worden waren.

Jahrelang waren mit der zu hoch bewerteten Mark riesige Exportüberschüsse erzielt worden, denen in den Partnerländern entsprechende Defizite gegenüberstanden. Diese Überschüsse – ihrerseits fälschlich als Signal gedeutet – führten wiederum zu fehlgeleiteten Investitionen, beispielsweise in der Autoindustrie, die in einem Moment expandierte, in dem Stabilität wohl richtiger gewesen wäre. Nach und nach weitete sich die allgemeine Rezession zur Weltwirtschaftskrise aus, die erst 1976 langsam und auch nur vorübergehend zu einem Aufschwung führte – doch die falschen Strukturen blieben.

Nicht nur in der Wirtschaft gab es Rückschläge zu der Zeit, auch außenpolitisch veränderte sich jetzt die Situation. In Amerika hatte der erzwungene Rücktritt von Präsident Nixon dem Kongreß erheblichen Auftrieb gegeben. Die Volksvertreter sind seither entschlossen, die Eigenmächtigkeit der Inhaber des Präsidentenamtes in Zukunft nicht mehr zuzulassen und die eigenen Prärogative wieder zur Geltung zu bringen. Seit Roosevelts Zeiten hatten die Präsidenten den Kongreß immer öfter durch *faits accomplis* überrumpelt, ihn immer mehr ausmanövriert.

Jetzt wollten die gewählten Vertreter ihr von der Verfassung gewährtes Mitbestimmungsrecht wieder in Anspruch nehmen. Darum stellte der Kongreß für die Gewährung von Krediten an die Sowjets sowie für die Einräumung der Meistbegünstigung die Bedingung, daß einer Anzahl von Juden die Ausreise aus der Sowjetunion genehmigt werde. Die Folge dieses von Senator Jackson eingebrachten Jackson-Amendments war, daß die empörten Sowjets das bereits abgeschlossene Handelsabkommen wieder kündigten. Dies war der Anfang vom Ende der Entspannung.

Auch für die Bundesrepublik mußte dies in absehbarer Zeit Rückschläge bringen, denn wenn die Entspannung zwischen den Großen nicht funktioniert, dann bleibt auch für die Kleinen auf die Dauer kein Spielraum. Bonn hatte sich schon im Juli 1974 die Finger verbrannt, als die neue Regierung Schmidt/Genscher beschloß, das vorgesehene Umweltinstitut in Berlin zu errichten. Sofort hatte die DDR alle Verhandlungen, die in anderen Bereichen im Gange waren, gestoppt. Es zeigte sich, wie dehnbar die Interpretation von Vereinbarungen mit dem Osten ist. Bonn war der Meinung, daß die Formulierung des Vertrages »Aufrechterhaltung und Entwicklung der Bindungen zwischen West-Berlin und der Bundesrepublik« jene Entscheidung für Berlin zulasse, während die DDR sie als illegalen Versuch der Bundesrepublik bezeichnete, das Bonner Hoheitsgebiet auf West-Berlin auszudehnen.

Wieder fanden Behinderungen auf den Zufahrtswegen nach Berlin statt, wieder, wie früher, unternahmen die drei Westmächte eine Demarche und erinnerten die Sowjetunion an ihre Verantwortung für einen reibungslosen Berlinverkehr. Es gab Proteste hin und her. Schließlich beruhigten sich beide Seiten. Das Umweltinstitut blieb in Berlin, aber die DDR hat gezeigt – und Bonn hat verstanden –, daß offenbar mehr als der Status quo nicht möglich ist.

Im Februar 1975 wurde in Berlin der Oppositionsführer Peter Lorenz, Vorsitzender der CDU, von fünf Terroristen entführt. Die Bürger der Bundesrepublik hatten zwar durch die Baader-Meinhof-Gruppe schon mancherlei Erfahrungen gesammelt, hatten auch ein paar Monate zuvor erleben müssen, daß der Berliner Kammergerichtspräsident von Drenkmann an der Tür seiner Wohnung, die er auf ein Klingelzeichen geöffnet hatte, erschossen wurde. Dennoch hat dieser neue Gewaltakt sie mehr erregt als die vorangegangenen – wohl weil das Ganze sich so lang hinzog. Eine ganze Woche lang kommandierten die Terroristen die Staatsgewalt, während der Krisenstab, bestehend aus dem Kanzler, den Parteiführern, den Chefs der Länderregierungen und höheren Sicherheitsbeamten, im Kanzleramt in Bonn tagte. Schließlich wurde den Forderungen der Terroristen nachgegeben, sie erhielten Sendezeiten in Funk und Fernsehen, und am Ende wurde ihnen eine Verkehrsmaschine zur Verfügung gestellt, die sie nach Aden brachte.

Ich war zufällig am letzten Abend, als gerade die Genehmigung zur Freilassung gegeben worden war, im Kanzlerbungalow und erlebte einen zornigen wie deprimierten Helmut Schmidt. Wäre es nach ihm gegangen, wären die Terroristen nicht freigelassen worden. Als zwei Monate später, im April 1975, die Stockholmer Botschaft zum Schauplatz einer Geiselnahme wurde, stellte der Kanzler sofort die Weichen. Allerdings war der Fall auch noch eindeutiger. Die Forderung, 26 Baader-Meinhof-Mitglieder aus dem Gefängnis freizulassen, konnte unmöglich erfüllt werden, auch wenn die Terroristen drohten, jede Stunde eine Geisel zu erschießen, was schließlich zwei Attachés das Leben kostete.

Außerdem waren Schmidt und Oppositionsführer Kohl ganz einig in ihrer Härte, während beim Fall Lorenz im Krisenstab die Meinung: »Ja, freilassen, um das Leben von Lorenz nicht zu gefährden« oder: »Nein, auf keinen Fall, um nicht neuen Verbrechen Vorschub zu leisten« ebenso geteilt war wie im ganzen Lande. Eine nachträgliche Umfrage in der Bundesrepublik ergab damals 31 Prozent für Härte, 56 Prozent für Nachgeben.

Eine Woche lang gab es kein anderes Thema in den Familien, am Arbeitsplatz, an den Stammtischen. Auch in der ›ZEIT‹-Redaktion war die Meinung gespalten. Mein Kommentar in der Ausgabe vom 7. März 1975 trat für Härte ein, und da es sich um den ersten Fall eines Dilemmas handelte, das uns danach noch oft plagen sollte, mag er hier noch einmal abgedruckt werden: »Wo eigentlich waren sie alle, die so oft und gern vom Staatsbewußtsein, von fehlender Autorität und mangelnder Verantwortung dem Ganzen gegenüber reden? Was sagten die Jaegers und Dreggers, als beraten wurde, ob jene im barschen Ton gegebenen Befehle der Erpresser ausgeführt werden sollten oder nicht? Sie schwiegen. Erst als der Konsensus aller Parteien und Instanzen sichergestellt, die Entscheidung getroffen war und der Beschluß in die Tat umgesetzt wurde, gab Jaeger die Mutmaßung zum besten: ›Wenn die CDU in Berlin an der Regierung gewesen wäre, würde man die Terroristen schon vorher gefaßt haben.‹ Und Dregger verlegte sich darauf, unter bestimmten Voraussetzungen für zukünftige Fälle die Todesstrafe zu fordern.

Zugegeben, die Entscheidung, die da getroffen werden mußte, glich einem Balanceakt zwischen moralischen Motivationen, deren Priorität festzulegen einem Alptraum gleichkommt. Man kann gut verstehen, daß niemand sich danach drängte, an diesem Unternehmen freiwillig mitzuwirken. Es war – das spürte jeder – eine jener historischen Entscheidungen, die zu Bausteinen im Leben einer Nation werden, weil sie Symbol und Substanz zugleich sind.

Da geht es nicht nur um Humanität: ›Unter allen Umständen ein Menschenleben retten‹; nicht nur um Pragmatismus: ›Auf keinen Fall Präzedenzen schaffen und Anschlußtäter begünstigen‹. Da geht es auch um den Rechtsstaat und damit um die Fundamente der Gesellschaft.

Der Staat sei dazu da, das Leben des einzelnen zu erhalten, sagen die meisten. Wie aber, wenn bei immer neuen Geiselnahmen ein Dutzend einzelner Leben erhalten, aber das Leben aller allmählich zur Farce wird? Man wird den Verdacht nicht los, daß die Ausschließlichkeit, mit der jene Priorität betont wird, ein Alibi für die Negierung aller anderen Loyalitäten sein könnte. Und der Sinn des Staates? Ist der

Staat wirklich für den einzelnen da? Obliegt es ihm nicht gerade, den Bestand und das Funktionieren der Gesellschaft zu garantieren? Oder sind Staat und Gesellschaft überhaupt identisch?

Nein, Staat und Gesellschaft sind nicht dasselbe. In Holland heißt das Wort für Gesellschaft bezeichnenderweise *Samenleving*. Die Gesellschaft ist das Zusammenleben, der Staat aber ist die politische Organisation; es sind Behörden, Gesetze und Institutionen, die diese Gesellschaft sich gibt. Da der Staat in der Verfassung wurzelt, ist für ihn Beständigkeit charakteristisch, denn die Verfassung kann ja nur mit Zweidrittelmehrheit verändert werden. Die Gesellschaft aber, also die politische Repräsentanz der Bürger, deren Maßstäbe, Anschauungen und Gepflogenheiten, sind stetem Wechsel ausgesetzt. Mit anderen Worten: Das Haus, das die Architekten, die die Verfassung zimmerten, errichtet haben, ist auf Dauer angelegt, während diejenigen, die darin wohnen und regieren, wechseln.

Die Gesellschaft ist nicht nur die Summe der einzelnen, sie ist etwas qualitativ anderes, etwas, das unter Umständen auch einmal des Opfers bedarf. Es ist schwer, über die sozusagen ›Letzten Dinge‹ der Politik zu diskutieren, weil es natürlich auch in diesem Bereich Moden gibt, Meinungen darüber, was progressiv ist und was nicht. Und weil es Klischees gibt, mit denen bei gewissen Themen alle Nuancen überklebt werden; *law and order* ist so ein Begriff.

Vielleicht ist es leichter, sich im Bereich des Literarischen – was ja oft nur eine Übersetzung des Politischen ist – zu verständigen. Der Kurfürst in Kleists ›Prinz von Homburg‹ ist gewiß keine simple *Law-and-order*-Figur. Wie Prometheus an den Felsen, so ist er an seine Autorität gekettet. Er weiß, daß ihn dies schwächt, weil er dadurch jegliche Bewegungsfreiheit einbüßt, aber er kennt auch die Kraft, die das Ethos des Gesetzes ihm verleiht und die er nicht aufs Spiel setzen darf. Darum wird der Prinz diesem Ethos bis zur

236

Absurdität unterworfen, und erst seine Einsicht in die Notwendigkeit rettet ihn im Verein mit der Gnade des kurfürstlichen Oheims.

Im Kommunismus spielen subjektive Einsichten und obrigkeitliche Gnade gegenüber der Objektivität des geschichtlichen Prozesses keine Rolle. Aber es gibt auch für die Kommunisten ein höheres Gesetz. In seinem Lehrstück ›Die Maßnahme‹ schildert Brecht einen solchen Konflikt. Die vier Agitatoren, die ausgesandt sind, die Lehre zu verbreiten, kehren heim und melden den Tod eines jungen Genossen. Sie haben ihn eigenhändig erschossen und in eine Kalkgrube geworfen. Warum? ›Er wollte das Richtige und tat das Falsche... Er hat Mitleid gehabt... Er hat ein kleines Unrecht verhindert, aber das große geht weiter... Er gefährdet die Bewegung.‹

Jedes Gesellschaftssystem hat ein spezifisches Credo. Der demokratische Rechtsstaat anerkennt als seine höchsten Güter das menschliche Leben und die Unabhängigkeit seiner Institutionen und Organe, weil dadurch der größtmögliche Raum für die Freiheit garantiert wird. Aber es gibt kein demokratisches Modell, das, einmal entworfen, für alle Zeiten unveränderte Handhabung und optimalen Erfolg garantieren könnte.

Geiselnahmen, die das Ziel haben, bestimmte politische Willensentscheidungen zu bewirken, sind ein Delikt, das heute die ganze Welt verunsichert. Die Reaktion der Gesellschaft darauf kommt in dem wachsenden Wunsch nach Rache und Sühne zum Ausdruck. Es wird auf lange Sicht aller Führungskunst bedürfen, die Gesellschaft zum Maßhalten zu bewegen. Nach der Bonner Entscheidung – als Antwort auf eine Erpressung, fünf rechtskräftig verurteilte Kriminelle aus dem Gefängnis herauszulassen – dürfte diese Aufgabe nicht leichter geworden sein.

Drei oder fünf junge Terroristen, die den Staat in seinen Grundfesten erschüttern können – was das bedeutet, wird man erst nach und nach begreifen.« Dies der Artikel vom 7.3.1975.

Wie gesagt, die Meinungen, wie im Fall Lorenz reagiert werden solle, waren geteilt. Die CDU war im ganzen mehr für nachgeben. Was Strauß dachte, erfuhr man bei anderer Gelegenheit. Mit dem Blick auf die Wahl 1976 hat er hinter verschlossenen Türen vor CSU-Funktionären in Sonthofen eine Rede gehalten, deren Text der ›Spiegel‹ veröffentlichte. Es war nach der Ermordung Drenkmanns und vor dem Fall Lorenz. Strauß sagte damals zu diesem Fragenkomplex: »Jetzt, hier, in demokratischer Gemeinsamkeit zu sagen, wir Demokraten in SPD/FDP und CDU/CSU, wir halten jetzt zusammen in dieser Situation, wir müssen den Rechtsstaat retten – das ist alles blödes Zeug! Wir müssen sagen, die SPD und FDP überlassen diesen Staat Kriminellen und politischen Gangstern. Und zwischen Kriminellen und politischen Gangstern ist nicht der geringste Unterschied. Sie sind alle miteinander Verbrecher. Und wenn *wir* kommen, so werden wir aufräumen, daß bis zum Rest dieses Jahrhunderts von diesen Banditen keiner es mehr wagt, in Deutschland das Maul aufzumachen. Selbst wenn wir es nicht ganz halten können, aber den Eindruck müssen wir erwecken.«

Peter Koch[1] hat in seinem 1979 erschienenen Buch Auszüge aus Reden und Artikeln von Strauß und Schmidt – nach Bereichen geordnet – zusammengestellt. Unter der Rubrik ›Terrorismus – Rechtsstaat‹ finden sich folgende Zitate:

*Franz Josef Strauß*
»Unser Rechtsstaat muß endlich Zähne bekommen, und der Rechtsstaat muß zubeißen, wenn es notwendig ist, seine Gegner unschädlich zu machen. Die CSU ist dazu bereit.«
›Bayernkurier‹, 29. Oktober 1977

---

[1] Peter Koch: Das Duell – Franz Josef Strauß gegen Helmut Schmidt. Hamburg 1979.

»Man sollte einmal die, die für die Freiheit des Volkes angeblich kämpfen, dem Volk überlassen, dann braucht die Polizei und Justiz sich nicht mehr darum zu kümmern. Wir sind und bleiben Anhänger des Rechtsstaates.«
CSU-Parteitag, Manuskript, 23./24. September 1977

*Helmut Schmidt*
»Wir möchten nicht zulassen, daß diejenigen Werte bedroht werden, für die Generationen von Demokraten gekämpft, in vielen Fällen geopfert und gelitten haben. Wir wollen keine Opportunisten und Angepaßte. Was wir brauchen, sind freie, sind selbstbewußte, sind mutige und engagierte Bürger, die nicht geduckt oder gedrückt werden.«
Regierungserklärung, Bulletin, 17. 12. 1976

»Wir dürfen uns weder zur Ordnungshysterie hinreißen lassen noch uns bloßer Duldung hingeben. Als ob es zwischen Anarchie und Reaktion nicht einen breiten Raum gäbe für vernunftgemäß abgewogenes Handeln, einen breiten Raum für ausgereiftes Urteil, auf das ein dem Grundgesetz gehorsames Handeln gegründet werden soll!«
SPD-Parteitag, 15.–19. 11. 1977, Hamburg

Im Herbst 1975 kam es anläßlich der Konferenz für Sicherheit und Zusammenarbeit in Europa (KSZE) zu einer Mammutversammlung in Helsinki. Alle waren sie gekommen, wenn auch ohne Begeisterung: Staatspräsidenten, Regierungs- und Parteichefs aus 35 Ländern, Kommunisten, Kapitalisten, Dritte Welt – Moskaus KP-Chef Breschnew und US-Präsident Ford, die Chefs der beiden Deutschlands, Erzbischof Makarios und sein Todfeind, der türkische Ministerpräsident Demirel… Alle versprachen, gemäß den »Ideen des Humanismus« miteinander umzugehen und nie wieder mit Gewalt die Grenzen der Nachbarn zu überschreiten – wobei es sich natürlich nicht um bindende Verträge handelte, sondern nur um schlichte Willenserklärungen.

Niemand hatte erwartet, daß irgendwelche Probleme, die ja schließlich alle auf realen Schwierigkeiten beruhen, gelöst werden könnten, wenn die Vertreter so verschiedener Denkungsart zusammenkommen. Die Europäer hatten aber die große Befriedigung, daß während der ganzen zweieinhalbjährigen Vorbereitungszeit die EG-Vertreter – und zwar erstmals – mit einer Stimme gesprochen haben. Ihr Konzept: Um ein Mehr an europäischer Sicherheit zu erreichen, genügt es nicht, den bestehenden Zustand zu fixieren, es muß vielmehr die Möglichkeit einer friedlichen Veränderung des Bestehenden geben. Und: Die Entspannung darf nicht nur den Staaten, sie muß auch den einzelnen Menschen zugute kommen.

Für die beiden Deutschen Helmut Schmidt und Erich Honecker war dies ihr erstes Treffen. Beide hatten den Eindruck, sich nähergekommen zu sein, obgleich Schmidt es nicht unterlassen hat, seinen Unmut über den Fall Guillaume kundzutun. Dafür aber ließ er dann auch erkennen, daß er die Installierung des Bundesamtes für Umweltschutz in West-Berlin keine sonderlich kluge Idee gefunden habe. Die Rede, die der deutsche Bundeskanzler im Plenum hielt, wurde von den meisten als die klarste und offenste aller Reden gewertet. Deutlich hatte er den Abbau der Barrieren für Menschen und Meinungen gefordert sowie das Recht auf friedliche Änderung von Grenzen und auf Wiedervereinigung. Breschnew klatschte ostentativ lange Beifall – vielleicht hatte er Schlimmeres erwartet.

Sehr viel schwieriger war das Gespräch mit dem polnischen Parteiführer Gierek, der eine gezielt unfreundliche Rede gehalten hatte. Helmut Schmidt suchte ihn zusammen mit Außenminister Genscher in seiner Residenz auf, fest entschlossen, zu einer Verständigung zu kommen. Acht Stunden dauerte das Gespräch – die Sonne ging schon auf, als endlich Einigung über die Zahl der Aussiedler und über die zu zahlenden Summen erzielt wurde.

In der zweiten Hälfte der siebziger Jahre hat sich ein bedeutsamer Wechsel vollzogen. Galt bis dahin die klassische Priorität der Außenpolitik, so rückte nunmehr die internationale Wirtschaftspolitik an diesen Platz. Mußte sich früher ein Staatsmann seine Sporen in der Außenpolitik verdienen, so reicht heute der Instinkt für Außenpolitik nicht mehr aus. Er muß durch Kenntnisse auf wirtschaftlichem und währungspolitischem Gebiet *untermauert* sein.

Helmut Schmidt – studierter Volkswirtschaftler – hat nach dem Rücktritt Karl Schillers 1972 das »Superministerium« Wirtschaft und Finanzen geführt und wurde nach der Wahl von 1972 Finanzminister mit erweiterten Komptenzen, bis er dann nach dem Rücktritt von Willy Brandt ins Bundeskanzleramt zog. Sein Renommee als internationaler Wirtschafts- und Währungsfachmann war unbestritten, und seine Erfolge bei der Stabilitätspolitik sicherten ihm daheim in allen Parteien Respekt.

Der Wechsel zur Priorität weltwirtschaftlicher Probleme vollzog sich am Rande der Helsinkikonferenz im August 1975. Dort hatten sich Gerald Ford, Giscard d'Estaing, Harold Wilson und Helmut Schmidt auf Betreiben des letzteren darauf geeinigt, daß die Genannten baldmöglichst zusammenkommen sollten, um Wirtschafts- und Währungsprobleme zu besprechen. Damit wurde die Grundlage für eine neue, inzwischen unentbehrlich gewordene Einrichtung gelegt, für den Wirtschaftsgipfel. Beteiligt wurden außer den vier Regierungschefs, die dies in Helsinki beschlossen hatten, Italien, Japan und Kanada.

Der erste Wirtschaftsgipfel fand noch im gleichen Jahr im November 1975 in Rambouillet statt, der nächste im Juni 1976 in Puerto Rico; 1977 folgte dann im Mai die Gipfelkonferenz in London, bei der Präsident Carter zum erstenmal in Europa auftrat. Er plädierte damals für mehr öffentliche Verschuldung, um die Wirtschaft anzukurbeln und die Arbeitslosigkeit nicht zu einem Dauerphänomen werden zu lassen. Die Bundesrepublik sollte, so wünschte er, im Verein mit Japan der Weltwirtschaft als Lokomotive dienen. Schmidt widersetzte sich energisch mit dem Argument, Investitionen setzten Vertrauen voraus und Vertrauen gedeihe nur bei Stabilität. Höhere Verschuldung aber führe zu wachsender Inflation und verhindere damit die Stabilität. Schmidt, der die Londoner Szene mit Argumenten, Analysen und mit Überzeugungskraft beherrschte, gewann schließlich die Unterstützung aller Beteiligten.

Rambouillet hatte zuvor den Weg für eine Reform des Währungssystems freigemacht, und bei der folgenden Konferenz in Puerto Rico ging es vor allem um die Beziehung zu den Entwicklungsländern. Bundeskanzler Schmidt war die treibende Kraft bei dem Bemühen zu untersuchen, was geschehen müsse, um erstens die Rohstoffmärkte zu stabilisieren und zweitens festzustellen, welche Folgen dies für die Entwicklungsländer selbst, ferner für die Industriestaaten und schließlich auch für den Osten haben würde. Dabei ging Bonn von der Annahme aus, daß der Preis von 17 verschiedenen Rohstoffen stabilisiert werden müßte und die Wirkung auf 100 Entwicklungsländer und 25 Industriestaaten untersucht werden solle.

Für die Bundesrepublik, bei der jeder vierte Arbeitsplatz vom Export abhängt, war Weltwirtschaftspolitik eine Existenzfrage. Schließlich hatten die Entwicklungsländer 1975 in der Bundesrepublik, die ihr größter Abnehmer in Europa war, für 60 Milliarden DM Waren abgesetzt – mehr als doppelt soviel wie 1971. Bonn hatte zwischen 1950 und 1974 über 82 Milliarden DM für die Zusammenarbeit mit Entwicklungsländern zur Verfügung gestellt – die Hälfte davon aus öffentlichen Mitteln. Die Bundesrepublik führte aber auch die Hälfte ihrer Rohstoffe aus Entwicklungsländern ein. Bei einigen, beispielsweise bei Zinn, zu 100 Prozent, bei Kupfer zu 72 Prozent.

Angespornt durch die OPEC-Erfolge, hatten die Länder der Dritten Welt gehofft, sie könnten mit anderen Rohstoffen die gleiche Politik treiben wie die Öllieferanten und auf solche Weise das bestehende Weltwirtschaftssystem aus den Angeln heben. Dies aber stellte sich sehr bald als Utopie heraus. Eines aber gelang doch: die Bedeutung des Problems in das Bewußtsein der Politiker zu hämmern. Von nun an stand neben der Ost-West-Problematik – wenn auch nicht gleichwertig, so doch mindestens als neues Schreckgespenst – die Nord-Süd-Problematik.

War bisher unsere Sicherheit ausschließlich unter politisch-militärischem Aspekt betrachtet worden, so hatte die Ölkrise die Wichtigkeit der Rohstoffländer und damit die Nord-Süd-Probleme ins Blickfeld gerückt. Die Bundesrepublik, die zum größten Exporteur von Industriegütern in der Welt geworden war, hing noch viel stärker als andere Länder von einer freien, prosperierenden Weltwirtschaft ab. Und dazu gehörte auch ein gutes, partnerschaftliches Verhältnis zur Dritten Welt. Desgleichen hing damit auch zusammen, daß Bonn, insbesondere Außenminister Genscher, sich so intensiv für eine gemeinsame Außenpolitik der EG gerade auch in Nahost und Afrika einsetzte.

Wie sehr die Welt sich in dieser Hinsicht verändert hatte, sollte allerdings erst nach dem sowjetischen Einmarsch in Afghanistan deutlich werden. Erst mit diesem Vorstoß in Richtung Persischer Golf wurde den Industrieländern der westlichen Welt klar, daß die Nato zwar ihre Sicherheit in Europa garantierte, daß aber nicht nur ihr Wohlstand, sondern auch ihr Überleben von dem riesigen, von Unruhe geschüttelten Bereich außerhalb des atlantischen Bündnisses abhing.

Ein sehr zutreffendes Bild von Helmut Schmidts Wirtschaftsauffassungen bietet ein Interview, das Peter Jenkins vom Londoner ›Guardian‹ im Herbst 1975 mit dem Bundeskanzler führte. Er sagte damals:»Ich glaube nicht an die Investitionsplanung durch den Staat. Ich halte nichts vom Wachstum der Bürokratie. Ich glaube nicht an die wirtschaftliche Weisheit des Staates, soweit das industrielle Management in Frage kommt.«

Auf die Frage, was die wahren Gründe für die unterschiedliche Entwicklung von Gesellschaft und Wirtschaft in England einerseits und den meisten Nationen des Kontinents andererseits seien, lautete die Antwort:»Ich glaube, dies hat damit zu tun, daß die englische Gesellschaft viel mehr als die skandinavische, deutsche, österreichische und holländische durch einen klassenkämpferischen Gesellschaftstyp gekennzeichnet ist. Das trifft sowohl auf die oberen Klassen als auch auf die Arbeiterklasse zu. Ich glaube, daß die Art, wie die organisierte Arbeiterschaft einerseits und das industrielle Management auf der anderen Seite ihre Probleme angepackt haben, einfach veraltet ist.«

Noch einmal auf den Unterschied zwischen Deutschland und England zurückkommend, sagte er am Ende:»Ihr müßt die Arbeiter als gleichberechtigte Mitglieder der Gesellschaft behandeln. Ihr müßt ihnen Selbstachtung vermitteln, die sie aber nur haben können, wenn sie auch Verantwortung erringen. Dann werdet ihr imstande sein, die Gewerkschaften zur Ordnung zu rufen und zu fordern, daß sie ihre idiotische Politik aufgeben. Dann werden sie auch Ratschläge von Außenseitern annehmen, von Regierung oder Partei oder wem auch immer. Aber solange ihr an einer verdammten, klassenverseuchten Gesellschaft festhaltet, werdet ihr niemals aus eurem Schlamassel rausfinden.«

Man versteht, warum neben dem ihm immer häufiger verliehenen Epitheton »der einzige Staatsmann Europas« gelegentlich auch die Bezeichnung »Oberlehrer« oder »Le Feldwebel« zu vernehmen war.

244

Im Herbst 1976 standen Bundestagswahlen bevor. Schmidt ist schwer angreifbar für die Rechten: Er ist ein dezidierter Marktwirtschaftler und gegen linke Experimente, er ist für Härte gegen Terroristen, er gilt als der einzige, der die wirtschaftlichen Realitäten richtig analysieren und daraus die politischen Konsequenezen ziehen kann. Der Bundesinnenminister Hans Matthöfer triumphierte: »Den können Sie nicht klassifizieren, weil es so etwas wie ihn nicht geben darf.«

Die SPD war 1972 mit 45,8 Prozent erstmalig vor der CDU/CSU mit 44,9 Prozent stärkste Partei geworden. Aber bald darauf war die Stimmung umgeschlagen, und 1974 hatte die regierende Koalition einen absoluten Tiefpunkt erreicht. Dieser Einbruch konnte bis 1976 nicht wettgemacht werden. Kohl errang als Oppositionsführer einen respektablen Erfolg, die Union wurde wieder stärkste Partei, aber sein Versuch, daraus das moralische Recht auf Kanzlerschaft abzuleiten, gelang nicht. Da die FDP schon vor der Wahl erklärt hatte, sie werde bei der Koalition mit der SPD bleiben, hätte er keine Chance gehabt, eine Mehrheit zu bilden.

Die Koalition von SPD und FDP hatte zwar die Mehrheit, aber diese war sehr klein: nur acht Stimmen; und im Bundesrat war sie in die Minderheit geraten, denn gleich zu Anfang des Jahres 1976 war die SPD/FDP-Koalition in Hannover zerbrochen. Der siebenundsechzigjährige Ministerpräsident Alfred Kubel wollte und sollte abgelöst werden, aber sein Nachfolger fiel bei der Wahl durch, weil drei Abgeordnete sich der Stimme enthielten und ein vierter seine Stimme der CDU gab. Zum erstenmal seit Bestehen der Bundesrepublik bekam Niedersachsen nun – im Februar 1976 – einen CDU-Ministerpräsidenten und wurde von einer CDU/FDP-Koalition regiert, so daß die Bonner Regierung ihre Mehrheit im Bundesrat verlor. Bald darauf fand der gleiche Koalitionswechsel im Saargebiet statt – aber sowohl Niedersachsen wie das Saargebiet erklärten sich bereit, im Bundesrat ihre »Stimmenführerschaft« einvernehmlich mit der FDP in Bonn zu handhaben.

Seit langem schwelte in der CDU/CSU ein Streit darüber, wer die Union zu führen berechtigt sei und wer der eigentliche Erbe Adenauers sei. Die CSU hatte zwar im Durchschnitt der Jahre nur circa 50 Abgeordnete im Parlament, die CDU etwa viermal so viele, aber es bestand kein Zweifel darüber, daß der Chef der CSU der begabteste unter den konservativen Politikern war. Außerdem legen die Bayern seit jeher wert auf eine Sonderstellung; so nennen sie sich beispielsweise »Freistaat Bayern« und haben das Grundgesetz nicht angenommen. Der Anspruch auf Führung der Union lag also nicht außerhalb des Hergebrachten.

Nach der Wahl von 1972 verwandelte sich der schwelende Streit in offenen Kampf. Strauß hatte den Eindruck, wenn er Kanzlerkandidat gewesen wäre, hätte die Union die Wahl gewinnen können. Immer schon hatte er Andeutungen über eine vierte Partei gemacht, also angedroht, er werde die CSU bundesweit installieren und sie nicht mehr auf Bayern beschränken. Jetzt drohte er offen mit Spaltung der Fraktionsgemeinschaft. Kohl schlug zurück.

Wochenlang tobten die Kämpfe in der Opposition, eskalierten Zorn, Angst und Wut. Als einiges von dem, was Strauß hinter verschlossenen Türen vor seiner Fraktion in Kreuth zum besten gegeben hatte, bekanntwurde und dann auch noch die Rede, die er vor dem Landesausschuß der Jungen Union in der Münchner »Wienerwald«-Zentrale gehalten hatte, im ›Spiegel‹ stand, war die CDU empört.

Strauß hatte von Kohl gesagt: »Er ist total unfähig. Ihm fehlen die charakterlichen, die geistigen und die politischen Voraussetzungen. Ihm fehlt alles für einen Kanzlerkandidaten.« Er hatte ferner von den »politischen Pygmäen« der CDU gesprochen, »die nur um ihre Wahlkreise bangen, diese Zwerge im Westentaschenformat, diese Reclam-Ausgabe von Politikern ...«

»Wenn eine Armee nicht mehr begreift, daß sie, wenn sie dreimal an der falschen Front angegriffen hat, einmal anderswo angreifen muß, dann geht's eben um. Und glauben Sie mir eines, der Helmut Kohl wird nie Kanzler werden. Der wird mit neunzig Jahren die Memoiren schreiben: ›Ich war vierzig Jahre Kanzlerkandidat – Lehren und Erfahrungen aus einer bitteren Epoche.‹ Vielleicht ist das letzte Kapitel in Sibirien geschrieben oder wo.«

Kohl stellte ein Ultimatum: Entweder kehrte die CSU zur Fraktionsgemeinschaft zurück, oder sie müsse sich auf den Einmarsch der CDU in Bayern gefaßt machen. Strauß gab nach. Er war verbal immer entschlossener als im Handeln. Und er tat sicher gut daran, denn es ist höchst fraglich, ob ihm seine vierte Partei außerhalb Bayerns mehr Gewinn gebracht hätte, als er in Bayern verloren haben würde, wenn es dort eine nichtlinke – also reine rechte – Alternative zur CSU gäbe.

Helmut Schmidt hatte Glück, daß der wochenlange wortgewaltige Streit in der Union viel öffentliche Aufmerksamkeit absorbierte, denn sonst hätte sie sich zweifellos ausschließlich auf des Kanzlers schwerste Niederlage, das Rentendebakel, konzentriert. Zwar hatte er nicht schuld an diesem Debakel, sondern der Arbeitsminister Walter Arendt, Schmidt aber trafen Zorn, Spott und so harte Vorwürfe wie »Wahlbetrug«. Und er hat sie eingesteckt.

Was war geschehen? In der Zeit der Reformeuphorie waren immer neue Sozialangebote erfunden worden: flexible Altersgrenze, Kindergeld im Ausbildungsfall bis zum 27. Lebensjahr, vorgezogene Rentenerhöhung ... Jede dritte Mark, die ausgegeben wird, wurde für sozialpolitische Zwecke aufgewendet. Auch das Gesundheitswesen war inzwischen so teuer geworden, daß ein immer höherer Anteil der Bruttoeinkommen für die gesetzliche Krankenversicherung aufgebracht werden muß.

Angesichts der regelmäßigen Lohnerhöhungen war in den Jahren zuvor auch das Aufkommen aus der Sozialversicherung automatisch gestiegen, so daß Arendt errechnet hatte, eine Erhöhung der Renten sei unschwer möglich. Also versprach der Kanzler vor der Wahl vom Herbst 1976 zum 1. Juli 1977 eine Rentenerhöhung von 10 Prozent. Aber dann hatte die Rezession eingesetzt, Arbeitslosigkeit griff um sich, und je mehr Menschen arbeitslos wurden, desto geringer wurde das Beitragsaufkommen.

Auch die hohen Wachstumsraten, von denen Arendt ausgegangen war, erwiesen sich als falsch. Es zeigte sich vielmehr, daß 1977 bei der Durchführung der Zusage der Rentenversicherung 11 Milliarden DM fehlen würden. Als im Dezember die neuen volkswirtschaftlichen Daten herauskamen, erkannte man, daß der Rentenversicherung für die vier Jahre von 1977 bis 1980 ein Defizit von 83 Milliarden DM entstehen würde. Da in der Bundesrepublik jeder sechste Bürger von der Rente lebt, ist es kein Wunder, daß jeder nicht ganz geringfügige Irrtum sich sogleich in Milliarden niederschlägt. Groß waren daher das Entsetzen in Bonn und die Empörung im Lande. In allen Wahlkreisen wurden die Abgeordneten beschimpft, und der Ruf des Kanzlers als sachkundiger Wirtschaftsfachmann war schwer erschüttert.

Konrad Adenauer hatte 1957 eine große soziale Verbesserung eingeführt: die dynamische Rente. Dies bedeutet, daß die Renten mit einer Verzögerung von dreieinhalb Jahren automatisch im gleichen Grade wie die Löhne steigen. Vor der Wahl 1972 hatte man die Angleichung um sechs Monate vorgezogen. Da dem Aufschwung eine Rezession gefolgt war, stiegen die Löhne im Jahre 1977 nur noch um sieben Prozent, die Renten aber immer noch um 11 Prozent. Ohne einen mehr oder weniger faulen Kompromiß konnte das Debakel nicht aufgefangen werden. Der Katzenjammer war groß, und die Gewerkschaften, sonst treue Paladine des Kanzlers, kritisierten ihn am schärfsten. Zu allem Unheil wurde jetzt auch noch immer deutlicher – und dies nicht nur in der Bundesrepublik, sondern im ganzen Westen –, daß eine hohe Zahl von Arbeitslosen wohl für viele Jahre unvermeidlich sein würde.

Auch außenpolitisch zeigte sich kein Silberstreif am Horizont: Im Westen welkte die Entspannung dahin – Präsident Ford erklärte, er werde das Wort »Entspannung« nicht mehr benutzen, ja, er werde es aus seinem Wortschatz streichen. Und der Osten begann erst jetzt einen Schutzwall gegen die Folgen der Entspannung zu errichten. Das deutsch-deutsche Verhältnis vereiste, »Abgrenzung« hieß die Parole der SED. Wolf Biermann wurde ausgebürgert – der erste einer langen Kette von Intellektuellen, die den zweiten deutschen Staat verließen. In der Neujahrsansprache 1977 sagte Bundeskanzler Schmidt: »Wir alle haben geglaubt, daß es eines Tages nach der Überwindung der Weltwirtschaftskrise wieder so weitergehen würde wie vorher. Doch gerade in den letzten Monaten ist uns klargeworden, daß es nicht wieder so sein wird wie vor 1974.«

Das Jahr 1977 wird für immer mit der Erinnerung an den wachsenden Terrorismus verbunden sein. Schlag auf Schlag traf er die Bundesrepublik. Es hatte schon 1968 begonnen. Damals hatten anarchistische Spinner einen Kaufhausbrand in Frankfurt am Main inszeniert, um, wie Andreas Baader und Gudrun Ensslin später im Prozeß aussagten, einen »Fetisch der Konsumgesellschaft« zu zerstören. Zunächst übten sie ganz bewußt nur Gewalt gegen Sachen, aber bald wurde diese Beschränkung aufgegeben. Zwei Jahre später soll Ulrike Meinhof gesagt haben: »Wir sagen, der Typ in der Uniform ist ein Schwein, das ist kein Mensch, und so haben wir uns mit ihm auseinanderzusetzen ... Und natürlich kann geschossen weden.«

Es folgten Sprengstoffanschläge gegen amerikanische Einrichtungen, Polizeibeamte wurden erschossen. Schließlich gelang es, die erste Terroristenorganisation, die RAF (Rote-Armee-Fraktion), durch gezielte, massive Fahndungsaktionen lahmzulegen. Daneben entstanden in Berlin die »Bewegung 2. Juni«, die für den Mord an dem Berliner Kammergerichtspräsidenten von Drenkmann verantwortlich war, in Heidelberg das »Sozialistische Patienten-Kollektiv«, und als diese zerschlagen waren, wuchsen immer neue, kleinere Gruppen wie Pilze aus der Erde. Bomben im Auto des Bundesrichters Buddenberg, Bomben vor Häusern von Repräsentanten der dritten Gewalt und neue Morde an Polizisten.

Die Bekämpfung der Terroristen wurde immer schwieriger, weil sich inzwischen einige Rechtsanwälte mit ihnen identifizierten. Sie hielten die Verbindung zwischen den Gefangenen und der Außenwelt aufrecht, so daß die Gefängnisse zeitweise zu Befehlszentralen wurden, von denen aus neue Aktionen geleitet worden sind. Auch hatte inzwischen eine Verflechtung der Terroristen auf internationaler Ebene stattgefunden, was die Fahndung besonders erschwerte. Dennoch hatten Verfassungsschutz und Polizei bemerkenswerte Erfolge.

Im Laufe des Jahres 1977 waren die Terroristen in der Bundesrepublik zu selektivem Terror übergegangen. Wie seinerzeit die faschistischen Ustaschas in Jugoslawien oder die jüdische Irgun in Palästina verübten sie Attentate auf hochgestellte Persönlichkeiten. Im April wurden der Generalbundesanwalt Siegfried Buback, sein Fahrer und ein Polizist erschossen; im Juli auf besonders heimtückische Weise Jürgen Ponto, der Vorstandsvorsitzende der zweitgrößten Bank der Bundesrepublik; im Oktober der Präsident der Bundesvereinigung der Deutschen Arbeitgeberverbände, Hanns Martin Schleyer. Viele Debatten folgten: »Ja«, sagten die einen, »wir brauchen schärfere Gesetze – mit der verhängnisvollen Liberalisierung der Strafgesetze muß endlich Schluß gemacht werden.« »Nein«, meinten die anderen, »der Rechtsstaat darf nicht zu Tode geschützt und letzten Endes in einen Polizeistaat verwandelt werden.«

Schließlich gab es ein Ereignis, das während 106 Stunden alle Bürger der Bundesrepublik in Bann schlug: die Entführung einer Lufthansamaschine mit 86 Passagieren. Das Unternehmen wurde am Schluß in Mogadischu in Somalia durch ein genial geplantes, mit unerhörter Präzision von der Spezialtruppe GSG 9 durchgeführtes Befreiungsmanöver beendet.

Für Helmut Schmidt, der in Ausnahmesituationen, die für Entscheidungen größeren Spielraum lassen als der bürokratische Alltag, immer zu seiner besten Form aufläuft, brachte Mogadischu ein Optimum an Zustimmung aus allen Schichten und Parteien, wie es kein Kanzler vor ihm erlebt hatte. Es war die Reaktion auf eine Situation, die gedroht hatte, zur Staatskrise zu werden, weil das Vertrauen der Bürger in die Fähigkeit des Staates, Schutz und Sicherheit zu gewähren, schwer erschüttert worden war. Im Bundeskanzleramt gingen damals 7000 Briefe ein, und bei einer Umfrage sprachen 58 Prozent der Befragten Schmidt ihr Vertrauen aus. Vergessen war, daß er ein Jahr zuvor nach dem Rentendebakel mit nur einer Stimme Mehrheit zum Kanzler gewählt worden war.

Bei der Regierungserklärung zur Befreiung der Geiseln und zur Ermordung von Hanns Martin Schleyer sagte er mit großer, für ihn nicht eben typischer Bescheidenheit: »Wer weiß, daß er, so oder so, trotz allem Bemühen mit Versäumnis oder Schuld belastet sein wird, wie immer er handelt, der wird von sich selbst nicht sagen wollen, er habe alles getan und alles sei richtig gewesen.« Die Erklärung endete mit den Worten: »Die Bundesregierung wird noch Gelegenheit nehmen, ihre Gründe – auch ihre Zweifel – öffentlich darzulegen. Zu dieser Verantwortung stehen wir auch in Zukunft. Gott helfe uns!«

Der ›Spiegel‹ schrieb: »Daß sich die gestauten Spannungen nach gelungener Geiselbefreiung dann doch in ein paar Tränen aufgelöst haben, würde Helmut Schmidt am liebsten nicht mehr wahrhaben, obwohl er es in Wittes Gasthof zu

Kirchwerder-Fünfhausen selber mitgeteilt hat: ›Ich hätte das nicht sagen sollen. Der Tatbestand allerdings ist zutreffend.‹«

Danach gefragt, was man für Erkenntnisse aus dem Verlauf des ganzen Unternehmens ziehen könne, antwortete er ein paar Tage später, also in einer gewissen Distanz zu jener psychischen Anspannung, »daß es sich lohnt, für einander einzustehen…, daß ein demokratischer Staat kein Scheißstaat ist, der sich alles gefallen lassen muß, und daß man auch in extremen Situationen seine Gelassenheit nicht aufgeben darf.« Ein andermal lautete die Antwort: Was man da lernt, ist dies, »höchste Geduld mit höchster Konzentration zu kombinieren«. Noch in der gleichen Woche, in der die Passagiermaschine »Landshut« in Mogadischu befreit wurde, begingen drei führende Terroristen – Andreas Baader, Jan Carl Raspe, Gudrun Ensslin – mit Schußwaffen, die ins Gefängnis geschmuggelt worden waren, Selbstmord.

Zustimmung und Bewunderung für Mogadischu reichten auch noch für den Hamburger Parteitag im November 1977, wo es in der Frage der Kernenergie für Schmidt sonst vielleicht schwierig geworden wäre. Denn er hielt an seiner Regierungserklärung fest: »Auf den Ausbau der Kernenergie kann nicht verzichtet werden. Kernenergie bleibt zur Deckung des vorhersehbaren Strombedarfes notwendig und unerläßlich.« In der Partei dagegen herrschte die entgegengesetzte Tendenz. Schmidt kam mit einem Kompromiß, den er in seiner Rede entworfen hatte, durch: Energieproblematik »ohne dogmatische Optionen« – also ein Ja zur Kernkraft, aber nur, wenn nichts anderes mehr geht. Das war ein Sieg im parteiinternen Richtlinienkonflikt. Schmidt spielte ihn nicht aus, vielmehr versicherte er den Delegierten: »Ich stehe mitten in meiner Partei. Ich bin als Sozialdemokrat gewählt worden. Ihr müßt euch auf meine Solidarität verlassen, und das könnt ihr. Ich muß mich auf eure Solidarität verlassen, und das tue ich auch.«

252

Mit dem Beginn der Carteradministration setzten Schwierigkeiten in der Außenpolitik ein, deren ganze Bedeutung sich erst im Lauf der Jahre zeigte. Präsident Carter war von Natur ein guter Mensch, integer, wohlmeinend, ernsthaft bestrebt, nach edlen Maximen zu leben. Aber er war naiv und unerfahren. Er war überzeugt, daß, wer wirklich mit aller Intensität das Gute wolle, dies auch erreichen werde. Im Wahlkampf hatte er geschworen, er werde, anders als Präsident Nixon und Präsident Ford, sich auf Innenpolitik konzentrieren und nicht wie jene alles Augenmerk auf die Außenpolitik richten. Aber das erste, was er dann tat, war, sich auf außenpolitische Probleme zu stürzen und ausgerechnet auf das schwierigste von allen, auf die Beziehungen zur Sowjetunion.

Im Januar 1977 hatte er die Regierung übernommen, im März schickte er Außenminister Vance nach Moskau mit neuen Vorschlägen für das praktisch fertig ausgehandelte Salt-II-Abkommen. Vance kam unverrichteter Dinge wieder zurück. Carter hatte schon zuvor verkündet, er werde Einhaltung oder Verletzung der Menschenrechte zum Kompaß seiner Außenpolitik machen. Es gab wahrlich genug Länder, in denen die Menschenrechte mit Füßen getreten wurden, von Idi Amins Uganda über die südamerikanischen Militärdiktaturen bis zu den Staaten des östlichen Lagers.

Hätte Carter ihnen allen gegenüber seine Maximen gleichermaßen angewandt, hätte man dies wohl begrüßen können – aber er operierte mit ihnen zunächst nur gegenüber der Sowjetunion. Er empfing Solschenizyn, er schrieb persönlich einen Brief an Sacharow, er verurteilte die sowjetischen Führer und stellte Forderungen an ihr Wohlverhalten. Kurz, er machte die Menschenrechte zu einem Instrument im Kampf gegen die Sowjetunion.

Die Folgen ließen nicht lange auf sich warten. Schon nach wenigen Monaten waren die wichtigsten Führer der vier Bürgerrechtskomitees, die sich nach Helsinki in der Sowjetunion gebildet hatten, in Gefängnissen und Lagern. Nie zuvor waren solche Komitees oder auch nur ähnliche Aktivitäten in der Sowjetunion geduldet worden – nun aber wurde eine gerade aufkeimende Hoffnung zunichte gemacht.

Henry Kissinger hatte mit weniger Aufwand an verbaler Moralität weit mehr erreicht. Er hatte bei seinen Verhandlungen mit Dobrynin, dem Botschafter der Sowjetunion, mehrfach eine Liste überreicht und gebeten, für die Freilassung der dort Verzeichneten Hilfe zu leisten, weil dies als Zeichen guten Willens gewertet werde und damit der Fortgang der Verhandlungen erleichtert würde. Auf diese Weise hat Kissinger Hunderten von Sowjetbürgern helfen können. Auch Solschenizyn und Bukowski sind aufgrund dieser Methode aus der Sowjetunion herausgekommen. Aber das ging natürlich nur in vertraulicher Absprache. In dem Moment, in dem der Präsident der Vereinigten Staaten öffentlich Bedingungen, Forderungen, quasi Ultimaten stellte, funktionierte nichts mehr. Ich schrieb damals im März 1977 einen Leitartikel, der den Titel trug ›Mit Volldampf in den Fehlstart‹.

Carters Unerfahrenheit, zu der, wie sich mit der Zeit herausstellte, auch Unbelehrbarkeit kam, sowie Unstetigkeit, mit anderen Worten, die Unmöglichkeit vorauszusehen, was seine Reaktionen sein werden und was seine Pläne sind, waren für Freund und Gegner gleichermaßen unerträglich. Sie verhinderten gerade das, was doch in dieser gefährlichen, immer komplizierter werdenden Welt das Ziel sein muß: Stabilität. Sie ließen den beruhigenden Zustand nicht aufkommen, der allein die Voraussetzung zur Erreichung jenes Zieles sein kann: Berechenbarkeit – das heißt, die Signale zu verstehen, die der andere gibt.

Henry Kissingers stetiger Politik war es gelungen, den Sowjets deutlich werden zu lassen, daß die beiden ideologisch so verschiedenen Systeme dennoch durchaus gemeinsame Interessen haben, die gepflegt werden müssen, eben die Stabilität und damit den Frieden. Diese Phase war nun leider vorbei. Jetzt handelten beide Supermächte, ohne ein lang-

254

fristiges Konzept und ohne abgestimmtes Krisenmanagement, jeder auf seine eigene Faust.

Im Herbst 1979 erregte sich Carter plötzlich mit großer Vehemenz (»unannehmbar«) über die sowjetische Kampfbrigade, obgleich diese bereits seit vielen Jahren auf Kuba stationiert war; kurz darauf aber fand er sich wortlos mit dem alten Zustand wieder ab. Nach dem sowjetischen Einmarsch in Afghanistan kam von Washington zunächst überhaupt keine Reaktion. Dann aber erklärte Carter den Überfall zum gefährlichsten Ereignis seit dem Zweiten Weltkrieg. Offensichtlich hatte der sowjetische Entschluß ihn vollkommen überrascht, obgleich es Anzeichen für einen Coup gab.

Manche Leute mochten einwenden, was nutzt es, sich um Einverständnis mit den Russen zu bemühen, wenn sie es dann doch nur mißbrauchen, beispielsweise um wie verrückt aufzurüsten. Gewiß war dies ärgerlich und störend, aber wo stand eigentlich geschrieben, daß nur die eine Supermacht das Recht auf Überlegenheit hatte? Es war doch klar, daß beide diesen Zustand anstrebten. Als die Russen in der Kubakrise 1962 von den Amerikanern gezwungen wurden, ihre dort installierten Raketen wieder abzubauen, verhandelte John McCloy mit Kusnezow über die Einzelheiten, wie abgebaut werden solle und unter welchen Kontrollen. McCloy schildert den Verlauf so: »Alles wurde pünktlich und präzis, so wie wir es abgesprochen hatten, erfüllt. Wir waren damals so stark und überlegen, daß den Russen gar nichts anderes übrigblieb. Zum Abschied gaben wir uns die Hand, und Kusnezow sagte: ›Well, Mr. McCloy, you'll never find us in this situation again.‹« Was soviel hieß wie: Das passiert uns nicht noch einmal, also: So ungleich wird das Kräfteverhältnis nie wieder sein.

Das politische Gleichgewicht, also die globale Stabilität, hing zweifellos einerseits von der Aufrechterhaltung eines militärischen Gleichgewichtes ab, andererseits – und das sollte nicht vergessen werden – von ständigen Kontakten und von diplomatischer Aktivität. Nur so konnte man hoffen, akute Konflikte zu begrenzen und eines Tages vielleicht auch die Rüstung.

Der Einwand ist berechtigt, daß die sowjetische Doktrin, nationale Befreiungsbewegungen zu unterstützen, wo immer in der Welt sie entstanden, eine Festlegung auf den Frieden unmöglich machte. Lange vor Angola, Moçambique, dem Horn von Afrika, hatten Breschnew und Nixon 1972 vereinbart: »Die USA und die UdSSR legen größten Wert darauf, das Entstehen von Situationen zu verhindern, die zu einer gefährlichen Verschlechterung ihrer Beziehungen führen könnten. Beide Seiten erkennen an, daß Bestrebungen, direkt oder indirekt, einen einseitigen Vorteil auf Kosten des anderen zu erreichen, nicht im Einklang mit diesen Zielen stehen.«

Und als Breschnew im Mai 1978 in Bonn war, gaben er und Helmut Schmidt gemeinsam eine Erklärung ab, in der es heißt: »Beide Seiten betrachten es als wichtig, daß niemand militärische Überlegenheit anstrebt. Sie gehen davon aus, daß annähernde Gleichheit und Parität zur Gewährleistung der Verteidigung ausreichen.« Fazit: Absprachen so generellen Charakters sind bei einer Gegnerschaft, die sowohl ideologisch wie machtpolitisch bedingt ist, kaum als bindend zu bezeichnen, denn es handelt sich ja nicht um einen Vertrag, sondern um eine ganz allgemeine Willens-, besser Stimmungsbekundung. Um so wichtiger ist es, in ständigem Kontakt zu bleiben, um die spezifischen Konflikte und Krisen, die jeweils entstehen, eindämmen zu können.

Auch im Verhältnis zu den Freunden hatten Carters Unberechenbarkeit und Unstetigkeit Folgen. Die Europäer waren unabhängiger und selbständiger geworden. Es blieb ihnen auch gar nichts anderes übrig. Jeder hatte irgendwelche ernüchternden Erfahrungen gemacht, die Bundesrepublik beispielsweise hinsichtlich der Verhandlungen über das Problem der Neutronenbombe. Weil Carter so stark drängte, hatte Bundeskanzler Schmidt es unternommen, unter großen Mühen den Widerstand seiner Partei gegen eine mögliche Stationierung dieser Waffen zu überwinden; am Schluß aber stellte sich dann heraus, daß Präsident Carter, ohne etwas zu sagen, die Produktion abgeblasen hatte mit der Begründung, die Europäer könnten sich nicht entschließen.

Das Jahr 1978 mit der Gipfelkonferenz in Bonn stellt den Höhepunkt von Helmut Schmidts Ansehen als Staatsmann dar. Sein Renommee und das Vertrauen, das er allenthalben genießt, beruhen nicht zuletzt darauf, daß er, ohne je auch nur einen Moment von seiner Linie abzuweichen, stets drei Prioritäten für die Bundesrepublik als unabdingbar und existentiell vertreten hat: die enge Freundschaft mit Amerika, ein starkes atlantisches Bündnis und eine kraftvolle Europäische Gemeinschaft.

Daß zu Beginn des Jahres 1979 die Bundesrepublik, vielmehr Helmut Schmidt, zum erstenmal von Amerika, Großbritannien und Frankreich als vierter Partner zum Gipfel in Guadeloupe zugezogen wurde, zeigt, daß die beiden wichtigsten europäischen Nationen, Franzosen und Engländer, meinten, Amerika die Führung nicht mehr allein überlassen zu können, sondern daß die Europäer etwas enger zusammenrücken müßten. Auch Amerika selbst glaubte, wie die ›Financial Times‹ damals schrieb, »daß ohne die ökonomische und militärische Macht Westdeutschlands, ohne seinen Rat und in mancher Weise ohne sein Beispiel die Allianz ernsthaft und gefährlich geschwächt werden würde«.

Die Befürchtungen, die im Westen sporadisch immer wieder einmal laut werden, die Bundesrepublik könnte durch Moskau aus der Allianz herausgelockt werden – wofür dann gewöhnlich das Etikett »Rapallo« benutzt wird –, sind nie mit dem Namen Helmut Schmidts verbunden worden, sondern eher mit Äußerungen Herbert Wehners, der einmal gesagt hat, die sowjetische Rüstung sei defensiv und nicht offensiv, sowie mit Stellungnahmen Egon Bahrs oder Willy Brandts.

Das Ende des Jahrs 1979 zeitigte zwei Ereignisse, die noch weit in die achtziger Jahre hinein wirken sollten: den Nachrüstungsbeschluß der Nato und die sowjetische Invasion in Afghanistan. Bei der Nachrüstung ging es um folgendes: Seit Anbeginn war die »Schwert- und Schildtheorie« die Grundkonzeption der westlichen Verteidigung. Die europäischen konventionellen Kräfte stellten in diesem Bild den Schild dar, der – da der Osten konventionell weit überlegen war – zur Abschreckung und somit auch im Ernstfall durch das transatlantische Schwert, also die Fernbomberflotte und die interkontinentalen Raketen, ergänzt wurde.

Diese Konzeption hat im Lauf der Zeit gewisse Wandlungen durchgemacht. Zunächst war man von der *Massive retaliation* ausgegangen, das heißt von der Vernichtung industrieller Komplexe und Großstädte. Nach der neuen Doktrin der *Flexible response* war die Zielsetzung präziser: Man wollte die Abschußbasen der gegnerischen Interkontinentalraketen, Kommunikationszentren und Hauptquartiere zerstören können. Beide Supermächte verfügten über eine riesige interkontinentale Zerstörungskapazität – die Sowjets zusätzlich noch über Mittelstreckenraketen, die so plaziert waren, daß ein Drittel auf China und zwei Drittel auf Europa gerichtet waren.

Nach Angaben des Londoner International Institute for Strategic Studies (IISS) von Ende Mai 1981 verfügte die Sowjetunion damals über 220 bis 250 Atomraketen des Typs SS 20 mit je drei Sprengköpfen und mit einer Reichweite von 4400 Kilometern. Ein Jahr zuvor seien es insgesamt 160 Raketen gewesen, heißt es in dem Bericht. In einem Jahr waren also über 60 SS-20-Raketen dazugekommen, das heißt im Durchschnitt je Woche eine. Außerdem hatten die Sowjets die alten SS 4 und SS 5 mit nur einem Sprengkopf, die angeblich durch die SS 20 ersetzt werden sollten, zum großen Teil einfach stehengelassen – im Frühjahr 1981 waren noch 390 von ihnen auf Westeuropa gerichtet.

Während die Abschußrampen für die SS 20 alle im Laufe der letzten drei oder vier Jahre errichtet worden waren, hatte die Nato in der gleichen Zeit ihren Bestand an atomaren Trägerwaffen, mit denen sowjetisches Gebiet erreicht werden konnte, nicht vergrößert.

Es ist zwar zutreffend, daß der Westen es bisher nicht für nötig erachtet hatte, den alten SS 4 und SS 5 gegenüber ebenfalls Mittelstreckenraketen einzuführen, so daß man fragen mußte: Warum dann jetzt plötzlich diese ganze Aufregung? Antwort: Erstens handelte es sich bei der SS 20 um eine viel gefährlichere, präzisere, wirksamere und mobile – also schwer zu bekämpfende – Waffe; zweitens waren die Eile und Hartnäckigkeit, mit der diese Aufrüstung stattfand, einfach beunruhigend; und drittens hatte man bis dahin unterstellt, die US-Interkontinentalkapazität sei als Abschreckung ausreichend – auch für den europäischen Schauplatz. Diese Annahme war jetzt überholt, und zwar aus folgendem Grunde:

Das Salt-Abkommen sah vor, daß beide Supermächte über die gleiche Anzahl Interkontinentalraketen (ICBMs) verfügten, das heißt, sie neutralisierten einander. Jeder könnte theoretisch des anderen Potential außer Gefecht setzen. Zur Abschreckung der russischen auf Europa gerichteten Mittelstreckenraketen stünde dann nichts mehr zur Verfügung. Dadurch wurde das Gleichgewicht zwischen dem östlichen und dem westlichen Militärbündnis zuungunsten des Westens verschoben, denn nun war zu der konventionellen Überlegenheit des Ostens auch noch eine nukleare Überlegenheit im Mittelstreckenbereich getreten.

Der Nachrüstungsbeschluß sollte dazu dienen, dieses Ungleichgewicht entweder durch Verhandlungen abzubauen oder – falls diese scheiterten – auf westlicher Seite auch Mittelstreckenraketen einzuführen. Denn wenn das Ungleichgewicht zu groß würde – so die Argumentation –, dann würde die Abschreckung unglaubwürdig, und die Versuchung, diese Situation auszunutzen, würde für den Gegner unter Umständen übermächtig. Diejenigen, die meinten, man diene dem Frieden nur, wenn man aufhöre, sich weiter zu bewaffnen, simplifizierten das Problem. Es gibt Situationen, wo Aufrüstung den Frieden sicherer macht. Unter diesem Aspekt ist der Nachrüstungsbeschluß der Nato im Dezember 1979 gefaßt worden.

Einige Monate zuvor, im Juni 1979, hatte Helmut Schmidt auf der Reise nach Tokio in Moskau Station gemacht und die Gelegenheit benutzt, die sowjetische Führung noch einmal – wie schon bei Breschnews Bonnbesuch 1978 – eindringlich aufzufordern, von ihrer Mittelstreckenaufrüstung abzulassen, andernfalls sei die Nato gezwungen nachzurüsten. Die Sowjets aber nahmen keine Notiz von dieser Warnung, sondern rüsteten weiter auf. Daraufhin faßte die Nato am 12. Dezember 1979 den Doppelbeschluß, nämlich Wiederherstellung der Parität durch Abrüstungsverhandlungen oder durch westliches Nachrüsten in Europa. Falls dies notwendig werden sollte, würden von Ende 1983 bis 1988 572 Mittelstreckenwaffensysteme (108 Pershing II und 464 Cruise Missiles) in Westeuropa stationiert werden.

Es war vor allem Bundeskanzler Schmidt, der darauf bestanden hat, daß dieser Nachrüstungsbeschluß zu einem Doppelbeschluß ergänzt werde, daß also die Nachrüstung untrennbar mit einem Verhandlungsangebot an Moskau verbunden wurde. Schmidt war es auch gewesen, der 1977 in einer Rede vor dem IISS-Institut in London auf die sowjetische Überlegenheit im nuklearen Mittelstreckenbereich hingewiesen hatte. Jetzt hoffte er, die Nachrüstungsdrohung dazu zu nutzen, die Sowjets endlich zu ernsthaften Verhandlungen veranlassen zu könen, um die Entspannung im Herzen Europas aufrechtzuerhalten.

Das zweite Ereignis von weitreichender und langfristiger Bedeutung war der Einmarsch der Russen in Afghanistan im Dezember 1979. Dieser Überfall auf ein Land der Dritten Welt mitten im Frieden, der Hunderttausende in die Flucht trieb, versetzte die ganze Welt in Empörung.

18 Monate später gab es 1,8 Millionen afghanische Flüchtlinge in Pakistan – das entspricht etwa 10 Prozent der Bevölkerung Afghanistans. In der UN stimmten 104 Staaten für eine Resolution, die scharf gegen den Überfall protestierte und den sofortigen Rückzug der Russen verlangte. Eine Konferenz der islamischen Staaten, eigens zu diesem Zweck einberufen, tat das gleiche. Noch nie war Moskau so einhellig, so weltweit und so von Abscheu erfüllt kritisiert worden.

Washington zog alle Register: Carter sperrte den Teil der Getreidelieferungen, der über den von Kissinger langfristig abgeschlossenen Vertrag von acht Millionen Tonnen hinausging – es handelte sich dabei um 17 Millionen Tonnen; er belegte elektronische Geräte und Erdöltechnologie mit einem Embargo; er gab dem Amerikanischen Olympischen Komitee den Rat, nicht zur Sommerolympiade nach Moskau zu fahren, falls die Sowjets bis zum 20. Februar Afghanistan nicht wieder geräumt hätten, und er trat für eine Aufstockung des Verteidigungshaushalts ein.

Die europäischen Bündnispartner wurden beschworen, diesem Beispiel zu folgen. Die Bundesrepublik stand dabei unter besonderem emotionalen Druck. Obgleich Bonn alle in Frage stehenden Lieferungen einstellte bis auf die, zu denen es – ähnlich wie die USA mit ihrem bindend verabredeten Getreidekontingent – durch langfristige Verträge verpflichtet war, und obgleich die Bundesrepublik das einzige größere Land ist, das die Olympiade boykottiert hat, wurde gerade Bonn häufig vorgeworfen, es habe nicht genügend Solidarität bewiesen.

Als leuchtendes Beispiel wurde Mrs. Thatcher hervorgehoben, woraus hervorgeht, wie wichtig den Amerikanern verbale Bekundungen sind: Mrs. Thatcher, die sofort in bewegenden Worten die Gemeinsamkeit beschwor, galt darum als besonders treuer Alliierter, obgleich die Briten dann doch zur Olympiade reisten. Die Sportler der Bundesrepublik dagegen durften nicht gehen, dennoch wurde Helmut Schmidt »Drückebergerei« vorgeworfen, weil er für den Rat an das Nationale Olympische Komitee (NOK), das die letzte Entscheidung zu treffen hat, nicht, wie Carter, den 20. Februar als Frist gesetzt hatte, sondern den 15. Mai, also den letzten Termin für die Anmeldung zur Olympiade.

In einer Regierungserklärung vom 20. März 1980 sagte Schmidt: »Auch heute sind diese Bedingungen nicht gegeben, denn Besetzung und Kämpfe in Afghanistan dauern unvermindert an. Die olympische Idee ist aber seit ihren Anfängen im klassischen Griechenland untrennbar mit dem Zustand des Friedens unter den Völkern verbunden. Wenn der Frieden in Afghanistan nicht wiederhergestellt wird, wird eine gemeinsame Konsequenz unvermeidlich.« Es war also nie die Frage, »gehen oder nicht gehen«, sondern die Absicht war, erstens den Sowjets die Chance zur Umkehr bis zum letzten Moment offenzulassen und zweitens zu beweisen, daß der Entschluß auf eigener Initiative beruhte und nicht auf Befehlen Amerikas.

Der falsche Eindruck, der darüber in Amerika entstand, ist von John Vinocur, dem Bonner Korrespondenten der ›New York Times‹, der gewöhnlich jede Möglichkeit nutzte, die Bundesrepublik und vor allem Bundeskanzler Schmidt in abträglichem Licht erscheinen zu lassen, sorgsam gepflegt worden. Selbst ein Jahr später, im Mai 1981, schrieb er anläßlich Schmidts Reise zum ersten Treffen mit Präsident Reagan: »Als die Carterregierung nach dem sowjetischen Einmarsch in Afghanistan von Westdeutschland eine kämpferische Haltung der Sowjetunion gegenüber forderte, hat Schmidt erkennen lassen, daß er die amerikanische Politik konfus, unberechenbar und gefährlich fand« – als hätte Schmidt mit dieser Meinung damals allein dagestanden und nicht fast ganz Amerika sie geteilt.

Der Korrespondent meint, es sei Schmidts Verachtung

*(contempt)* gewesen, die die antiamerikanischen Gefühle in seiner Partei – gegen die er jetzt kämpfen müsse, um zu überleben – legitimiert habe. Und er empfindet Genugtuung darüber, daß Schmidt nun genötigt sei, als, wie er sagt, Bittsteller nach Washington zu reisen.

Die ›New York Times‹, die oft für exemplarisch gehalten wird, ist in ihrer Berichterstattung über die Bundesrepublik tatsächlich einzigartig. Fast alle anderen amerikanischen Zeitungen stimmten damals einen ganz anderen Tenor an. Einer der bekanntesten Kolumnisten, Joseph Kraft, schrieb zu dem gleichen Ereignis in der ›Washington Post‹: »Amerikas bester Freund in der Welt ist heute wahrscheinlich Westdeutschlands Kanzler Helmut Schmidt… Die internen Schwierigkeiten, die ihm zu schaffen machen, erwachsen zum großen Teil aus seiner Bereitschaft, als Freund Amerikas an dessen Seite im Streit gegen die Sowjetunion zu stehen. Er ist nach der Invasion Afghanistans in der Durchführung von Sanktionen gegen Rußland weiter gegangen als irgendein anderer der europäischen Regierungschefs.«

Die Bundesrepublik bekam die neue Frostperiode sehr bald zu spüren. Gleich nachdem Honecker Ende Januar von einer Reise nach Moskau zurückkehrte, sagte er das vorgesehene Treffen mit Bundeskanzler Schmidt ab. Die Tschechen luden Außenminister Genscher höflich aus, und der ungarische Außenminister bedauerte, seinen für die gleiche Woche annoncierten Besuch in Bonn verschieben zu müssen. Wirtschaftsminister Graf Lambsdorff fuhr nicht, wie vorgesehen, nach Polen, Arbeitsminister Ehrenberg nicht, wie verabredet, nach Moskau.

Bonn hatte gehofft, die Entspannung wenigstens in Europa erhalten zu können, aber dies wurde nun immer fraglicher. Es gelang dem Kanzler nur, beim Besuch des stellvertretenden US-Außenministers Warren Christopher diesen davon zu überzeugen, daß es sehr unzweckmäßig wäre, den Schutzbereich der Nato bis zum Indischen Ozean auszudehnen und deutsche Kriegsschiffe zur Unterstützung der amerikanischen Marine in den Persischen Golf zu schicken – weil dies mit Sicherheit die Sowjets zu neuer Expansion provozieren würde.

Im Falle Afghanistans meinten die Sowjets offenbar, Zeichen wahrzunehmen, die darauf hindeuteten, daß die Amerikaner, um ihre iranischen Geiseln zu befreien, etwas in Afghanistan planten. Für Moskau war die Vorstellung, neben den Chinesen und dem unberechenbaren Chomeini auch noch die Amerikaner als Nachbarn zu bekommen, offenbar zuviel. Sie glaubten, die Amerikaner daran zu hindern, sich einen neuen Stützpunkt zu errichten, und gruben sich selber eine Grube; denn hätten sie ein Jahr später zu entscheiden gehabt, »Polen oder Afghanistan«, hätten sie zweifellos gefunden, daß Polen viel wichtiger ist.

Der eisige Hauch, der von den erkaltenden Superblöcken ausging, wehte also damals auch über Zentraleuropa. Doch Moskau sagte den vorgesehenen Besuch Helmut Schmidts in Moskau nicht ab. Und nachdem der Kanzler sich mit den anderen Bündnispartnern abgestimmt hatte, die zwar nicht begeistert waren, weil sie wohl befürchteten, er könne in seinem Bemühen, die Entspannung zu erhalten, zu weit gehen, die aber auch nicht an einer Absage schuld sein wollten, reiste er im Juli in die sowjetische Hauptstadt.

Er hatte darum gebeten, ob das Politbüro möglichst vollzählig zu dem obligaten Galadiner eingeladen werden könne. Bis auf zwei der in fernen Regionen Amtierenden waren dann auch alle erschienen. Schmidt hatte die Übersetzung dessen, was er zu sagen vorhatte, zuvor verteilen lassen, so daß die Anwesenden der Rede folgen konnten. Als er zum Thema Afghanistan kam und kein Blatt vor den Mund nahm, knallte der neben ihm sitzende Suslow plötzlich das Manuskript auf den Tisch, einige andere folgten dem

Beispiel und legten das ihre – freilich nicht ganz so demonstrativ – beiseite.

Während der Unterhaltung mit Helmut Schmidt sah ich vor meinem geistigen Auge den Kanzler der kleinen Bundesrepublik in dem große Kreml vor den mächtigen Mitgliedern des Politbüros stehen – ich unterbrach seine Erzählung und sagte: »Da muß Ihnen aber ganz schön bange geworden sein?«

»Und wie! Ich glaube, ich habe von da an sehr viel schneller gelesen, um rasch zum Ende zu kommen.«

»Ja, und was passierte dann am Ende?«

»Einige Sekunden war es beängstigend still – dann klatschte Breschnew, und dann fielen alle ein.«

Ich selbst war zu jener Zeit gerade in Washington, und als ich am anderen Morgen ins State Department ging, sagte man mir dort voller Bewunderung: »Euer Kanzler hat eine sehr mutige Rede gehalten.« Mehr kam bei dieser Reise wohl auch nicht heraus, aber die Entspannungsgläubigen waren froh, daß der Kontakt aufrechterhalten worden ist, und die Skeptiker sahen, daß man nicht unbedingt gefressen wird, wenn man in die Höhle des Löwen geht, und daß man auch nicht automatisch die eigenen Interessen preiszugeben hat.

Das verschobene Treffen Schmidt–Honecker sollte dann im August in Rostock stattfinden. Das Vorkommando war bereits dort, um alles vorzubereiten, da wurde es – diesmal von Bonn – abgesagt. Die SED hatte den Wunsch geäußert, das Besuchsprogramm zu ändern und die Hafenstadt Rostock ganz zu streichen. In Rostock hatte es offenbar schon mehrfach Protestaktionen wegen mangelnder Versorgung gegeben. Da sich überdies die Unruhen in Polen intensiviert hatten, befürchtete die SED wohl ein Übergreifen auf die DDR. Nach eingehenden Beratungen entschloß sich Bonn daher, den Besuch abzusagen.

Inzwischen war der Wahlkampf in der Bundesrepublik angelaufen. Im Juli 1979 hatte die Union Franz Josef Strauß als ihren Kanzlerkandidaten nominiert. Und nun sah man mit Spannung dem Zweikampf der beiden großen Matadore entgegen. Strauß und Schmidt, das waren schließlich die stärksten Potenzen in Bonn: beide, wie es heißt, Vollblutpolitiker, beide wortgewaltig, schlagfertig, kenntnisreich, auch demagogisch und brutal, wenn es darauf ankam. Die Boulevardblätter begannen, die Biographien und Aussprüche der beiden, ihre Stellungnahmen zu verschiedenen Problemen, ihr Einkommen, ihre Essens-, Lebens-, Lese- und Schreibgewohnheiten zu vergleichen. Dabei fallen merkwürdige Parallelitäten bei diesen so verschiedenen Männern ins Auge:

Beide glänzten in der Schule und bei allen Examen. Beide waren im Krieg bei der Flak. Jeder von ihnen schrieb drei Bestseller (Auflage jeweils 50 000), beide verlegten bei Seewald. Beide waren zuerst Verteidigungsminister und dann Finanzminister. Beide waren überzeugt, daß Wissen Macht ist: Schmidt hatte schon Volkswirtschaft und Finanzpolitik fertig studiert, als er anfing, sich in ein neues Gebiet einzuarbeiten. Nächtelang studierte er alles über Sicherheitsprobleme und schrieb darüber dann drei Standardwerke. Der Altphilologe Strauß hatte bereits drei Ministerämter hinter sich (Sonder-, Atom- und Verteidigungsministerium), als er nach Innsbruck ging, um öffentliches Recht und Finanzpolitik zu studieren. Seit 1965 war er dann erfolgreicher Finanzexperte im Bundestag und schließlich in der Großen Koalition Finanzminister.

Beide waren selbstbewußt und ließen sich nichts vorschreiben. Schmidt: »Ich rede keinen Quatsch, ich rede meine Meinung.« Strauß: »Ich bin, wie ich bin. Alles andere ist mir wurscht. Ich laß mich doch nicht zum Tanzbär machen.« Beim Einkommensvergleich, den ›Bild‹ aufstellte, schloß Strauß um netto 2 000 DM besser ab als Schmidt. Der

Bundeskanzler verdiente nach Abzug von Steuern und Miete für den Kanzlerbungalow laut ›Bild‹:

netto DM 7 400
plus DM 2 000 Aufwandsentschädigung
plus DM 6 600 Diäten als Bundestagsabgeordneter
zusammen DM 16 000 netto

Der bayerische Ministerpräsident verdiente:
brutto DM 14 888 Gehalt
plus DM 3 375 Diäten als Landtagsabgeordneter
plus DM 2 850 Kostenpauschale
plus DM 2 350 Pension als Bundestagsabgeordneter
zusammen DM 23 463 brutto = netto circa DM 18 000

Es ist erstaunlich, daß zwei Männer, die so viele Gaben in gleich hohem Maße haben – Intelligenz, Redegewandtheit, Energie, Strebsamkeit, Vitalität –, so verschieden sein können. Es lohnt sich, beide einmal unter diesem Gesichtspunkt zu betrachten.

Schmidts Grundhaltung ist demokratisch, auch wenn er manchmal einen barschen, unduldsamen Eindruck macht. Er arbeitet gern im Team, diskutiert mit Leidenschaft, hört auch gern zu, jedenfalls wenn das, was jemand vorträgt oder berichtet, interessant ist.

Er besitzt vier Eigenschaften, die den Staatsmann ausmachen: Er analysiert scharf und präzis, er vermag abzuschätzen, was unter den jeweiligen Umständen machbar ist, er besitzt Entschlußfähigkeit, um die entsprechenden Entscheidungen zu treffen, und schließlich verfügt er über die notwendige Beredsamkeit und Formulierungsgabe, um die Leute von der Richtigkeit seiner Entscheidung zu überzeugen.

Seine Urteilsfindung beginnt, wie er selber bekennt, immer mit einer instinktiven Reaktion, die dann durch eigenes Nachdenken rational und sachbezogen erhärtet und danach in Gesprächen mit Freunden und Sachverständigen überprüft wird. Schmidt selber sagt unter Berufung auf Max Weber, ein Politiker müsse drei Eigenschaften besitzen: Leidenschaft, Verantwortungsgefühl und Augenmaß; von sich aus fügt er noch hinzu: Einfühlungsvermögen, Beredsamkeit und Zivilcourage. Kritiker bezeichneten ihn oft als Schulmeister und behaupteten, es habe gar keinen Zweck, sich mit ihm zu unterhalten, weil er nach fünf Minuten doch anfange, seinen Gesprächspartner zu belehren. Schmidt sei ein »ungnädiger Besserwisser«, sagten sie.

Richtig ist, daß Helmut Schmidt über eine gute Portion Arroganz verfügt, die zu verschleiern er sich entwaffnend wenig Mühe gibt. Als ein Interviewer ihn einmal fragte, ob er nicht eine Mannschaft, die ihm zuarbeite, oder wenigstens intellektuelle Gesprächspartner als ständige Begleiter entbehre, antwortete er: »Nein, intelligent bin ich selber. Ich brauche einen Beamten, der mich kontrolliert.« Und ein andermal: »Ich bin nicht vollkommen zufrieden mit meiner Partei und die nicht mit mir. Aber ich finde keine bessere Partei, und die haben keinen Ersatz für mich.«

Die Besonderheit der Intelligenz dieses Bundeskanzlers besteht darin – und das kommt in jenen leicht ironischen Statements gut zum Ausdruck –, daß sie sozusagen doppelgeistig ist. Er besitzt alle Fähigkeiten des Intellektuellen zur Analyse, gleichzeitig aber auch jene praktisch zupackende Intelligenz des »Gewußt wie und wo«. Auch trägt er den unentbehrlichen Zweifel in der eigenen Brust, was ihm gelegentlich zwar zu schaffen macht, aber im ganzen ein nützliches Korrektiv für seine manchmal erschreckende Selbstgewißheit ist.

Schmidt bezeichnete sich gern als den leitenden Angestellten der Bundesrepublik Deutschland, denn aus Angst vor Sentimentalitäten liebt er trockene oder auch forsche Formulierungen. Berthold Beitz sagt von ihm: »Er liegt auf derselben Wellenlänge wie die Leute in der Industrie, wie zwei Zahnräder, die ineinandergreifen. Sie könnten ihn ›on top‹ von Krupp setzen oder Hapag-Lloyd. Er würde das hervorragend machen, weil er auf dem Gebiet des Managements hoch begabt ist.«

Schmidt selber zu diesem Thema: »Geistige Führerschaft vermißt der Oppositionsführer? Ich glaube nicht, daß der Staat eine sinnstiftende Instanz sein sollte und die Regierung schon gar nicht.« Das sei Sache von Philosophen und Autoren, Universitäten und Kirchen, so meint er. Als 1980 drei Intellektuelle – Fritz J. Raddatz, Siegfried Lenz und Günter Grass – auszogen, um in einem langen Interview, das dann in der ›ZEIT‹[1] gedruckt wurde, den ungeistigen »Macher« aufs Kreuz zu legen, gab's hinterher niemanden, der nicht fand, der einzige, der dies gut überstanden habe, sei Helmut Schmidt gewesen.

Das Gespräch begann mit der Unterstellung, die Sozialdemokratie – gemeint war natürlich Schmidt – sei reaktionär in ihrer Einstellung zur Kunst und mißtraue den Intellektuellen. Schmidt, der sich speziell für Malerei interessiert, Henry Moore verehrt, selber Musik macht und ein unermüdlicher Allesleser ist, bezeichnet sich mit Recht als Intellektuellen: »Aber ich hätte einen Horror davor, wenn die in jüngster Zeit sehr deutlich sich ausprägende Tendenz zu immer weiter verbreiteter Hochschulbildung in unserer Gesellschaft dazu führte, daß in sozialdemokratischen Ortsvereinsversammlungen nur noch die Studierten das Wort führen und der Arbeiter nicht mehr zu Wort käme. Davor hätte ich Angst.«

»Sagen Sie bitte, warum?«

»Kultur einzuengen auf das, was Intellektuelle hervorbringen, wäre unredlich. In vergangenen Jahrhunderten sind die großen Künstler normalerweise aus einem handwerklich erlernten Beruf hervorgegangen. Das gilt für die große italienische Malerei über mehrere Jahrhunderte; das gilt für Veit

[1] ›DIE ZEIT‹, Nr. 35, vom 22. 8. 1980.

Stoß, Tilman Riemenschneider, das gilt für die großen Kathedralenbauer in Nordfrankreich und in Deutschland, das gilt für die ganze Backsteingotik entlang der Ostsee, um nur ein paar Beispiele herauszugreifen. Also Kultur gab es und gibt es, ohne daß notwendigerweise Intellektuelle dabei den wesentlichen Anteil haben müssen. In vielen Fällen ist dann der große, der begabte, der begnadete Künstler im Lauf seines Lebens ein Intellektueller geworden – das ist schon wahr.«

Und zum Thema, er setze keine Zeichen, er vernachlässige die Kultur, meinte einer der drei provozierend: »Wenn da einer wohlwollend meine, Helmut Schmidt setze sein Licht nur unter den Scheffel, dann müsse man doch fragen: Ist da überhaupt ein Licht oder nur ein Scheffel?«

»Mir tun jene deutschen Gebildeten leid, die sich selber einreden, der jeweilige Regierungschef habe von Amts wegen auf kulturellem Gebiet Erziehungsfunktionen. Hat er nicht. Er hat auch nicht die Funktion des Vorphilosophierens für die deutsche Gegenwartsgesellschaft... So sehr wie Sie sich dagegen wehren würden, die Regierung als Kulturpalast zu akzeptieren, so sehr müssen Sie sich hüten vor der Vorstellung, daß die Regierung gefälligst ihren langen Arm gebrauchen solle, um das zu fördern, was Sie gerade im Augenblick in der künstlerischen Hervorbringung präferieren. Das ist nicht Aufgabe der deutschen Bundesregierung, der – nach dem Grundgesetz – jede kulturpolitische Betätigung sowieso ausdrücklich, und zwar so weit entzogen ist, daß sie schon nicht mal in der Lage ist, die Nationalstiftung gegen die zehn Bundesländer durchzusetzen.«

Helmut Schmidt ist sich der schweren Hypothek, die seit der Nazizeit auf Deutschland liegt, sehr bewußt. Sie ist ihm ständig präsent. Darum hat er sich auch nur im Verein mit Giscard und unter dessen Schutz getraut, in den letzten Jahren seiner Kanzlerschaft die Rolle des »politischen Zwerges« wenigstens teilweise abzulegen. Angesichts solcher Rücksichtnahme und Vorsicht ist es allerdings unverständlich, daß er es nicht fertigbrachte, abfällige Bemerkungen über Präsident Carter zu unterdrücken, obgleich er doch erfahren hatte, daß diese stets, auch wenn sie nur im kleinsten Kreis geäußert worden waren, auf irgendwelchen Wegen über den Ozean gelangten und drüben nicht nur bei Carter, sondern in der öffentlichen Meinung Schaden stifteten.

Ist Helmut Schmidt partiell unbeherrscht, so war Franz Josef Strauß total unbeherrscht. Teils aus Spontaneität und Temperament, teils aus Freude am Auftrumpfen, am Kämpfen, am Bessersein als andere, am Immer-noch-einen-Draufsetzen. Dieses Verhalten entsprang zum einen seinem großen Engagement für das, was er jeweils dachte oder tat, und war zum anderen wohl auf einen Mangel an Distanz – auch zu sich selbst – zurückzuführen.

Wenn seine Reden nicht schon mit einem Donnerschlag begannen, dann steigerten sie sich im Verlauf der Ausführungen zu gewitterartigen Turbulenzen. Man muß gar nicht an die geheimen Niederschriften von Klausurtagungen der CSU denken, die dann irgendwo auftauchten und von denen man nie wußte, wie authentisch sie waren. Es genügt, die offiziellen Reden nachzulesen. Im Oktober 1959, nach den Ereignissen in Ungarn, meinte er in einer Rede in Hollfeld, der Westen habe die Möglichkeit, die Sowjetunion »auszuradieren«. Beim Berliner CDU-Parteitag im Mai 1980 sagte er:

»Und am allerwenigsten lassen wir uns von einem sogenannten Schriftsteller (gemeint war Bernt Engelmann) Lehren erteilen, der vom rechten Scheckbetrüger zum linken Sittenverderber geworden ist.«

»Die Machthaber im Kreml sind die Meister des Spiels, aber Helmut Schmidt ist nicht der Gegenspieler, er ist nur eine Figur in ihrem Spiel... In seiner Unfähigkeit und Skrupellosigkeit läßt er sich in die sowjetische Einschüchterungspropaganda einspannen.«

Der Kanzlerkandidat nannte den Kanzler »größenwahnsinnig«, »reif für eine Nervenheilanstalt«, »Kriegskanzler«,

»Werkzeug der psychologischen Kriegführung Moskaus«.
»Wenn Lächerlichkeit töten könnte, wäre er kein Konkurrent mehr für mich.«

Kein Politiker stand so lange ununterbrochen im Rampenlicht wie Franz Josef Strauß, war so kontrovers wie er, Ausbund allen Übels den einen und bewundertes Genie den anderen, immer aber ein Zerrbild, ein Klischee seiner selbst.

Strauß war gleich, nachdem er aus der Wehrmacht entlassen wurde, in die Politik gegangen. Er war beteiligt an der Gründung der CSU, deren Generalsekretär er schon 1948 wurde. Seit 1949 war er im Bundestag. Damals war er 33. Mit 34 war er stellvertretender Fraktionsvorsitzender, mit 38 Sonderminister, mit 41 Verteidigungsminister. Wie in einem Vulkan, der noch nicht zur Ruhe gekommen war, rumorte es in Strauß. Stets war er in Bewegung – mal grollend, mal explodierend. Unrast war sein Kennzeichen. Zu seiner Dämonisierung hat er selbst am meisten getan. Mehr noch durch Verbalismus als durch Aktionismus, denn im Handeln war er eher zögernd.

Einen so gebildeten Politiker – im Bundestag wurde er nur von Carlo Schmid an Bildung übertroffen – mußte es schmerzen, daß der stürmisch begonnene Aufstieg nie zur höchsten Spitze führte. Aber es ist nicht untypisch für ihn, daß, als er sich schließlich 1979 entschloß, die Kanzlerkandidatur anzunehmen, er dies bereits am nächsten Tag bereute und versucht hat, den Entschluß wieder rückgängig zu machen.

Franz Josef Strauß hatte ein phänomenales Gedächtnis, aber er neigte dazu, zu vergessen, daß er seine Meinung häufig geändert hat. So war es zu Zeiten des von ihm verehrten de Gaulle ein ausgesprochener Kritiker Amerikas. Er war es, der die damals von der CDU geführte Bundesregierung gegen die Entspannungspolitik Washingtons einnahm. Er kämpfte gegen den Atomsperrvertrag: »...ein neues Versailles, und zwar eines von kosmischen Ausmaßen.« Er träumte von einer eigenständigen europäischen Atomstreitmacht: »...eine völlige Bindung der deutschen Politik an Washington würde nicht nur den Spielraum der deutschen Politik vermindern und sie zu einer Funktion der amerikanischen Politik machen, sondern sie würde auch das Zusammenwachsen Europas zu einer politischen Einheit verzögern – wenn nicht verhindern.«

Jetzt behauptete er, Schmidts »angebliche Friedenspolitik« führe zur Abkoppelung von Amerika und das sei lebensgefährlich. Auch wies er im Wahlkampf darauf hin, daß Helmut Schmidt seinerzeit im Bundestag gegen die Einführung der Wehrverfassung und gegen den Beitritt zur Nato gestimmt hat. Vergessen hat er offenbar, daß er 1949 den berühmten Ausspruch tat: »Wer noch einmal ein Gewehr in die Hand nehmen will, dem soll die Hand abfallen.«

Von Günter Gaus[1] im April 1964 über diesen Ausspruch befragt, sagte Strauß: »Ich hätte gewünscht, daß diese Notwendigkeit erst wesentlich später an uns herangetreten wäre..., weil die Übertreibung des Militärischen, die Perversion der Gewaltanwendung als Mittel der Politik, diese völlige Entsittlichung unserer Politik durch Anbetung der nackten, brutalen Gewalt einen Ernüchterungsprozeß in unserem Volk ausgelöst hat, der eine bestimmte Gesundungsphase erfordert hätte.«

Strauß war kein Nazi – war nicht Faschist, wie seine Feinde behaupteten. Er war es auch nie gewesen. Seine Religiosität und sein Vater bewahrten ihn davor, Mitglied der NSDAP zu werden. Zwar war er im Reden gewaltiger und entschlossener als im Handeln, aber er war nicht feige, wie seine Widersacher behaupteten: Als siebenundzwanzigjähriger Leutnant vor Stalingrad widersetzte er sich dem Befehl, mit seiner Batterie ohne Infanteriebegleitung nach vorne zu gehen. Eine Weigerung, die ihm leicht den Kopf hätte kosten können, die aber seinen Landsern das Leben rettete.

---

[1] Günter Gaus: Zur Person, Bd. I. München 1964.

Sein großes Handikap war der Mangel an Selbstbeherrschung und seine unzulängliche Menschenkenntnis. Wenn Strauß als Redner annonciert wurde – gleichgültig wo in der Bundesrepublik –, dann strömte das Volk zusammen. Alle wollten ihn hören, nicht weil sie neue Erkenntnisse von ihm erwarteten, sondern weil es immer eine Gaudi war, weil er so schön schimpfen konnte, weil er so bedenkenlos im Angreifen war, weil ihm die Wortspiele und Superlative nur so zuwuchsen: Er pflückte sie scheinbar mühelos zusammen und band sie wie selbstverständlich zu einem Strauß, der für jedermann eine Augenweide war: Er beklagte »die Entstaatlichung der Politik, die Entmoralisierung des Verbrechens und die Entpsychiatrisierung der Geisteskrankheiten«.

Der Wahlkampf 1980 war durch eine starke Personalisierung charakterisiert. Strauß konzentrierte sich ganz auf Attacken gegen den Sozialismus, der die freiheitspolitische Ordnung im Inneren zerstöre und außenpolitisch zur Kapitulation vor dem Kommunismus führe. Die oft leichtfertige Finanz- und Haushaltspolitik, die ein nützliches Thema für Angriffe der Opposition geboten hätte, trat dagegen sehr zurück.

Die Koalition revanchierte sich, indem sie Strauß als friedensgefährdend, als Bedrohung schlechthin anschwärzte. Genscher, als Chef der dritten Partei, der es vor den Wahlen immer um Profilierung geht, fand es angesichts der Personalisierung, die der Zweikampf mit sich brachte, sehr schwierig, einen dritten Standpunkt zu vertreten. Dennoch ging Genscher als Sieger aus der Wahl hervor. Freilich vorwiegend deshalb, weil es viele Unionswähler gab, die ihre Stimme nicht Strauß geben wollten und die für Schmidt, aber gegen die SPD waren – sie wichen auf Genscher aus.

Dank der großen Zunahme der FDP gewann die Koalition eine Mehrheit von 45 Sitzen. Daß dies ein fragwürdiger Erfolg sein würde, war ganz klar. Große Mehrheiten, die sich ja schließlich aus vielen verschieden gefärbten Gruppen zusammensetzen, verführen immer dazu, daß dann jede ihr Steckenpferd besteigt. Als Brandt im Herbst 1972 so erfolgreich aus den Wahlen hervorging, war es genauso. Für die FDP, die bei den Wahlen im Mai in Nordrhein-Westfalen an der Fünfprozentklausel scheiterte und nicht mehr ins Parlament des volkreichsten Landes kam, bedeutete dieser Sieg allerdings eine große Stärkung ihres Selbstvertrauens.

Genscher war der mächtigste Außenminister der westlichen Welt, denn er war nicht nur Minister im Kabinett und damit abhängig vom Regierungschef, sondern der Regierungschef war auch von ihm abhängig, weil Genscher Vorsitzender der FDP war, Führer einer schwierigen Partei, die in mehreren Ländern mit der Bonner Opposition koalierte. Alexander Haig konnte, wenn er dem Weißen Haus nicht mehr paßte, ausgewechselt werden – Genscher konnte das nicht passieren, denn dann würde in Bonn die Koalition auseinanderbrechen.

Es gab – mindestens scheint es so – eine außenpolitische Rollenverteilung zwischen den beiden Koalitionschefs Schmidt und Genscher, die weniger bewußt geplant war, als daß sie wohl der verschiedenen Wesensart der beiden Politiker entsprach. Schmidt war fraglos und anerkanntermaßen ein hundertprozentiger Atlantiker, aber er war bemüht, das Gespräch mit Moskau nie abreißen zu lassen, weil er wußte, daß dieses aus zwei Gründen unerläßlich war; einmal, um das potentiell stets gefährdete Berlin zu schützen, und zum anderen, weil nur auf diese Weise Krisen bekämpft oder rechtzeitig eingedämmt werden konnten. Außerdem lagen ihm ideologische Motive und Argumente nicht.

Schmidts Überzeugung war, daß die verschiedenen Gesellschaftssysteme, die ja gleichzeitig auch Rivalen um die Macht waren, ohne Krieg nebeneinander nur leben konnten, wenn sie füreinander berechenbar waren. Wie aber konnten sie dies sein, wenn sie nicht ständig in Kontakt miteinander waren.

Genscher war genauso überzeugt, daß das Schicksal einer freiheitlichen Bundesrepublik unauflösbar mit dem Amerikas verknüpft war, aber der geborene Sachse war vielleicht nicht ganz so mühelos bestrebt, gute Beziehungen zur Sowjetunion aufrechtzuerhalten und zu entwickeln. Darum war er auch lange Zeit die Zielscheibe östlichen Zorns.

Gleich nach der Wahl vom Herbst 1980 begann der Katzenjammer. Noch wurden die Steckenpferde nicht gesattelt, aber ein Thema, das bisher verdrängt worden war, stand jetzt drohend vor den Verantwortlichen der Regierung: die Finanzmisere. Die Gründe lagen auf der Hand. Geringe Wachstumsraten, hohe Ölpreise, riesige Verschuldung, steigende außenpolitische Finanzbelastungen.

Jetzt stellte sich heraus, daß Investitionen, Anschaffungen und der Ausbau des sozialen Netzes, die alle in einer Zeit hohen Wirtschaftswachstums und niedriger Arbeitslosigkeit unschwer machbar schienen, undurchführbar geworden sind. Niemand weiß das Problem zu lösen, wie man langfristige Verpflichtungen, die während der fetten Wachstumsjahre eingegangen worden sind, heute in den mageren Jahren finanzieren soll – das gilt für den sozialen Bereich genauso wie für den militärischen.

Jetzt war Heulen und Zähneklappern die allgemeine Reaktion, und viele Warnungen wurden laut. Wirtschaftsminister Graf Lambsdorff verlangte höhere Leistungsbereitschaft. Otto Wolff von Amerongen, der Präsident des Deutschen Industrie- und Handelstages, ermahnte alle, das Anspruchsdenken dem Staat gegenüber einzustellen. Bundesbankpräsident Karl-Otto Pöhl entwarf düstere Prognosen. Auch er predigte Steigerung der Leistung und Mäßigung aller Forderungen. Überall wurden Streichungen notwendig, werden Einstellungsstopps verkündet, wird Durchforstung des Subventionsdschungels versprochen.

Allein der Abbau von Subventionen aber erforderte ungewöhnlichen Mut und Durchhaltevermögen, denn je mehr

Branchen in rote Zahlen gerieten, desto schwieriger wurde es, den Unterstützungs- und Protektionswünschen notleidender Industriezweige zu widerstehen; im Grunde war die Bundesrepublik jetzt schon das einzige Land in Europa, das die Prinzipien der freien Handelspolitik noch einhielt. Niemand, kein Ministerium, allenfalls das Verteidigungsministerium –, würde ungerupft bleiben. Und plötzlich entdeckten alle, daß der Staat sich zu sehr ausgebreitet hatte, und auch, daß er nicht gerade der sparsamste Haushalter ist.

Dies alles waren nicht die Probleme des Jahres 1981 allein, dies sind Sorgen, die uns bis heute aufgepackt sind. Aber der Herbst 1981, als der neue Etat ausgehandelt werden und jeder Federn lassen mußte, lag wie ein gewaltiges Gebirgsmassiv vor der Regierung. Ob der soziale Konsens, der bisher die Grundlage von Wohlstand und Frieden in der Bundesrepublik gebildet hatte, die notwendigen Kürzungen überleben würde, mußte sich erst noch zeigen. Wenn es nichts mehr zu verteilen gibt, dann wird das Regieren eben doch sehr schwierig. Wenn aber die Zahlenfetischisten jetzt wegen der hohen Verschuldung mit einem gewissen Vergnügen den Staatsbankrott prophezeiten, dann übersahen sie, daß der kostspielige soziale Frieden der allerwichtigste »Produktionsfaktor« war.

Nicht nur zwischen den sozialen Gruppen wurde der Kampf härter, auch zwischen Bund, Ländern und Gemeinden wurden die Messer schon gewetzt. Und was aus den ständig wachsenden finanziellen Anforderungen innerhalb des Bündnissystems werden sollte, wußte auch kein Mensch. Die Bundesrepublik hatte 1980 in die EG 5 Milliarden DM netto mehr eingezahlt, als sie herausbekam.

Hinzu kamen die harten Kontroversen über Energiepolitik und Nachrüstung. Alles brach auf einmal über Bonn herein. Seit die SPD/FDP-Regierung in Berlin zu Boden gegangen war und die CDU die Herrschaft angetreten hatte, gab es nur noch eine funktionierende sozialliberale Koalition auf Länderebene: Hessen. Aber auch dort krachte es schon im Gebälk.

Lange Zeit hatte der Kanzler geschwiegen zu der Finanzsituation, zu den Querelen in der eigenen Partei, zu der Revolte einiger Linker gegen den Nachrüstungsbeschluß, zu den Vorwürfen: Pazifismus, Neutralismus, Antiamerikanismus. Die Kommentare waren erbarmungslos. Schmidt sei verbraucht, habe resigniert, könne sich nicht mehr durchsetzen. Viele sprachen über die Regierung, als existiere sie schon gar nicht mehr.

Manche fanden, es sei wie bei Ludwig Erhard 1966 oder wie bei Willy Brandt 1974. In der Tat fragte man sich: Haben die Kritiker recht, oder sind es Weisheit und Gelassenheit, die Helmut Schmidts Aktivität überwältigt haben? War vielleicht der Streß der letzten Jahre zu groß? Oder ist es Taktik: Läßt er die Unbotmäßigen reden und machen, bis es einer Mehrheit in der Partei und im Publikum zuviel wird, so daß er dann Unterstützung hat, wenn er mit Feuer und Schwert dazwischenfährt?

Schließlich, im Mai 1981, vor der Reise zum ersten Treffen mit Präsident Reagan, beim Landesparteitag der bayerischen SPD in Wolfratshausen und zwei Tage zuvor in Recklinghausen, brach der Sturm los. Ein Unterbezirk hatte den Antrag gestellt, die Zustimmung zum Nachrüstungsbeschluß zurückzuziehen. Der Bundeskanzler schilderte die Gefahren politischer Erpressung, die die Russen, gestützt auf ihr Raketenarsenal, vornehmen könnten. Zu viele Völker hätten seit 1945 erleben müssen, daß »die Sowjets sich nicht nach der Bergpredigt richten«. Wenn die Meinung jenes Unterbezirkes sich in der ganzen Partei durchsetze, dann könne er »die Verantwortung für die Bundesregierung nicht länger tragen«.

Schon in Recklinghausen hatte er diese formelle Rücktrittsdrohung vorweggenommen und sein politisches Schicksal mit der im westlichen Bündnis vereinbarten und von der Bundesrepublik vertretenen Sicherheitspolitik verbunden.

Dort hatte er gesagt: »Mit der Verwirklichung beider Teile des Nachrüstungsbeschlusses der Nato, insbesondere nicht nur dem *Beginn*, sondern dem *Erfolg* von Verhandlungen – damit stehe ich und falle auch damit.«

In den gleichen Tagen demonstrierten Tausende von Menschen, die dem »Krefelder Appell« folgten, in sogenannten Friedensmärschen gegen den Nachrüstungsbeschluß. Manfred Coppik, einer der sechs SPD-Abgeordneten, die den Kern der rebellierenden Linken im Bundestag bildeten, erklärte bei einer Kundgebung in Frankfurt, es sei zwar an der Rüstungspolitik der Sowjetunion sehr viel Kritik zu üben, doch gehe in der gegenwärtigen Lage »die Hauptgefahr für den Frieden von der Politik der US-Regierung aus«.

Helmut Schmidts zornige Reaktion auf solche Behauptungen in Wolfratshausen – »vor Wut fast schreiend«, wie die Zeitungen berichteten: »Hört endlich auf, euch suggerieren zu lassen, daß die Amerikaner unsere Feinde und die Russen unsere Freunde seien.« Helmut Schmidt beschrieb noch einmal die Prinzipien, auf denen die Bundesregierung absolut bestehen müsse: militärisches und politisches Gleichgewicht zwischen den Blöcken, Konflikteindämmung, Krisenbeherrschung, Entspannung und Berechenbarkeit der Bonner Politik.

Die Friedensbewegung, die ihm so viel Kopfzerbrechen bereitete, breitete sich in der Bundesrepublik mit ungewöhnlicher Geschwindigkeit aus. Seit Afghanistan waren Hunderte von Gruppen überall im Lande gegründet worden. Es waren Linke, Grüne und Christen, die die gleichen Beweggründe zusammenführten: Kriegsangst, der Protest gegen die Verschwendung von finanziellen Mitteln und der Wunsch, mehr für die Dritte Welt zu tun. Sie traten ein für Gewaltlosigkeit und einseitige Abrüstungsvorbereitung, und sie sprachen von »alternativen Sicherheitssystemen« für den Übergang.

Die größte Organisation war der »Krefelder Appell«. In Krefeld hatte am 16. November 1980 ein Forum stattgefunden – »Der Atomtod bedroht uns alle, keine Atomraketen in Europa« –, zu dem die kommunistisch beeinflußte Deutsche Friedensunion (DFU), deren Vorstand kurz zuvor in der Sowjetunion und der DDR gewesen war, aufgerufen hatte. Der »Krefelder Appell«, der in den folgenden Jahren über eine Million Unterzeichner fand, wurde seit Anfang 1981 offen von der DKP unterstützt, und der Bundesgeschäftsführer der SPD, Peter Glotz, riet den Mitgliedern seiner Partei ab, sich dem Appell anzuschließen. Die Friedensbewegung war eine Kombination von echter Friedenssehnsucht und einer gewissen kommunistischen Infiltration, der einige Friedensforscher den wissenschaftlichen Anstrich lieferten.

Das tragende Element aber war der zornige Überdruß vieler Menschen an einem absurd erscheinenden, dreißigjährigen Rüstungswettlauf, der am Ende keinem mehr Sicherheit brachte. Die Kommunisten waren, wie sich bei allen Wahlen zeigte, gar nicht in der Lage, im eigenen Namen etwas auf die Beine zu stellen. Darum waren sie darauf angewiesen, autonome Bewegungen zu unterwandern. Sie heizten sie an, aber sie erfanden sie nicht.

Aber wie konnte man den Rüstungswettlauf überwinden, der von Jahr zu Jahr mehr Mittel verschlang? Und wer konnte es? Die Russen, so meinte man, litten zu sehr an Unterlegenheitskomplexen, als daß sie einen solchen Schritt tun könnten. George Kennan, der Historiker und Sowjetspezialist, wies darauf hin, daß die Russen im 19. Jahrhundert zur Verwunderung und auch damals schon zur Besorgnis aller europäischen Kabinette stets eine weit größere Armee unterhielten, als sie nach westlichen Begriffen zu ihrer Verteidigung benötigten.

Aber waren die Russen wirklich objektiv schwach? Sie hatten doch, wie viele Experten behaupteten, in den letzten Jahren militärisch die Überlegenheit über den Westen gewonnen. Aber selbst wenn es sich so verhielt: Sie konnten sich nicht ohne Hilfe von außen ernähren; ihre Technologie hinkte weit hinter der des Westens her – einzelne Gebiete ausgenommen; die Arbeitsproduktivität desgleichen. Auch politisch standen sie unter schwerem Handikap: An der westlichen Peripherie ihres Imperiums lebten unruhige Völker; im Zeitalter allgemeiner Renationalisierung gab ihnen auch die Nationalitätenfrage im Inneren zu denken; die Chinesen erschienen ihnen als riesige Bedrohung; in der Dritten Welt hatten sie alle Freunde verloren; ihre Ideologie hatte die Überzeugungskraft und Heilsverheißung offenbarter Wahrheit längst eingebüßt.

Das einzige, worin sie exorbitant stark waren, war das weite Feld des Militärischen. Kein Wunder, daß sie sich daran festklammerten und versuchten, es auf Kosten der Wirtschaft und des Wohlstandes immer noch weiter zu stärken, denn die Schwächen in den anderen Bereichen waren so groß, daß sie den Westen ohnehin nicht mehr einholen oder, wie Chruschtschow noch glaubte, überholen konnten.

Insofern bestand die Gefahr, daß eine Nachrüstung des Westens, die die Sowjets um ihren einzigen Vorteil bringen würde, den Frieden gar nicht sicherer machte, sondern im Gegenteil die sowjetische Führung dazu veranlassen könnte, darüber nachzudenken, ob nicht ein *preemptive strike* – also ein Zuschlagen, ehe der andere einen Präventivkrieg führt und solange sie den Vorteil noch haben – das richtigste wäre. Denn in den sowjetischen Gehirnen mußten alle Signale, die vom Westen kamen – ob aus Washington oder von der Nato –, ein Beweis dafür sein, daß die Sowjetunion zur Kapitulation gezwungen werden sollte.

Als die Sowjets, die sich auf den 1939 mit Hitler geschlossenen Freundschaftsvertrag verlassen hatten, 1941 von ihm überfallen wurden, waren sie unvorbereitet und schlecht gerüstet. Sie konnten nicht verhindern, daß Hitlers Armeen bis an den Stadtrand von Leningrad und Moskau vordrangen und 20 Millionen Russen dem Krieg zum Opfer fielen. Heute sind sie entschlossen, dafür zu sorgen, daß dies nie wieder passiert. Auch das muß man in Rechnung stellen. Die Initiative zum Stopp des Wettrüstens mußte also vom Westen ausgehen, auch wenn man nicht genau am Punkt des Gleichgewichts war. Insofern war es gut, daß Helmut Schmidt auf Verhandlungen bestanden hatte und die Außenminister in Rom, die Verteidigungsminister in Brüssel und der Präsident in Washington fest zugesagt hatten, daß auch sie für ernsthafte Verhandlungen waren.

Das Jahr 1981 war für die Koalition zu einem turbulenten Jahr geworden. Beide Parteien, SPD wie FDP, waren in zwölf Jahren schwerster Belastung einem Abnutzungsprozeß ausgesetzt gewesen, der nicht spurlos an ihnen vorübergegangen war. Durch beide Parteien ging ein tiefer Riß, in beiden fanden harte Richtungskämpfe statt. Das wurde im Frühjahr am Berlindebakel, am Rücktritt Kloses in Hamburg, an den Schwierigkeiten in Bonn sehr deutlich. Und da in der Politik nur gegenwärtige Erfolge zählen, nicht vergangene, war Bundeskanzler Schmidt, ohne den die Koalition sechs Monate zuvor die Wahlen nie gewonnen hätte, nun plötzlich zum Ziel vieler Angriffe geworden.

Während der parlamentarischen Sommerpause im Jahr 1982 wurde viel von einem Regierungswechsel in Bonn geredet: Würde die FDP ungeachtet aller Schwierigkeiten die Koalition bis 1984 durchhalten oder nicht? Die Auseinandersetzungen zwischen der SPD und der FDP wuchsen, seit sich abzeichnete, daß die Freien Demokraten in Hessen zugunsten einer Koalition mit der CDU stimmen würden. Auch aus den Analysen und Vorschlägen des Wirtschaftsministers Graf Lambsdorff wurde immer deutlicher, daß sein Konzept mit den Leitlinien der SPD nicht mehr in Übereinstimmung zu bringen war.

Schließlich ging Mitte September nach fast dreizehn Jahren die sozialliberale Ära mit dem Rücktritt der vier FDP-Minister zu Ende. Helmut Schmidt wollte, wie er im Bundestag erklärte, die Vertrauensfrage stellen, um dann, falls ihm das Vertrauen versagt werde, nach einer Auflösung des Bundestages Neuwahlen auszuschreiben. Der Oppositionsführer Helmut Kohl dagegen wollte mit Hilfe des konstruktiven Mißtrauensvotums den Kanzler ablösen, um dann selbst die Regierung zu bilden.

So, wie die Arithmetik sich darstellte, hätten, wenn die CDU/CSU-Fraktion geschlossen abstimmte, mindestens 22 Abgeordnete der FDP für den Kanzler der Christlich-Demokratischen Union stimmen müssen. (Im Bundestag waren damals 497 Abgeordnete, davon 226 CDU/CSU, 53 FDP, 216 SPD, 2 Unabhängige.)

Nach dem Rücktritt der vier FDP-Minister führte Schmidt zunächst ein Minderheitskabinett. Die Abstimmung über das konstruktive Mißtrauensvotum wurde auf den 1. Oktober festgesetzt, und Neuwahlen wurden für den 6. März 1983 ins Auge gefaßt. Der CDU-Vorsitzende Helmut Kohl wurde in der Fraktion mit einem eindrucksvollen Vertrauensvotum zum Kanzlerkandidaten der Union gewählt: 228 von 230 Stimmen.

So war denn das Ende der sozialliberalen Regierungen gekommen, denen die neue Ostpolitik zu verdanken ist, auf die viele als Ergänzung zu Adenauers positiver Westpolitik jahrelang gewartet hatten. Durch sie war die Hallstein-Doktrin abgeschafft und der zweite deutsche Staat praktisch anerkannt worden. Erst dadurch ist die Bundesrepublik außenpolitisch wieder wirklich handlungsfähig geworden.

Viele Bürger trauerten Helmut Schmidt nach, dessen Glaubensbekenntnis gelautet hatte: Berechenbarkeit, Verläßlichkeit, Glaubwürdigkeit – Maximen, mit denen er die SPD für Wechselwähler und bürgerliche Gruppen attraktiv gemacht hatte. Es war der linke Flügel der SPD, der Helmut Schmidt am meisten zugesetzt hat, was wohl auch zu seinem Entschluß beigetragen haben mag, nicht mehr für die Kanzlerschaft zu kandidieren.

Es war keine große Debatte, die der Abstimmung vorangegangen war, obgleich es doch auch um die grundsätzliche Frage ging, ob das Parlament den Machtwechsel vollziehen könne, ohne den Wähler zu fragen. Das Ergebnis hatte schließlich eine Mehrheit von sieben Stimmen für Kohl ergeben.

In Bonn kehrte rasch der neue Alltag ein. Die Union stand im Mittelpunkt, weil sie jetzt an der Macht war, die SPD war uninteressant geworden. So rasch geht das. Wie sich die Politik ihrer Helden entledigt, hat sich mir in jenen Tagen sehr nachdrücklich eingeprägt. Ich hatte am Abend nach dem Regierungswechsel im Fernsehen den Fackelzug beobachtet, den Studenten in Bonn dem scheidenden Kanzler brachten. Es war eine eindrucksvolle Veranstaltung. So also sieht das Ende der Ära Schmidt aus, dachte ich. Aber ich hatte mich geirrt – das wirkliche Ende, das ich dann miterlebte, sah ganz anders aus.

Am nächsten Tag hatte Kurt Körber von den Hauni-Werken mich angerufen und gesagt: »Schmidt hat angeordnet, niemand solle in Hamburg zu seinem Empfang auf den Flugplatz kommen, aber ich denke, wir beide sollten doch hinfahren und ihn abholen.«

Also fuhren wir am Abend zum Flugplatz; erst nach einigem Hin und Her ließ sich feststellen, wo denn die Maschine landen würde. Wir begaben uns zu dem abgelegenen Platz, auf dem nur ein Polizeiauto im Dunkeln parkte. Nach einigem Warten schwebte das Flugzeug mit dem Bundeswehrabzeichen ein, und Helmut Schmidt, der wohl zum letztenmal eine solche Maschine benutzte, erschien oben an der Gangway.

Er stieg langsam und schweigend die Treppe herunter. Niemand begleitete ihn. Ich dachte an viele glanzvolle Auftritte in Frankreich und Amerika, an entscheidende Verhandlungen in Polen und der Sowjetunion – und nun ein einsamer Mann auf diesem dunklen Platz. Das war nun wirklich das Ende einer großen politischen Karriere.

# 7. Kapitel

## Helmut Kohl, Kanzler
## der Einheit Deutschlands

Auf Helmut Schmidt, den Supersachverstand in Wirtschafts-, Finanz- und Sicherheitsfragen, folgte nun ein Kanzler, der auf diesen speziellen Gebieten keine Kompetenz hatte, der aber ein Politprofi ohnegleichen in der deutschen Geschichte ist. Von Jugend auf und auf allen Ebenen, von der kommunalen Verwaltung über Bezirk, Kreis und Land bis hinauf ins Kanzleramt hat er Erfahrungen gesammelt:

*Mit 19 Jahren,* noch vor dem Abitur, war er Kreisvorsitzender der Jungen Union,

*mit 23 Jahren* Mitglied des geschäftsführenden Vorstandes des CDU-Bezirksverbandes Pfalz,

*mit 25 Jahren* im Landesvorstand der Rheinland-Pfälzischen Union,

*mit 29 Jahren* Abgeordneter im Landtag von Rheinland-Pfalz und während sechs Jahren im Stadtrat seiner Heimatstadt,

*mit 33 Jahren* Vorsitzender der CDU-Landtagsfraktion,

*mit 34 Jahren* Vorsitzender der Pfälzischen Union,

*mit 39 Jahren* Ministerpräsident von Rheinland-Pfalz,

*mit 52 Jahren* jüngster Bundeskanzler der Bundesrepublik Deutschland.

So unbeirrbar und unangefochten dieser Aufstieg wirkt, Helmut Kohl hat es nicht leicht gehabt. Zwei Jahre nachdem er 1969 zum Ministerpräsidenten von Rheinland-Pfalz gewählt worden war, mußte er gegen Rainer Barzel um den Parteivorsitz konkurrieren – und eine Niederlage hinnehmen. Wiederum zwei Jahre später, 1973, nach seinem unseligen Taktieren bei den Ostverträgen und dem 1972 mißglückten Mißtrauensvotum, verlor dann allerdings Barzel die Bundestagswahl als Kanzlerkandidat und gab beides ab: den Fraktionsvorsitz und die Führung der Partei.

Am 13. Juni 1973 schaffte Helmut Kohl den allesentscheidenden Sprung an die Spitze der Union: Er wurde zum Vorsitzenden der CDU gewählt, und zwei Jahre später erklärte er seine Bereitschaft, in die Bundestagswahl 1976 als Kanzlerkandidat zu gehen.

Nachdem Helmut Kohl schon 1971 in Rheinland-Pfalz bewiesen hatte, daß er in der Lage war, der CDU die unter Altmayer verlorengegangene absolute Mehrheit wieder zu beschaffen, hätte man meinen können, daß nun seinem weiteren Aufstieg nichts mehr im Wege stehen werde. Aber wer so dachte, hatte nicht mit den Störmanövern gerechnet, die ihm die CSU mit Fleiß und ohne Unterlaß bereitete. Vor allem deren Chef Franz Josef Strauß, der »politische Alleinunterhalter der Nation«, wie Peter Boenisch ihn nannte, erfand immer neue Einwendungen.

Nicht die SPD hat Kohl zu schaffen gemacht, sondern die Schwesterpartei, die mit ihren ewigen Quengeleien seine Energien und seine Konzentration so absorbierte, daß der Oppositionsführer gar nicht dazu kam, die Regierung systematisch zu attackieren.

Strauß klagte laut über Kohls Führungsschwäche und Konzeptionslosigkeit. Mit der Zeit steckte er damit auch Mitglieder der CDU an. Viele beklagten sich. Als erster tat sich 1977 ein junger Abgeordneter, Gerhard Todenhöfer, hervor. Sein Bonmot: Kohl wolle offenbar »im Schlafwagen«

an die Macht. Und Biedenkopf, der Generalsekretär der CDU, verfaßte wenig später ein kritisches Memorandum, in dem er propagierte, Kohl solle den Fraktionsvorsitz abgeben und sich ganz auf die Partei konzentrieren, was dessen Chancen vermutlich entscheidend beeinträchtigt hätte.

Gleich nach der Bundestagswahl von 1976, die der CDU das zweitbeste Ergebnis seit 1949 bescherte und bei der Kohl nur 350 000 Stimmen zur absoluten Mehrheit fehlten, ließ Strauß eine Kanonade auf die »Nordlichter« los. Und bald darauf, in seiner berüchtigten Rede vor dem Parteinachwuchs, sagte er: »Ich habe Herrn Kohl trotz meines Wissens um seine Unzulänglichkeit um des Friedens willen als Kanzlerkandidat unterstützt. Er wird nie Kanzler werden. Er ist total unfähig, ihm fehlen die charakterlichen, die geistigen und die politischen Voraussetzungen. Ihm fehlt alles dafür.«

Außerhalb Bayerns war der Ort Kreuth kaum jemandem vor dem 19. November 1976 bekannt. An diesem Tag faßte die CSU dort den einsamen – der CDU zuvor nicht einmal mitgeteilten – Entschluß, die Fraktionsgemeinschaft mit der CDU aufzukündigen.

Wie einem Irrlicht war Strauß seit langem der Illusion einer vierten Partei nachgelaufen, die er bundesweit sich ausbreiten sah; aber stets wurde er gleich darauf wieder von der Sorge erfaßt, die bayerischen Nörgler könnten sich der CDU anschließen, wenn diese im Gegenzug in Bayern zugelassen würde. Schon vier Wochen nach Kreuth einigten sich die Schwesterparteien darum wieder auf die Fortsetzung der Fraktionsgemeinschaft. Doch Kritik und Sticheleien blieben an der Tagesordnung, denn für Franz Josef Strauß war ganz klar, daß er selber gewiß wählerwirksamer sei als Kohl. Ein typisches Straußbonmot: »Wer unter mir in Bonn Kanzler wird, ist mir egal.«

Schließlich, am 24. Mai 1979, ließ Strauß verkünden, er stehe als Kanzlerkandidat für die Wahl 1980 zur Verfügung. Im Juli wählte ihn die Fraktion mit 135 zu 102 Stimmen zum

Kanzlerkandidaten der Unionsparteien. In diesem Moment hätte wahrscheinlich jeder andere resigniert – nicht so Helmut Kohl. Mit großer Gelassenheit ließ er diesen Schicksalsschlag über sich ergehen und wartete ab. Andere werden von Niederlagen in Selbstzweifel gestürzt. Kohl kennt keinen Zweifel. Vielleicht ist gerade dies sein Manko, denn der Zweifel ist ja etwas sehr Fruchtbares, beweist er doch, daß fremden Argumenten Gehör geschenkt wird, also die eigenen Ansichten nicht verabsolutiert werden.

Helmut Kohls Gelassenheit und Beharrlichkeit, die oft als »aussitzen« verspottet wurden, erwiesen sich in diesem Fall als sehr nützlich. Strauß bekam die Quittung für seine Prahlerei: Er erzielte das zweitschlechteste Wahlergebnis in der Geschichte der Bundesrepublik und ging daraufhin beleidigt nach Bayern zurück. Auch in diesem Fall – also nach dem tiefen Sturz der CDU – gab Kohl nicht auf: Mit der ihm eigenen Beharrlichkeit und seinem nie versagenden Optimismus kämpfte er weiter, als sei nichts geschehen. Es gelang Kohl, seine Position in der Partei zu festigen, die FDP aus der sozialliberalen Koalition herauszulösen und damit seinen Einzug ins Bundeskanzleramt sicherzustellen.

Gerade dies aber war einer der Hauptstreitpunkte zwischen ihm und Strauß gewesen: Strauß war der Meinung, die FDP, die damals mit der SPD zusammen in der Regierung saß, müsse ständig unter Feuer genommen werden – sein Vorwurf: Kohl gehe viel zu rücksichtsvoll mit den Liberalen um. Helmut Kohl dagegen glaubte offenbar nicht, daß die Union allein imstande sein werde, die Mehrheit zu erringen, darum setzte er seine Hoffnung auf die FDP – sehr zu Recht, wie man inzwischen weiß, denn ohne den Umfall der FDP wäre die »Wende« in Bonn nicht möglich geworden.

Kohls erster Erfolg nach der verpaßten Kanzlerchance und der Schlappe in Kreuth war 1977 seine Wiederwahl auf dem CDU-Parteitag in Düsseldorf. Von den 810 Delegierten erhielt er 767 Stimmen. Die Erkenntnis, daß der Regierungschef seine Autorität in erster Linie aus der Position des Parteiführers bezieht, ist Helmut Kohl wohl auf seinem langen Weg vom Ludwigshafener Stadtrat bis ins Bonner Kanzleramt immer wieder deutlich geworden. Darum ist er auch heute noch sehr darauf bedacht, die Partei zu pflegen. Die Partei und auch die Landesfürsten, von deren Wohlbefinden viel für die Zentrale in Bonn abhängt.

Im Gegensatz zu Helmut Schmidt, der erst nach Ablauf eines halben Jahres dem Bundesrat seinen Besuch abstattete, begab sich Kohl sogleich in den ersten Tagen dorthin. Dies war ein weiser und notwendiger Schritt, denn während eines Jahrzehnts waren Bundestag und Bundesrat kontrovers zusammengesetzt gewesen. Im Bundestag hatte die sozialliberale Koalition die Mehrheit, im Bundesrat die Union, was Anlaß zu immer neuen Einsprüchen und Zurückweisungen gegeben hatte. Durch den Regierungswechsel und die veränderte Koalition war dieser Konflikt nun beseitigt.

Auch der Bundesparteitag der CDU in Mannheim im Jahre 1981 brachte ihm eine 96prozentige Zustimmung und ermutigte ihn, nun aufs Ganze zu gehen: Mit großer Hartnäckigkeit attackierte er von nun an Helmut Schmidt und dessen Regierung und verlor nie das Ziel aus dem Auge, die FDP auf seine Seite zu bringen. Im Jahr 1982 war es dann soweit.

Mit welchen Vorstellungen ist Helmut Kohl in das Bundeskanzleramt eingezogen? Er, der sich als Erbe Adenauers versteht, hat ein zielsicheres Gespür für Macht. Übrigens hat er Konrad Adenauer zum erstenmal 1949 als Schüler gesehen; damals war er Ordner bei einer Kundgebung in Ludwigshafen – sein Eindruck von Konrad Adenauer: »Groß, aber viel zu alt.« Helmut Kohl ist ein Mann der Mitte, der sich selbst einmal als »Generalist« bezeichnet hat. Ohne Zweifel ist sein Weltbild festgefügt, an seinen Überzeugungen läßt er nicht rütteln, und seine Selbstsicherheit ist schwer zu erschüttern.

Aus seinen damaligen Reden und Gesprächen wird deutlich, daß er den alten Werten und Traditionen wieder mehr Geltung verschaffen wollte. Notwendig sei »eine Mobilisierung der geistig-moralischen Kraft unseres Volkes«. Er wollte weg von der Professionalisierung und Bürokratisierung; das Wir-Gefühl sollte gestärkt werden gegen den – wie er sagt – »schrankenlosen Individualismus«. Die Familie als Kern der Gemeinschaft müsse wieder gepflegt werden, wie auch der Sinn für Vaterland, deutsche Einheit und nationales Interesse. Treue, Sparsamkeit und Leistung sollten sich wieder lohnen.

An eine Kanzlerschaft Kohls hatte 1982 außer ihm selber niemand mehr gedacht. Er ist immer unterschätzt worden, oft auch bespöttelt wegen seiner manchmal eigenwilligen Ausdrucksweise (»in diesem unserem Lande«) und der nicht gerade eindrucksvollen Rednergabe. Dabei hatte er eine durchaus imponierende Erfolgsbilanz aufzuweisen: Er hat die CDU, die noch immer nicht glauben konnte, daß sie von einer sozialliberalen Koalition auf die Oppositionsbank verwiesen worden war, von einem Kanzlerverein zu einer modernen Partei gemacht.

Die neue Regierung hatte im Oktober 1982 versprochen, die Finanzen in Ordnung zu bringen, die Wirtschaft anzukurbeln, Arbeitslosigkeit und Inflation zu bekämpfen, die soziale Marktwirtschaft zu erneuern, die europäische Einigung voranzutreiben und »Frieden zu schaffen mit immer weniger Waffen«.

Tatsächlich lautete das allgemeine Urteil nach der ersten Halbzeit: Kohl hat das Klima verändert, die mürrische Resignation, die das letzte Jahr der sozialliberalen Koalition kennzeichnete, war verflogen, neue Hoffnung beseelte die Bürger. Der vom Kanzler kritisierte »Kulturpessimismus« – manchmal auch als »Verweigerungshaltung« geächtet – ist einer größeren Zuversicht gewichen. Der Abwärtstrend der Wirtschaft ist gestoppt, desgleichen die Inflation.

Zwei Jahre später attestierte das Direktorium des Internationalen Währungsfonds in Washington der Bundesregierung, daß ihre Haushaltspolitik sich durch eine »optimale Kombination von konsequent betriebener fiskalischer Konsolidierungspolitik, flexibler Geldpolitik und systematischer Strukturanpassung« auszeichne. Durch Fortsetzung einer konsequenten Sparpolitik werde, so hieß es in der Regierungserklärung, erstmals seit 1980 die Nettokreditaufnahme 1984 wieder deutlich unter 30 Milliarden gedrückt werden und in dem für 1985 eingebrachten Haushaltsentwurf nicht mehr als 24 Milliarden DM betragen.

Es ist interessant zu sehen, was im Laufe der Jahre aus den guten Vorsätzen geworden ist. 1997 betrug die Neuverschuldung des Bundes über 70 Milliarden Mark, die Gesamtschuldenlast von Ländern, Bund und Gemeinden sowie dem Fonds Deutsche Einheit beläuft sich mittlerweile auf über 2,2 Billionen, und dies bedeutet, daß Deutschland im Jahr über 130 Milliarden DM Zinsen aufbringen muß.

Nach den ersten zwei erfolgreichen Jahren folgte eine ganze Serie von Pannen. Es begann mit der Israelreise des Kanzlers und seinem oft zitierten Ausspruch von der »Gnade der späten Geburt«, der sicherlich überall anders richtig verstanden worden wäre, der aber in Israel nun wirklich ganz fehl am Platze war; zumal ihn der Sprecher noch übertrumpfte mit seiner Bemerkung, Auschwitz dürfe nicht für praktische Politik instrumentalisiert werden.

Zur gleichen Zeit breitete sich der Parteispendenskandal weiter aus. Es hatte sich eingebürgert, daß die Industrie Spenden für die Partei auf dem Umweg über gemeinnützige Einrichtungen dem Empfänger »gewaschen«, also steuerfrei zur Verfügung stellte – viele Millionen Mark Steuern wurden auf diese Weise dem Staat entzogen. Besonders gravierend der Vorwurf, der amtierende Wirtschaftsminister Graf Lambsdorff habe Steuern hinterzogen – natürlich nicht zum eigenen Benefiz, sondern zugunsten der Union, aber immerhin Steuerhinterziehung. Der Fall kam im Januar 1984 vor den Untersuchungsausschuß des Bundestags.

Dann gab es da den Fall des Generals Kießling, eines der drei ranghöchsten Generale, gegen den aus unidentifizierter Quelle der Verdacht der Homosexualität erhoben wurde. Ohne Beweise in der Hand zu haben, ohne daß der Verteidigungsminister den Beschuldigten auch nur gehört hätte, wurde ein zwielichtiger Herr in Zürich aufgestöbert und als Zeuge nach Bonn eingeladen. Als den Regierenden schließlich klarwurde, was sie da veranstalteten, verstrickten sie sich in kopflose Aktivitäten. Das Ende der Geschichte: Der General wurde wieder in den Stand der Unschuld versetzt, der Minister blieb im Amt, und der Kanzler meinte, er habe mit dem Siegel des Staatsmannes dem Vorgang moralische Legitimität verliehen.

Großes Aufsehen erregte auch das Schlesiertreffen im Juni 1985, das unter dem ominösen Motto stand: »Vierzig Jahre Vertreibung – Schlesien ist unser«. Im Ausland wurden danach besorgte Stimmen laut; vom deutschen Sonderweg war die Rede und davon, daß die Deutschen sich wieder einmal mit der Realität nicht abfinden könnten. Zornig erklärte Außenminister Genscher: »Eine Handvoll Vertriebener treibt Schindluder mit der Friedenspolitik der Bundesregierung.« Da Helmut Kohl zugesagt hatte, bei dem Treffen zu reden, wurde fieberhaft daran gearbeitet, wenigstens das Motto zu ändern. Aber der Bundeskanzler mußte 48 Stunden warten, ehe er wußte, ob der CDU-Abgeordnete Hupka und die schlesische Landsmannschaft bereit sein würden, das Motto zu ändern.

Noch abträglicher war der weltweite Widerhall von Bitburg. Dem Kanzler hatte offenbar der Handschlag mit Mitterrand, dem Präsidenten Frankreichs, auf dem Schlachtfeld von Verdun als symbolische Geste der Versöhnung so gut gefallen, daß ihm eine ähnliche Veranstaltung mit dem amerikanischen Präsidenten Ronald Reagan erstrebenswert erschien. Ausgesucht wurde dafür der Soldatenfriedhof von Bitburg, einem Ort nicht weit von Trier.

Die Vorbereitungen waren aber höchst unzulänglich. So war den Veranstaltern entgangen, daß auch Angehörige der Waffen-SS dort begraben sind. Als man dies bemerkte, war es für eine Verlegung der Veranstaltung zu spät. Die Erregung in Amerika und auch in Deutschland war gewaltig. Die Chiffre »SS« regte die amerikanischen Kommentatoren dazu an, sich der amerikanischen Soldaten zu erinnern, die Ende 1944 in Malmedy von der SS erschossen worden waren. Wütend fragten sie, warum der Präsident Amerikas und der Bundeskanzler Deutschlands sich ausgerechnet über den Gräbern von Waffen-SS-Soldaten die Hand zur Versöhnung reichen sollten.

Schließlich trug der groteske Vergleich Goebbels/Gorbatschow, den Kohl in einem Interview mit ›Newsweek‹ angestellt hatte – »man muß doch die Dinge auf den Punkt bringen« –, auch nicht gerade zum politischen Ansehen des Kanzlers bei.

Die Leichtfertigkeit, mit der Kohl zuweilen mit dem Wort umgeht, hat etwas Erschreckendes. Sein Hinweis auf den im Konzentrationslager ermordeten Dietrich Bonhoeffer, der »trotz seiner verzweifelten Lage auf die Zukunft setzte«, hätte vielleicht für andere vom Schicksal Geschlagene eine gerechtfertigte Ermutigung sein können, aber *Bankern* gegenüber zu sagen: »Was im KZ Flossenbürg möglich war, müßte heute auf einem Bankentag oder anderswo auch möglich sein«, das läßt einem das Blut in den Adern gefrieren.

Im Jahr 1983 hatte die Raketendiskussion breiten Raum eingenommen, »aufstellen oder nicht aufstellen«, das war die Frage, die zeitweise das Einverständnis zwischen Amerika und Deutschland in gefährlicher Weise beeinträchtigte. Wie aufgeheizt das Klima damals war, vermag man sich heute gar nicht mehr vorzustellen. Um einen Eindruck von der Intensität der Reaktionen und Proteste zu geben, möchte ich an dieser Stelle den Wortlaut eines Leitartikels abdrucken, den ich damals, also unter dem spontanen Eindruck der Situation, am 18. März 1983 in der ›ZEIT‹ unter dem Titel: ›Wenn Hysterie die Vernunft übermannt‹ schrieb.

»Wer kurz vor dem 6. März 1983 – unserem von dem Bündnispartner zum Schicksalstag Europas stilisierten Wahltermin – in Amerika war, konnte nur staunen über den Grad der dort herrschenden Fehlvorstellungen.

In den Augen vieler besorgter Amerikaner war bei uns wieder einmal die unberechenbare deutsche Seele zum Durchbruch gekommen – Weimar schien nicht mehr fern, eine Krise der Gesellschaft unvermeidlich; ›Weltschmerz‹ und ›mythische Ängste‹ hatten angeblich von den Deutschen Besitz ergriffen. Große Teile der Bevölkerung hätten sich, so hieß es, auf den breiten, bequemen Weg zu Neutralismus und Pazifismus begeben, anstatt den schmalen, steilen Weg einzuschlagen, den schon die Bibel als den richtigen preist – und der in diesem Fall zur Aufstellung der Pershing-Raketen führte.

Die kürzeste Version dieser absurden Typisierung, die man von Vertretern der Administration hören konnte: ›Es gibt in der Bundesrepublik zwei Parteien, eine Reaganpartei (die Guten) und eine Andropowpartei (die Bösen). Erklärung: Den Guten geht es um Aufstellung der Raketen, den Bösen darum, sie zu vermeiden.‹

Wie abwegig diese Beurteilung war, hat der Ausgang der Wahl gezeigt. Auch die falschen Propheten müßten inzwischen eingesehen haben, daß es am 6. März nicht um Raketen, sondern um Arbeitslosigkeit und Wirtschaftssorgen ging. Vor zwei Jahren waren 51 Prozent der CDU-Anhänger für Aufstellung, heute sind es nur noch 38 Prozent; vor zwei Jahren waren 37 Prozent der SPD-Anhänger für Aufstellung, heute sind es nur noch 26 Prozent.

Nicht nur in der Medizin, auch in der Politik sind falsche Diagnosen lebensgefährlich. Die derzeitige amerikanische

Administration aber ist so überzeugt von der Richtigkeit ihrer Vorstellungen, daß sie nicht umhin kann, diese schon in den Ansatz der Diagnose mit einfließen zu lassen. Erst hielt sie die Wahl vom 6. März für ein Referendum pro oder contra Aufstellung. Und jetzt besteht die Gefahr einer falschen Reaktion.

Präsident Reagan schwankt. Am 22. Februar sagte er, er habe nie: *take it or leave it* – alles oder nichts – gemeint, aber vierzehn Tage später, Anfang voriger Woche, erklärte er vor den Protestanten in Orlando, Florida: ›Solange die Sowjets die Allmacht des Staates über das Individuum predigen und schließlich die Beherrschung aller Völker dieser Erde voraussagen, bleiben sie der Kern alles Bösen dieser Welt.‹ Solche Sicht bei einem Missionar würde vielleicht dessen Adepten in Ehrfurcht erschauern lassen. Aus dem Munde eines Politikers haben solche Worte jedoch ein ganz anderes Gewicht, und die Schauer, die sie dem Bürger einjagen, sind anderer Natur – zumal der Präsident dem konservativen Wochenblatt ›Human Events‹ gegenüber neulich bemerkt hat: ›In meinem Alter, da ändert man sich nicht.‹

Dabei gäbe es nichts, was die Einstellung der europäischen Skeptiker so nachhaltig zugunsten Washingtons verändern könnte wie ein überzeugender Beweis dafür, daß die Regierung Reagan nicht nur auf Rüstung bedacht, sondern ebenso dringend an erfolgreichen Verhandlungen über Abrüstung interessiert ist. Natürlich wissen die Verantwortlichen in Europa genausogut wie in Amerika, daß man den Russen gegenüber fest auftreten muß, weil Nachgiebigkeit nur größere Begehrlichkeit auslöst. Aber die Europäer möchten auf keinen Fall von dem eigenen Verbündeten an der Nase herumgeführt werden. Darum sollte Reagan so bald wie möglich in Genf einen konkreten Kompromißvorschlag auf den Tisch legen.

Es sind ja nicht nur Deutsche, die gelegentlich protestieren. Auch Christopher Soames, Schwiegersohn Churchills, einst englischer Botschafter in Paris und dann Vizepräsident der EG in Brüssel, verwahrt sich mit aller Vehemenz gegen den Vorwurf des Neutralismus und Pazifismus. In der ›Washington Post‹ schrieb er neulich: ›Es wäre ein großer Fehler, wenn das Ausmaß der Sorge in Europa und zunehmend auch in Amerika über die offenbar nie endende Anhäufung von Kernwaffen und die damit zusammenhängende Verschwendung von Resourcen unterschätzt würde.‹ Und er fügte hinzu: ›Die Menschen müssen überzeugt werden, daß die Verhandlungen zur Reduzierung nuklearer Waffen wirklich ernsthaft sind.‹

Ja, sind sie denn nicht ernsthaft? Beteuert der Präsident nicht immer wieder, daß er jedes vernünftige Angebot der Russen in Genf mit Freuden annehmen werde? Mag sein, aber wen kann das überzeugen, wenn gleichzeitig systematisch Mißtrauen geschürt und der Verhandlungspartner als Ausgeburt des Bösen apostrophiert wird? Dies schafft keine Atmosphäre, in der man erfolgreich verhandeln kann. Daß die Experten in Genf sich einigen könnten, hat die höchst einleuchtend wirkende Abrede zwischen dem Amerikaner Nitze und dem Russen Kwizinski im Juli vorigen Jahres gezeigt. Aber was nutzt das, wenn die Politiker nicht wollen?

Und kann man denn glauben, daß Ronald Reagan wirklich will, wo doch seine Vorschläge offensichtlich die Sowjets benachteiligen und er seinerseits auf jeden Vorschlag von Andropow nur eine Antwort hat: *unacceptable* – unannehmbar. Auf das Angebot, kein Ersteinsatz von Atomwaffen: ›unacceptable‹; die Erweiterung dieses Angebots auch auf konventionelle Waffen: ›unacceptable‹; ein Vertrag über Generalverzicht zwischen den Supermächten: keine Antwort!

Jene Abrede zwischen Nitze und Kwizinski, die vorsah, die auf Europa zielenden SS 20 auf 75 Stück mit insgesamt 225 Sprengköpfen zu reduzieren und bei der Nato keine Pershing II aufzustellen, sondern nur 75 Abschußgestelle für 300 Cruise Missiles (mit je einem Kopf), wird vielleicht eines

Tages den Beteiligten als der optimale Kompromiß gelten. In Washington heißt es, die Russen hätten ihn als erste – vor den Amerikanern – abgelehnt, obgleich man sich schwer vorstellen kann, daß ein solcher Kompromißvorschlag in Moskau nie besprochen wurde. Doch wenn es so sein sollte, warum hat dann das Weiße Haus, das jeden sowjetischen Vorschlag für reine Propaganda hält, nicht zugestimmt, um endlich einmal den Bluff vor aller Welt zu enthüllen?

Weiter: Hätte man nicht erwarten können, daß Präsident Reagan als Ersatz für den entlassenen Eugene Rostow an die Spitze der Abrüstungsbehörde eine kompetente, vertrauenswürdige Persönlichkeit beruft, anstatt die Ernennung Adelmans ›durch dick und dünn‹ zu verteidigen, obgleich dieser vom Senatsausschuß wegen totaler Unkenntnis der Sicherheitsprobleme und wegen seiner negativen Einstellung zur Abrüstung abgelehnt wurde? Und nun stellt sich auch noch heraus, daß der Chef der START-Delegation in Genf, General Rowney, ›schwarze Listen‹ führen läßt, auf denen diejenigen, die nicht ›hart‹ genug sind, warnend verzeichnet werden. Also nicht Flexibilität und Einfallsreichtum sind gefragt – doktrinäre Intransigenz ist Trumpf. Schließlich sprechen ja auch die US-Rüstungsausgaben nicht gerade dafür, daß wir am Vorabend eines Rüstungsstopps stehen. Verteidigungsminister Weinberger hat kürzlich vor dem House Budget Committee seinen Etat verteidigt. Er verlangt für 1984 inflationsbereinigt 10,2 Prozent Steigerung gegenüber 1983, also statt 216 Milliarden Dollar 239 Milliarden. Man muß sich einmal die Entwicklung vor Augen führen: 1980 wurden 136 Milliarden Dollar für Verteidigung ausgegeben, für 1988 sind 386 Milliarden vorgesehen.

Diese unglaubliche finanzielle Kraftanstrengung, die zum Teil auf Kosten der Sozialausgaben geht – seit 1970 ist der Durchschnitt der *family welfare payments* in der Kaufkraft um 30 Prozent gesunken –, wird damit gerechtfertigt, daß die russischen Verteidigungsausgaben so rasant gestiegen seien.

Aber sind diese Zahlen verläßlich? In der vorigen Woche erklärten Ostexperten des CIA, daß der US-Geheimdienst das jährliche Wachstum der sowjetischen Rüstungsausgaben von 1976 bis 1981 um 100 Prozent überschätzt hat – es habe nämlich 2 Prozent und nicht 4 Prozent betragen. In absoluten Zahlen heißt dies: Die sowjetischen Wehrausgaben belaufen sich zur Zeit nicht auf jährlich 222 Milliarden Dollar, sondern nur auf 160 Milliarden. Eine große, allgemeine Hysterie scheint die Welt erfaßt zu haben.

Auch wir haben dies vor dem 6. März zu spüren bekommen. Daß Helmut Kohl gelegentlich vom Vaterland sprach und Hans-Jochen Vogel vom deutschen Interesse, wurde sogleich als neuer ›deutscher Nationalismus‹ diagnostiziert und führte zu der bangen Frage ›Wohin streben die Deutschen?‹. Und was für eine lächerliche Aufregung über das Wort ›Sicherheitspartnerschaft‹; einst von Helmut Schmidt erfunden, wurde es, als Egon Bahr es wiederholte, zum endgültigen Beweis dafür, daß die Bundesrepublik von West nach Ost abdriftet.

Solange diese Geistesverfassung sich nicht ändert und Gegner einander als Hort des Bösen betrachten, wird es keine Ruhe geben, wird Hysterie der Normalzustand sein. Die beiden Supermächte sollten endlich begreifen, daß keine von ihnen Sicherheit auf Kosten der anderen erreichen kann. Unser aller Überleben kann nur garantiert werden, wenn sie gemeinsam handeln. Es wird Zeit, daß sie dies tun.«

Soweit der Artikel vom März 1983.

Zu der Stimmung jener Jahre, die man sich vergegenwärtigen muß, wenn man die Zeit und ihre Probleme verstehen will, gehört ganz wesentlich die Friedensbewegung. Darum noch einmal der wörtliche Abdruck eines Leitartikels in der ›ZEIT‹. Er erschien am 6. Januar 1984 mit dem Titel ›Im Wartesaal der Geschichte – Sind die Deutschen Nationalisten, Neutralisten, Pazifisten?‹

»Man kann es verstehen, wenn unsere Nachbarn sich vor dem Aufbruch der deutschen Seele fürchten: Zwischen zwei und drei Millionen Deutsche strömten im vergangenen Herbst auf den Straßen der Bundesrepublik zusammen oder versammelten sich zu Tausenden in den Städten, um für Frieden zu demonstrieren. Die Demonstranten haben Angst vor immer mehr Waffen, vor neuen atomaren Raketen, Angst auch vor dem Sterben der Wälder, der Verstümmelung der Natur, der Verstädterung des Lebens.

Ist nicht gerade dies typisch für die Zeiten des Umbruchs? so muß man sich fragen. Hatte nicht Karl Kraus am Beginn dieses Jahrhunderts geschrieben: ›Ich lebe in den Untergang / und wohne in bedrohten Räumen‹? Und drückt dies nicht genau das Lebensgefühl der heutigen jungen Menschen aus? Träumen nicht auch sie, wie damals die Generation der Jugendbewegung, vom Ungebundensein, vom Ausbrechen aus der Zivilisation und aus einem vordergründigen Leben ohne Verheißung? Wäre es vielen von ihnen nicht am liebsten, alles abzuschütteln, auch die Technik, auch die Wissenschaft? Sind nicht auch sie gegen Materialismus, schnöden Kommerz, Spießertum und Konvention? Die Vokabeln von damals und heute gleichen sich wie ein Ei dem anderen. Damals, zur Jahrhundertwende, gab es nicht nur in Deutschland, sondern überall in Europa jene lustvolle Untergangsstimmung, die wohl als Erbstück der antiaufklärerischen Romantik anzusehen ist. Nur die Jugendbewegung, die gab es allein in Deutschland. Alles, was mit Weltanschauung zu tun hat, wird eben in Deutschland immer besonders intensiv erlebt.

Und nun wieder ein Aufbruch? Der wievielte? Hatte nicht Heine schon zwei Generationen vor jener Jugendbewegung die Franzosen gewarnt vor den Deutschen, die nur vorübergehend durch das Kreuz als zähmendem Talisman gebändigt worden seien: ›Jener Talisman ist morsch, und kommen wird der Tag, wo er kläglich zusammenbricht. Wenn ihr dann das Gepolter und Geklirre hört, hütet Euch, Ihr

Nachbarskinder, Ihr Franzosen, und mischt Euch nicht in die Geschäfte, die wir zu Hause in Deutschland vollbringen. Es könnte Euch schlecht bekommen.‹?

Man kann es also verstehen, wenn unsere europäischen Nachbarn meinen, sie seien wieder einmal Zeugen eines jener periodischen Anfälle ziellosen deutschen Aufbruchs. Aber sie haben unrecht. Die Parallele stimmt ganz und gar nicht. Unsere Gesellschaft ist so normal und stabil wie wenige andere. Es gibt keine radikalen Parteien, keine Streiks, keine sozialen Gruppen, die an der Armutsgrenze leben wie in anderen reichen Ländern.

Im übrigen soll es auch anderwärts Aufbrüche geben, mindestens behauptet Ronald Reagan dies. Er sagte vor kurzem: ›Es gibt in der Welt eine Revolution für Freiheit und demokratische Ideale.‹ Den Vereinigten Staaten sei, so meint er, dieser Kampf durchaus willkommen, weil die Leute genug hätten ›von dem Versuch, Schwerter in Pflugscharen zu verwandeln‹. Was der Präsident im Zusammenhang damit über die ›wahre Botschaft unserer Zeit‹ sagte, hat wohl mit Grenada zu tun und dem Jubel, den dieses Ereignis auslöste. Verglichen mit solch spätwilhelminischem Hurrapatriotismus jenseits des Ozeans, kommt einem unser Aufbruch zu geschichtlicher Reflexion und moralischer Besinnung direkt sympathisch vor, jedenfalls rational begründbar.

Denn die Bundesrepublik ist kein Staat wie jeder andere. Schwer zu sagen, was sie ist. Ist sie ein provisorischer Rumpfstaat oder Nachfolger des Deutschen Reiches? Ist das, was wir haben, der Endzustand, oder leben wir im Wartesaal der Geschichte?

In jedem Fall leben wir in einem geteilten Land, dessen beide Teile in feindliche Militärallianzen integriert sind, die sich hochgerüstet an der Trennungslinie dieser Welt gegenüberstehen. Von den 6000 atomaren Sprengköpfen, die sich in Westeuropa befinden, lagern 4000 allein in der Bundesrepublik; und von diesen haben 60 Prozent eine Reichweite von unter 300 Kilometern. Sie würden also im Ernstfall das eigene Territorium verwüsten. Und nun sollen beide Deutschlands auch noch zu Abschußrampen für die Raketen der Supermächte gemacht werden, ohne daß die eigene Regierung irgendeinen Einfluß auf deren Einsatz hat? Ist es wirklich Pazifismus, wenn den Leuten unter solchen Umständen bange wird?

Was also soll das irrationale Geschwätz von Pazifismus, Neutralismus und Nationalismus? Der Nationalismus ist von Hitler so pervertiert worden, daß er unserem Volk auf Generationen hinaus ausgetrieben wurde. Hier könnte sich niemand für Vorgänge analog der Eroberung von Grenada oder den Falklandinseln begeistern, und ein Rechtsradikaler wie der Franzose Le Pen, der soeben 12 Prozent der Stimmen seines Wahlkreises auf sich vereinigen konnte, würde hier keine Chancen haben.

Dennoch ist die französische Presse voll von Verunglimpfungen: ›Le Figaro‹ spricht von der ›deutschen Krankheit‹; ›Le Matin‹ vom ›Aufkommen des Nationalpazifismus‹; der ›Nouvel Observateur‹ stellt fest: ›Es gibt einen bestimmten deutschen Pazifismus, der sehr deutlich anzeigt, daß es denen heute so wenig wie zu Hitlers Zeiten darum zu tun ist, für die Demokratie zu sterben.‹ In der von Sartre begründeten ›Libération‹ bemüht Luc Rosenzweig gleich ein ganzes Jahrtausend: Die Deutschen, schreibt er, verbänden ihr ›Nein‹ zu den Raketen mit einem ›Ja‹ zu gewissen, für sie typischen Träumen und Utopien und zu den Werten, ›die von Karl dem Großen bis zu Wilhelm II. dem Deutschtum seinen Adelsbrief verliehen‹.

Es sind aber nicht nur die Franzosen, die sich aufregen. Auch in Amerika wird neuerdings immer häufiger von der Gefahr eines deutschen Sonderweges gesprochen. Selbst ein Kenner weltpolitischer Verhältnisse wie James Billington, Direktor des Woodrow Wilson International Center for Scholars, schrieb unlängst: ›Durch die zunehmend prosowjetischen Neigungen der SPD.‹ Als ob irgend jemand in der Nachbarschaft des Kommunismus einfältig genug sein könnte, Moskau noch für attraktiv zu halten. Und ein so hochintelligenter Mann wie der amtierende Botschafter Arthur Burns erklärt in dieser Woche in der ›New York Times‹, der Hauptgrund für den Antiamerikanismus sei ›die Ablehnung der westlichen Gesellschaft und ihrer Wertvorstellungen durch viele, die zu den gebildeten Klassen Europas gehören‹. Als Führer des Westens sei Amerika darum zum Feind Nummer eins geworden.

Die ›New York Times‹ schrieb neulich: Jetzt, da nationalistische Gefühle eine große Partei (die SPD) auf eine Anti-Nato-Linie gedrängt haben, stünden die Deutschen unter Druck und müßten nicht nur darüber urteilen, ob die Kraft Amerikas ausreicht, ›sondern auch, wie es mit seiner Führungsqualität steht‹. Genau da sitzt es. Es ist die Konzeptionslosigkeit der Führungsmacht, die einen gewissen Antiamerikanismus erzeugt. Was die Führungsqualität angeht, so gab es kürzlich eine höchst interessante Umfrage des Atlantic Institute in Paris. Das Institut hat im Oktober 1983 acht europäischen Ländern dieselben Fragen vorgelegt, die es bereits im Herbst 1982 gestellt hatte. Dabei ergab sich, daß das Vertrauen aller Europäer in die transatlantische Zusammenarbeit als Kernstück der westlichen Sicherheit in dieser Zeit dramatisch gesunken ist.

Am meisten in der Bundesrepublik: 19 Prozentpunkte, und zwar 12 bei den Sozialdemokraten und 24 bei den Christdemokraten. In Italien und in den Niederlanden, wo ebenfalls neue Raketen stationiert werden, sind die Werte sehr ähnlich. In den anderen Ländern nur wenig niedriger. Außerdem hat die Umfrage allenthalben eine enorm gestiegene Kriegsangst festgestellt, vor allem in Amerika selbst (von 23 Prozentpunkten auf 45).

Etwas ist offensichtlich ins Rutschen gekommen. Und daran wird sich auch kaum mehr etwas ändern. Warum nicht? Weil das Bewußtsein der Menschen sich verändert hat und in Europa auch das Lebensgefühl. Offenbar fällt den Europäern die Situation, als machtloses Objekt zwischen den beiden Supermächten zu sitzen, auf die Nerven. Immer häufiger wird auf internationalen Konferenzen mehr Autonomie für Europa gefordert.

Immer spürbarer wird eine Art Identitätskrise Europas, die geboren ist aus dem Gefühl der Ohnmacht des alten Kontinents gegenüber den beiden in verschiedener Weise unberechenbaren neuen Weltmächten; auch spielt wohl eine echte Sorge um die Erhaltung der europäischen Zivilisation eine Rolle dabei.

Die Friedensbewegung nimmt derweil stetig zu an Zahl und Intensität, nicht unbedingt ablesbar an Demonstrationen und Aufmärschen, sondern eher an der Sinnesänderung vieler Menschen, die plötzlich aufgewacht sind und nicht mehr zur Ruhe kommen.

Es sei dahingestellt, ob dies erfreulich ist oder bedrohlich, es ist ganz einfach ein Faktum. Und da die bisherige Entwicklung mit großer Stetigkeit über Jahrzehnte zur Beschleunigung des scheinbar nie endenden Rüstungswettlaufs geführt hat, gibt es keinen Grund anzunehmen, daß eine Veränderung notwendigerweise negative Folgen haben muß. Im Gegenteil, es wäre denkbar, daß sich auf solche Weise ein längst fälliger Wandel ankündigt, zumal die Stimmung im Osten offenbar sehr ähnlich ist, selbst wenn sie sich dort natürlich nur sehr schüchtern artikulieren kann.

Auch der Dreißigjährige Krieg, bei dem der Gegensatz zwischen Katholiken und Protestanten unversöhnlich schien und der zur Verwüstung ganz Deutschlands wie zur Vernichtung von einem Drittel der Bevölkerung geführt hat, fand schließlich einmal ein Ende – ungeachtet der Tatsache, daß auch damals jenes gefährliche Gemisch von Ideologie und Machtrivalität die Entwicklung bestimmte.

Das einzige, worauf man sich verlassen kann, ist die Unbeständigkeit der Menschen: Irgendwann wird plötzlich das, was bis dahin unerträglich schien, akzeptiert oder das, was beispielsweise in der Kunst oder in der Mode selbstverständlich war, durch etwas anderes abgelöst. Vielleicht wird also das ominöse Jahr 1984 zwar nicht die Wende bringen, aber doch die ersten Schritte zu einer Veränderung signalisieren.«

Dies Gedanken des Jahres 1984, des zweiten Jahres von Helmut Kohls Kanzlerschaft.

Wie läßt sich die Arbeitsweise von Helmut Kohl beschreiben? Abgeordnete und Journalisten in Bonn sagten, er konsultiere nicht gern, er habe kein »Kleeblatt«, wie Helmut Schmidt, auch kein »Küchenkabinett«, wie Willy Brandt – er telefoniere viel, führe häufig Vieraugengespräche und entscheide meist im kleinen Kreis. Im übrigen neige er dazu, Widerspruch zu überhören und die Opposition gelegentlich, wenn sie wichtige Probleme aufbringt, als den Urheber ebenderselben zu betrachten.

Konflikte? Kohl ist Pragmatiker. Er hält nichts von Theorien und ideologischen Maximen. Er ist Realpolitiker und versucht, Konflikte dadurch zu entschärfen, daß er zunächst einmal gar nichts macht – allenfalls läßt er eine Kommission einsetzen. Typisch für ihn ist die häufig gebrauchte Formulierung: »Das ist für mich überhaupt kein Problem.«

Es hieß immer, das Mainzer Kabinett unter Kohls Führung sei die beste Länderregierung in der Bundesrepublik gewesen, und in der Tat hatte er mit Heiner Geißler, Johann Wilhelm Gaddum und Hans Friderichs hochqualifizierte Minister. So machten sich denn viele 1983 in Bonn große Hoffnung hinsichtlich der Personalpolitik des neuen Kanzlers, aber sie sind im großen und ganzen enttäuscht worden. Es heißt, daß alte Freunde und Weggefährten höher eingeschätzt wurden als Professionalität, und Loyalität mehr galt als selbständige Ideen.

Bis 1986 war ungeachtet immer wieder aufbrechender

Nörgeleien am Kanzler das Klima in der Bundesrepublik freundlich, schon allein dank der günstigen Wirtschaftslage. Noch nie war es den Deutschen so gutgegangen, das entschärfte naturgemäß die Kritik an der Regierung. Aber an einem Sonntag, im Mai 1987, also nach der Bundestagswahl vom Januar 1987, in der die CDU 4,5 Prozent eingebüßt hatte, trafen Kohl gleich zwei schwere Schläge: In Hamburg und Rheinland-Pfalz hatten die Wahlen ein katastrophales Ergebnis gezeitigt. Ausgerechnet in Helmut Kohls Heimatland hatte seine Partei um 6,8 Prozent schlechter abgeschnitten als bei der letzten Wahl. Da tröstete es auch nicht, daß in beiden Ländern die FDP zum erstenmal nach langer Zeit wieder in die Regierung gelangte. Einen gewissen Lichtblick bot nur Hessen, wo die rot-grüne Koalition scheiterte und der Kohlvertraute Walter Wallmann als Ministerpräsident die Regierung übernahm.

Im Laufe des Jahres folgten dann noch – ebenfalls beide am selben Tag – Bremen mit minus 9,9 Prozent und Schleswig-Holstein mit minus 6,4. Das Saarland mit minus 6,7 Prozent war der CDU schon 1985 verlorengegangen, und in Nordrhein-Westfalen, wo die Regierung in den Händen der SPD blieb, verlor die CDU im gleichen Jahr auch 6,7 Prozent. Diese Entwicklung muß für den Kanzler besorgniserregend gewesen sein, denn er weiß, wie wichtig Landtagswahlen sind.

Ich kann mich nicht erinnern, daß je in den fünf Jahrzehnten, die ich miterlebt habe, ein Bundeskanzler so konstant und meist mit so viel Häme angegriffen oder bespöttelt worden ist wie Helmut Kohl. Ihn störte das wenig. Auch allgemeine Aufregung über ein politisches Ereignis vermochte nicht, ihn aus der Ruhe zu bringen.

Der häufigste Vorwurf war, der Kanzler sei entscheidungsscheu. Das mag wohl sein – aber mit ganz verschiedenartigen Wirkungen. Manchmal führt Abwarten und nicht Übereilen verbunden mit Inkonsequenz zu Blamagen, wie bei dem Kohlekraftwerk Buschhaus. Für Buschhaus hatte das Bundeskanzleramt eine Resolution entworfen (nicht ohne Entschwefelungsanlage), ohne das zuständige Land zu konsultieren, ohne Bedenken nachzugehen, die hier und da laut wurden; schließlich wurde – zu spät – klar, daß das Votum des Parlaments, weil es auf jener inkompetenten Resolution fußte, ungültig war. Daraufhin beantragte die SPD eine Sondersitzung, welche die Abgeordneten zwang, aus den Ferien zurück nach Bonn zu reisen, wodurch die Beliebtheit der Regierung nicht gerade wuchs.

Gelegentlich aber macht sich Zögern auch bezahlt. Zweifellos günstig war es, daß Kohl der amerikanischen Pression widerstand, sich frühzeitig auf eine Nachfolge der Kurzstreckenrakete Lance festzulegen.

Übrigens gibt es ohne Zweifel auch Beispiele raschen Zupackens, so, als der Bundeskanzler die Gelegenheit der Tschernobyl-Katastrophe benutzte, um die Umweltabteilung aus Zimmermanns Innenministerium herauszubrechen, Wallmann nach Bonn zu holen und ihn zum Minister eines neuen Umweltministeriums zu berufen. Über sein glücklicherweise rasch entschlossenes Handeln bei der deutschen Wiedervereinigung wird noch zu reden sein. Zunächst einige Bemerkungen zur deutschen Innenpolitik.

Viele Reibereien mit der CSU und häufige Kontroversen mit der Opposition begleiteten Kohl in den achtziger Jahren: Langwierige Dispute über Steuerreform, Steuerspitzensatz, Flugbenzin, Quellensteuer, Rentenreform, Gesundheitskosten, Wehrdienstverlängerung verdunkelten das Bild des Kanzlers. Einige lasteten ihm auch die von vielen scharf kritisierte Rede Jenningers zur 50. Wiederkehr der Reichskristallnacht am 9. November 1988 an.

Rolf Zundel, als höchst kompetenter und seriöser Beobachter in Bonn sehr geachtet, faßte einmal seine Eindrücke über Kohl so zusammen: »Er ist wie ein Bulldozer über die politische Landschaft gefahren und hat die Schicht der

Nachdenklichkeit und des Zweifels abgetragen. Auf diesem so freigelegten Gelände ging die Saat eines konservativ getönten Populismus auf.« Ein andermal zitierte Zundel einen Mitarbeiter Kohls, der seinen Chef so schilderte:»Er ist wie ein schwerer Eichenschrank, an dem man sich immer wieder stößt, den zu verrücken aber alle aufgegeben haben.«

Rüdiger Altmann summierte im März 1989 in der ›ZEIT‹: »Jetzt ist es soweit. Das Niveau seiner Politik ist abschüssig geworden, das Tempo ihrer Talfahrt in die Niederlage so rasch, daß Polemik gegen ihn, so berechtigt sie sein mag, schon fast wie ein Schuß in den Rücken wirkt. Begnügen wir uns also zunächst mit der Feststellung, daß die Persönlichkeit des Kanzlers eher Symptom als Ursache der Schwäche ist, die im geistigen Klima, in der Ausdruckskraft und wohl auch in der Moral des gegenwärtigen Parteienstaats so peinlich zum Ausdruck kommt.«

Wer die Lage nicht so pessimistisch sah, der wurde im April 1989 überrascht von der unerwarteten Niederlage der CDU bei der Wahl in Berlin. Der Regierende Bürgermeister Eberhard Diepgen mußte sein Amt an den Sozialdemokraten Walter Momper abgeben. Zur gleichen Zeit erlitt die Union auch in Hessen bei den Kommunalwahlen einen argen Verlust.

Helmut Kohl reagierte mit einer Kabinettsumbildung und beschloß auf dem Bundesparteitag im Herbst 1989, Heiner Geißler, der allzu häufig die Politik der Regierung kritisierte und sich über Mangel an Sinnzusammenhängen beklagte, nicht mehr für das Amt des Generalsekretärs vorzuschlagen und an dessen Stelle Volker Rühe zu setzen – was ihm auch gelang.»Wieder einmal war Kohl angeschlagen auf einem Parteitag angetreten und hatte ihn als unumstrittener Gewinner verlassen«, heißt es in der Biographie von Herbert Filmer und Heribert Schwan.

In der zweiten Hälfte der achtziger Jahre tritt die Außenpolitik in den Vordergrund. Der Kanzler betont mit wachsendem Nachdruck die Notwendigkeit einer wirtschaftspolitischen Union und der Währungsunion in Europa. Vorwiegend seinem unermüdlichen Bemühen ist es zu danken, daß die Mitglieder der EG den Entschluß fassen, 1993 den Europäischen Binnenmarkt zu errichten. Gleichzeitig tritt Helmut Kohl 1988 bei einem Besuch in Washington für ein Konzept umfassender Abrüstung ein. Viele Amerikaner waren nämlich noch immer Opfer ihrer selbst fabrizierten Feindbilder.

Joseph Nye, Professor in Harvard und Fachmann in Sicherheitsfragen, meinte damals: »Noch nach der Aufrüstung Reagans glaubten etwa ein Drittel der Amerikaner, daß das eigene, nukleare Arsenal schwächer sei als das der Sowjetunion, und die Hälfte glaubte, daß die Vereinigten Staaten in konventioneller Stärke hinter der Sowjetunion lägen.«

Das eigentliche Schicksalsjahr für Helmut Kohl und für Deutschland, in gewisser Weise für die Welt, aber war das Jahr 1989. Mit dem Zusammenbruch des Kommunismus fanden vierzig Jahre Bipolarität sowie die fast ebenso alte Herrschaft Moskaus über Osteuropa und die Teilung Deutschlands ein Ende. Über den Trümmern des kommunistischen Imperiums dämmerte Gorbatschows Vision vom »Gemeinsamen europäischen Haus«.

Zwei Jahre zuvor, im September 1987, hatte der Kanzler Erich Honecker, den Generalsekretär der SED, in Bonn mit allen protokollarischen Ehren empfangen. Die beiden Regierungschefs vereinbarten Reiseerleichterungen, regelmäßige Treffen und den Ausbau der Beziehungen. Zwanzig Jahre zuvor, im Oktober 1969, hatte erstmalig ein Bundeskanzler offiziell von der DDR Notiz genommen. Brandt hatte damals in seiner Regierungserklärung von zwei deutschen Staaten gesprochen; »zwei deutsche Staaten einer Nation« hieß es später. Aber Brandt hatte gleich gesagt, daß diese beiden Staaten »füreinander nicht Ausland sind«, ihre Beziehungen zueinander daher nur von besonderer Art sein könnten.

Also keine Anerkennung einer eigenen Staatsbürger-schaft. Dabei ist es dann in jenen zwei Jahrzehnten geblie-ben; auch Helmut Kohl hat streng darauf geachtet, daß an diesem völkerrechtlichen Status nichts geändert wird, denn die Einheit Deutschlands hat er nie aus den Augen verloren.

Zwei Jahre nach Honeckers Besuch, im Schicksalsjahr 1989, wurde die Unruhe in der DDR deutlich spürbar. Es be-gann am 2. Mai, als die Ungarn ihre Befestigungen an der Grenze zu Österreich abbauten. Die Massenflucht setzte freilich erst im August ein, aber während des ganzen Som-mers strömten die Flüchtlinge nach Budapest, Prag und Warschau und ließen sich dort auf dem Gelände der deut-schen Botschaften nieder.

Die Bewegung beschleunigte sich, bis schließlich der Strom im Herbst zu einem Sturzbach anschwoll, den nie-mand mehr kontrollieren konnte. Angst davor, das Tor zur Freiheit, das die Ungarn aufgemacht hatten, könnte wieder geschlossen werden, trieb sie zur Flucht. Tausende kampier-ten in Zelten, die im Morast der regendurchweichten Bot-schaftsgärten provisorisch aufgestellt wurden. Bonn war rat-los. Schließlich erfand Genscher eine Formel, die ihren Abtransport ermöglichte. Er kam selbst nach Prag, weil die mißtrauischen Flüchtlinge keinem DDR-Abgesandten trauten. Unvergeßlich das Bild, das vom Fernsehen rund um die Welt getragen wurde: Genscher auf dem Balkon der Bot-schaft beginnt einen Satz mit den Worten: »Wir sind zu Ihnen gekommen, um Ihnen mitzuteilen, daß heute Ihre Aus-reise ...«. Weiter kam er nicht, ein einziger Jubelschrei aus tausend Kehlen erstickte alles weitere.

Der Bundeskanzler hatte ein überaus einleuchtendes Kon-zept entworfen: das 10-Punkte-Programm, das er im Novem-ber 1989 dem Bundestag vortrug. Seine Idee war es, eine langsame Koordinierung der verschiedenen Bereiche vorzu-nehmen (Verkehr, Wirtschaft, Soziales ...), um im Laufe einer Reihe von Jahren auf solche Weise schließlich eine Vereinigung der beiden Teile Deutschlands zustande zu bringen. Damals erschien dieser Plan außerordentlich überzeugend, aber die anbrandende Welle der Flüchtlinge, die unaufhaltsam wie Lemminge über die Grenze strömten, machte ihn zunichte. In den sechs Monaten, vom September 1989 bis März 1990, kamen 700 000 Übersiedler in die Bundesrepublik.

Nachträglich wird der SPD häufig der Vorwurf gemacht, sie habe zu lange auf die alten Kräfte in der DDR gesetzt – beispielsweise mit dem SPD/SED-Strategiepapier. Aber auch Kohl wollte ja einen Reformkurs in der DDR bewirken, denn das war damals das einzige, was machbar schien. In der schon erwähnten Biographie von Filmer und Schwan heißt es: »Der Bundeskanzler war von vornherein entschlossen, im Demokratisierungsprozeß der DDR jede mögliche Hilfestellung zu leisten. Er bot dem Nachfolger Honeckers, Egon Krenz, Gespräche an und reiste im Dezember 1989 nach Öffnung der Berliner Mauer zu Verhandlungen mit dem neu gewählten Ministerpräsidenten Hans Modrow nach Dresden.«

Im Juni 1989 war Gorbatschow zu seinem ersten Besuch nach Bonn gekommen. Damit begann ein neues Kapitel in den deutsch-sowjetischen Beziehungen. Damals, in Bonn, bekräftigten beide – der sowjetische Präsident und der Kanzler – in einer gemeinsamen Erklärung die Grundsätze der Menschenwürde, des Völkerrechts und der Selbstbestimmung.

Vier Monate später, am 6. Oktober, reist Gorbatschow nach Ost-Berlin, um an den Feierlichkeiten zum vierzigjährigen Bestehen der DDR teilzunehmen. Die Führung ist beunruhigt über Zeichen oppositionellen Verhaltens der Bürger: Viel Polizei mit Schlagstöcken und Hunden patrouilliert in den Straßen. Gorbatschow belehrt die DDR-Führung: »Die Geschichte hat ihre eigene Gesetzmäßigkeit, ihr Tempo, ihren Rhythmus, der vom Heranreifen objektiver und subjektiver Entwicklungsfaktoren bestimmt wird. Dies zu ignorieren bedeutet, neue Probleme zu schaffen.« Und er fügt hinzu: »Wer zu spät kommt, den bestraft das Leben.« Notwendig sei: Demokratisierung, Offenheit, Rechtsstaatlichkeit, freie Entwicklung aller Bürger.

Nach diesem Besuch beschleunigt sich die politische Erosion in der DDR zu schwindelerregendem Tempo. Zu Hunderttausenden ziehen die Menschen schweigend, ohne Gewaltanwendung durch die Straßen von Leipzig und Dresden; in Ost-Berlin seien eine Million Demonstranten auf den Beinen gewesen.

Und nun vollzieht sich vor unseren Augen ein merkwürdiger, dialektischer Prozeß: Aus Macht wird Ohnmacht und aus Ohnmacht Macht. Die bisher machtlosen Bürger, die stets die allgegenwärtige Macht der Partei und der Stasi fürchten mußten, spüren plötzlich angesichts der winkenden Freiheit, wie ihnen Macht zuwächst – und die bisher unbeschränkt Mächtigen beginnen plötzlich, um ihre Existenz zu bangen.

Und das Ende dieser Entwicklung? Am 8. November tritt das Politbüro der SED zurück, und am Tage danach, am 9. November, wird unter unbeschreiblichem Jubel die Mauer durchbrochen, und die Grenzübergänge von Berlin nach Berlin werden geöffnet.

An diesem Tag befindet sich Helmut Kohl in Polen zu einem immer wieder verschobenen Besuch, den er sofort unterbricht, um nach Berlin zu fliegen. Der Besuch in Polen ist von allerlei Peinlichkeiten umrankt. Der Kanzler hatte gewünscht, zum Zeichen der Versöhnung auf dem Annaberg einer Messe im Franziskanerkloster beizuwohnen. Mehrere Interventionen waren notwendig, um ihn von diesem unseligen Plan abzubringen. Unselig, weil der Annaberg in Polen als Symbol des langen und blutigen Streits um Oberschlesien gilt. In einer Volksabstimmung hatten sich im März 1920 59,6 Prozent der Oberschlesier für die Zugehörigkeit zu Deutschland ausgesprochen. Im Mai 1921 war es daraufhin zu blutigen Auseinandersetzungen zwischen deutschen Freikorps und schlesischer Heimwehr auf der einen und polnischen Aufständischen auf der anderen Seite gekommen. Die Polen wurden verlustreich geschlagen, darum ist ihnen der Name »Annaberg« zum Pfahl im Fleisch geworden, während die deutschen Schlesier ihn zum Symbol ihres Patriotismus stilisiert haben. Mit Gewißheit war also der Annaberg von allen denkbaren Plätzen für ein Signal deutsch-polnischen Neuanfangs der optimal ungeeignetste.

Diese Unkenntnis östlicher Geschichte war für die Polen eher ein Grund zum Spott – ärgerlich für sie aber war, daß der Bundeskanzler sich nicht dazu durchringen konnte, ein Wort zur Anerkennung der Westgrenze Polens zu sagen, obgleich er von allen, auch von Franzosen und Amerikanern, dazu gedrängt wurde. Wie wichtig ein solches Wort gewesen wäre, wie tief das Mißtrauen ist, das durch diese Unterlassung wachgerufen wurde, ist mir im Jahr darauf klargeworden. Damals waren die Polen in schwierigen Verhandlungen mit Moskau über den Abzug der sowjetischen Truppen – die Polen wollten, daß dies so bald wie möglich geschehen solle, die Russen aber hatten es nicht eilig und sprachen von 1994.

Ich fragte damals bei einem Besuch in Warschau nacheinander erst General Jaruzelski und dann Ministerpräsident Mazowiecki – die damals beide nicht mehr im Amt waren –, warum sie sich nicht 1990, als Budapest und Prag mit Moskau über den Truppenabzug einig wurden, angeschlossen haben, dann wäre doch dieses Problem längst vom Tisch. Die fast gleichlautende Antwort der beiden: »Wir glaubten damals, der Kanzler führe etwas im Schilde, schließlich hatten das Parlament in Bonn und auch Außenminister Genscher in New York vor der UN unsere Westgrenze garantiert. Wenn Helmut Kohl mit dem Argument ›erst nach der Wiedervereinigung‹ sich als einziger weigerte, dann will er wohl erst Kanzler von Großdeutschland werden, um uns dann Bedingungen zu stellen. Da haben wir gedacht, dann ist es schon besser, die Russen bleiben noch hier.«

Zur Zeit von Kohls Besuch im November 1989 war Polen das erste Land östlich der Elbe, das von einem nichtkommunistischen Ministerpräsidenten regiert wurde. Die ersten freien Wahlen hatten im Juli stattgefunden, und am 24. August war Mazowiecki zum Regierungschef gewählt worden. In Ungarn war es im Oktober soweit, und danach folgten die ČSFR, Bulgarien und schließlich auch Rumänien.

Das Brandenburger Tor wurde zwei Tage vor Weihnachten geöffnet, und im Februar 1990 fuhren der Kanzler und Genscher nach Moskau, um sich die Einwilligung Präsident Gorbatschows zur Vereinigung der beiden Deutschlands zu holen. Mit dessen Einverständnis war die Voraussetzung für die Zustimmung der vier Siegermächte geschaffen und für eine rasche Abwicklung des Zwei-Plus-Vier-Prozesses gesorgt, durch den Deutschland seine volle Souveränität wieder erlangt hat. Schließlich wurde am 18. Mai 1990 der Staatsvertrag mit der DDR im Palais Schaumburg unterschrieben und am 3. Oktober die Einheit der beiden Deutschlands mit einem feierlichen Akt in Berlin besiegelt.

So intensiv war Helmut Kohls Wunsch, als Kanzler der deutschen Einigung in die Geschichte einzugehen, daß er nicht, was viele für selbstverständlich hielten, einen Ausschuß des Parlaments – also auch Mitglieder der Opposition – berufen hatte, um alle mit der großen nationalen Frage zusammenhängenden Entscheidungen gemeinsam zu beraten. Der Vorwurf der Opposition, er degradiere den Einigungsprozeß zu seiner Privatangelegenheit, war denn auch nicht ganz unberechtigt. Auf der anderen Seite kann man sich vorstellen, wie viele Verzögerungen es gegeben hätte, wenn dieses Problem in die Mühle innerparteilicher Auseinandersetzung geraten wäre. Wie recht Helmut Kohl hatte, dieses Risiko nicht einzugehen, wurde jedermann erst nachträglich deutlich: Wie wäre es wohl möglich gewesen, die deutsche Einigung mit 15 Republiken einzeln auszuhandeln?

Helmut Kohl hat während dieser Zeit ein neues Verhältnis zum Osten ganz allgemein und zu Rußland im besonderen entwickelt. Mit Gorbatschow verband ihn inzwischen sogar ein echtes Vertrauensverhältnis. Kohl und Genscher waren die einzigen Politiker im Westen, die wirklich verstanden hatten, daß die weltpolitische Herausforderung nicht mit dem Zusammenbruch des Kommunismus ein Ende gefunden hatte, sondern daß jetzt alles darauf ankam, dem Land beim Aufbau der Demokratie so gut es geht zu helfen. Auf allen Konferenzen, in Dublin, London und Houston, überall hat Helmut Kohl sich immer wieder mit großer Verve für entsprechende Hilfsaktionen eingesetzt. Deutschland allein hat unter seiner Führung mehr getan als alle anderen Industrienationen zusammen.

Sicher hat diese Bereitschaft des Kanzlers viel dazu beigetragen, in Gorbatschow ein Gefühl der Dankbarkeit und des freundschaftlichen Vertrauens zu wecken, sonst hätte er im Kaukasus nicht Zugeständnisse gemacht, von denen Kohl nicht einmal zu träumen gewagt hatte. Niemand, wirklich niemand in Bonn hätte auch nur für möglich gehalten, geschweige denn vorzuschlagen gewagt, daß ganz Deutschland – also auch die ehemalige DDR – der Nato beitreten solle. Schließlich hatten die Sowjets während vierzig Jahren bis ins letzte Dorf ihres Imperiums die Nato als den Sündenbock schlechthin verdammt: »kriegslüstern und eroberungssüchtig.«

Und jetzt Rückzug der russischen Truppen aus Ostdeutschland und ganz Deutschland in die Nato! Der so oft als entscheidungsscheu kritisierte Kanzler hat im Kaukasus rasch und entschlossen zugepackt. Es hatte ihm wohl auch Sicherheit gegeben, daß er als erster westlicher Staatsmann von Gorbatschow in die Jagdhütte bei Stawropol eingeladen wurde – ein Gebiet, über das er einst als erster Parteisekretär geherrscht hatte.

Nina Grunenberg, stellvertretende Chefredakteurin der

›ZEIT‹, die im Juli 1990 den Kanzler auf der Reise in den Kaukasus begleitete, schrieb damals: »Auf dem Weg nach Stawropol zu der Jagdhütte in Archys ließ der Präsident die Hubschrauber auf einem Getreidefeld niedergehen, auf dem Bauern bei der Ernte waren. Die Bauern brachten Gorbatschow und seinen Gästen Brot und Salz. Nachdem Gorbatschow das Brot geküßt und Helmut Kohl in das Salzfaß gegriffen und ein Kreuz auf das Brot gemalt hatte – ›so wie früher meine Mutter‹ –, brachen die Umstehenden davon ab und aßen es gemeinsam.«

Helmut Kohl hat sich bei der Rückkehr keinen Moment seines Erfolges gebrüstet, im Gegenteil, er befleißigte sich eher des Understatements. Er nahm jede Gelegenheit wahr, um die gemeinsamen europäischen Interessen zu betonen und zu erklären, daß Deutschland in Zukunft als Teil Europas – und nur als Teil Europas – seine Rolle zu spielen gedenkt. Kein Anflug von Nationalismus war zu entdecken.

Auch bei der Bevölkerung kein nationaler Überschwang, als am 3. Oktober 1990 die Einheit Deutschlands in Berlin gefeiert wurde. Ich habe während vieler Stunden den endlosen Zug von Hunderttausenden von Bürgern beobachtet, der aus dem Westteil der Stadt durch das Brandenburger Tor zum Reichstag strömte: keinerlei Nationalismus, keine markigen Sprüche oder triumphierenden Plakate, nur Heiterkeit und ausgelassene Freude beherrschten die Menschen.

Von wo aus soll das wiedervereinigte Land regiert werden? Von Berlin aus, sagte Kohl. Und das war eine gute Entscheidung, wenn man die kleinmütigen Gefühle bedenkt, die die Bürger Ostdeutschlands beschleichen und die Enttäuschungen, die sie erleben – bis heute und vermutlich noch für lange Zeit. Ihr Berlin als unser aller Hauptstadt, das sollte eine gewisse Genugtuung sein.

\* \* \*

Nach 16 Jahren als Bundeskanzler und 25 Jahren als CDU-Vorsitzender ist Helmut Kohl von der politischen Bühne abgetreten, vielmehr abgetreten worden. Die Wähler, die jahrelang für ihn gestimmt haben – oft allerdings mehr aus Vertrauen und Anhänglichkeit an die Partei als an deren Chef –, hatten plötzlich genug. Sie wollten einen Wechsel, neue Gesichter und andere Ziele. Eigentlich genau das, was Kohl ihnen 1982 versprochen hatte, als er durch ein Miß-trauensvotum an die Regierung kam – aber das Versprechen einer geistig-moralischen Wende wurde dann nie eingelöst.

Wenn man sich den jungen Kohl vergegenwärtigt, hätte man mit Recht erwarten können, daß er eine Garantie für beherzten Aufbruch und kühne Reformen sein werde.

Er gehörte damals zu den »jungen Wilden«. Schon 1947, als siebzehnjähriger Gymnasiast, trat er in die CDU ein, der politischen Mitwirkung entgegenfiebernd; er riß zusammen mit der auf Europa hoffenden Jugend die Grenzpfähle an der deutsch-französischen Grenze aus und verbrannte sie; auch, als er mit noch nicht vierzig Jahren Ministerpräsident von Rheinland-Pfalz geworden war, dauerte ihm alles zu lang, beispielsweise der Weg von seiner Staatskanzlei über den Hof des alten Zeughauses ins Parlament.

Darum nahm er häufig die »Diretissima«, wie Heribert Prantl in der ›Süddeutschen Zeitung‹ schreibt: »Durch das Fenster seines Büros balancierte er über ein Flachdach, kletterte durch das Fenster ins Büro des Landtagsdirektors und gelangte von dort direkt in den Plenarsaal des Landta-ges, wo ihn dann die Abgeordneten, die eben noch mit ihm in der Staatskanzlei gewesen waren, zu ihrem Erstaunen sit-zen sahen, wenn sie nach dem langen Weg schließlich auch dort landeten.«

Kohl überredete damals viele begabte junge Leute, nach Mainz zu kommen: Heiner Geißler machte er zum Sozial-minister, Bernhard Vogel zum Kultusminister, Richard von Weizsäcker, den er auf dem Kirchentag kennengelernt hatte, gewann er für die Idee, sich um einen Sitz im Bundestag zu bewerben, und Roman Herzog wurde auf Kohls Wunsch Statthalter in der rheinland-pfälzischen Vertretung in Bonn. Kohl setzte ferner eine Schulreform durch, die den Konfessionsschulen ein Ende bereitete, und er trat für eine Humanisierung des Strafvollzugs ein.

Aber auf dem langen Weg der Kanzlerschaft ging viel Mut und manche Einsicht verloren. An die Stelle offener Diskussion traten Telefongespräche und persönliche Absprachen. Probleme, so heißt es, wurden ausgesessen und nicht angepackt; er führte seine Partei wie ein Patriarch seinen Familienbetrieb, schreibt die ›Frankfurter Rundschau‹.

Es ist wahr, während der Regierung Kohls wurden keine Konzepte deutlich und keine neuen Strukturen. Bei der Wende hatte er weniger Staat versprochen, aber heute müssen auf Bundesebene 25 Prozent der Steuereinnahmen für Zinszahlungen ausgegeben werden, weil sich die Schulden des Bundes seit 1982 vervierfacht haben, was freilich zum Teil – aber nur zum Teil – auf die Zahlungen an Ostdeutschland zurückzuführen ist.

Wenn die Wähler dessenungeachtet seiner Regierung immer wieder eine Chance gaben, so vermutlich, weil er eine Gewähr dafür bot, daß keine Experimente das Land und die Wirtschaft erschüttern: »Man weiß, was man hat.« Der Wunsch nach Reformen war geringer als die Sorge vor möglichen Risiken.

Und der Kanzler selbst? Er ist Optimist und wird nicht von Zweifeln geplagt. Außerdem war sein Ziel nicht nur die Bewahrung der Macht als solche, sondern er wollte sie für ganz spezielle Zwecke behalten: An erster Stelle stand für ihn, die Einigung Europas unumkehrbar zu machen; ferner, unter allen Umständen das westliche Bündnis zu erhalten, und schließlich, nie der Teilung Deutschlands zuzustimmen.

Er hat sehr bewußt alles Positive seiner Vorgänger fortgeführt: Die ersten Schritte der Annäherung an Rußland –

von Brandt mit aktiver Ostpolitik eingeleitet – hat Kohl 1988 mit der Einladung Honeckers nach Bonn fortgesetzt. Er hat nie einen Zweifel an der atlantischen Sicherheitspartnerschaft aufkommen lassen und stets die Wichtigkeit der deutsch-französischen Beziehungen betont.

Es ist schwer, heute zu ermessen, wie wohl Helmut Kohls Persönlichkeit in der Geschichte bewertet werden wird. Zweifellos hat er große Verdienste, aber er hat auch lang fortwirkende Fehler begangen, vor allem bei der Einigung Deutschlands, die in mancher Hinsicht als seine größte Leistung angesehen wird. Falsch war es, den einmaligen, großen Aufbruch, die Hochstimmung, die sich damals aller Deutschen bemächtigte, nicht für eine sinnvolle Transformation ganz Deutschlands zu nutzen, sondern lediglich eine Anpassung des Ostens an den Westen vorzunehmen, und dies auch noch mit der ruinösen Währungsanpassung 1 : 1.

Dazu eine Anekdote: Am 9. November 1989 ging die Mauer auf. Am nächsten Morgen hatten wir in der ZEIT unsere zweimal in der Woche übliche politische Redaktionskonferenz. Ein Dutzend von uns saß um einen Tisch und debattierte das große Ereignis. Plötzlich kam Helmut Schmidt herein, sagte in seiner knappen Art nicht »Guten Morgen«, sondern noch in der Tür stehend: »Jetzt muß der Kanzler eine Blut-, Schweiß- und Tränen-Rede halten, muß sagen, wir müssen alle den Gürtel enger schnallen, aber jetzt lohnt es sich. Endlich können wir etwas für unsere Brüder und Schwestern tun.«

Damals, in jener Hochstimmung, wäre wahrscheinlich jeder bereit gewesen, während eines Jahres zehn Prozent seines Einkommens für diesen Zweck zur Verfügung zu stellen; dann wäre heute das Verhältnis zwischen Ost- und Westdeutschen ein ganz anderes. Aber Bundeskanzler Kohl hatte erklärt: Keine Steuererhöhung, das zahlen wir sozusagen aus der Portokasse.

Es stimmt, der Bundeskanzler hat die Gelegenheit, die

sich bei seinem Treffen mit Gorbatschow im Kaukasus bot, zielsicher beim Schopf ergriffen, aber ich glaube, daß sich die Interpretation dieses Geschehens mit der Zeit anders darstellen wird.

Es ist ja nicht so, wie heute behauptet wird, daß Gorbatschow den Kommunismus nur reformieren wollte und Kohl ihn, wie manche sagen, überlistet habe. Nein, Gorbatschow wußte, wie sich aus damaligen Niederschriften ergibt, daß das System am Ende war; aber nach siebzig Jahren ideologischer Indoktrinierung konnte er dies natürlich nicht offen sagen. Sein Verhalten im Oktober 1989 in der DDR, als er nicht bereit war, in die Unruhen und Demonstrationen einzugreifen, beweist, daß das sowjetische System sich selbst aufgegeben hatte und es sich für Moskau darum handelte, einen Konsens mit Deutschland zu finden, um das Schlimmste zu verhüten.

Helmut Kohl kommt dennoch ein großes Verdienst zu. Er hat es fertiggebracht, die Nachbarn, die alle angesichts der achtzig Millionen vereinter Deutscher aufs äußerste besorgt waren, durch sein Verhalten zu beruhigen. Nichts von dem, was er sagte und tat, deutete auf einen deutschen Sonderweg, es gab keine Anzeichen von wiedererwachendem Nationalstolz, aber immer wieder die glaubhafte Beteuerung, daß nur die Einheit Europas und die feste Integration Deutschlands in diese Einheit wichtig sind.

Trotz einiger peinlicher Skandale – den Besuch mit Reagan in Bitburg etwa oder der Vergleich von Gorbatschow mit Joseph Goebbels – hat er es fertiggebracht, zu allen Kontrahenten ein gutes Verhältnis von Mensch zu Mensch zu entwickeln – selbst zu so verschiedenen Beteiligten wie Mitterrand, Reagan, Gorbatschow und später Jelzin.

Das Bild von Helmut Kohl im eigenen Land ist lange nicht so positiv wie draußen: Da haben die Bürger einen Kanzler erlebt, der mit der Zeit alle Querdenker, alle selbständig urteilenden Politiker, die für den Diskurs unentbehrlich sind, weggedrängt hat: Heiner Geißler, Kurt Biedenkopf, Ernst Albrecht... so daß schließlich nur die Ja-Sager und Anpasser übrigblieben. Er ist als Regierungschef nicht durch Visionen oder überzeugende staatspolitische Konzeptionen aufgefallen, er wurde häufig auch von eigenen Parteigenossen kritisch beurteilt und von Intellektuellen gelegentlich verspottet.

Helmut Kohl hat in seinem Leben viele Höhepunkte und manchen Tiefpunkt erlebt.

Höhepunkte: Die Bundestagswahl 1976, bei der er mit 49 Prozent fast die absolute Mehrheit erreichte;

die 2-plus-4-Verhandlungen, die der Beruhigung der Nachbarn dienten;

der Vertrag von Maastricht über die Währungsunion, der ohne Kohl nicht durchgekommen wäre – immer wieder ist es ihm gelungen, die EU-Krisen auszuräumen;

die Rede in Dresden am 19. Dezember 1989, wo er von Hunderttausenden bejubelt wurde (»Deutschland einig Vaterland«) und schließlich der Kaukasus-Vertrag mit Gorbatschow, der die Einheit Deutschlands ermöglichte.

Tiefpunkte: Kreuth 1976 – Die CSU unter Strauß faßte ohne Wissen von Kohl den Entschluß, die Fraktionsgemeinschaft mit der CDU aufzukündigen. In der Strauß-Rede gegen die »Nordlichter« vor dem Parteinachwuchs hieß es: »Kohl ist total unfähig, ihm fehlen die charakterlichen, die geistigen und die politischen Voraussetzungen. Er wird nie Kanzler werden.«

Am 2. Juli 1979 wählte die CDU/CSU-Fraktion Strauß zum Kanzlerkandidaten;

im Jahr 1989 verlor die CDU/CSU die Wahlen in Berlin und Hessen, was sich auf das gesamte Bundesgebiet negativ auswirkte;

bei der Niederlage im September 1998 stellte sich schließlich heraus, daß die Partei ein Trümmerfeld geworden war.

Helmut Kohl hat nie Zweifel an sich selbst oder an der

Partei gehabt – aber er hatte auch keine Illusionen. In einem Interview mit dem Chefredakteur der ZEIT kurz vor der Wahl im September sagte er à propos Selbsteinschätzung: »Ich bin kein Mensch für Pomp und Show. Ich bin ein uneleganter Typ, auf Wahlplakaten der CDU erscheine ich in Gestalt eines Elefanten.« Und sein Bild von der Zukunft der CDU: »Sie ist wie ein Floß. Man steht oft bis zum Bauch im Wasser; das Floß liegt nicht immer in der Strömung, es ist schwer zu bewegen. Aber es ist unsinkbar, das ist entscheidend. Die Partei muß in der Mitte bleiben, ein klassischer Arbeitnehmer muß uns wählen können.«

Bewundern muß man den Bundeskanzler für die Gelassenheit und Würde, mit der er seinen Sturz von der politischen Bühne hingenommen hat: kein Zeichen von Ressentiment oder Ärger, keine Beschuldigung Dritter. Er bot das Bild eines vorbildlichen Demokraten.

# Nachwort

Das Jahr 1989 hat die Welt verändert, der reißende Strom der Geschichte hat die bestehenden Strukturen zum Einsturz gebracht und die herrschende Ordnung weggeschwemmt. Wir alle stehen am Ufer und beobachten das Geschehen, das niemand steuert. Niemand vermag die Frage zu beantworten: Wohin geht die Reise?

Es besteht die Gefahr, daß die Bürger sich an diesen Zustand des Geschehenlassens gewöhnen und jeder im Strudel der Zeit nur noch danach trachtet, sein eigenes, materielles Wohlbefinden zu retten. Denn ohne geistige Perspektive, ohne seelische Anteilnahme verkümmern die Menschen, wird die Welt wüst und leer.

Wir sind schon dabei, uns in diesem Ausnahmezustand häuslich einzurichten; wie in einem Hausboot treiben wir steuerlos durch die Stromschnellen des reißenden Flusses. Es ist, als seien wir mittlerweile schon meilenweit entfernt von jenem Schicksalsjahr. Darum möchte ich an den Schluß dieses Buches einen Artikel stellen, den ich im September 1989, unter dem Eindruck der umstürzenden Ereignisse, schrieb, weil aus ihm die Stimmung und die Sorge jener Tage deutlicher hervorgehen als man sie heute schildern könnte. Der Titel: ›Am Ende aller Geschichte?‹.

»Manchmal könnte man wirklich meinen, die Geschichte – oder sollte man sagen: der Weltgeist – mache sich lustig über die Menschen, die ihre Theorien mit dem Anspruch ewiger Wahrheit vortragen und sie mit solch feierlichem Ernst vertreten.

Da hatte Karl Marx vor hundertfünfzig Jahren – wie seine Adepten seither und bisher – wirklich geglaubt, wenn die Menschheit seinen Ideen nachlebe, werde sie einen Endzustand paradiesischer Harmonie erreichen. Das Merkwürdige aber ist, daß es gerade seine überzeugend-anschauliche Anklage der elenden Arbeitsverhältnisse jener Zeit war, die dazu beigetragen hat, den von ihm verdammten Kapitalismus zur Humanisierung zu zwingen und so seine Akzeptanz zu sichern, während die Konkretisierung seiner abstrakten Theorien die Adepten allenthalben ins Unglück gestürzt hat.

Heute sieht jeder ein, daß der Kommunismus in der Praxis scheitern muß, weil die totale Unterwerfung unter eine zentrale Planungsbürokratie jede Lust zur Innovation zerstört und die Initiative tötet. Weil ferner die mit diesem System entstandene Nomenklatura dem Ideal sozialer Gerechtigkeit Hohn spricht und das verheißene ›Reich der Freiheit‹ mitsamt dem ›Neuen Menschen‹ ad absurdum führt. Für Marx und seine Jünger stand ja der Lauf der Geschichte fest. Die Evolution der Menschheit hatte vom Patriarchat über den Feudalismus zum Kapitalismus geführt und würde anschließend über den Imperialismus zwangsläufig zum Sozialismus gelangen und so dann das Endziel erreichen, den Kommunismus, die klassenlose Gesellschaft.

Sein Räsonnement: Im Kapitalismus, der auf der Existenz des Privateigentums beruht, wird alles zur Ware – auch die Arbeit. Damit verliert die Arbeit ihren schöpferischen Charakter und wird nicht als Selbstverwirklichung empfunden, sondern nur als Erwerb des Lebensunterhalts. Der einzelne wird, so meint Marx, durch die Lohnarbeit sich selbst entfremdet. Erst, wenn das Privateigentum an den Produktionsmitteln abgeschafft ist, könne sich dies ändern.

Noch einmal: Die Geschichte, die offenbar das Irrational-Clowneske der Menschheit zu demonstrieren liebt, hat auf dem Weg ins Paradies der klassenlosen Gesellschaft die Entfremdung des Menschen, die Karl Marx doch dem antagonistischen Kapitalismus prophezeit hatte, statt dessen an die Fersen des Marxismus geheftet.

Aber damit nicht genug – es gibt noch mehr Absurditäten. Jetzt beginnen die triumphierenden Gegner von Marx, vor allem die Amerikaner, des Propheten absurde Vorstellung von einem Endzustand der Geschichte ihrerseits zu prognostizieren. So stand in der ›International Herald Tribune‹ vor einigen Monaten als dreispaltige Überschrift: ›We can now answer Plato's question.‹ Der Autor Charles Krauthammer, ein Kolumnist, erklärte: ›Die Frage, die seit Platos Zeiten alle politischen Philosophen beschäftigt hat: Welches ist die optimale Regierungsform?, ist jetzt beantwortet.‹ Dreimal darf man raten, wie. Krauthammers Antwort lautet: ›Nach einigen Jahrtausenden des Ausprobierens der verschiedenen Systeme beenden wir nun dieses Jahrtausend in der Gewißheit, daß wir mit der pluralistisch-kapitalistischen Demokratie das gefunden haben, was wir suchten.‹

Noch deutlicher sagte es der stellvertretende Chef des Planungsstabes im State Department, Francis Fukuyama. In der Vierteljahreszeitschrift ›National Interest‹ erklärte er zu den aktuellen Ereignissen: ›Was wir erleben, ist vielleicht nicht nur das Ende des Kalten Krieges oder einer bestimmten Periode der Nachkriegsgeschichte, sondern das Ende der Geschichte überhaupt; also der Endpunkt ideologischer Evolution der Menschheit und der Beginn weltweiter Gültigkeit der westlichen liberalen Demokratie als endgültige Form menschlicher Regierung.‹

Da wird einem wirklich bange, und man fragt sich, ob nun als nächster absurder Einfall der Geschichte vielleicht der Kapitalismus zugrunde geht und von einem geläuterten Sozialismus gerettet wird. Das ist gar nicht so unvorstellbar, wie es klingt.

Gewiß, als wirtschaftliches System ist der Sozialismus im

Wettstreit mit der Marktwirtschaft gescheitert. Aber als Utopie, als Summe uralter Menschheitsideale: soziale Gerechtigkeit, Solidarität, Freiheit für die Unterdrückten, Hilfe für die Schwachen, ist er unvergänglich.

Und unsere so erfolgreiche westliche Gesellschaft? Wenn man sie einmal von außen, also wie ein Unbeteiligter betrachtet, dann könnte man meinen, unsere Sozial- und Wirtschaftsordnung sei bereits auf dem Abstieg, denn ihre positiven wirtschaftlichen Folgen zeitigen natürlich auch negative Begleiterscheinungen.

Das Engagement für das Ganze, also für Staat und Gesellschaft, hat einem erschreckenden Egoismus Platz gemacht. Karriere und Geld nehmen jetzt die erste Stelle ein. Die Maximierung des Einkommens ist zum höchsten Lebensziel, nicht nur der Yuppies, geworden. So zwingend ist dies, weil nicht nur Lebensstandard und Wohlbefinden, sondern auch Ansehen und Einfluß am Geld gemessen werden. Ein Gefühl für gesellschaftliche Verantwortung wird immer seltener.

Allein in London gibt es über 10 000 Obdachlose, die ihre Nächte in U-Bahn-Schächten, auf Parkbänken und in verlassenen Gebäuden verbringen. In Amerika sind es offenbar drei Millionen, was nicht zuletzt darauf zurückzuführen ist, daß Reagan den öffentlichen Wohnungsbau praktisch eingestellt hat. Sowohl in England als auch in Amerika wächst mit dem Reichtum zugleich die Armut. In einem Bericht von Wissenschaftlern heißt es, daß sich die Zahl der Sozialhilfeempfänger im britischen Königreich seit 1979 von vier Millionen auf acht Millionen verdoppelt hat. Es wird nachgewiesen, daß innerhalb von zehn Jahren der Reallohn bei der höchsten Einkommensteuerklasse um 22 Prozent stieg, bei der untersten Klasse aber um 10 Prozent gesunken ist. Auch in Amerika wird die Kluft zwischen Arm und Reich immer größer. 33 Prozent aller Schwarzen leben unterhalb der offiziellen Armutsgrenze, bei den Weißen sind es 11 Prozent.

Und darüber, daß 37 Millionen Amerikaner keine Krankenversicherung haben, kann man nur staunen.

Besonders erschreckend ist das Bild der westlichen Gesellschaft, wenn man sich die Korruptionsfälle, die in einigen Ländern bis ins Kabinett hineinreichen, vor Augen führt. Anstiftung zur Untreue, private Bestechung und Hehlerei – so lautet der Vorwurf gegen viele Politiker.

Die Geldgierigen waren auch in Amerika nicht faul. Unter Präsident Reagan sind fast 1 000 Verfahren wegen krimineller Vorgänge im Amt eingeleitet worden. Von den 535 Mitgliedern des letzten Kongresses sind 20 wegen unethischen Verhaltens angeklagt worden. Der Fall des Jim Wright, Sprecher des Repräsentantenhauses, hat 10 Monate lang einen Untersuchungsausschuß beschäftigt; Wright hat Geschäfte, die als Nebeneinnahmen hätten angegeben werden müssen, nicht deklariert. Man muß sich das einmal vorstellen: Der dritte Mann im Staat nach Präsident und Vizepräsident muß wegen finanzieller Vergehen zurücktreten, während der als Verteidigungsminister vorgesehene Senator Tower wegen Alkoholismus nicht bestätigt werden konnte. Der letzte große Skandal ist noch gar nicht aufgearbeitet. Er ist in dem Ministerium für Housing and Urban Development (HUD) ausgebrochen. Durch Unregelmäßigkeiten beim Verkauf staatssubventionierter Wohnungen sind riesige Summen veruntreut worden.

An derlei Übelstände scheint Amerika sich gewöhnt zu haben, aber das, was die Bevölkerung wirklich das Gruseln lehrt, ist die Drogensucht, die sich, einer mittelalterlichen Seuche gleich, ausbreitet, nicht nur in den Großstädten. Das ›Wallstreet Journal‹ beschreibt eine Kleinstadt in Delaware: Seit die Crack-Dealer 1985 dorthin gelangt sind, beherrschen brutaler Mord, Raubüberfälle, Prostitution und Syphilis den ländlichen Ort. Überall nehmen die Verbrechen zu. Die Polizei schätzt, daß 80 Prozent der rasch zunehmenden Verbrechen in Amerika im Zusammenhang mit Drogen stehen.

In einem Bericht aus Washington heißt es: ›Nur ein paar Häuserblocks vom Weißen Haus entfernt fallen, wie in allen Großstädten, Nacht für Nacht Schüsse, sterben zumeist junge Menschen. Straßenzüge, ganze Stadtteile werden vom Kokain regiert, Familien zerbrechen, gewachsene Sozialstrukturen zerfallen, Kinder werden mit Kokain im Blut geboren.‹

Jeden Tag werden in Amerika etwa 600 Babys von Müttern geboren, die kokainsüchtig sind, allein in den Hospitälern Floridas wurden im vorigen Jahr 10 000 solcher Kinder geboren. Sie wiegen bei der Geburt manchmal nur 1 500 Gramm, haben Wachstumsstörungen und Gehirnschäden.

Heimsuchungen aller Art, die sich gegenseitig verstärken und bedingen, ergeben ein trauriges Bild: Arbeitslosigkeit, Alkohol- und Drogenmißbrauch, Prostitution, Kürzungen des Sozialprogramms und Budgetdefizit. Sollte dies wirklich die perfekte Gesellschaft sein, die für alle Zeiten über den Sozialismus triumphiert?«

Dies ein Leitartikel vom September 1989. In den Jahren seither hat sich das Bild hinsichtlich Arbeitslosigkeit und Kriminalität nicht aufgehellt.

# Zeittafel

**1945**

| | |
|---|---|
| 7. Mai | Jodl unterschreibt in Reims die Gesamtkapitulation der deutschen Wehrmacht. |
| 8. Mai | Keitel, von Friedeburg und Generaloberst Stumpff unterschreiben die Kapitulation im sowjetrussischen Hauptquartier in Karlshorst – zu den gleichen Bedingungen. |
| 9. Mai | Um 00.01 Uhr tritt die Kapitulation in Kraft. |
| 23. Mai | Generaladmiral von Friedeburg begeht Selbstmord. Dönitz wird vom Vorsitzenden der Alliierten Kommission erklärt, die Regierung, die vorher als solche behandelt, wenn auch nicht anerkannt worden ist, habe nunmehr aufgehört zu existieren. |
| August | Die Potsdamer Konferenz stimmt der Ausweisung der Deutschen aus der Tschechoslowakei, aus Ungarn und Polen nach Deutschland zu. Rund 30 000 Flüchtlinge aus dem Osten strömen im August täglich durch Berlin. Bis Oktober durchlaufen 1,3 Mio. Vertriebene 59 Übergangslager in der Stadt. |
| Oktober | Das Internationale Militärtribunal (IMT) in Nürnberg nimmt gemäß dem Londoner Abkommen von 1945 seine Tätigkeit auf. |
| Oktober | 1 750 000 deutsche Kriegsgefangene werden aus amerikanischem Gewahrsam zur Arbeit nach Frankreich überführt. |
| November | Prozeß gegen die ersten 24 Kriegsverbrecher, denen der Bruch international gültiger Verträge und Abmachungen, militärische Aggressionen, |

Verbrechen gegen die Gesetze der Kriegsführung, Massentötungen, Deportationen und Plünderungen angelastet werden.

**1946**

April
: In der Ostzone werden am 22. April die Sozialdemokratische und die Kommunistische Partei zur Sozialistischen Einheitspartei (SED) zusammengeschlossen. In den Westzonen und in West-Berlin lehnt die SPD diese Fusion ab.

April bis Juli
: Auf der Pariser Außenministerkonferenz schlagen die USA zentrale deutsche Verwaltungsstellen auf dem wirtschaftlichen Sektor vor und legen den Entwurf zu einem Viermächtevertrag zur Kontrolle eines demilitarisierten Deutschland vor. Frankreich lehnt ab; die UdSSR verlangt einen streng zentralistischen Zusammenschluß Deutschlands und spricht sich gegen eine Föderalisierung aus.

Oktober
: Im Nürnberger IMT-Prozeß wird das Urteil gefällt. Es lautet für Göring, Ribbentrop, Keitel, Rosenberg, Frick, Frank, Streicher, Kaltenbrunner, Saukkel, Jodl, Seyß-Inquart, Bormann (in Abwesenheit) auf Tod durch Erhängen; für Heß, Funk, Raeder auf lebenslänglich Zuchthaus; für Schirach, Speer auf 20, Neurath 15, Dönitz 10 Jahre Gefängnis; Schacht, Papen, Fritzsche werden freigesprochen. Drei Urteile werden am 16. Oktober vollstreckt. Robert Ley hat vor Beginn des Prozesses, Göring vor der Urteilsvollstreckung Selbstmord begangen.

Die Potsdamer Konferenz bestimmt, daß Reparationen binnen zwei Jahren in Sachwerten aus Deutschland zu entnehmen sind. Es handelt sich um Leistungen aus Guthaben, Gold und laufender Produktion sowie Schiffsbesitz und Fabrikeinrichtungen. 26 Prozent der Reparationen aus den Westzonen sollen an die UdSSR gehen. Die Kontrollratsdeklaration erlegt den Deutschen die Besatzungskosten auf. Die deutschen Erfindungen werden den 1945 gegründeten UN (United Nations) zur Ausnutzung übereignet, die Patentrechte konfisziert. Deutsche Wissenschaftler und Fachkräfte werden für Jahre in alliierte Länder gebracht.

## 1947

| | |
|---|---|
| Januar | Washington und London vereinbaren den Zusammenschluß ihrer Zonen – Doppelzonenabkommen: Bizone; die Westmächte bauen den Wirtschaftsrat der Bizone nach den Grundzügen eines Staatswesens aus. Frankreich tritt 1949 dieser Vereinbarung bei. |
| Februar | Der Staat Preußen wird durch Kontrollratsgesetz vom 25. Februar aufgelöst. |
| April | Auf der Moskauer Außenministerkonferenz wird über die Struktur eines künftigen gesamtdeutschen Staates verhandelt, die Konferenz scheitert. |

## 1948

| | |
|---|---|
| März | Der sowjetische Marschall Sokolowski verläßt den Alliierten Kontrollrat, der damit de facto seine Tätigkeit einstellt. |
| April | Die Bizone wird in den Marshall-Plan (ERP: European Recovery Program) zum Wiederaufbau für die westeuropäische Wirtschaft einbezogen. |
| 20./21. Juni | Die Militärregierungen führen in den Westzonen eine Währungsreform durch; drei Tage später folgen die Sowjets für die Ostzone und *ganz* Berlin. Die Westmächte erklären diesen Befehl für nichtig und führen die westdeutsche Währung auch in den Berliner Westsektoren ein. Daraufhin unterbricht die Sowjetische Militäragentur den gesamten Interzonenverkehr, sperrt alle Zufahrtswege und Lieferungen aus dem Westen. |
| 24. Juni | Vollständige Blockade der Berliner Westsektoren. Der Interzonenverkehr kommt zum Erliegen. Die Westmächte unterhalten 13 Monate lang eine Luftbrücke nach West-Berlin. |

**1949**

| | |
|---|---|
| April | Abschluß des Nordatlantikpakts (Nato), dem die Bundesrepublik 1955 beitritt. |
| 23. Mai | Der Parlamentarische Rat erklärt in öffentlicher Sitzung, daß mehr als zwei Drittel der Länder das am 8. Mai beschlossene Grundgesetz gebilligt haben (Bayern hat abgelehnt, anerkennt aber die Rechtsgültigkeit). |
| 14. August | Erstwahlen zum Bundestag. |
| 12. September | Theodor Heuss wird Bundespräsident. Konrad Adenauer bildet als Bundeskanzler eine Regierung aus CDU/CSU (139), FDP (52) und DP (17). Die SPD (131 Mandate) geht in die Opposition. |
| 21. September | Das Besatzungsstatut legt die Stellung der Besatzungsmächte fest und beendet die Zeit der Militärregierungen; die Hohen Kommissare der drei Westmächte üben die Kontrollbefugnisse aus (Alliierte Hochkommission). |

**1950**

| | |
|---|---|
| Juli | Ausbruch des Koreakrieges. Adenauer rollt die Garantiefrage auf. Er verlangt eine Verstärkung der alliierten Streitkräfte und ein Gegengewicht zur Wiederaufrüstung in der DDR. Dafür bietet er deutsche Einheiten zur Verteidigung Europas an. Das sogenannte Amt Blank wird zum Kern des späteren Verteidigungsministeriums. |

**1951**

| | |
|---|---|
| 14. September | Die westlichen Besatzungsmächte beenden den Kriegszustand mit Deutschland. Auf der Washingtoner Konferenz stellen sie ein Junktim zwischen dem westdeutschen Verteidigungsbeitrag und einer vertraglichen Neuregelung der Beziehungen zu Bonn her; Paris stimmt erst zu, als London und Washington Garantien gegen mögliche Verstöße Bonns geben. |

## 1952

26. Mai     Der Deutschland- oder Generalvertrag hebt das Besatzungsstatut auf: Die Truppenstationierung wird vertraglich vereinbart. Frankreich ratifiziert weder diesen Vertrag noch den damit gekoppelten EVG-Vertrag.

## 1953

17. Juni     Aus einer Protestdemonstration in Ost-Berlin gegen die im Mai eingeführte Erhöhung der Leistungsnormen bei der Industriearbeit um 10 Prozent entwickelt sich ein Aufstand, der zum Eingreifen der Besatzungsmacht, zu Verhaftungen und standrechtlichen Erschießungen führt.

## 1954

30. August     Die französische Nationalversammlung lehnt mit 319 gegen 264 Stimmen die Deutschlandverträge ab, weil sie gegen die EVG ist. Damit ist deren Schicksal besiegelt.

Oktober     Ende des Besatzungsregimes: Der ursprüngliche Vertrag von Dünkirchen, den Frankreich und Großbritannien 1947 *gegen* Deutschland geschlossen hatten, wird durch Beitritt Italiens und der Bundesrepublik in einen Vertrag *mit* Deutschland verwandelt und bietet damit Ersatz für die Deutschlandverträge.

## 1955

Juli     Abrüstungskonferenz der westlichen Regierungschefs mit den Sowjetführern in Genf. Der »Geist von Genf« entfaltet sich. Friedenshoffnungen (Pax Atomica) brechen auf.

September     Adenauers Besuch in Moskau. Aufnahme der diplomatischen Beziehungen zur UdSSR. Zusage der Rückführung der noch zurückgehaltenen 10 000 deutschen Kriegsgefangenen.

| | |
|---|---|
| Oktober/<br>November | Außenministerkonferenz in Genf, die die Hoff-<br>nungen der Regierungschefs vom Juli wieder zu-<br>nichte macht: Die Sowjets sind ganz hart gewor-<br>den. |

**1956**

| | |
|---|---|
| 7. Juli | Der Bundestag beschließt die allgemeine Wehr-<br>pflicht (CDU dafür, SPD dagegen, FDP übt<br>Stimmenthaltung). |

**1957**

| | |
|---|---|
| 1. Januar | Aufgrund eines Referendums, bei dem 67,7 Pro-<br>zent für Deutschland stimmten, kommt das Saar-<br>land als 11. Bundesland zur Bundesrepublik. |
| 17. August | Nachdem bereits im August die bisher weiterbe-<br>stehende KPD als verfassungswidrig erklärt<br>wurde, entscheidet sich am 23. Januar 1957 das<br>Bundesverfassungsgericht in Karlsruhe für die<br>Fünfprozentklausel des Bundeswahlgesetzes; da-<br>mit wird die Bildung von Splitterparteien verhin-<br>dert. |

**1958**

| | |
|---|---|
| November | Chruschtschow richtet eine Berlin-Note (Ultima-<br>tum) an die drei Westmächte: Er fordert innerhalb<br>von 6 Monaten den Abzug aller Besatzungstrup-<br>pen aus Berlin und die Umwandlung Berlins in<br>eine »entmilitarisierte freie Stadt«. |

**1959**

| | |
|---|---|
| 1. Juli | Heinrich Lübke (CDU) wird zum Bundespräsi-<br>denten gewählt. |

**1961**

| | |
|---|---|
| September | Bei den Bundestagswahlen verliert die CDU/CSU<br>die absolute Mehrheit; die SPD, die sich in ihrem<br>Godesberger Programm im November 1959 ein- |

deutig vom Marxismus distanziert und zu einer Volkspartei entwickelt hat, kann neue Wählerkreise für sich gewinnen.

## 1963

22. Januar

Der deutsch-französische Vertrag zieht einen Schlußstrich unter die »historische Rivalität zwischen den beiden Staaten«; da kurz nach Vertragsunterzeichnung das französische Veto gegen den britischen EWG-Beitritt erfolgt, besteht der Bundestag auf einer Präambel, die bestätigt, daß dieser bilaterale Vertrag die multilateralen Abkommen nicht berührt.

15. Oktober

Adenauer tritt als Bundeskanzler zurück. Nachfolger wird Ludwig Erhard; Außenminister (seit 1961) Gerhard Schröder.

## 1965

13. Mai

Aufnahme diplomatischer Beziehungen zu Israel; die Mehrheit der arabischen Staaten bricht mit Bonn. Gleichzeitig innenpolitische Kontroverse über die Verjährungsfrist für Verbrechen aus der NS-Zeit.

## 1966

25. März

Friedensnote der Bundesrepublik Deutschland. Angebot an die osteuropäischen Staaten, Gewaltverzichtsabkommen zu schließen und einem Vertrag über die Nichtverbreitung von Kernwaffen sowie über das Einfrieren des nuklearen Potentials in Mitteleuropa beizutreten.

1. Dezember

Große Koalition unter Bundeskanzler Kurt Georg Kiesinger (CDU) und Außenminister Willy Brandt (SPD), nachdem Erhard im November zurückgetreten ist, weil die FDP das Kabinett verlassen hat.

**1968**

29. Mai      Der Bundestag billigt die Notstandsverfassung, die in genau festgelegten Fällen (u. a. innere Bedrohung der demokratischen Grundeinrichtungen, Bedrohung von außen durch einen bewaffneten Angriff) wirksam wird und zeitweise bestimmte Artikel des Grundgesetzes außer Kraft setzen kann. Die alliierten Rechte für Deutschland als Ganzes und für Berlin werden davon nicht berührt.

**1969**

5. März      Eine neue Konstellation kündigt sich an, als Gustav Heinemann (SPD) mit den Stimmen von SPD und FDP zum Nachfolger Lübkes gewählt wird.

22. Oktober      Sozialliberales Kabinett unter Bundeskanzler Willy Brandt (SPD) und Außenminister Walter Scheel (FDP). Ziel: Verständigung mit dem Osten im Anschluß an die »Ära der Verhandlungen«, enge Zusammenarbeit mit den westlichen Verbündeten und Förderung der westeuropäischen Integration.

**1970**

12. August      Vertrag zwischen der UdSSR und der BRD in Moskau unterzeichnet: gegenseitiger Verzicht auf Anwendung von Gewalt. Anerkennung der Unverletzlichkeit aller europäischen Grenzen. Der Vertrag steht der deutschen Wiedervereinigung nicht entgegen (Zusatzschreiben der BRD).

7. Dezember      Warschauer Vertrag: Beide Partner stellen fest, daß die Oder-Neiße-Linie entsprechend der Potsdamer Konferenz die westliche polnische Staatsgrenze bildet. Weitere Gebietsansprüche werden nicht erhoben. Verzicht auf Gewalt oder Drohung mit Gewalt.

## 1972

| | |
|---|---|
| 27. April | Das konstruktive Mißtrauensvotum der CDU/CSU-Fraktion im Bundestag mit dem Ziel, Rainer Barzel (CDU) zum Bundeskanzler zu wählen, erhält nicht die erforderliche absolute Mehrheit. |
| 17. Mai | Ratifizierung der Ostverträge durch den Bundestag. Moskauer Vertrag: 248 Stimmen dafür, 10 dagegen, 238 Enthaltungen. Warschauer Vertrag: 248 dafür, 17 dagegen, 231 Enthaltungen. |
| 20. September | Brandt stellt die Vertrauensfrage (233 Ja- und 248 Neinstimmen); der Bundespräsident löst daraufhin das Parlament zum 23. September auf. |
| 19. November | Die Bundestagswahlen ergeben einen Sieg der sozialliberalen Koalition. SPD 230 Mandate, CDU/CSU 225 und FDP 41 Mandate. Zweites Kabinett Brandt/Scheel am 15. Dezember. |

## 1972–1973

Kontroverse zwischen Koalition und Opposition um den Grundlagenvertrag mit der DDR, der, vom Bundestag am 11. Mai 1973 gebilligt, am 21. Juni in Kraft tritt. Mit der Aufnahme diplomatischer Beziehungen zur VR China, Ungarn, Bulgarien und dem Vertrag mit der ČSSR bringt die sozialliberale Koalition ihre Ostpolitik zum vorläufigen Abschluß.

Sogenannter Radikalenerlaß über die Mitgliedschaft von Beamten in extremen Organisationen, Polarisierung zwischen Koalition und Opposition um das Programm der inneren Reformen.

## 1974

| | |
|---|---|
| 24. April | Unter dem dringenden Verdacht der Spionage (DDR-Agent) wird Günter Guillaume, Referent im Bundeskanzleramt, verhaftet. Brandt übernimmt die »politische Verantwortung für Fahrlässigkeiten« und tritt als Bundeskanzler zurück. Er bleibt aber SPD-Vorsitzender. |

| | |
|---|---|
| 15. Mai | Anstelle von Bundespräsident Heinemann, der eine zweite Amtsperiode ablehnt, wird Walter Scheel zu dessen Nachfolger gewählt. |
| 16. Mai | Helmut Schmidt (SPD), bisher Bundesfinanzminister, wird vom Bundestag mit 267 von 492 abgegebenen Stimmen zum neuen Bundeskanzler gewählt. Vizekanzler und Außenminister Hans-Dietrich Genscher (FDP). In seiner Regierungserklärung spricht sich Schmidt für Konsolidierung der bisherigen Außenpolitik aus und kündigt wirtschaftliche und finanzpolitische Reformen an. |
| 17. Mai | Bundeskanzler Schmidt stellt die von ihm gebildete Regierung aus SPD und FDP vor. Die dritte Koalition aus SPD und FDP. |
| 22. Mai | Der Bundestag verabschiedet den Bundeshaushalt 1974. Die Ausgaben im Haushaltsjahr 1974 belaufen sich auf 136 433 Milliarden DM. |
| 24. Mai | 25. Jahrestag des Inkrafttretens des Grundgesetzes. |
| 19. Juni | Gesetz über die Errichtung eines Umweltbundesamtes in West-Berlin vom Bundestag verabschiedet. Protest des Außenministeriums der DDR mit langwierigen Folgen. |
| 20. Juni | Der Bundestag ratifiziert den Prager Vertrag. Am 19. Juli tauschen die Außenminister beider Staaten die Ratifikationsurkunden des deutsch-tschechoslowakischen Vertrages aus. |
| 4. Juli | Bundesminister für wirtschaftliche Zusammenarbeit Erhard Eppler tritt wegen nicht bewilligter Ressortforderungen für das Haushaltsjahr 1975 zurück. Sein Nachfolger: Egon Bahr. |
| 21. August | Die Bundesrepublik Deutschland wird Mitglied der Genfer Abrüstungskonferenz. |
| 1. Oktober | Bundesparteitag der FDP in Hamburg. Mit 276 zu 58 Stimmen wird Genscher als Nachfolger von Walter Scheel zum Parteivorsitzenden gewählt. |
| 28. Oktober | Offizieller Besuch von Bundeskanzler Schmidt und Bundesaußenminister Genscher in der Sowjetunion. Vereinbarung regelmäßiger Konsultationen. |

## 1975

| | |
|---|---|
| 27. Februar | Der Berliner CDU-Vorsitzende Peter Lorenz wird von Mitgliedern der »Bewegung 2. Juni« entführt. In Begleitung des ehemaligen Berliner Regierenden Bürgermeisters Heinrich Albertz werden fünf freigepreßte Terroristen aus verschiedenen Haftanstalten in die Volksrepublik Jemen ausgeflogen. |
| 21. März | Der Bundestag verabschiedet den Bundeshaushalt 1975. Die Ausgaben betragen in diesem Jahr 160 079 Milliarden. |
| 24. April | Deutsche Terroristen besetzen die Botschaft der Bundesrepublik Deutschland in Stockholm und erschießen den Militärattaché Andreas von Mirbach und den Botschaftsrat Heinz Hillegaard. Die »Verantwortung« übernimmt ein »Kommando Holger Meins«. |
| 2. Mai | Die Bundesregierung hinterlegt in Washington und London die Ratifizierungsurkunden zum Atomsperrvertrag. Damit tritt der Vertrag fünfeinhalb Jahre nach seiner Unterzeichnung durch die Bundesregierung auch für die Bundesrepublik in Kraft. |
| 30. Juli | KSZE-Schlußkonferenz in Helsinki. Nach zweijährigen Beratungen in Genf und Helsinki geht die Konferenz am 1. August mit der Unterzeichnung der Schlußakte durch Vertreter von 35 Staaten Europas, der Vereinigten Staaten und Kanadas in Helsinki zu Ende. |
| 15.–17. November | Erster Wirtschaftsgipfel in Rambouillet. |
| 19. Dezember | Abschluß der Verhandlungen des Berlinverkehrs. |

## 1976

| | |
|---|---|
| 28. Januar | Die in der Nukleartechnologie führenden Staaten USA, Sowjetunion, Frankreich und Bundesrepublik Deutschland, Großbritannien, Japan und Kanada kommen in London überein, einander vor wichtigen Exportgeschäften zu konsultieren. |

338

| | |
|---|---|
| 19. Februar | Die Verträge mit Polen (Rentenabkommen, Ausreiseprotokoll und Finanzkredit) werden mit 276 gegen 191 Stimmen im Bundestag gebilligt. |
| 19. Mai | Das Bundeskabinett verabschiedet Verfahrensregeln zur Abwehr von Extremisten im öffentlichen Dienst von Bundesbehörden. |
| 24. Juni | Der Bundestag verabschiedet das Anti-Terror-Gesetz. |
| 2. Juli | Weltwirtschaftsgipfelkonferenz auf Puerto Rico über Probleme und Forderungen der Entwicklungsländer. |
| 7. Juli | Im Alter von 76 Jahren stirbt der ehemalige Bundespräsident Gustav Heinemann. |
| 3. Oktober | Wahlen zum 8. Bundestag: SPD 214 Sitze, CDU 190 Sitze, FDP 39 Sitze, CSU 53 Sitze. Unter ihrem Vorsitzenden Helmut Kohl wird die CDU/CSU zur stärksten Partei. |
| 15. Dezember | Der Bundestag wählt Helmut Schmidt zum zweitenmal zum Bundeskanzler. |

**1977**

| | |
|---|---|
| 7. April | Generalbundesanwalt Siegfried Buback wird durch Terroristen des »Kommandos Ulrike Meinhof« erschossen. |
| 7./8. Mai | Weltwirtschaftsgipfel in London. Hauptthemen: Überwindung der Weltrezession, Lösung des Arbeitslosenproblems, Bekämpfung der Inflation, Energieeinsparung, Nukleartechnik und Nord-Süd-Dialog. |
| 30. Juli | Der Vorstandssprecher der Dresdner Bank Jürgen Ponto wird in seinem Haus in Oberursel (Taunus) von Terroristen erschossen. |
| 5. September | Der Präsident der Bundesvereinigung der Deutschen Arbeitgeberverbände und des Bundesverbandes der Deutschen Industrie Hanns Martin Schleyer wird von Terroristen entführt. |
| 28. September | Der SPD-Vorsitzende Willy Brandt übernimmt den Vorsitz der Unabhängigen Kommission für Internationale Entwicklungsfragen. |

| | |
|---|---|
| 13. Oktober | Eine Boeing 737 der Lufthansa mit 86 Passagieren und fünf Besatzungsmitgliedern an Bord wird auf dem Flug von Palma de Mallorca nach Frankfurt von Terroristen gekapert und über Rom und Zypern nach Dubai entführt. Der spätere Weiterflug führt über Aden nach Mogadischu. Ein Sonderkommando des Bundesgrenzschutzes, GSG 9, befreit die Geiseln in Somalia (18. 10. 1977). |
| 18. Oktober | Andreas Baader, Gudrun Ensslin und Jan Carl Raspe begehen Selbstmord in ihren Zellen in Stuttgart-Stammheim. |
| 19. Oktober | Die Leiche Schleyers wird im Kofferraum eines Autos in Mühlhausen im Elsaß gefunden. |

**1978**

| | |
|---|---|
| 27. Januar | Die Bundesregierung verabschiedet den Bundeshaushalt. Die Ausgaben betragen 188 Milliarden DM. |
| 2. Februar | Bundesverteidigungsminister Leber tritt zurück (Abhöraktion des MAD.) An seine Stelle tritt Hans Apel, bisher Bundesminister der Finanzen. |
| 16. Februar | Der Bundestag verabschiedet mit 245 gegen 244 Stimmen das Anti-Terror-Gesetz. |
| 9. März | In Belgrad geht das KSZE-Folgetreffen (Beginn 4. 10. 1977) zu Ende. |
| 4.–7. Mai | Staatsbesuch des sowjetischen Staats- und Parteichefs Leonid Breschnew. Gemeinsame Deklaration über die Förderung der Entspannung und der guten Nachbarschaft sowie über die Festigung des Friedens. |
| 6. Juni | Rücktritt von Bundesinnenminister Maihofer. Er übernimmt die politische Verantwortung für eine schwere Fahndungspanne beim Entführungsfall Schleyer. Nachfolger Gerhart Rudolf Baum (FDP). |
| 13.–15. Juli | Staatsbesuch des amerikanischen Präsidenten Carter. Gegen die Begleitung von Carter durch »führende Staatsmänner« der Bundesrepublik bei seinem Besuch in West-Berlin protestieren die |

DDR-Regierung und die sowjetische Botschaft in Berlin (Ost). Im Transitverkehr von und nach Berlin kommt es zu Behinderungen.

16./17. Juli — Weltwirtschaftsgipfel in Bonn: USA, Großbritannien, Frankreich, Kanada, Japan, Italien, Bundesrepublik Deutschland.

17. November — Jugoslawien lehnt den Antrag der Bundesrepublik auf Auslieferung von vier mutmaßlichen Terroristen ab und läßt sie in ein Land ihrer Wahl ausreisen.

**1979**

Januar — Gipfeltreffen in Guadeloupe: USA, Großbritannien, Frankreich und Bundesrepublik Deutschland.

Mai — Nach dem Wahlsieg der Konservativen in Großbritannien werden Regierung und Kabinett von Margaret Thatcher geführt.

Juli — Franz Josef Strauß wird Kanzlerkandidat der CDU/CSU.

12. Dezember — Nachrüstungsbeschluß der Nato. Doppelbeschluß. Wiederherstellung der Parität durch Abrüstungsverhandlungen oder durch westliche Aufrüstung in Europa. 1983–88 sollen 572 Mittelstreckenraketen (Pershing II) und Cruise Missiles in Westeuropa stationiert werden.

**1980**

30. April — Drei Abkommen über Verkehrsverbesserungen zwischen Bundesrepublik und DDR unterzeichnet.

6. Mai — Schwere Ausschreitungen in Bremen bei öffentlichem Gelöbnis von Bundeswehrsoldaten.

4. Juni — Räumung des Bohrplatzes 1004 in Gorleben von Kernkraftgegnern.

22./23. Juni — Weltwirtschaftsgipfel in Venedig.

18. August — Gierek sagt Treffen mit Schmidt in Hamburg ab.

22. August — Schmidt sagt geplante Reise in die DDR ab (Treffen Schmidt–Honecker am Werbellin-See).

| | |
|---|---|
| 26. September | Bombenanschlag auf dem Münchner Oktoberfest fordert 13 Tote. |
| 5. Oktober | Wahl zum 9. Deutschen Bundestag (SPD 214 Sitze; CDU 190; CSU 531; FDP 39). |
| 5. November | Bundestag wählt Helmut Schmidt zum Bundeskanzler. |

**1981**

| | |
|---|---|
| 15. Januar | Krise um Berliner Senat; Stobbe tritt zurück. |
| 20. Januar | Beendigung der Geiselaffäre von Teheran. |
| 10. Mai | François Mitterrand wird zum Staatspräsidenten Frankreichs gewählt. |
| 10. Mai | Wahlen zum Berliner Abgeordnetenhaus. Resultate: CDU 48 Prozent, SPD 38,3 Prozent, Alternative 7,2 Prozent, FDP 5,6 Prozent. |
| 11. Mai | Ermordung des hessischen Wirtschaftsministers Heinz Herbert Karry in seinem Haus. |
| 20.–23. Mai | Helmut Schmidt in den USA. Erstes offizielles Treffen mit Präsident Ronald Reagan. |
| 24. Mai | Erstes Treffen von Bundeskanzler Schmidt mit dem neugewählten französischen Staatspräsidenten François Mitterrand in Paris. |
| 11. Juni | Richard von Weizsäcker wird zum neuen Regierenden Bürgermeister von Berlin gewählt. |
| 10. Oktober | Die Friedensbewegung erreicht ihren vorläufigen Höhepunkt mit einer Demonstration in Bonn, an der rund 250 000 Menschen teilnehmen. |

**1982**

| | |
|---|---|
| 19. Februar | Trotz heftigen Protests der Unionsparteien reist Herbert Wehner, der Vorsitzende der SPD-Bundestagsfraktion, zu einem »privaten« Besuch nach Polen und trifft Jaruzelski. Wehner spricht sich nach seiner Rückkehr gegen wirtschaftliche Sanktionen aus. |
| 25. Februar | Die Bonner Staatsanwaltschaft eröffnet Ermittlungsverfahren gegen Bundesfinanzminister Matthöfer, Bundeswirtschaftsminister Graf Lambsdorff und den Staatssekretär im Kanzleramt Manfred |

| | |
|---|---|
| | Lahnstein. Sie stehen im Verdacht, den Flickkonzern unerlaubt begünstigt und Gelder angenommen zu haben. |
| 9. März | Jasir Arafat, der Vorsitzende der PLO, besucht Ost-Berlin. Die DDR sagt zu, die PLO-Vertretung in den Rang einer Botschaft zu erheben. |
| April | Argentinien besetzt die britischen Falklandinseln. In der Folge kommt es zum Falklandkrieg, der im Juni mit dem Sieg der britischen über die argentinischen Truppen endet. |
| 6. Juni | Bei den Wahlen zur Hamburger Bürgerschaft entstehen die später so genannten Hamburger Verhältnisse. Die CDU wird erstmals stärkste Fraktion, die FDP bleibt draußen. Die SPD beginnt Verhandlungen mit der Grün-Alternativen Liste. |
| 14. Juli | Wende im irakisch-iranischen Golfkrieg: Iranische Truppen marschieren im Irak ein und versuchen, die irakische Ölstadt Basra zu erobern. |
| 17. September | Die vier FDP-Minister in der Bundesregierung, Genscher, Baum, Lambsdorff und Ertl, treten zurück. Bundeskanzler Schmidt bildet eine SPD-Minderheitsregierung und erklärt sich bereit, über die Vertrauensfrage Neuwahlen auszuschreiben. |
| 26. September | Bei den Wahlen in Hessen bleibt die CDU mit 45,6 Prozent die stärkste Partei. |
| 1. Oktober | In einem konstruktiven Mißtrauensvotum wählt der Bundestag Helmut Kohl zum sechsten Bundeskanzler. |
| 17. Dezember | Bundeskanzler Helmut Kohl stellt die Vertrauensfrage, wobei sich die Regierungskoalition enthält. Mit diesem verfassungsrechtlich bedenklichen Trick kann er dem Bundespräsidenten die Auflösung des Bundestages vorschlagen. Der Weg zu Neuwahlen am 6. März 1983 ist frei. |

## 1983

| | |
|---|---|
| 5. Januar | Der Warschauer Pakt schlägt der Nato einen Vertrag über einen gegenseitigen Gewaltverzicht vor. |

| | |
|---|---|
| 6. März | Bei den vorgezogenen Wahlen zum 10. Deutschen Bundestag ziehen zum erstenmal die Grünen mit 5,6 Prozent in das Parlament ein. Im übrigen wird die CDU/CSU-FDP-Koalition bestätigt. |
| 13. April | Das Bundesverfassungsgericht in Karlsruhe verkündet eine einstweilige Anordnung gegen die für den 27. April vorgesehene Volkszählung: die Belange des Datenschutzes seien nicht hinreichend berücksichtigt. |
| 25. Juni | Anläßlich der Feierlichkeiten zum 300. Jahrestag der ersten Auswanderung von Deutschen nach Amerika hält sich US-Vizepräsident George Bush in Krefeld auf; es kommt dort zu schweren Auseinandersetzungen zwischen Polizisten und Demonstranten, die für Abrüstung und Frieden demonstrieren. |
| 20. Juli | Drohgebärde: Die USA senden 19 Kriegsschiffe in die Gewässer um Nicaragua. |
| 15. Oktober | Die Aktionswoche der Friedensbewegung beginnt. Hunderttausende demonstrieren gegen die geplante Nachrüstung und bilden am 22. Oktober eine 108 Kilometer lange Menschenkette. |
| 18. November | Auf ihren Parteitagen sprechen sich die Sozialdemokraten gegen, die freien Demokraten für die Nachrüstung aus. Am 22. billigt der Bundestag die Aufstellung der US-Mittelstreckenraketen. |
| 22. Dezember | Das Bundesverfassungsgericht lehnt die Anträge auf Erlaß einer einstweiligen Anordnung gegen die Aufstellung von Pershing II und Cruise Missiles in der Bundesrepublik als unzulässig ab. |

**1984**

| | |
|---|---|
| 9. Februar | Juri Andropow, sowjetischer Staats- und Parteichef, stirbt in Moskau nach langer Krankheit. Nachfolger wird der ZK-Sekretär Konstantin Tschernenko, der im November auch zum Staatsoberhaupt gewählt wird. Am 13. Februar, anläßlich der Trauerfeier, treffen Bundeskanzler Helmut Kohl und DDR-Staatsratsvorsitzender Erich Ho- |

necker in Moskau zu einem ersten persönlichen Gespräch zusammen.

| | |
|---|---|
| 9. Februar | Eberhard Diepgen wird neuer Regierender Bürgermeister von Berlin. Richard von Weizsäcker kandidiert im Mai für das Amt des Bundespräsidenten. |
| 16. Februar | Der Golfkrieg zwischen Iran und Irak verschärft sich: Der Iran startet eine Großoffensive. Am 22. Februar entsenden die USA Schiffe in den Persischen Golf, um die Ölversorgung des Westens zu sichern. |
| 18. März | Bei den Münchner Kommunalwahlen besiegt der SPD-Herausforderer Kronawitter den amtierenden CSU-Oberbürgermeister Kiesl. |
| 26. März | Unabhängige Experten bestätigen in einer dem UN-Sicherheitsrat vorgelegten Expertise, daß im iranischen Grenzgebiet zum Irak Senfgas und Nervengas Tabun eingesetzt worden sind. |
| 23. Mai | Richard von Weizsäcker wird zum sechsten Präsidenten der Bundesrepublik Deutschland gewählt. |
| 7. Juni | Holger Börner wird mit den Stimmen der Grünen zum hessischen Ministerpräsidenten gewählt. |
| 17. Juni | Bei den Wahlen zum Europäischen Parlament erzielen die CDU 37,5, die SPD 37,4, die CSU 8,5, die Grünen 8,2 Prozent. Die FDP scheitert knapp an der Fünfprozentklausel. |
| 26. Juni | Bundeswirtschaftsminister Otto Graf Lambsdorff, gegen den die Staatsanwalt wegen der Flickspendenaffäre ermittelt, tritt kurz vor der Eröffnung des Hauptverfahrens zurück. Sein Nachfolger wird Martin Bangemann. |
| 25. Oktober | Wegen der Verquickung von politischen Ämtern mit privaten Geschäften muß der Bundestagspräsident Rainer Barzel – eine Beratertätigkeit brachte ihn in Zusammenhang mit der Flickaffäre – zurücktreten; sein Nachfolger wird Philipp Jenninger. |
| 6. November | Ronald Reagan erringt bei den Präsidentschaftswahlen einen überwältigenden Sieg. |

## 1985

| | |
|---|---|
| 15. Januar | In Prag verlassen die letzten sechs der zeitweilig 168 DDR-Flüchtlinge, die ihre Ausreise erzwingen wollten, nach dreieinhalb Monaten die Botschaft der Bundesrepublik. |
| 23. Februar | Auf dem Saarbrücker Parteitag der FDP wird Martin Bangemann Nachfolger des Parteivorsitzenden Hans-Dietrich Genscher. |
| 5. März | Im Golfkrieg kommt es zu einer neuen Eskalation: Der Irak und auch der Iran beginnen mit der Bombardierung von Städten. |
| 10. März | Der sowjetische Partei- und Staatschef Konstantin Tschernenko stirbt nach langer Krankheit. Sein Nachfolger als Parteichef wird Michail Gorbatschow. |
| 10. März | Bei den Landtagswahlen im Saarland erringt die SPD unter dem Saarbrücker Oberbürgermeister Lafontaine die absolute Mehrheit. Bei den Berliner Wahlen am selben Tag behauptet sich die CDU/FDP-Koalition unter dem Regierenden Bürgermeister Diepgen. |
| 12. Mai | Bei den Landtagswahlen in Nordrhein-Westfalen erringt die SPD mit dem Spitzenkandidaten Johannes Rau die absolute Mehrheit. Die Grünen scheitern an der Fünfprozentklausel. |
| 29. August | Vor dem Bonner Landgericht beginnt der Parteispendenprozeß gegen Otto Graf Lambsdorff, Hans Friderichs und den ehemaligen Flickmanager Eberhard von Brauchitsch. |
| 2. Oktober | Zu seinem ersten Staatsbesuch im Westen trifft der sowjetische Parteichef Michail Gorbatschow in Frankreich ein. Er legt dort weitere Abrüstungsvorschläge vor. |
| 16. Oktober | In Hessen einigen sich die SPD und die Grünen auf eine Koalition. |
| 19.–21. November | US-Präsident Ronald Reagan und der sowjetische Parteichef Michail Gorbatschow treffen in Genf zur zehnten amerikanisch-sowjetischen Gipfelkonferenz zusammen. |

| | |
|---|---|
| 15. Dezember | Der SPD-Parteivorstand nominiert einstimmig den nordrhein-westfälischen Ministerpräsidenten Johannes Rau zum SPD-Kanzlerkandidaten für die Bundestagswahlen. |

**1986**

| | |
|---|---|
| 1. Januar | Spanien und Portugal treten der EG bei. |
| 15. Januar | KP-Chef Michail Gorbatschow schlägt einen Dreistufenplan zur Beseitigung sämtlicher Atomwaffen bis zum Jahr 2000 vor. Die Nato reagiert positiv. |
| 16. März | Bei den französischen Parlamentswahlen siegt die bürgerlich-liberale Opposition. |
| 15. April | 33 US-Bomber greifen am frühen Morgen die libyschen Städte Tripolis und Bengasi an. |
| 26. April | Reaktorunfall (GAU) in Tschernobyl. |
| 6. Juni | Zur Beschwichtigung der aufgebrachten Bevölkerung wird ein Bundesministerium für Umwelt, Naturschutz und Reaktorsicherheit eingerichtet. |
| 10. Oktober | In Bonn wird der Leiter der politischen Abteilung des Auswärtigen Amtes, Gerold von Braunmühl, von der RAF auf offener Straße erschossen. |

**1987**

| | |
|---|---|
| 25. Januar | Bei den Wahlen zum 11. Deutschen Bundestag wird die konservativ-liberale Regierungskoalition bestätigt. Die CDU/CSU erhält mit 44,3 Prozent ihr schlechtestes Ergebnis seit 1949. |
| 6. Februar | Erich Honecker distanziert sich vorsichtig von der Perestroika Gorbatschows. |
| 16. Februar | Hans Friderichs und Otto Graf Lambsdorff werden wegen Steuerhinterziehung zu hohen Geldstrafen verurteilt. Flickmanager Eberhard von Brauchitsch erhält zwei Jahre Haft mit Bewährung und eine Geldstrafe von 550000 Mark. |
| 11. März | Bei der Wiederwahl Helmut Kohls zum Kanzler verweigern ihm mindestens 15 Abgeordnete der Regierungskoalition die Stimme. |

| 23. März | Willy Brandt erklärt nach 23 Jahren als Parteivorsitzender der SPD seinen Rücktritt. Nachfolger Brandts wird Hans-Jochen Vogel. |
| 5. April | Bei den Landtagswahlen in Hessen erringt nach 40 Jahren SPD-Herrschaft die CDU als stärkste Partei gemeinsam mit der FDP die Mehrheit. Zum Ministerpräsidenten wird Bundesumweltminister Walter Wallmann gewählt. |
| 17. Mai | Bei den vorgezogenen Wahlen zur Hamburger Bürgerschaft wird die SPD wieder stärkste Partei, die FDP kehrt in die Bürgerschaft zurück. |
| 25. Mai | Stichtag der Volkszählung. |
| 12. September | Einen Tag vor den Landtagswahlen beginnt die Barschelaffäre. Am 18. legt Barschel eine eigene und acht eidesstattliche Erklärungen von Untergebenen vor, die die Vorwürfe widerlegen sollen. Sie erweisen sich als falsch. |
| 11. Oktober | In einem Genfer Hotel wird der mittlerweile zurückgetretene Ministerpräsident Uwe Barschel tot aufgefunden. |

**1988**

| 7. Januar | Zum erstenmal besucht der DDR-Staatsratsvorsitzende Erich Honecker Frankreich. |
| 24. Februar | Nationalitätenunruhen in der UdSSR. |
| 8. Mai | Bei den vorgezogenen Landtagswahlen in Schleswig-Holstein erreicht die SPD die absolute Mehrheit. |
| 18. Juli | Nachdem der Irak am Vortag einen »ehrenvollen« Frieden angeboten hatte, teilt UN-Generalsekretär Perez de Cuellar mit, daß der Iran die UN-Resolution über ein Ende des Golfkriegs angenommen hat. Am 20. August tritt der Waffenstillstand in Kraft. |
| 1. Oktober | Im Zuge umfangreicher Umbesetzungen in der sowjetischen Parteiführung tritt Andrei Gromyko als Staatsoberhaupt zurück; Parteichef Michail Gorbatschow übernimmt am selben Tag auch dieses Amt. |

| | |
|---|---|
| 3. Oktober | Der bayerische Ministerpräsident Franz Josef Strauß stirbt. Sein Nachfolger wird Finanzminister Max Streibl. Als neuer CSU-Parteivorsitzender wird der Vorsitzende der CSU-Landesgruppe in Bonn, Theo Waigel, gewählt. |
| 11. November | Wegen seiner umstrittenen und distanzlos vorgetragenen Rede zum 50. Geburtstag der sogenannten Reichskristallnacht tritt Bundestagspräsident Philipp Jenninger zurück. Seine Nachfolgerin wird die Bundesfamilienministerin Rita Süßmuth. |
| 11. November | Der Parteitag der rheinländischen CDU wählt in einer Kampfabstimmung den Umweltminister Hans-Otto Wilhelm zum Landesvorsitzenden; der unterlegene Ministerpräsident Bernhard Vogel tritt daraufhin, wie angekündigt, von seinem Regierungsamt zurück. |
| 8. November | Der bisherige Vizepräsident George Bush wird zum 41. Präsidenten der USA gewählt. |

**1989**

| | |
|---|---|
| 29. Januar | Bei den Wahlen in West-Berlin gewinnen die rechtsradikalen Republikaner überraschend 7,5 Prozent der Stimmen. Die CDU bleibt stärkste Partei, die FDP fliegt aus dem Abgeordnetenhaus. |
| 13. Juni | Als Höhepunkt des Besuchs von Staatspräsident Gorbatschow in Bonn wird eine gemeinsame Erklärung verabschiedet, die den Beginn einer gesamteuropäischen Zusammenarbeit propagiert. Während vor allem das englischsprachige Ausland ein zweites »Rapallo« befürchtet, ist die gesamte Bundesrepublik in einen Begeisterungstaumel verfallen. |
| 15. Juni | Die Nachrichtenagenturen berichten erstmals über zufluchtsuchende DDR-Flüchtlinge in der Bonner Botschaft in Budapest. |
| 19. August | Etwa 600 DDR-Bürger nutzen unter den Augen der Weltpresse ein Grenzfest bei Sopron in Ungarn zur spektakulären Massenflucht. |

| | |
|---|---|
| 7.–9. Oktober | Nach den Feierlichkeiten zum 40. Jahrestag der Gründung der DDR kommt es in vielen Städten zu Zusammenstößen mit der Polizei. |
| 24. Oktober | Egon Krenz wird von der DDR-Volkskammer zum Staatsratsvorsitzenden und Vorsitzenden des Nationalen Verteidigungsrates gewählt. |
| 3. November | Beschluß der Ostberliner Regierung: DDR-Bürger können ab sofort das Gebiet der ČSSR ohne Formalitäten verlassen. An den folgenden Tagen machen mehr als 10 000 Menschen von dieser Möglichkeit Gebrauch. |
| 8. November | Das Politbüro der SED tritt geschlossen zurück. |
| 9. November | Die DDR-Grenzen zur Bundesrepublik und nach West-Berlin öffnen sich. Volksfest und Verbrüderungsszenen zwischen Ost und West. |
| 13. November | Hans Modrow wird neuer Ministerpräsident. |
| 28. November | Bundeskanzler Kohl legt im Bundestag einen 10-Punkte-Plan zur schrittweisen Wiederherstellung der deutschen Einheit vor. |
| 21. Dezember | Unruhen in Rumänien weiten sich zu einem Volksaufstand im ganzen Land aus. |
| 22. Dezember | Rumäniens Staats- und Parteiführer Nicolae Ceausescu wird nach vierundzwanzigjähriger blutiger Diktatur gestürzt. |

**1990**

| | |
|---|---|
| 28. Januar | Landtagswahlen im Saarland: Die SPD unter Oskar Lafontaine erringt mit 54,4 Prozent die absolute Mehrheit. |
| 28. Januar | In der DDR einigen sich Vertreter der alten und neuen Parteien mit Ministerpräsident Modrow auf die Bildung einer Übergangspartei. |
| 18. März | Die konservative Allianz für Deutschland gewinnt überraschend die ersten freien Wahlen in der DDR und verfehlt nur knapp die absolute Mehrheit. Ost-CDU: 40,8 Prozent, SPD: 21,8 Prozent. Die PDS wird drittstärkste Partei. |
| 19. März | Der Parteivorstand der SPD nominiert den Ministerpräsidenten des Saarlandes und stellvertreten- |

|  | den Parteivorsitzenden Oskar Lafontaine zum Kanzlerkandidaten für die Bundestagswahl. |
|---|---|
| 6. Mai | Freie Kommunalwahlen in der DDR. Die CDU wird stärkste Partei mit 34,4 Prozent. |
| 13. Mai | Landtagswahlen in Niedersachsen. Die SPD wird stärkste Partei mit 44,2 Prozent der Stimmen. Die Landtagswahlen in Nordrhein-Westfalen gewinnt die SPD mit 50 Prozent. |
| 13. Juni | In Berlin wird mit dem Abriß der Mauer begonnen. |
| 1. Juli | Die Wirtschafts-, Währungs- und Sozialunion der Bundesrepublik Deutschland und der DDR tritt in Kraft. |
| 12. Oktober | Bundesminister Wolfgang Schäuble wird nach einem Wahlkampfauftritt von einem psychisch kranken Attentäter mit zwei Schüssen lebensgefährlich verletzt. |
| 5. November | Altbundeskanzler Willy Brandt reist zu einer Geiselmission nach Bagdad. Es gelingt ihm, 194 Geiseln freizubekommen. |
| 22. November | In Großbritannien tritt John Major die Nachfolge der zurückgetretenen M. Thatcher an. |
| 2. Dezember | Erste gesamtdeutsche Wahl seit 57 Jahren: CDU/CSU 44,1 %; SPD 33,5 %; FDP 10,9 %; Bündnis '90/Grüne 6,6 %; PDS 1,9 %; Republikaner 2,1 %. |
| 11. Dezember | Der der Stasi-Mitarbeit verdächtige frühere DDR-Ministerpräsident de Maizière tritt als Bundesminister für Sonderaufgaben zurück. |

**1991**

|  |  |
|---|---|
| Januar bis April | Golfkrieg gegen den Irak zur Befreiung Kuwaits. |
| 17. Januar | Der CDU-Vorsitzende Helmut Kohl wird zum viertenmal zum Bundeskanzler gewählt. |
| 20. Januar | Landtagswahlen in Hessen. Die SPD wird mit 40,8 Prozent der Stimmen stärkste Partei. |
| 24. Januar | Eberhard Diepgen wird zum ersten Regierenden Bürgermeister von ganz Berlin gewählt. |

| | |
|---|---|
| 13. März | Der frühere DDR-Staats- und Parteichef Honecker, der seit April 1990 im Militärhospital Beelitz untergebracht war, wird nach Moskau gebracht. |
| 21. April | Bei der Landtagswahl in Rheinland-Pfalz geht die SPD mit 44,8 Prozent der Stimmen als Sieger hervor. |
| 28. Mai | Auf dem SPD-Parteitag in Bremen wird Ministerpräsident Engholm neuer SPD-Vorsitzender. |
| 20. Juni | Der Bundestag beschließt die Verlegung des Sitzes von Bundesregierung und Bundestag nach Berlin. (In spätestens 12 Jahren.) |
| 1. Juli | Der Warschauer Pakt ist offiziell aufgelöst. |
| 6. September | Der stellvertretenden CDU-Vorsitzende de Maizière gibt wegen eines andauernden Streites um die Erneuerung der CDU-Landesverbände in den neuen Ländern seine Parteiämter auf. |
| 18. September | Nur Stunden nach dem Inkrafttreten des am Vortag vereinbarten Waffenstillstands wird erstmals in ganz Kroatien Fliegeralarm gegeben. |
| 20. September | In Hoyerswerda kommt es zu schweren Ausschreitungen von Rechtsradikalen gegen das Ausländerwohnheim, in dem Asylbewerber leben. |
| 29. September | Bürgerschaftswahlen in Bremen: SPD büßt ihre absolute Mehrheit ein. Ergebnis: SPD 38 %, CDU 30,7 %, FDP 9,5 %, DVU 6,2 %. |
| 6. Oktober | Kommunalwahlen in Niedersachsen. Das Ergebnis: CDU 43,1 %, SPD 40,2 %, Grüne 6,3 %, FDP 5,9 %. |
| 8. Oktober | Slowenien und Kroatien setzen ihre Unabhängigkeit in Kraft und spalten sich von Jugoslawien ab. |
| 27. Oktober | Erste freie Parlamentswahlen in Polen seit dem Zweiten Weltkrieg. Bei einer Wahlbeteiligung von nur rund 40 % gewinnt keine der Parteien eine klare Mehrheit. |
| 28. Oktober | Hans-Jochen Vogel, SPD-Fraktionsvorsitzender, erklärt seinen Verzicht auf eine erneute Wiederwahl. |
| 9. November | Nach der SPD fordert auch die FDP Stoltenbergs Rücktritt. |

| | |
|---|---|
| 12. November | SPD wählt Hans-Ulrich Klose im zweiten Wahlgang zu ihrem neuen Vorsitzenden. |
| 25. November | Die Bundesfraktion der CDU/CSU wählt Innenminister Wolfgang Schäuble als Nachfolger von Alfred Dregger zum Fraktionsvorsitzenden. |
| 26. November | Kanzleramtsminister Rudolf Seiters wird als Nachfolger Wolfgang Schäubles zum Bundesinnenminister berufen. Fraktionsgeschäftsführer Friedrich Bohl rückt in das Kanzleramt nach. |
| 12. Dezember | Der sowjetische Präsident Gorbatschow gibt seinen Widerstand gegen den neuen Staatenbund von Rußland, Weißrußland und der Ukraine auf. |
| 17. Dezember | Die Präsidenten Rußlands und der UdSSR, Boris Jelzin und Michail Gorbatschow, vereinbaren die Auflösung der UdSSR zum 31. 2. 1991, 24.00 Uhr. |
| 25. Dezember | Die UdSSR hört offiziell auf zu existieren. Der sowjetische Staatspräsident Michail Gorbatschow tritt zurück. |

**1992**

| | |
|---|---|
| 7. Februar | Im niederländischen Maastricht unterzeichnen die Außen- und Finanzminister der EG die Verträge über die Politische, Wirtschafts- und Währungsunion, genannt »Maastrichter Vertrag«. |
| 29. März | Erster Besuch eines polnischen Staatsoberhauptes seit Bestehen der Bundesrepublik: Lech Walesa kommt nach Deutschland. |
| 31. März | Bundesverteidigungsminister Gerhard Stoltenberg (CDU) tritt wegen einer Affäre um die ungenehmigte Lieferung von Panzern an die Türkei zurück. Mit ihm scheidet automatisch der ebenfalls verwickelte parlamentarische Staatssekretär Ottfried Henning aus. Nachfolger Stoltenbergs wird am 2. April mit seiner Vereidigung vor dem Bundestag der CDU-Abgeordnete Volker Rühe. |
| 18. Mai | Hans-Dietrich Genscher tritt nach 18 Dienstjahren als Außenminister zurück. Sein Nachfolger wird Klaus Kinkel. |

| 21. Mai | Kohl und Mitterrand vereinbaren die Bildung eines deutsch-französischen Armeekorps als Kern eines künftigen Eurokorps. |
| 16. Juni | Bundespräsident von Weizsäcker übt in einem Interview heftige Kritik an der politischen Führung. Die Parteien seien konzeptlos und machtversessen, das »geistig-politische Machtvakuum« sei für die Politikverdrossenheit der Bürger verantwortlich. |
| 15. Juli | Die Regierung beschließt die Teilnahme der Bundesmarine an Einsätzen im Rahmen der Überwachung des UNO-Embargos gegen Serbien und Montenegro. Die SPD kündigt Verfassungsklage an. |
| 23. August | Mit den Angriffen von Rechtsradikalen auf die zentrale Aufnahmestelle für Asylbewerber in Rostock-Lichtenhagen beginnt eine neue Welle der Gewalt gegen Ausländer. |
| 8. Oktober | Willy Brandt stirbt im Alter von 78 Jahren. |
| 8. November | Mehr als 300 000 Menschen, unter ihnen Richard von Weizsäcker und Helmut Kohl, nehmen an einer Demonstration gegen Ausländerfeindlichkeit in Berlin teil. |
| 2. Dezember | Der Bundestag stimmt für die Verträge von Maastricht. |
| 6. Dezember | Die Regierungsparteien und die SPD einigen sich auf eine Neuregelung des Asylrechts und die dafür nötigen Grundgesetzänderungen. |

**1993**

| 13. Januar | Erich Honecker verläßt Deutschland und fliegt nach Chile. Das Verfahren gegen ihn wurde eingestellt. |
| 14. Mai | Bündnis '90 und die Grünen schließen sich auf ihrem Vereinigungsparteitag in Leipzig zu einer Partei zusammen. |
| 19. Mai | Als Nachfolgerin des wegen einer Falschaussage zurückgetretenen Björn Engholm wird Heide Simonis zur Ministerpräsidentin von Schleswig-Hol- |

stein gewählt. Zum ersten Mal übernimmt eine Frau die Regierungsgeschäfte eines Bundeslandes.

30. Mai    Bei einem Brandanschlag auf ein von Türken bewohntes Haus in Solingen kommen sechs Menschen ums Leben.

23. Juni   Die Bundesregierung beschließt ein Gesetzespaket zur Einführung einer Pflegeversicherung. Die Vorschläge zur Finanzierung des Arbeitgeberanteils – Wegfall von Feiertagen oder Karenztage bei der Lohnfortzahlung im Krankheitsfall – sind umstritten.

25. Juni   Der rheinland-pfälzische Ministerpräsident Rudolf Scharping wird neuer Vorsitzender der SPD.

1. Juli    Das neue deutsche Asylrecht, das den Zugang zum Asylverfahren erschwert und Abschiebungen erleichtert, tritt in Kraft.

2. Juli    Gegen die Stimmen der Opposition billigt der Bundestag den Einsatz von Bundeswehrsoldaten im Rahmen der UNO-Mission in Somalia.

4. Juli    Bundesinnenminister Seiters tritt zurück. Er übernimmt damit die Verantwortung für eine Polizeiaktion am 27. Juni im mecklenburgischen Bad Kleinen. Bei der Verhaftung mutmaßlicher RAF-Terroristen wurden zwei Menschen getötet. Nachfolger von Seiters wird Manfred Kanther.

26. November   Die Kurdische Arbeiterpartei PKK und 35 weitere kurdische Vereinigungen werden in Deutschland verboten.

3. Dezember   Die Arbeitslosigkeit in Deutschland erreicht den höchsten Stand der Nachkriegszeit. 3,62 Millionen Männer und Frauen sind ohne Arbeit.

**1994**

23. Mai    Roman Herzog wird zum Bundespräsidenten gewählt.

10. Juli   US-Präsident Clinton trifft zu seinem ersten Besuch in Deutschland ein.

12. Juli   Das Bundesverfassungsgericht erklärt Kampf-

einsätze der Bundeswehr außerhalb des Nato-Gebietes für mit dem Grundgesetz vereinbar.

**14. Juli** Zum ersten Mal seit Ende des Zweiten Weltkriegs nehmen deutsche Soldaten – im Rahmen des Eurokorps – an der Truppenparade zum französischen Nationalfeiertag in Paris teil.

**21. Juli** In Sachsen-Anhalt wählt der neue Landtag eine Minderheitsregierung aus SPD und Bündnis '90/Die Grünen, die von der PDS toleriert wird.

**26. Juli** In einer Grundsatzentscheidung spricht der Bundesgerichtshof in Berlin den ehemaligen DDR-Verteidigungsminister Keßler und zwei weitere frühere Mitglieder des DDR-Verteidigungsrates als Mittäter des Totschlags an der innerdeutschen Grenze schuldig.

**31. August** Die letzten der ehemals 550 000 Angehörigen der sowjetischen Streitkräfte in Deutschland werden in Berlin feierlich verabschiedet. Der Abschied der West-Alliierten folgt am 8. September.

**16. Oktober** Die Regierungskoalition aus CDU/CSU und FDP geht trotz eines Stimmenverlustes von 6,4 Prozent als Sieger aus den Bundestagswahlen hervor. Sitzverteilung: CDU/CSU 294, SPD 252, FDP 47, Bündnis '90/Die Grünen 49, PDS 30.

**1995**

**1. Januar** Mit Jahresbeginn wird ein Solidaritätszuschlag von 7,5 Prozent der Steuerschuld eingeführt. Dieser Zuschlag zur Finanzierung des wirtschaftlichen Aufbaus in den ostdeutschen Ländern soll ab 1998 stufenweise wieder zurückgenommen werden.

**29. Juni** Mit großer Mehrheit verabschiedet der Bundestag ein Gesetz zur Novellierung des Abtreibungsrechts. Der Schwangerschaftsabbruch bleibt rechtswidrig, ist aber beim Nachweis eines Beratungsgespräches innerhalb der ersten zwölf Schwangerschaftswochen straffrei.

| | |
|---|---|
| 15. September | In einem Grundsatzurteil stellt der Bundesgerichtshof fest, daß ehemalige DDR-Staatsanwälte und -Richter für die Verfolgung von Republikflüchtlingen und Regimekritikern in der Regel nicht bestraft werden können. |
| 8. November | Niedersachsen führt auf kommunaler Ebene ein Wahlrecht für Jugendliche ab 16 Jahren ein. |
| 16. November | Oskar Lafontaine wird auf einem Parteitag überraschend zum neuen Vorsitzenden der SPD gewählt. In einer Kampfabstimmung setzt er sich gegen den bisherigen Amtsinhaber Rudolf Scharping durch. |

**1996**

| | |
|---|---|
| 24. Januar | Die Bundesregierung, Wirtschaft und Gewerkschaften verständigen sich darauf, ein »Bündnis für Arbeit und zur Standortsicherung« anzustreben. |
| 27. Januar | Der Jahrestag der Befreiung des Konzentrationslagers Auschwitz wird erstmals als offizieller Gedenktag für die Opfer des Nationalsozialismus begangen. |
| 15. Juni | Bei der größten Gewerkschaftsdemonstration der Nachkriegsgeschichte protestieren in Bonn 350 000 Menschen gegen die Sparpläne der Bundesregierung, vor allem gegen die Kürzung von Sozialleistungen und die Einschränkung von Arbeitnehmerrechten. |
| 21. Juni | Der Bundestag verabschiedet eine Neuregelung der Ladenschlußzeiten: Von November 1996 an dürfen Geschäfte werktags bis 20 Uhr, samstags bis 16 Uhr geöffnet bleiben. |
| 11. Oktober | Der Bundestag beschließt die Verringerung seiner Mitgliederzahl von 672 auf 598 ab dem Jahr 2002. |

**1997**

| | |
|---|---|
| 21. Januar | Bundeskanzler Kohl und der tschechische Ministerpräsident Klaus unterzeichnen in Prag die deutsch-tschechische Aussöhnungserklärung, in |

der Deutschland sich zu seiner Verantwortung für die nationalsozialistischen Verbrechen bekennt und Tschechien das Unrecht an den vertriebenen Deutschen bedauert.

3. März 
Die zweitägige Überführung von sechs Castor-Behältern mit Atommüll in das Zwischenlager Gorleben wird von massiven Protesten begleitet. Bei dem größten Polizeieinsatz in der Geschichte der Bundesrepublik sichern bundesweit 30000 Einsatzkräfte die Transportstrecke.

26. April 
In seiner »Berliner Rede« fordert Bundespräsident Herzog einen gesellschaftlichen Aufbruch in Deutschland. Er wirft den Eliten in Politik und Wirtschaft Versagen bei dringenden Reformen vor.

3. Juni 
Die westdeutsche Chemiewirtschaft öffnet als erste Branche ihren Tarifvertrag. Damit können Betriebe aus Wettbewerbsgründen oder bei wirtschaftlichen Schwierigkeiten die Löhne und Gehälter befristet um bis zu fünfzehn Prozent senken.

18. Juni 
Die Staats- und Regierungschefs der Länder der Europäischen Union verabschieden den Vertrag von Amsterdam (Maastricht II), der den Maastrichter Vertrag um außen-, sicherheits- und sozialpolitische Elemente erweitern wird.

**1998**

16. Januar 
Der Bundestag beschließt den Großen Lauschangriff, der es Polizei und Justiz künftig ermöglichen soll, Richtmikrophone ohne vorherige Genehmigung zum Abhören Verdächtiger einzusetzen. Der Artikel 13 des Grundgesetzes, der die Unverletzlichkeit der Wohnung garantiert, wird entsprechend geändert.

5. Februar 
Neues Rekordhoch der Arbeitslosenzahl: 4,82 Millionen Menschen sind offiziell ohne Beschäftigung. Die Erwerbslosenquote liegt bei 12,6 Prozent.

| | |
|---|---|
| 20. April | Die RAF erklärt in einem Schreiben an die Nachrichtenagentur Reuter ihre Auflösung. |
| 23. April | Der Bundestag stimmt mit großer Mehrheit für die Einführung der gemeinsamen europäischen Währung, des Euro, zum 1. Januar 1999. |
| 6. Mai | Der von Bundesinnenminister Kanther vorgelegte Verfassungsschutzbericht 1997 weist den bisher höchsten Stand rechtsextremistischer Straftaten in der Bundesrepublik aus. |
| 7. Mai | Die Daimler Benz AG und der US-Autokonzern Chrysler geben ihren Zusammenschluß bekannt. Es handelt sich um die größte Industriefusion aller Zeiten. |
| 27. September | Aus den Bundestagswahlen geht die SPD mit ihrem Kanzlerkandidaten Schröder als klarer Sieger hervor. Zum ersten Mal in der Geschichte der Bundesrepublik gelingt es der Opposition, eine amtierende Bundesregierung durch Wahlen abzulösen. Sitzverteilung: SPD 298, CDU/CSU 245, Bündnis '90/Die Grünen 47, FDP 44, PDS 35. |
| 27. Oktober | Gerhard Schröder wird zum siebten Kanzler der Bundesrepublik Deutschland gewählt. Sein Kabinett besteht aus fünfzehn Bundesministern, davon gehören elf der SPD an, drei dem Bündnis '90/Die Grünen, einer ist parteilos. |
| 3. November | Der neue Landtag von Mecklenburg-Vorpommern wählt eine Koalitonsregierung aus SPD und PDS mit dem Ministerpräsidenten Harald Ringstorff an der Spitze. Die SED-Nachfolgepartei ist zum ersten Mal an einer Landesregierung beteiligt. |
| 7. November | Auf dem CDU-Parteitag wird Wolfgang Schäuble mit großer Mehrheit zum Parteivorsitzenden gewählt. Er löst Helmut Kohl nach 25 Jahren an der Spitze der CDU ab. |

**1999**

| | |
|---|---|
| 1. Januar | Der Euro wird in elf europäischen Ländern als gemeinsame Währung eingeführt. |

# Register

# Helmut Schmidt
# Weggefährten
## Erinnerungen und Reflexionen

Dieses Buch berichtet von Helmut Schmidts »Weggefährten«, jenen Menschen, die ihn auf die eine oder andere Weise in seinem Leben begleitet haben – Musiker und Schriftsteller, Maler und Bildhauer, Schauspieler und Mäzene, Banker und Politiker. Nicht ihre Bedeutung hat die Auswahl bestimmt, sondern die Rolle, die sie in seinem Leben spielten.

*576 Seiten*
*Abbildungen*
*Leinen*

*im*
*Siedler*
*Verlag*

Manche von ihnen, wie Anwar as Sadat oder Siegfried Lenz, sind seine Freunde gewesen oder im Lauf der Jahre geworden; andere, wie Valéry Giscard d'Estaing oder Gerald Ford, standen ihm nicht nur politisch, sondern auch menschlich nahe; die dritten, wie der polnische Staatschef Edward Gierek oder Franz Josef Strauß, waren politische Gegner, und doch schätzte er sie und mochte sie sogar persönlich; bei einigen, wie Erich Honecker, blieb eine völlige Fremdheit, selbst wenn er mit ihnen immer wieder umgehen mußte. Aus der Erinnerung an diese Begleiter seines Lebens ist das persönlichste seiner Erinnerungsbücher geworden.